新编21世纪政治学系列教材

当代中国政府与政治

第二版

方 雷 主编

Government and Politics in Contemporary China

中国人民大学出版社
·北京·

内容简介

本教材系统阐述了当代中国政府与政治的基本框架，按照政治学的基本原理建构自身逻辑，从政治主体出发，围绕政治制度、政府体系、政治关系、政府职能、政府过程等五个基本问题展开，进一步探讨了当代中国的公民政治参与、政治文化、社会治理以及对外关系。立足政治关系的逻辑原点，从理论、制度、行为和过程四个层面以历时性和共时性的视角分析当代中国政府与政治的变迁，以及当代中国政治发展的理论和实践成果。为了突出当代中国政府与政治的客观环境，拓展学生视野，特设“区域化与当代中国的政府改革”和“全球化与当代中国的政治发展”两章内容。

作者简介

方　雷　山东大学特聘教授、博士生导师。享受国务院政府特殊津贴专家，入选教育部“新世纪优秀人才支持计划”；兼任教育部高等学校政治学类专业教学指导委员会委员、中国政治学会常务理事兼副秘书长、山东省政治学研究会常务副会长、山东省领导科学学会副会长等；德国曼海姆大学、柏林自由大学、吕内堡大学，英国巴斯大学和新西兰奥克兰大学高级访问学者、客座教授。

总序

改革开放是新中国成立以来的又一次革命，给中国带来了革命性变化。这种革命性变化不仅体现在经济、政治等层面的现实生活上，而且还体现在因现实的变迁而带来的理论上的创新和发展以及由此带来的政治学学科建设上的成就方面。

在我国，计划经济体制已经让位于社会主义市场经济体制，同时由经济变革带来的政治体制上的变化也是有目共睹的。首先，在民主法治建设上，政治的制度化正在加强。其次，在国家结构上，过去在计划经济时期的简单的单一制已经转变为更加复杂的国家结构关系。中央与地方、地方政府与地方政府之间的关系有了更多的市场经济特征。再次，在国家与社会之间的关系上，也发生了方向性变化。最后，在意识形态上，过去那种对待马克思主义、毛泽东思想的封闭、激进而又教条的态度已经转变为开放、理性而又灵活的态度。所有这些变革，都是我们以前所无法想象的。当然，在政治进步的同时，存在的问题也不容回避。那就是迫切需要建立一套约束政府权力、使人民群众的真实意愿和利益诉求能够得到顺畅表达的机制，以便从根本上保证社会的稳定与和谐。这些问题的解决，不仅需要实际工作者在体制创新方面的实践，更需要政治学学科的发展和政治学专业人才的智慧与理论贡献。

我国的政治变革既是对政治学研究工作的挑战，又是促使政治学发展的良好机遇。我国的政治学在这种压力与机遇并存的环境中正在快步前进。首先，在学科分类上，政治学已经从法学中独立出来而成为一级学科。其次，在学科分支上，政治学从马克思主义政治理论、制度史、思想史发展成为学科门类更加丰富、更加有特色的一门学科，诸如新政治经济学、政治社会学、政治心理学、政治文化、政治学方法论等。再次，在研究方法上，从单一的阶级分析法发展成为以历史唯物主义为基础的多元化方法论，诸如行为主义、理性选择主义以及方兴未艾的新制度主义。最后，在问题研究上，无论是深度还是广度，我国政治学界都取得了可喜的成就，为中国的政治发展和政治变革做出了自己应有的贡献。当然，在看到成绩的同时，也不能无视发展中的不足。作为中国政治学学科建设和发展的见证人，我们不能不为政治学发展中的结构性缺失而忧心忡忡。比如，就专业刊物而言，不要说与经济学、法学和历史学比较，就是和政治学的二级学科国际关系比较，政治学专业刊物的数量也是少之又少。这种现象严重制约了我国政治学的发展，很多优秀的研究成果只能散见于综合性学术刊物和大学学报。

中国政治学学科发展的基础是高校政治学专业建设。自 1980 年恢复政治学专业以来，政治学系或政治与行政管理学系已经成为很多高校的普遍性建制。而且在各高校政治学专业竞相发展的过程中，我们很高兴地看到各个高校的政治学学科建设，无不生机勃勃，成就斐然。其中特别值得一提的是中国人民大学。人所共知，中国人民大学一直是中国近代政治制度的研究重镇。同时，中国人民大学在学科发展中非常注重教材建设，经过专业优化组合的“新编 21 世纪政治学系列教材”在全国享有很高的声誉，是我国很多高校政治学专业和行政管理学专业的必备教科书。从已经出版的教材来看，我认为，“新编 21 世纪政治学系列教材”具有如下特点：

第一，体系上的创新性与独特性。教科书固然应该有通用的内容，但是在教材林立的今天，千篇一律而了无特色的教材是难以立足的，也难以为社会所认可和接受。“新编 21 世纪政治学系列教材”中的每一本教材在体系上的创新性与独特性都是很突出的。

第二，内容上的研究性与新颖性。体系上的独特性应该由内容上的研究性与新颖性构成。教科书不但要介绍一般性的概念和理论，还应该容纳最新的理论研究成果以及对有关理论成果的看法与评价。该系列教材的一个重要特征是，这些教材都是作者们基于自己多年的教学与研究心得而撰写的具有新意的研究性作品。一本好的教科书之所以享有盛名，就在于其因体系上的独特性和内容上的研究性而形成的权威性。

第三，观点上的全面性与选择性。教科书是一种通论性的著作，因而包容的学术观点、理论应该尽量全面。但是，在信息爆炸的时代，一本书企图容纳所有的观点是不可能，也是不必要的。因为有的观点不过是个别学者的偶发奇想而不具有普遍性。这就需要撰写者去伪存真，认真取舍。我很高兴地看到，本系列教材在追求观点的全面性时，也没有忘记选择性原则。

第四，方法论上的马克思主义原则性与包容性。我国的社会科学研究离不开马克思主义的基本方法论，尤其离不开历史唯物主义的指导，政治科学更是如此。但是马克思主义并不是凭空产生的，它是在吸纳人类精神文明优秀成果的基础上产生的，马克思主义的发展同样少不了与其他理论流派的碰撞以及对人类文明成果的借鉴与扬弃。封闭的马克思主义是没有生命力的，坚持马克思主义并不排除对其他理论流派的介绍与分析。正是基于这样的指导思想，本套教材在介绍马克思主义政治学的同时，能运用历史唯物主义的基本原理兼容并蓄地介绍和分析其他理论流派。

本套教材的上述特点决定了它们不但是有关专业的教师和学生必备的教学和学习用书，也是政治学研究者的重要参考书籍。虽然具有上述优点和特征，但是十全十美的社会科学著作是不存在的，因此，本套教材中的缺点与不足在所难免。衷心希望专家学者、广大读者积极批评、热情指正！

赵宝煦

目录

第四章　当代中国的政治关系

第五章　当代中国的政府职能

第六章　当代中国的政府过程

第七章　当代中国公民的政治参与

第八章　当代中国的政治文化

第九章　当代中国的社会治理

绪　言

新中国成立70多年来，在维持政治结构稳定的前提下，发生了深刻变革。从历史逻辑来看，党领导建立和巩固了中华民族伟大复兴的制度基础，并在该过程中加强了党的全面领导。以党的领导作为中国政治发展的根基，回应不同历史阶段的基本任务，推进中华民族伟大复兴的历史进程。从理论逻辑来看，党秉持开辟马克思主义中国化时代化新境界的理论创新精神，把马克思主义基本原理同中国具体实际相结合、同中华优秀传统文化相结合，坚持运用辩证唯物主义和历史唯物主义，形成并完善中国特色社会主义理论体系，开创了习近平新时代中国特色社会主义思想，科学地回答了在以党作为最高政治领导力量、以人民作为关键政治行为主体、以国家治理体系和治理能力现代化作为根本目标的国家建设中出现的各类问题。从实践逻辑来看，当代中国政治发展趋于规范化，坚定不移地走中国特色社会主义政治发展道路。在政治制度方面，党领导建立并完善以根本制度、基本制度和重要制度为框架的制度体系，并在政治实践过程中转化制度优势为治理效能。在政治参与方面，党拓展参政议政的渠道，扩大人民有序政治参与，保证人民依法实行民主选举、民主协商、民主决策、民主管理、民主监督，落实全过程人民民主。在政治关系方面，党通过放权赋能，改革中央和地方的非对称性关系以激发地方政治发展动能，创新地方政府跨区域合作治理机制以回应区域一体化发展需求。此外，提出构建人类命运共同体重要理念，推动构建新型国际关系，深化拓展平等、开放、合作的全球伙伴关系，以实现国家间利益共生、权利共享与责任共担。在政治文化方面，形成继承与创新并举、批判与吸纳并存的发展格局，建立符合中国政治发展需求的政治价值系统，在政治社会化过程中提高人民对政治体系的认同感与归属感。在新时代全面深化改革的今天，应进一步学习、理解和反思当代中国的政府与政治，以更好地回答坚持和发展什么样的中国特色社会主义、怎样坚持和发展中国特色社会主义的时代课题。

一、当代中国政府与政治的内在逻辑

1949年新中国成立，“彻底结束了旧中国半殖民地半封建社会的历史，彻底结束了极少数剥削者统治广大劳动人民的历史，彻底结束了旧中国一盘散沙的局面，彻底废除了列强强加给中国的不平等条约和帝国主义在中国的一切特权，实现了中国从几千年封建专制政治向人民民主的伟大飞跃”①。党以革命方式领导中国人民推翻帝国主义、封建主义、官僚资本主义，彻底解构了旧中国的政治体制，实现了民族独立与人民解放，建立了中华人民共和国，这既是反传统专制体制的政治结果，同时也是在民族与国家危机中“保全中国”的整体和结构的转型一体性的必然政治选择②。新中国成立后，党转型为致力于国家建设的领导党，领导建构了新中国的政治体系。

首先，党领导建构中国特色社会主义制度体系。“中国特色社会主义制度是党和人民在长期实践探索中形成的科学制度体系”③，以党的领导制度体系为统领，以根本制度、基本制度与重要制度为构成要素。其中，党的领导制度是中国特色社会主义制度的根基，是我国追求实现人民民主的根本保障。其一，根本制度位于制度体系的宏观层次，居统领地位。除了党的领导制度这一根本制度之外，还包括坚持和完善人民代表大会制度以及坚持马克思主义在意识形态领域指导地位的根本制度。根本制度对制度体系建设起决定作用。其二，基本制度位于制度体系的中观层次。基本政治制度包括中国共产党领导的多党合作和政治协商制度、民族区域自治制度以及基层群众自治制度，基本经济制度则包括公有制为主体、多种所有制经济共同发展，按劳分配为主体、多种分配方式并存，社会主义市场经济体制等。基本制度以根本制度为原则遵循，对制度体系建设起支撑作用。其三，重要制度位于制度体系的微观层次，旨在解决国家政治、经济、社会与文化等领域发展中的实际问题，具有可操作性和可调整性。根本制度与基本制度决定了重要制度供给的基本原则。

其次，党领导建构党政统筹嵌合的政治结构。中国的政治结构由党的组织系统和国家的行政系统构成，“执政党通过政党组织系统将其政治意图贯彻于各级行政治理体系当中，将党的实质性领导这一原则嵌入政府治理模式之中”④。具体而言：其一，在机构设置上。一方面，在正式机构设置上，在中央和地方国家机关内设立党的组织，党的组织嵌入政府体系并与对应层级的政府形成嵌合结构。党委和党组

---

① 《中共中央关于党的百年奋斗重大成就和历史经验的决议》，8页，北京，人民出版社，2021。

② 林尚立：《当代中国政治：基础与发展》，63页，北京，中国大百科全书出版社，2017。

③ 《中国共产党第十九届中央委员会第四次全体会议文件汇编》，3页，北京，人民出版社，2019。

④ 周庆智：《政社互嵌结构与基层社会治理变革》，载《南京大学学报》（哲学·人文科学·社会科学），2018（3）。

的设置不仅能够加强对国家政权机关中党员干部的管理和教育，使其以党章为根本遵循、以民主集中制为行为原则约束其权力行使过程，更重要的是有助于实现党对国家的有效领导，确保党的路线、方针、政策的贯彻实施。另一方面，在非正式机构设置上，在中央到地方各级党政机构中设置“领导小组”等议事协调机构。该类机构的设置有利于跨部门协调，在“自上而下地等级化权威推动下，将‘条’位置的牵头部门的‘部门事务’转化为‘块’位置的地方各部门的‘政治任务’，赋予牵头部门充分的资源汲取、整合和动员能力”①，进而在一定程度上突破了科层制管理的弊端。其二，在理念影响上。党政系统的统筹与嵌合使得党能够以其政治理念塑造政府，将党以人民为中心的政治立场以及全心全意为人民服务的政治宗旨内化为政府的行为价值，明确政府是提供公共服务并实现公共利益的公共性组织。其三，在治理效能上。党政统筹嵌合的政治结构实现了“政治”与“行政”的统一，“实现了国家治理主导性与治理基础性、国家治理战略性与治理常规性、国家治理绩效合法性与程序正当性的辩证统一”②，使国家治理能够在坚持和加强党的全面领导的政治前提下，实现治理资源的整合与协调，同时也能够通过创新公共参与机制、规范公共参与程序以增强治理民主性，在人民有序政治参与的基础上破除政府权威主义治理惯性。

最后，党领导建构多层次政治参与体系。政治参与是政治主体实现其政治权利并履行其政治义务的基本方式。基于政治主体的类别，当前中国的政治参与主要体现为：一是政党政治参与。坚持和完善中国共产党领导的多党合作和政治协商制度，完善民主党派中央对重大决策部署贯彻落实情况实施专项监督、直接向中共中央提出建议等制度，加强人民政协专门协商机构制度建设等，创设政党政治参与的规范空间。在中国的政治发展中，中国共产党作为全面领导党与长期执政党，吸纳民主党派进行政治参与，发挥其政治协商、民主监督、参政议政的政治功能，是增强决策的科学性与民主性以夯实自身领导与执政地位的关键举措，也是保持政治稳定的重要方式。二是人民政治参与。当前，在党的领导下，中国“积极发展全过程人民民主，健全全面、广泛、有机衔接的人民当家作主制度体系，构建多样、畅通、有序的民主渠道，丰富民主形式，从各层次各领域扩大人民有序政治参与”③。在实践中，人民政治参与主要体现在五个方面：其一是民主选举，即由人民通过选举、投票行使权利，选出代表自己意愿的人来掌握并行使权力；其二是民主协商，即人民在通过选举、投票行使权利的同时，在重大决策前和决策过程中进行充分协商，尽可能就共同性问题取得一致意见；其三是民主决策，即将群众意见转化为党和政府的重大决策；其四是民主管理，即人民发挥主体作用，积极行使民主权利，通过各种途径和形式，管理国家事务，管理经济和文化事业，管理社会事务；其五

---

① 原超：《地方治理中的“小组机制”研究》，63页，北京，中央编译出版社，2017。

② 王浦劬、汤彬：《当代中国治理的党政结构与功能机制分析》，载《中国社会科学》，2019（9）。

③ 《中共中央关于党的百年奋斗重大成就和历史经验的决议》，39页，北京，人民出版社，2021。

是民主监督，即保证人民的民主权利不因选举结束而中断，保证权力运用得到有效制约①。在政治实践中，发展全过程人民民主，贯通民主选举、民主协商、民主决策、民主管理与民主监督，为人民创造全链条式政治参与机制，尊重人民主体地位，发挥人民首创精神，落实以人民为中心的发展思想。

二、当代中国政府与政治的发展逻辑

当代中国政府与政治的发展逻辑体现为党的领导地位既定性与渐进式政治改革持续性的交融。“中国共产党领导是中国特色社会主义最本质的特征，是中国特色社会主义制度的最大优势，是党和国家的根本所在、命脉所在，是全国各族人民的利益所系、命运所系”②。党的领导地位形成于带领中国人民追求民族独立、国家富强的长期斗争实践中，其在完善政党组织架构的基础上建立革命军队，并依靠其先进性动员社会革命力量，完成政党建国的政治使命。新中国成立后，党凭借先锋队政党的本质属性以及领导革命的历史资源，转型为国家领导党；同时通过宪法和法律确认其领导地位并在政治建设过程中规范全面领导体制，在此基础上领导建立国家政权体系，完善中国特色社会主义政治制度，拓宽政治参与空间及渠道，持续推进政治改革以维持政治稳定，回应现代化国家建设的实际需求。在现代化国家治理过程中，党通过全覆盖的组织网络整合社会，通过有效的组织动员激活群众参与以增强政治认同，通过将组织体系嵌入政府结构、加强制度与政策供给、规范选人用人机制以及渗透意识形态等方式进一步巩固和加强领导地位。

在坚持和加强党的领导的根本政治前提下，中国进行了持续的渐进式政治改革，以保持政治稳定，提升国家治理能力。在过去 40 多年的时间里，中国的政治改革因循两条路径展开：一是党的自身改革，这是党巩固和加强其领导地位的根本方式。“先进的马克思主义政党不是天生的，而是在不断自我革命中淬炼而成的。”③ 坚持自我革命是党区别于其他政党的显著标志，使党始终保持使命崇高性、路线正确性以及道德至上性，增强其应对风险考验的自我调适能力，以此增强其领导正当性。二是党领导的国家政治改革，包括政治体制改革与行政体制改革两个方面，行政体制改革是政治体制改革的核心。具体而言，政治体制改革涉及社会主义民主政治制度化、规范化和程序化的问题，以维持政治稳定为基本目标，具体包括完善制度供给规范党的领导体制，补齐制度短板，完善社会主义民主制度体系以改善人大与政协职能并发展全过程人民民主，加强制度执行、落实基层群众自治以拓宽政治参与空间，等等。当前，政治体制改革已取得诸多成果，诸如废除领导干部职务终身制，普遍实行领导干部任期制度；扩大人民有序政治参与，发展社会主义

① 中华人民共和国国务院新闻办公室：《中国的民主》，23－36 页，北京，人民出版社，2021。
② 习近平：《在庆祝中国共产党成立 100 周年大会上的讲话》，11 页，北京，人民出版社，2021。
③ 《中共中央关于党的百年奋斗重大成就和历史经验的决议》，70 页，北京，人民出版社，2021。

协商民主；建设了解民情、反映民意、集中民智、珍惜民力的决策机制，增强决策透明度和公众参与度；发展广纳群贤、充满活力的选人用人机制，集聚优秀人才；建立健全多层次监督体系，保证党和国家领导机关和人员按照法定权限和程序行使权力；共同推进依法治国、依法执政与依法行政，提高社会法治水平①。另外，行政体制改革作为政治体制改革的一部分，以政府机构改革与职能转变为中轴，旨在规范行政权力，优化行政管理体制，提高行政管理效率。

改革开放以来，行政体制改革呈现以下发展逻辑：其一，精简政府机构并规范政府职能，激活市场经济动能。20 世纪八九十年代，政府机构改革的重点首先在于精简政府机构，以建立适应社会主义市场经济发展的高效政府行政管理体系，为深化经济体制改革提供有利条件。20 世纪 90 年代末，政府经济管理机构相对完善，行政管理体制改革进一步明确深入规范政府职能，通过将市场准入权还给市场，简化行政审批程序、缩减政府行政性定价种类、减少对资本市场干预等，以保证企业成为自主经营、自我管理、自负盈亏和自我发展的市场主体，调动市场活力。其二，以政府职能转变为核心，加强社会管理和公共服务。2003 年以来，深化行政管理体制改革在继续优化机构适应社会主义市场经济发展的同时，更加注重强化政府的社会管理和公共服务职能，一方面以建设服务型政府为目标，创新公共服务供给机制，规范公共服务供给流程，以进一步保障和改善民生；另一方面改革社会组织管理制度，创新社会组织管理体制，在制度空间内推动社会组织的组建与运行，使其成为社会矛盾的缓冲器、政治沟通的过滤器以及政治稳定的调节阀。其三，行政管理体制改革趋于系统化，并明确以人民为中心的政治价值。进入新时代特别是党的十九大以来，党对行政管理体制改革做出系统化的顶层设计。2018 年党的十九届三中全会研究深化党和国家机构改革问题，强调"深化党和国家机构改革是推进国家治理体系和治理能力现代化的一场深刻变革"②。一方面，明确指出机构改革必须以坚持党的全面领导为根本政治前提。机构改革的目标不仅在于改善政府机构设置，科学划分职责，进一步转变政府职能，更重要的是也强调健全党的机构设置及其职能配置，以保障党的全面领导。强调党和国家机构改革的协同旨在理顺党政职责关系，落实党政职责分工，使党政"机构设置更加科学、职能更加优化、权责更加协同、监督监管更加有力、运行更加高效"③。另一方面，强调机构改革必须坚持以人民为中心的发展思想。从建设"人民满意的服务型政府"到"以人民为中心"是"中国行政管理改革逻辑的最新迭代，也是行政管理改革价值取向的突破"，"不仅强调人民参与性，更强调人民主体性"④。这意味着行政体制改革从服务经济体制改革转向"把人民对美好生活的向往作为奋斗目标"，以实现人民当家作主为

---

① 习近平：《在庆祝全国人民代表大会成立 60 周年大会上的讲话》，17－18 页，北京，人民出版社，2014。

② 《中国共产党第十九届中央委员会第三次全体会议文件汇编》，4 页，北京，人民出版社，2018。

③ 《中共中央关于深化党和国家机构改革的决定》，19 页，北京，人民出版社，2018。

④ 何艳玲：《中国行政体制改革的价值显现》，载《中国社会科学》，2020 (2)。

其实践指南。

当前，党和国家机构改革已取得一系列成果：通过“整体性推进中央和地方各级各类机构改革，重构性健全党的领导体系、政治治理体系、武装力量体系、群团工作体系，系统性增强党的领导力、政府执行力、武装力量战斗力、群团组织活力”，“适应新时代要求的党和国家机构职能体系主体框架初步建立，为完善和发展中国特色社会主义制度、推进国家治理体系和治理能力现代化提供了有力组织保障”①。

三、“当代中国政府与政治”的课程逻辑

新中国成立70多年来，中国的政治发展在建立政治制度体系以维持政治稳定、发展民主以实现人民当家作主、增强政府能力以推进国家治理体系和治理能力现代化的同时，也强调建设中国特色社会主义政治话语体系，以在理解中国政治实践的基础上客观诠释中国政治，将中国的政治发展优势转化为话语优势。设置“当代中国政府与政治”课程，引导学生科学认知中国政治发展及其优势，对于坚定道路自信、理论自信、制度自信、文化自信具有重要意义。

首先，阐明政治主体是研究中国政府与政治的逻辑起点。政治主体是政治权力的承载者与行使者，是政治发展的行为者与推动者。在探索中国特色社会主义现代化建设的道路上，中国共产党“是中国工人阶级的先锋队，同时是中国人民和中华民族的先锋队，是中国特色社会主义事业的领导核心”②。党的领导地位与人民主体地位具有内在统一性。党的领导是中国政治发展始终强调“人民至上”的基本前提，也是坚持“以人民为中心”的根本保障。在中国共产党的领导下，当代中国正经历着我国历史上最为广泛而深刻的社会变革，中华民族伟大复兴进入了不可逆转的历史进程。其中，政府权力经历了由中央高度集权向中央与地方集权和分权有机结合的转型，而国家与社会之间由整体性向适度分离的关系变迁也萌生了更加多元化的政治主体，它们的政治参与在约束政府权力的同时也使得政治决策更加民主化与科学化，从而降低了政策执行成本，增强了政策执行效能。

其次，理解政治制度是研究中国政府与政治的关键基础。政治制度是在政治发展过程中创设并巩固的，政治制度体系则“通常是在重大历史变动中形成、又经过长期的‘使用’（不断的调试和改革）而逐渐稳定，并通过宪法、法律、规章和管理等形式固定下来”③。根据政治制度的重要程度、适用范畴与产生途径，政治制度体系包含根本制度、基本制度与重要制度三个方面。完善的政治制度体系不仅提

① 中共中央党史和文献研究院：《十九大以来重要文献选编》（中），129页，北京，中央文献出版社，2021。

② 《中国共产党章程》，1页，北京，人民出版社，2022。

③ 燕继荣：《制度、政策与效能：国家治理探源：兼论中国制度优势及效能转化》，载《政治学研究》，2020（2）。

供政治发展的稳定秩序，同时也为提高政治发展绩效提供了可能。一方面，系统的政治制度设定政治主体的权责范围，并在其超越既定行为边界时实施惩罚，由此确保政治过程的规范性；另一方面，有效的政治制度执行将制度优势转化为治理效能，解决政治发展过程中出现的诸多问题甚或危机，对于推动我国全面建设社会主义现代化国家具有重要的现实意义。

再次，剖析政治过程是研究中国政府与政治的核心环节。政治发展是一个动态的过程。分析中国政治过程，将视野聚焦于政府职能、政府过程、政治参与以及政治文化等领域，不仅提供了政治发展更为精确的研究谱图，同时也在一定程度上预测了政治发展的未来走向。中国的政治发展以全面建成社会主义现代化强国为根本目标。坚定不移走中国特色社会主义政治发展道路，必须坚持党的领导、人民当家作主、依法治国的有机统一。这意味着必须以坚持和加强党的全面领导为政治前提，秉持以人民为中心的发展思想以推动政府职能转变，规范政府决策与监督过程以深化政治体制改革，扩大人民有序政治参与以充分体现人民意志、保障人民权益、激发人民创造力，与此同时，加强政治文化建设实现精神富有以满足人民日益增长的精神文化需求，为全面建设社会主义现代化国家夯实基础。

最后，厘清政治关系是研究中国政府与政治的重要面向。政治关系以政治权力与政治利益的分配为特征。中国共产党是中国政治发展的领导性政治主体。在政治实践中，党的领导通过坚持科学执政、民主执政、依法执政实现。执政即党员代表通过合法途径进入国家机关以行使国家权力、贯彻党的路线方针政策以实现人民根本利益的活动。这意味着在政治发展过程中，中国共产党必须正确处理党与立法、行政与司法机关的关系，在坚持制度治党、依规治党以规范党的权力运行的同时，必须遵循立法、行政与司法机关的运作规范，“转变国家权力即党的权力的思维方式和以党的名义直接行使国家公共权力的行为方式，转为通过国家的立法、行政和司法机关来间接行使国家公共权力的行为方式”①，从而进一步坚持和加强党的领导。此外，在全球化背景下，中国共产党作为执政党也应领导国家积极参与全球治理体系改革和建设，正确处理与其他国家的关系，推进国际关系民主化，推动全球治理朝着更加公正合理的方向发展。

四、本书的结构设计与主要内容

为深刻把握当代中国政府与政治的变迁，深入理解当代中国政府与政治的形态，真实呈现当代中国政府与政治的发展过程，本书根据以下结构进行设计：“政治主体—政治制度—政治过程—政治关系。”其中，政治主体部分的设计遵循“横向覆盖”原则，对中国的政治主体及其基本特征进行整体性概述；政治制度部分的设计遵循“纵向发展”原则，对中国政治制度体系的建构及其变迁进行历时性分

① 张明军：《领导与执政：依法治国需要厘清的两个概念》，载《政治学研究》，2015（5）。

析；政治过程部分的设计遵循“整体统筹”原则，对中国政府的体系设置与职能转变、政治文化的继承与创新、政治参与的实践与发展进行系统性论述；政治关系部分的设计遵循“内外兼顾”原则，既关注中国政治主体间的关系及其演变，也回应全球化时代如何建构新型国际关系的问题。

据此，本书主要由绪言和12章构成，具体的板块分布与章节安排如下：

“政治主体”板块的主要构成为第一、三章。中国政府与政治中涉及的政治主体包括政党、政府、公民、非政府组织与大众传媒等，其在政治发展中具有差异化的定位与作用。其中，政党包括中国共产党与八个民主党派，中国共产党发挥总揽全局、协调各方的领导核心作用，与民主党派在新型政党制度框架内实现团结合作；政府包括立法机关、行政机关与司法机关，由宪法确定其职责与运行（需要指出的是，为对中国政府体系的独特性进行深入理解，第三章从中央政府与地方政府两个层面对中国的纵向政府体系予以分解）；公民享有政治参与权利，并能够影响政治发展过程；非政府组织与大众传媒在政治发展过程中发挥政治社会化等重要功能。对政治主体的解读奠定了本书论证的基础，清晰的政治主体认知是理解当代中国政府与政治的前提。

“政治制度”板块的主要构成为第二章。政治制度体系涵盖根本制度、基本制度与重要制度。当代中国的政治制度体系，是党领导人民在长期实践探索中建构并完善的科学制度体系，为中国的政治发展提供了稳定的秩序，同时为约束政治主体、规范政治过程与协调政治关系提供了基本依据。

“政治过程”板块的主要构成为第五、六、七、八、九章，涉及政府职能、政府过程、政治参与、政治文化与社会治理等五个部分。在政府职能方面，新中国成立后，中国的政府职能历经数次变迁，从适应社会主义市场经济体制发展到以建设服务型政府为基本要求，并且在全面建设社会主义现代化国家的新阶段不断完善政府职能体系与职责体系，不断推进政府职能现代化。政府过程包括政府决策过程、政策执行过程与政府监督过程。政府过程处于不断的变迁之中，政治体制改革的深化为其发展提供了基本条件。政治参与是政治主体参与公共政治生活的行为及其过程。中国的公民政治参与是在全过程人民民主制度框架内进行的，其具有基层自治、投票选举、政治结社、政治接触、政治表达与网络政治参与等多种途径，是实现人民当家作主的基本路径。政治文化处于继承与吸纳的交互发展过程中，即继承中华优秀传统文化与革命文化精髓，吸纳马克思主义文化理念以发展社会主义先进文化，从体系、过程与政策三个方面创新中国政治文化的建设路径。此外，第十一章详细论述了中国社会治理的发展变迁，为创新社会治理、打造中国特色的社会治理模式提供思考。从政府职能、政府过程、政治参与、政治文化与社会治理等五个方面对中国的政治过程予以全面解读，既能够清晰认知当代的中国政府与政治，同时也能够建构理解中国政治未来走向的认知框架。

“政治关系”板块的主要构成为第四、十、十一、十二章。政治关系体现为国内政治关系（第四、十一章）与国际政治关系（第十、十二章）两个部分。一是国内政治关系，第四章从政府间关系、党政关系两个方面分别展开。首先，政府间关系涉及中央与地方政府间关系以及地方政府间关系。其一，中央与地方政府间关系呈现集权与分权的交替发展状态，改革开放后中央和地方事权关系、职能关系、财政关系与层级关系均发生相应变迁，以回应社会主义市场经济体制发展所带来的各种挑战。进入新时代以来，强调健全充分发挥中央和地方两个积极性体制机制，以提高政府行政效能，建构高效的政府治理体系。其二，地方政府间关系包括纵向关系与横向关系两部分。纵向关系以权力配置为基础，以“条块关系”为基本构成；横向关系以利益为纽带，呈现多元性、平等性与互动性等特点，基本体现为竞争关系与合作关系两种类型。此外，第十一章从区域化视角出发论述地方政府的改革路径以及地方政府跨区域合作治理的机制创新。其次，党政关系涉及党与人大的关系以及党与政府的关系两个方面。就前者而言，坚持党的领导是坚持和完善人民代表大会制度的根本前提。实行人民代表大会制度，既有利于使党的主张通过法定程序成为国家意志，使党组织推荐的人选通过法定程序成为国家政权机关的领导人员，也能够保证党的路线方针政策和决策部署在国家工作中得到全面贯彻和执行。就后者而言，其关系内核体现为政治与行政之间的关系。当前，中国的党政机构形成统筹嵌合结构，党的政治价值与政治理念内化为政府的行政价值与行政理念，党还通过组织党委、成立党组、归口管理、党管干部、设置议事协调机构等实现其领导。二是国际政治关系。第十章详细论述了中国对外关系的历史沿革，并且伴随中国改革开放及自身综合国力的提升，中国在对外关系中取得了更多的发言权和自主权，在国际体系中更加积极和全面参与。第十二章则进一步从全球化视角出发，论述在全球化时代中国政治发展所面临的机遇和挑战，旨在以构建人类命运共同体的重要理念为指导，积极参与全球治理，引领全球治理。

由此，本书以“政治主体—政治制度—政治过程—政治关系”为基本框架，对当代中国的政府与政治进行了全面的解读，呈现了相对清晰的中国政治发展逻辑，为理解当代中国政府与政治及其变迁提供了审慎的思路。

五、本书的创新特色

第一，建构“政治主体—政治制度—政治过程—政治关系”的分析框架。清晰且全面的政治主体认知是理解中国政治制度体系如何建构、政治过程如何发展以及政治关系如何建立的基本前提。中国共产党是领导型政治主体，明确党的领导是准确把握中国政治制度、政治过程与政治关系的关键。

第二，运用历时性与共时性相结合的分析视角。遵循以历史为借鉴，以时代为关照，立足中国实际，解决中国问题的原则，本书生动呈现了新中国成立 70 多年来中国政府与政治的发展历史，系统分析了当代中国政治变迁的深层次原因，客观总结了当代中国政治发展的理论成果，致力于形成中国特色社会主义政治学话语体系。

第三，立足公共关怀与全球视野相结合的结构设计。“当今世界正经历百年未有之大变局。形势越是复杂，越需要我们保持从容不迫的战略定力，越需要我们具备登高望远的全局视野。”① 在共创普惠平衡、协调包容、合作共赢、共同繁荣的全球发展新时代，需要在更广阔的层面总结和反思中国的政治发展，从全球视野出发理解中国的政府与政治是“以回答中国之问、世界之问、人民之问、时代之问为学术己任，以彰显中国之路、中国之治、中国之理为思想追求”② 的基本准则。本书以“全球化与当代中国的政治发展”结尾，即为在全球化趋势不可逆转的今天，强调以全球视野理解中国政治发展道路、建构中国政治发展理论的重要性。

① 《习近平会见日本首相安倍晋三》，载《人民日报》，2019-12-24。

② 《坚持党的领导传承红色基因扎根中国大地　走出一条建设中国特色世界一流大学新路》，载《人民日报》，2022-04-26。

第一章

当代中国的政治主体

对于所有人来讲，政治生活如同社会生活、经济生活一样，不可避免，不能逃离。正如亚里士多德所认为的，人是天生的政治动物，人必须要过政治生活。任何人，不管是作为当权者对他人施加影响，还是作为无权者接受他人的影响，也不论是作为现存秩序的认同者和参与者进行投票选举，还是作为现存秩序的敌视者和叛逆者进行抗议①，都无法摆脱政治，每个人都在某些时候以某种方式被卷入政治生活之中。因此，理解政治现象和政治活动，必须弄清楚政治活动的行为者。了解人们以何种方式、何种手段以及何种组织形式来参与影响政治，显然是管窥政治本质的有效途径。

重点问题

- 中国政治主体的范围和分类
- 中国执政党和政府的关系
- 非政府组织在政治发展过程中的作用
- 被称为第四权力的大众媒介
- 作为政治主体的公民

① 张凤阳：《论政治行为主体》，载《南京社会科学》，1998 (1)。

第一节　概述

不论是罗伯特·达尔引入“影响力”术语来解读政治，还是马克斯·韦伯用“权威”的合法性来思考政治，其关键都涉及政治的核心问题——政治权力。有了权力，自然就会产生权力的承载者和行使者，也就是政治主体。因此，理解政治主体，是研究政府与政治的逻辑起点。

一、何谓政治主体

理解政治主体，不能孤立地看待政治主体本身。从认识论方面来讲，谈及政治主体，需要结合政治客体来思考。政治主体和政治客体是政治科学领域的两个基本概念，它们反映着政治现实的基本构成及其相互关系。一方面，政治主体不能随心所欲，它必然受到政治制度、政治机构、政治形势的约束。另一方面，政治主体又可以从自身规定性和价值出发，认识和评价自身与政治环境的关系。政治主体和政治客体之间的关系既明确，又处于动态的变化过程之中，有时还会相互转化。

结合政治系统中的主客体及其相互关系，政治主体的含义可以做如下界定：所谓政治主体，是指在一定的政治关系和政治环境中，直接或间接影响政治活动尤其是政治资源分配的个体和组织。

二、政治主体的类型

分类是认识事物本质的重要手段，因此，对政治主体进行分类是理解政治主体的重要方式。政治活动是格外复杂的事物，所有的人都可能卷入其中。在整个政治生活中，人的行为的复杂性、价值观念的多元化、角色的多样性，以及政治制度和文化传统的制约使得对政治主体分类较为困难。下面从不同的视角对其进行简单的分类：

第一，根据政治主体在政治决策中的影响力大小，可以分为体制内政治主体和体制外政治主体。体制内政治主体又可称为官方政治主体，是具有合法权威并直接参与政治活动、实施政治决策的组织，比如立法机构、行政机构等。体制外政治主体又可称非官方政治主体，是具有合法权利并参与政治活动、影响政治决策的组织或个体，比如非政府组织、大众传媒、公民等。

第二，根据介入政治活动的程度，可以分为积极政治主体和消极政治主体。在任何国家的任何体制当中，总有一些人对政治活动抱有浓厚的兴趣并活跃于公共事务之中，也总有一些人对政治问题无动于衷，甚至忽视政治的存在，患有“政治冷漠症”。

第三，根据政治主体的人数是一人还是多人，可以分为政治群体和政治个体。政治群体意味着以组织化形式参与政治活动，而政治个体则是以个人的方式影响政治。

第四，根据政治主体的结构性程度，可以分为松散型政治主体和严密型政治主体。松散型政治主体缺乏统一的制度约束和行为规范，比如阶级、民族、分散的个体等。严密型政治主体则有着明确的行为动机和制度化行为规则，比如政府组织、政党等。

第五，根据政治主体行动的稳健程度，可以分为激进型政治主体和保守型政治主体。激进型政治主体在政治活动中倾向革故鼎新，强调政策的替代性变革。保守型政治主体在政治活动中强调政策的稳定性和连续性，注重政策的修订与完善。

下面我们将主要根据第一种分类，从易于观察和接受的角度对政治主体进行分析。

三、政治主体的特征

从政治活动的过程可以发现，政治事物极为复杂，并且很可能是人类所遇到的最复杂的事物之一。作为政治活动中的主体，要想真正理解它，必须把握其基本特征。从理论和实践两方面来看，政治主体呈现以下几个方面的特征：

第一，利益性。马克思认为，“人们奋斗所争取的一切，都同他们的利益有关”①。利益是人们结成政治关系的原始动机。考察政治活动、政治关系，必须把利益关系放在重要位置。这里所说的利益，不是单纯的个人利益，而是涉及个人利益、组织利益和公共利益等多个方面以及不同形式的利益组合。

第二，能动性。政治主体总是以某种需要为出发点，并在某种政治意识的指导下从事政治活动，进而实现或影响对经济和社会的管控和变革。政治活动中，政治主体会以各种方式来掌控或影响政治权力，从而实现政治资源的配置，具有明显的能动性。

第三，层次性。政治主体呈现出多样化的形态，但彼此并非一种平行或对等关系。政治权力必须具有强制性才能实现对政治生活秩序的调节，这意味着是否拥有政治权力或者与政治权力的紧密程度差异会让政治主体呈现出层次性特征。一般来说，直接掌握政治权力的组织可为第一层次，以政治权力为重要取向的政党可为第二层次，而以影响政治决策为目标的利益团体可为第三层次。

第四，价值取向性。任何政治主体在政治生活中都必然有一定的政治态度、信仰和行为偏好，由此而体现出的政治价值具有明显的倾向性和稳定性。比如对民主的看法、对法治的认识、对参政的理解等，政治主体会展现出独特的价值追求。

① 马克思、恩格斯：《马克思恩格斯全集》，第1卷，82页，北京，人民出版社，1956。

第五，动态性。政治主体所具有的权力或权利，以及政治行为方式并非固定不变，而是会根据政治形势和社会的发展变化而变化，由此各政治主体的力量大小在不同的节点上会呈现出较大的差别。比如执政党和政府组织的关系、立法机关和行政机关的关系、政府与公民个体的关系，都会随着政治理论的演进、社会发展的进程、信息技术的变化、思维方式的转变而处于不断的调适之中。

第二节　政府组织

这里所说的政府，主要指的是广义上的政府，即国家机构。现代国家大部分都是依据宪法进行治理的。不管是形式上标榜还是事实上运作，都赋予宪法最高的地位，政府组织一般都会在宪法中被予以清晰的表达。依据《宪法》的规定，下面将主要讨论立法机关、行政机关、监察机关和司法机关四种政治主体及其行为。

一、立法机关

所谓立法机关，在西方国家主要指国会、议会、国民议会、代表院一类功能相似的政治机构，在中国指全国和地方各级人民代表大会及其常务委员会。立法机关是极为重要的政治主体，这主要与它在事关国家重大事务方面进行立法的职责有关。

在中国，人民代表大会是权力机关和立法机关。就其法律地位来讲，现行《宪法》明确规定：全国人民代表大会是最高国家权力机关，地方各级人民代表大会是地方国家权力机关。全国人大及地方各级人大作为国家权力机关，是人民代表大会制度的组织基础，是我国政权建设中最重要的国家机构。就全国人民代表大会而言，它具有最高立法权、最高监督权、最高任免权和最高决定权，具有无上的权威性和强制性。

人民代表大会的权威性主要与两方面的因素有关。一是它如何产生。现行《宪法》第 2 条规定，中华人民共和国的一切权力属于人民，人民行使国家权力的机关是全国人民代表大会和地方各级人民代表大会；第 3 条规定，全国人民代表大会和地方各级人民代表大会都由民主选举产生，对人民负责，受人民监督。所以，作为人民委托的人民代表大会具有坚实的权力基础。二是它产生了什么。现行《宪法》第 3 条规定，国家行政机关、监察机关、审判机关、检察机关都由人民代表大会产生，对它负责，受它监督。从上述两点看出，在中国，人民代表大会的地位是至高无上的。

现在大部分国家的立法机构为两院制和一院制。全国人民代表大会为一院制。为何中国要搞一院制呢？邓小平曾说："我们实行的就是全国人民代表大会一院制，这最符合中国实际。如果政策正确，方向正确，这种体制益处很大，很有助于国家的兴旺发达，避免很多牵扯。"① "我们说搞经济体制改革全国就能立即执行，我们决定建立经济特区就可以立即执行，没有那么多互相牵扯，议而不决，决而不行。就这个范围来说，我们的效率是高的，我讲的是总的效率。"② 一院制的好处是结构简单，办事效率高。一院制安排主要基于卢梭关于主权是对公意的运用，公意只有一个的观点，以及主权不可分割的理念，人民的共同意志只能由单一的立法机构来实现。

为了加强人民代表大会工作，需要充分发挥人民代表大会的作用。根据现行《宪法》和《地方组织法》规定，全国人民代表大会设立专门委员会，省、自治区、直辖市、自治州和设区的市的人民代表大会，可根据需要设立若干专门委员会，县、自治县、不设区的市、市辖区的人民代表大会根据需要，可以设法制委员会、财政经济委员会等专门委员会。专门委员会既有永久性的委员会，也有临时性的委员会。一些涉及领域比较多的委员会，还设有若干专题研究小组，可随时召开会议，进行活动。同时，它们经常就本委员会范围内的问题有计划、有重点地开展调查研究，派出调查组深入基层，广泛征求意见，掌握大量第一手材料，并及时向全国人大常委会和国务院有关部门反映，提出意见和建议。美国前总统威尔逊曾言："国会政府乃委员会政府，会期中的国会是向公众展示的国会，委员会议室中的国会才是运作中的国会。"③ 由此看出，专门委员会对是否通过某一个特定的法案有重要的影响力。

二、行政机关

行政机关，通常简称"政府"，这里主要指狭义上的政府，是政治主体中极为重要的组成部分。尤其是随着行政权力的扩张、"行政国家"的出现，行政机关在各个领域都发挥着重大作用。当然，在不同的国家，行政机关的产生、结构、职能会因政体的差异而不同。以其最高行政长官产生为例：总统制国家的最高行政机关由经选举产生的总统负责；内阁制国家的最高行政机关，由议会中占多数席位的政党或政党联盟组成，其首脑内阁总理（首相）由国家元首任命或经国家元首提名由议会选举，内阁向议会负责；中国最高行政机关由国家主席提名、经由全国人民代表大会选举产生的总理负责。不管行政机关在不同的国家呈现出何种差别，不可否认的是，行政机关在政治活动中具有巨大的影响力。

中华人民共和国的最高国家行政机关是中华人民共和国国务院，即中央人民政府，由全国人民代表大会产生。地方国家行政机关为地方各级人民政府，由同级人民代表大会选举产生，对同级人民代表大会和上级政府负责并报告工作，服从国务

---

① 邓小平：《邓小平文选》，第 3 卷，220 页，北京，人民出版社，1993。

② 同上书，240 页。

③ [英] 安德鲁·海伍德：《政治学》，381 页，北京，中国人民大学出版社，2006。

院的统一领导。尽管行政机关由立法机关产生，但其权力广泛，在实际的政治决策中，行政机关已经成为主导性机构，甚至成为国家立法建议的主要来源。根据现行《宪法》和《立法法》，全国人大及其常委会授权国务院制定某些具有法律效力的行政法规。除此之外，国务院还享有提案权、监督权、人事权、领导权、外交权等广泛的权力。

当代中国国家行政机关实行首长负责制与集体领导相结合的原则。首长负责制是指各级政府及其部门的首长在民主讨论的基础上，对本行政组织所管辖的重要事务具有最后决策权，并对此全面负责。另外，首长负责制并不意味着行政首长可以独断专行，而是与集体领导相结合的，行政机关或行政部门的重大问题，要由政府常务会议或者全体会议来决定。

三、监察机关

监察机关是行使国家监察职能的专责机关，依照法律规定对所有行使公权力的公职人员进行监察，调查职务违法和职务犯罪，开展廉政建设和反腐败工作。

世界上大多数国家都设有专门的监察机关。但对于监察机关的体制，不同国家因政治体制、文化传统和具体国情不同而存在差异，总体来看，监察的模式主要有代议机关内设的行政监察模式、行政机关内部的行政监察模式和监审合一的行政监察模式。

经过 2016 年国家监察体制改革试点之后，2018 年，十三届全国人大一次会议正式颁布实施《监察法》，监察机关由行政机关内设的部门监察模式调整为相对独立的国家监察模式，标志着中国监察体制进入新的阶段。

中华人民共和国国家监察委员会是最高监察机关，由全国人民代表大会产生，负责全国监察工作。地方各级监察委员会由本级人民代表大会产生，负责本行政区域内的监察工作。国家监察委员会领导地方各级监察委员会工作，上级监察委员会领导下级监察委员会工作。监察委员会依照法律规定独立行使监察权，不受行政机关、社会团体和个人的干涉。在具体办理职务违法和职务犯罪案件时，监察机关与审判机关、检察机关和执法部门互相配合，互相制约。

四、司法机关

司法机关是指行使国家司法权的国家机关，是依法行使相应国家职权的司法组织，主要具有审判、检察、监管、侦察职能。我国的司法机关在狭义上专指人民法院，在广义上除了法院还包括人民检察院和公安机关。在我国，行政机关设立的司法部门属于司法行政机关，在我国司法体系和法制建设中占有重要地位①。

---

① 《司法行政机关》，见 http：//www.gov.cn/guoqing/2005-09/13/content_2583390.htm，2022-10-10。

在中国，司法机关、监察机关和行政机关从属于国家权力机关。司法机关在检察和审判过程中不受任何行政机构、社会团体和个人的干预。

我国《宪法》规定，中华人民共和国人民法院是国家的审判机关，中华人民共和国设立最高人民法院、地方各级人民法院和军事法院等专门人民法院。最高人民法院监督地方各级人民法院和专门人民法院的审判工作，上级人民法院监督下级人民法院的审判工作。中华人民共和国人民检察院是国家的法律监督机关。中华人民共和国设立最高人民检察院、地方各级人民检察院和军事检察院等专门人民检察院。最高人民检察院领导地方各级人民检察院和专门人民检察院的工作，上级人民检察院领导下级人民检察院的工作。

中国司法机关在政治活动中，可以通过司法解释发挥对政治活动的影响力。中国的司法解释有时特指由最高人民法院和最高人民检察院根据法律赋予的职权，对审判和检察工作中具体应用法律所做的具有普遍司法效力的解释。司法解释具有法律效力，但是不可以与其上位法即宪法和法律相冲突，法院判决时可以直接引用司法解释。

第三节　政党组织

政党是社会中一定阶级、阶层或集团的积极分子，为了共同利益，采取共同行动，以期获得或维持政权并按一定原则组织起来的政治组织①。政党是现代国家政治生活中一种普遍的现象。世界上绝大多数国家的政治都与政党密切相关，或者说都是政党政治。政党不仅对其内部成员具有较大的影响力，而且对整个国家和社会生活也具有较大的影响力。政党政治已成为普遍现象，也逐渐被确立为民主政治的标志之一。在政党政治运作的过程中，不同国家基于自身国情会形成较为稳定的政党制度。政党制度的出现、发展和完善使得国家的政治生活日趋规范。在理解政党制度的差异方面，人们一般用能够上台执政的政党数目来做出比较。比如两党制、多党制、一党制等。一般来说，上台执政的政党叫作执政党，未上台执政的政党叫作在野党。

一、当代中国政党组织概况

中国政党组织是由中国共产党和八个民主党派组成，其中中国共产党是执政党，八个民主党派是参政党，在政治领域各自发挥着重要的功能。

---

① 曹沛霖、陈明明、唐亚林：《比较政治制度》，171 页，北京，高等教育出版社，2005。

（一）中国共产党概况

中国共产党的诞生是中国革命发展的客观需要，是马克思主义同中国工人运动相结合的产物。1921 年 7 月，中国共产党在上海召开了第一次全国代表大会。大会通过了中国共产党的第一个纲领和第一个决议，纲领规定：党的名称是“中国共产党”；党的性质是无产阶级政党；党的奋斗目标是推翻资产阶级，废除资本所有制，建立无产阶级专政，实现社会主义和共产主义；党的基本任务是从事工人运动的各项活动，加强对工会和工人运动的研究与领导①。

中国共产党于 1949 年 10 月 1 日中华人民共和国成立之时，成为全国范围的执政党。新中国成立之前，入党人员仅有 11.9 万名，截至 2022 年 12 月 31 日，中国共产党党员总数为 9 804.1 万名；党的各级地方委员会 3 198 个，其中省（区、市）委 31 个，市（州）委 397 个，县（市、区、旗）委 2 770 个；基层党组织 506.5 万个②。中国共产党一路走来，党员规模不断扩大，党员队伍结构持续优化，党员教育管理不断加强，基层党组织不断夯实巩固，使党始终保持旺盛生命力和强大战斗力。

（二）各民主党派概况③

1. 中国国民党革命委员会（简称“民革”）

1947 年 11 月，中国国民党民主派和其他爱国民主人士第一次联合会议在香港举行。1948 年 1 月 1 日，会议宣布中国国民党革命委员会正式成立。民革以同原中国国民党有关系的人士、同民革有历史联系和社会联系的人士、同台湾各界有联系的人士以及其他人士为对象，着重吸收其中有代表性的中上层人士和中高级知识分子。

2. 中国民主同盟（简称“民盟”）

1941 年 3 月 19 日在重庆秘密成立，当时名称是中国民主政团同盟。11 月 16 日，张澜在重庆公开宣布中国民主政团同盟成立。1944 年 9 月，中国民主政团同盟在重庆召开全国代表会议，决定将中国民主政团同盟改为中国民主同盟。民盟主要由从事文化教育以及科学技术工作的高中级知识分子组成。

3. 中国民主建国会（简称“民建”）

1945 年 12 月 16 日，由爱国的民族工商业者和有联系的知识分子发起，在重庆成立。民建主要由经济界人士组成。

4. 中国民主促进会（简称“民进”）

1945 年 12 月 30 日，在上海正式宣告成立。以文化教育出版界知识分子为主，

---

① 谢荫明：《中共一大党纲研究》，载《中共党史研究》，2000（5）.

② 《中国共产党党内统计公报》，见 http：//djyj.12371.cn/2023/07/13/ARTI1689233406446468.shtml，2023－07－20。

③ 资料来源于各民主党派官网。

还有一部分工商界爱国人士。民进主要由从事教育文化出版工作的高中级知识分子组成。

5. 中国农工民主党（简称“农工党”）

1930年8月9日，国民党左派领导人邓演达在上海主持召开了第一次全国干部会议，成立中国国民党临时行动委员会，1935年11月10日改名为中华民族解放行动委员会，1947年2月3日改名为中国农工民主党。农工党主要由医药卫生界高中级知识分子组成。

6. 中国致公党（简称“致公党”）

1925年10月，由华侨社团发起，在美国旧金山成立。1947年5月，致公党在香港举行第三次代表大会，进行改组，成为一个新民主主义的政党。致公党主要由归侨侨眷中的中上层人士组成。

7. 九三学社

1944年底，一批进步学者为争取抗战胜利和政治民主，继承和发扬五四运动的反帝爱国与民主科学精神，在重庆组织了民主科学座谈会。为纪念1945年9月3日抗日战争和世界反法西斯战争的伟大胜利，改建为九三学社。1946年5月4日，在重庆正式召开九三学社成立大会。九三学社主要由科学技术界高中级知识分子组成。

8. 台湾民主自治同盟（简称“台盟”）

在台湾人民二二八起义以后，由一部分从事爱国主义运动的台湾人士于1947年11月12日在香港成立。

二、当代中国政党的组织原则与组织体系

民主集中制是中国共产党从建党之初就确立的组织制度和领导制度，各民主党派在长期自身建设中向中国共产党学习，也逐步确立了民主集中制，并普遍在党章中把民主集中制作为根本的组织原则。民主集中制就是在民主基础上的集中和集中指导下的民主相结合。民主是集中的前提和基础，集中是民主本身的要求和体现。民主集中制是规范党内生活、处理党内关系、开展政党活动的基本准则，也是各政党组织建设和制度建设必须遵循和坚持的基本原则。

（一）中国政党组织原则的具体内容

根据中国共产党以及各民主党派党章规定，民主集中制主要包括以下内容：(1) 党员（会员或者盟员）个人服从党的组织，少数服从多数，下级组织服从上级组织，全党各个组织和全体党员（会员或者盟员）服从党的全国代表大会和中央委员会；(2) 党的各级领导机关都由选举产生；(3) 党的上级组织要经常听取下级组织和党员（会员或者盟员）的意见，及时解决他们提出的问题；(4) 党的各级委员会实行集体领导和个人分工负责相结合的制度；(5) 最高领导机关是党的全国代表

大会及其所产生的中央委员会。

（二）中国政党组织的组织体系

根据中国共产党以及各民主党派党章规定，执政的中国共产党和参政的民主党派在通力合作过程中以及民主党派在向中国共产党进行组织学习的过程中，形成了较为相似的组织体系。一般都包括三个层次：党的中央组织、党的地方组织和党的基层组织。党的中央组织主要是党的全国代表大会以及其产生的中央委员会，在全国代表大会和中央委员会闭会期间，中央常务委员会代行中央委员会职权；为了加强内部监督，中国共产党还设立了中央监督机构。党的地方组织一般在省级单位（包括省、自治区、直辖市）、市级单位（设区的市、直辖市的区）和县级单位设立。党的基层组织主要在企业、农村、机关、学校、街道社区、社会组织、科研院所等设立。

三、当代中国政党组织的功能

现代政治就是政党政治。现代政党有两个核心功能：一是利益代表功能，任何社会都由不同规模的政治、经济和社会利益集团组成，不同的组织利益诉求可以通过政党进行代表；二是利益聚合和表达功能，政党通过把特定的利益要求转变为可供选择的方案，从而实现政治目的。在代议制政府确立之后，上台执政或者参政就成为政党的主要目标。

当代中国政党组织区别于西方，这主要在于中国特色社会主义最本质的特征是中国共产党领导，中国特色社会主义制度的最大优势是中国共产党领导。当代中国政党不存在在野党或者反对党，各民主党派都是参政党，这也就决定了当代中国政党功能的特殊性——政党组织不是以竞选上台为目的，而是在中国共产党的领导以及各民主党派共同参政下全心全意代表社会各阶层利益为中华民族的共同利益而奋斗。在政治实践中，中国共产党和各民主党派一道在公民和政府间发挥着政治联结、政治表达、政治协调、政治教育和政治稳定等功能。

第四节　非政府组织

非政府组织（non-governmental organization，NGO）一词最初是在 1945 年 6 月签订的《联合国宪章》第 71 款使用的。该条款授权联合国经济及社会理事会“采取适当办法，俾与各种非政府组织会商有关本理事会职权范围内之事件”。20 世纪 80 年代以来，人们在各种场合越来越多地提及非政府组织，并逐渐把非政府组织看作社会和政治领域重要的组成部分。非政府组织这个概念比较复杂，在不同国家的称谓也是多种多样，与之类似的有“非营利组织”“非市场组织”“志愿组织”“慈善组织”“免税组织”“社会组织”等。尽管称谓复杂，但这些组织大都表现出这几个方面的特征：组织性、民间性、非营利性、自治性和志愿性。

目前，许多国家的非政府组织已经成为“强大的行动工具”，并在环境保护、扶贫、疾病防治、应急救援、人权保障等领域发挥着越来越大的作用。正如托克维尔所言，在规定人类社会的一切法则中，有一条法则似乎是最正确和最清晰的，这便是——要使人类打算文明下去或者走向文明，那就是要使结社的艺术随着身份平等的扩大而成正比例地发展和完善①。当然，非政府组织的影响力以及成长空间因国家的政治体系、历史传统、社会文化环境、政党制度等因素而存在明显的差异。

一、中国非政府组织的发展状况

在中国，政府主管部门一般将非政府组织称为“社会组织”。新中国成立后，中国社会组织发展呈现出鲜明的阶段性特征，改革开放之前，高度集权的国家形态压缩了社会的生存空间，社会组织的发展遭到刚性约束。尽管当时政务院于1950年制定了《社会团体登记暂行办法》，但社会团体主要由党政机关各自管理，社会组织的民间性不足，以至于发展极其缓慢，甚至出现停滞现象。改革开放之后，得益于宽松的政治和社会环境，中国社会组织蓬勃发展，其规模和影响力迅速扩大，尽管依然存在一些阻碍，但总体趋势大有好转。社会组织出现了三次增长高峰，有三个标志性事件助推了社会组织发展。一是1988年和1989年国务院先后公布了《基金会管理办法》和《社会团体登记管理条例》；二是1995年世界妇女大会在中国召开；三是1998年国务院制定《民办非企业单位登记管理暂行条例》。行政立法的不断完善使得社会组织发展逐步走上了法制化和规范化道路。

社会组织主要包括社会团体、民办非企业单位和基金会。社会团体是指人们为一定的目的，通过结社成立的各种社会组织的总称，是社会生活民主化的产物。民办非企业单位是指由民间主办的、不以营利为目的、旨在推进社会公益事业的组织机构。为了维持自身的运转，它们在开展活动时必须向服务对象收取一定的费用，但其收入余额不能在组织成员与理事会之间进行分配，这与企业所追求的利润最大化有着本质的区别。基金会是指利用自然人、法人或者其他组织捐赠的财产，以从事公益事业为目的，按照规定成立的非营利性法人。根据中华人民共和国民政部《2022年民政事业发展统计公报》，截至2022年底，全国共有社会组织89.1万个，其中，社会团体37万个，民办非企业单位51.2万个，各类基金会9 319个；吸纳社会各类人员就业1 100万人。

当然，上面所述非政府组织并非中国的全貌。在不包括村民自治组织和城市社区自治组织的前提下，在除去工青妇和参加全国政协的8个人民团体以及国务院审

---

① ［法］阿列克西·德·托克维尔：《论美国的民主》（下），640页，北京，商务印书馆，1988。

核免于登记的 25 个[①]组织之外，因我国注册门槛较高而未注册但一直进行活动的社会组织还大量存在，主要为城乡基层社区的文化娱乐、体育健康、兴趣爱好组织，例如，棋牌协会、钓鱼协会、老年秧歌队、社区治安巡逻队等，他们或自娱自乐或做一些力所能及的公益活动[②]。

二、非政府组织的政治功能

非政府组织之所以发展，既有深厚的理论基础方面的合理性支撑，也是社会实践的必然要求。从政治视角来看，中国的非政府组织所体现出的价值明显，具体表现在：

第一，非政府组织与政府组织通过合作进行治理。不断增强的公民团体是更广泛地改善治理的一种方式，这远比简单地增强或是削弱政府机构更加重要。经验表明，当非政府机构成为公共机构的合作伙伴时，它们通常能完成被证明单靠政府无法完成的困难任务[③]。

第二，维护团体或公共利益。政府和市场都可能会失灵，非政府组织的存在可以表达和提出被忽视的利益诉求和看法，有利于维护社会的稳定。比如，工会、共青团、妇联一直在强调职工权益、青少年权益和妇女儿童权益的保护。

第三，制约政府权力。非政府组织的存在拓展了政治参与的空间，有利于对政府形成充满活力和健康的社会的制衡。非政府组织在维护利益的过程中，会对国家的宪法、法律和法规及其实施情况进行了解，对政府工作人员的履职情况、守法情况和廉洁情况进行关注与监督，这都有利于制约政府权力，从而保障自由。

第四，有利于政治社会化。公民参与团体的组织和活动，有助于了解生活其中的政治制度的结构和过程，有助于了解政治思想和国家重大政策，有利于了解其他人的政治态度和倾向。人们可以彼此交换意见，进行辩论和讨论，有利于培养有见识的公民和培育公民精神。

第五节　大众传媒

大众传媒主要是指以传递信息为主的报纸、杂志、电视、广播、电影、互联网等。随着教育水平的提高，大众传媒的政治意涵越来越明显，以至于媒体已经成为强大的政治行为者，并在某些方面更为深刻地卷入政治过程当中。尤其是随着互联

---

① 马庆钰：《中国非政府组织发展与管理》，174 页，北京，国家行政学院出版社，2007。

② 龚维斌：《新中国 70 年社会组织方式的三次变化》，载《中央党校（国家行政学院）学报》，2019（6）。

③ 单美英：《非政府组织的政治功能分析》，载《兰州学刊》，2003（6）。

网的发展以及信息和通信技术的革新，出现了融媒体、自媒体等新媒体形态，信息的传播、政治的表达、民意的聚集出现了新的形式，媒体的行动能力和之前也大不相同。传播学奠基人之一、美国著名传播学家施拉姆指出："媒体很少能劝说人怎么想，却能成功地劝说人想什么。"① 正是鉴于大众传媒在现代信息传播的载体地位，尤其是能够聚焦事件以及引发舆论的力量，大众传媒被誉为"无冕之王"。

改革开放之后，中国的大众传媒也得到了突飞猛进的发展，主要表现在传媒的多样性与多元化方面，这也使得中国大众传媒的政治价值日趋丰富，表现在以下几个方面：

第一，推动政治社会化。政治社会化的实质是政治意识积累、传播和延伸的过程，但现行政治体系所希望的政治知识、政治信仰、政治价值和政治情感等政治意识并不是人们与生俱来的，而是通过长期的、持续的政治教育和政治熏陶获得的。这其中，大众传媒在推动政治社会化的进程方面效果显著。大众传媒通过传播政治事件、宣传政治主张、传播政治知识，进而塑造政治人格，推动社会成员政治意识和技能的获得。

第二，参与政治决策过程。大众传媒在政治决策的任何过程都能发挥重大作用。比如，在政策制定阶段可以为决策者发现问题并设定议程；围绕政策问题，影响别人的态度和价值观；改变投票者和决策者的行为；等等。在政策执行阶段，由于存在诸多不可预知的因素，很多问题会暴露出来，这需要跟进的大众传媒去弥补政府部门在解决这些问题时所暴露的不足。大众传媒可以在这些阶段继续提供信息交流的平台，提升公众对于新生问题的关注度，从而促使问题得到解决。在政策执行之后，大众传媒能够做出较为客观与完整的评价，并且对整个过程所产生的问题进行反思。

第三，监督和约束政治权力。大众传媒通过公开的报道和评论，调动全社会的舆论支持，从而在广泛的范围内制约权力的极端扩张和膨胀。大众传媒监督政治权力并不都是防止权力发生恶变，而是让权力在公众的监督下运行得更公正、更科学。

第六节　公民

对于公民的理解更多是从个体所具有的某种身份或者资格展开的。"公民"一词最早出现于具有民主色彩的古希腊雅典和古罗马城邦时期。当时在民主政治的基础上，出现了"公民"的称呼，也叫"市民"。古罗马曾经颁布过《市民法》，也就是《公民法》，用以调整罗马市民之间的关系。但随着民主的式微，公民的概念不再被提及，直到西方资产阶级革命发生以后，公民才又被使用，并逐渐被世界各国

① ［美］威尔伯·施拉姆、威廉·波特：《传播学概论》，276 页，北京，新华出版社，1984。

所接受。现代国家的宪法普遍使用了公民的概念，并对公民的法律地位进行了描述和界定。

从历史上看，公民是作为一种政治身份出现的，它反映的是个人参与政治共同体的资格。所以说，公民身份是一种沟通个体和政治共同体的媒介。与其他社会身份相比，公民身份的优点是它具有一种包容性的特质，这是阶级、宗教、种族等其他社会身份所缺乏的特质①。

现代民主国家中，公民是重要的政治主体，公民被赋予各种权利以影响政治过程。比如，以国家主人或主权者的身份，对某些重大政治问题直接行使权利，如：政治领导人的选举，宪法的修改，重大决策投票表决；选举代表参与国家事务，并有权利罢免选出的代表；还可以通过威胁性的方式（如游行示威、罢工、请愿）反对某些政策；等等。

新中国成立之后确立了主权在民的原则，人民成为国家的主人②。人民群众以各种形式和渠道参与公共事务的管理以及政治决策。具体来看，人民群众的参政地位以及所发挥的参政作用表现在以下几个方面：

第一，从权利赋予方面来看。现行《宪法》第 2 条明确规定："中华人民共和国的一切权力属于人民……人民依照法律规定，通过各种途径和形式，管理国家事务，管理经济和文化事业，管理社会事务。"这一规定，反映出参政权是公民不可或缺的、极为重要的一项基本权利。现行《宪法》第 41 条规定：中华人民共和国公民对于任何国家机关和国家工作人员，有提出批评和建议的权利；对于任何国家机关和国家工作人员的违法失职行为，有向有关国家机关提出申诉、控告或者检举的权利。这一规定赋予了公民另一项基本权利，即对国家机关及其工作人员的监督权。

第二，从立法领域来看。《立法法》第 6 条规定：立法应当体现人民的意志，发扬社会主义民主，坚持立法公开，保障人民通过多种途径参与立法活动。作为一项基本原则，无论何种性质的立法活动，如立法机关，包括全国人大及其常委会的立法，行政机关对行政法规、规章的制定等行政立法，甚至司法机关的司法解释，都应受该原则的约束。人民群众参与立法活动，主要有两种途径：一是人民群众民主选举各级人大代表，由人大代表在参加国家权力机关的工作中，反映人民的意见和要求；二是国家机关在其立法活动中要采取各种有效措施，广泛听取人民群众的意见。

---

① ［美］基思·福克斯：《公民身份》，89 页，长春，吉林出版集团有限责任公司，2009。

② 公民和人民是两个区别较大的词。公民是指具有本国国籍，依据宪法和法律，享有权利和承担义务的个人；人民泛指以劳动群众为主体的社会基本成员，在不同国家和各个国家的不同历史时期，其成员范围有伸缩性。由此可以看出，公民是一个法律概念和个体概念，人民是一个政治概念和集体概念。在中国现行宪法中，人民概念使用主要涉及集体性，而公民概念使用则事关具体化。但严格区分两者并不一定完全恰当，人民不是抽象的符号，而是一个个具体的人。人民概念并不否定个体的独立性，所以本部分并不严格地区分两者。

第三，从行政领域来看。行政机关在执法过程中，无论是行政活动的信息，还是决策行为都应该公开，人民有知情权。而对于一些重大的行政决定，行政相对人可以要求听证。政府信息公开、听证、公示等制度的建立对于保障公民的参政权以及监督权发挥了重大作用。

第四，从司法领域来看。中国倡导“法律面前人人平等”的原则，借鉴英美法系当事人主义的审判方式，当事人在整个诉讼过程中的权利得到了有效保障。比如，取消了“坦白从宽、抗拒从严”的有罪推定暗示；建立健全了辩护制度，尤其是在刑事案件中，赋予辩护人在侦查期间介入、阅读卷宗、调查取证等权利。

关键术语

政治主体　　非政府组织　　政党　　公民

复习思考题

1. 请谈谈政府与政治之间的关系。
2. 当代中国的政治主体包含哪些？
3. 结合政治和社会生活实践，谈谈对政治主体特征的认识。
4. 当代中国政党组织的原则为什么选择民主集中制？
5. 谈谈对当代中国监察制度的认识？
6. 如何评价非政府组织在政治生活中的作用？
7. 自媒体时代是否更有利于公民参与政治？为什么？

第二章

当代中国的政治制度

政治是人类历史发展到一定时期所产生的一种重要社会现象，它在不同的国家呈现出异质性的场景，并在适应本国的社会、经济和文化的过程中形成了林林总总的政治制度。由于政治制度的确立一般都内含一定的逻辑性或合理性，所以相对稳定的政治制度就成为人们观察、思考和研究一国政治活动的基点。

政治制度是一套有机而复杂的体系，它是一种能够对人的行为产生约束力的结构，能够使人们按照一种共同的知识而行动，进而塑造出一个有秩序的政治共同体。新中国成立之后，中国人民在中国共产党的领导下，在政治理念指导和政治实践中，创造出独具特色的政治制度，主要包括人民代表大会制度、中国共产党领导的多党合作和政治协商制度、国家元首制度、行政制度、司法制度、地方自治制度。

重点问题

- 政治制度的内涵与外延
- 中国政治制度运作的影响因素
- 当代中国的政党制度
- 民族区域自治的自治权

第一节　概述

一、政治制度的内涵

对于多数人来说，政治制度是一个比较熟悉并经常使用的概念，从字面上理解可以简单解释为有关政治领域的规则，但如果具体探究政治制度的内涵，人们往往觉得难以界定。研究政治制度的学者们在确定政治制度范畴的实质时也存在不少争论。古往今来，众多思想家和研究者关于政治制度的内涵意见纷纭。在美国，就能找到20多种解释，法、德、日等国的大学教科书上也罗列着多家之说①。

最早使用“政治制度”一词的是亚里士多德，他在《政治学》一书中提出，政治制度是全城邦居民由以分配政治权利的体系。他以当时各城邦的政治制度为对象，对各种政体形式及政治原则进行了比较和分析，构建了传统政治学的研究取向，而制度研究法则成为历史上政治学研究的主要方法。及至今天，政治领域经历了错综复杂的实践，政治内容和范围持续增扩，人们研究的视角也日新月异，这使得政治制度的内涵和外延扩张明显。但总体来看，西方学者更多从狭义的角度分析政治制度，强调权力结构和价值分配，具有动态性；而中国学者更多从广义的角度来界定，把政治制度分解为国体和政体，体现阶级分析法倾向，具有静态性。

从中国视角界定的政治制度总是具体的、个别的，而从比较政治制度的研究来看，当代世界各国的政治制度是纷繁复杂的。在世界上不可能找到政治制度完全相同的两个国家。《中国大百科全书·政治学》对政治制度的界定是：“在特定社会中，统治阶级通过组织政权以实现其政治统治的原则和方式的总和。它包括一个国家的阶级本质、国家政权的组织形式和管理形式，国家结构形式和公民在国家生活中的地位。狭义主要指政体，即政权的组织形式。”② 这一界定主要体现了马克思主义政治学理论的观点。

二、政治制度的层次

政治制度是一个复杂的体系，这个体系主要体现在政治制度是多层制度的结合体。党的十九届四中全会明确提出，政治制度分为根本制度、基本制度和重要制度三个层次。党的二十大报告进一步强调要坚持和完善我国的根本政治制度、基本政治制度、重要政治制度，拓展民主渠道，丰富民主形式，确保人民参与管理国家和

① ［苏］契尔金：《宪法和政治制度》，23页，成都，四川大学出版社，1988。

② 中国大百科全书出版社编辑部：《中国大百科全书·政治学》，514页，北京，中国大百科全书出版社，1992。

社会事务，管理经济和文化事业。

所谓根本制度，就是在中国特色社会主义制度体系中起基础性、全局性、方向性作用的制度。党的十九届四中全会通过的《中共中央关于坚持和完善中国特色社会主义制度、推进国家治理体系和治理能力现代化若干重大问题的决定》（简称《决定》）进一步明确了人民代表大会制度是我国的根本政治制度，坚持马克思主义在意识形态领域指导地位的根本制度。习近平总书记在十九届四中全会第二次会议上又明确党的领导是我国的根本领导制度。这三项制度奠定了中国特色社会主义制度体系的基石。

所谓基本制度，就是通过贯彻和体现国家政治生活、经济生活的基本原则，对国家经济社会发展等发挥重大影响的制度。基本制度也覆盖和体现在各个领域。比如，体现在政治领域，就是中国共产党领导的多党合作和政治协商制度、民族区域自治制度、基层群众自治制度这三大基本政治制度；体现在经济领域，就是公有制为主体、多种所有制共同发展，按劳分配为主体、多种分配方式并存，社会主义市场经济体制等三大基本经济制度。在这“三大基本经济制度”之前加上一个“等”字就是表明：我国各领域各方面基本制度是会随着实践发展而逐步扩容的。

所谓重要制度，就是由根本制度和基本制度派生而来的，国家治理各领域各方面各环节的具体制度以及相应的体制机制、法律法规安排等。《决定》列举了各个领域的重要制度：党的领导和自身能力建设方面的制度，如党领导人大、政府、监察机关、审判机关、检察机关、社会组织等方面的制度，党委（党组）工作制度，党员干部密切联系群众制度，党管干部制度等；人大领域如人大对“一府一委两院”的监督制度、人大选举制度、党外代表人士队伍建设制度等；国家行政领域如中央和地方有关事权和财权方面的制度、行政执法责任和追究制度、行政审批制度等。这些重要制度上接国家治理之顶层，下连社会生产生活方方面面之基层。

三、政治制度的特征

要想真正把握政治制度的内涵，就必须对政治制度所具有的特征进行解读，它是认知政治制度的重要环节。从政治制度的理论研究和具体的政治实践来看，政治制度具有以下基本特征：

第一，权威性。相比其他社会领域的各项制度，政治制度的最大特征就是其具有的权威性。不论是政治制度的确立，还是政治制度的运行，抑或是政治制度最终输出的产品，它都能对全社会的价值分配产生实质性的影响力和约束力。

第二，阶级性。马克思主义政治观认为国家是阶级社会的统治工具，其政治制度自然具有阶级性。只要存在国家，不论政治制度如何变迁，都不能改变强势阶级统治的现实。

第三，动态性。政治制度并非一成不变，它会随着阶级力量及结构的兴起或衰减，以及经济社会文化的变迁而调整。以英国君主制度的变迁为例，封建习惯的束缚和地方贵族的抗争，使国王难以彻底越过封建宗主的权力范围，将王权权威完全渗透到各个封建领地与市镇，也使国王的一些重大集权措施不易及时有效地推行，有时还得被迫妥协和让步①。由此可见，王权和封建贵族势力的消长对比，尽管是在统治阶级内部，但也直接影响到政治制度的构建和发展。

第四，稳定性。政治制度的变迁并非意味着政治制度本身不稳定。动态性是一种从大历史的视角、长期的观察得出的判断，而从短期看，政治制度具有较强的稳定性。它一旦形成并确立，就能对社会秩序的运行发挥着极大作用，社会各种力量将熟悉并会习惯于这种秩序。

第五，层次性。政治制度是一套有机的系统和规范的体系，其要素和结构极为复杂，但复杂的制度内含一定的层次性。而处于不同层次的政治制度，其内容、形式和作用是不尽相同的。

从制度设计和实践运行来看，中国政治制度具有以下特性：

第一，坚持中国共产党全面领导。《宪法》明确规定了中国特色社会主义最本质的特征是中国共产党领导。十九届四中全会二次会议明确坚持中国共产党的全面领导是中国根本政治制度中的根本领导制度。党的二十大报告进一步强调要把坚持中国共产党的领导落实到党和国家事业各领域各方面各环节，确保我国社会主义现代化建设正确方向。

第二，坚持以人民为中心思想。人民是历史的创造者，是决定党和国家前途命运的根本力量，坚持人民主体地位，把党的群众路线贯彻到治国理政的全部活动中，做到发展为了人民，发展依靠人民，发展成果由人民共享。

第三，坚持全过程人民民主。全过程人民民主是中国共产党团结带领人民追求民主、发展民主、实现民主的伟大创造，是中国特色社会主义民主政治的根本特征和优势所在。全过程人民民主具有全系统的制度体系、全链条的制度程序和全方位的法治保障。

四、政治制度运作的关键要素

一种政治制度在这个国家的运作是有效的，而移植到另一个国家可能就是无效的。英国学者拉斯基在研究美国总统制时曾讲过这样一个道理，即政治制度“形式上的外表，在任何一个时刻，都和事实上的本体，是不同的”②。托克维尔曾以墨西哥移植美国联邦制为例，指出其只抄来了宪法的条文，而无法同时把给予宪法生命的精神移植过来，因此，双重政府的车轮便随时停止，各州的主权和联邦的主权时常超越宪法为它们规定的范围，所以双方总是冲突③。

---

① 孟广林：《英国封建王权论稿：从诺曼征服到大宪章》，365 页，北京，人民出版社，2002。

② ［英］哈罗德·拉斯基：《美国总统制》，2 页，上海，上海人民出版社，1959。

③ ［法］阿列克西·德·托克维尔：《论美国的民主》（上），186 页，北京，商务印书馆，1988。

政治制度在运作的过程中，主要受到以下因素的影响：

第一，经济制度。政治几乎在所有层面上都同经济纠缠在一起。意识形态的论争在传统上也围绕两大对立的经济哲学展开。因此，经济制度制约着政治过程、政治行为和政治结果，并最终影响到政治制度。当然，经济制度在不同的国家具有不同的表现，相似的经济制度在不同的国家也可能存在较大的差异性。比如，同样是资本主义经济制度，可以发现三种类型：企业资本主义、社会资本主义、集体资本主义。不同类型的资本主义，其政府体制、国家角色差异较大。中国坚持公有制为主体、多种所有制经济共同发展的基本经济制度，这种制度决定了社会主义道路和社会主义国家政权的性质。

第二，社会因素。政府是社会的产物，且是社会的一部分，因此，政治的任何方面都必然受到社会的制约。任何国家，即使是最专制的国家，社会也不是完全依附于政治，并不是完全被动的角色，在很多领域和层面，社会都有自主的范围和运行机制，当然，在强社会状态和弱社会状态下肯定会有差异。考察社会对于政治的影响，核心在于探究社会组织与国家的关系。在社会组织发展成熟的国家，政府在很大层面上能够被社会组织钳制，社会组织能够制定游戏规则分享国家中的权力，并推进国家权力的制度化运作。而在社会组织发展滞后的国家，政治游戏规则更多为政府所控制。改革开放以来，在中国共产党的领导下，中国各类社会组织力量持续发展，社会组织与党中央决策部署同频共振，与国家发展同向发力，已经成为国家治理体系和治理能力现代化伟大实践的重要参与者、构建者、推动者。

第三，政治文化。托克维尔曾分析了有助于美国民主共和制度运作的三个原因：一是自然环境，二是法制，三是民情。按照贡献等级，自然环境不如法制，而法制不如民情。托克维尔所指的民情，是指人们长时间社会实践所形成的惯例、习俗、传统和思想，也即政治文化。阿尔蒙德等人剖析了影响民主政治运作的政治心理，并深入分析了“为什么有的民主体制比其他民主体制更有效，什么样的政治文化更有利于民主政治体制的稳定”。阿尔蒙德等人总结出了三种类型的文化，其中蒙昧型文化和服从型文化的国家，即使存在民主的、正式的制度安排，也不能真正发挥作用，只有在参与型文化的国家中，民主政治体制才能真正运作。中国特色的社会主义政治文化汲取了优秀的中国传统政治文化，又深受中国化时代化的马克思主义思想指引，同时又以包容开放的姿态吸纳了西方优秀政治文化，形塑了中国政治制度。伴随着中国特色社会主义事业的推进，马克思主义中国化进入了新时代，习近平新时代中国特色社会主义思想的世界观、价值观和方法论已经成为强大的理论武器。

第四，历史传统。人类社会是一个持续发展的过程，任何国家的现在，都是长期历史形成的结果，今日中国是由历史中国发展而来。中华民族文明的延续性和连续性，意味着现代化的中国政治制度并不会完全与历史隔离，传统的精神、习俗和制度会影响着政治行为，影响着政治制度的运作。党的二十大报告明确提出了中华优秀传统文化中的智慧结晶如天下为公、民为邦本、为政以德、革故鼎新、任人唯贤、天人合一、自强不息、厚德载物、讲信修睦、亲仁善邻等，是中国人民在长期生产生活中积累的宇宙观、天下观、社会观、道德观的重要体现，同科学社会主义价值观主张具有高度契合性，我们应该坚持历史自信、文化自信，坚持古为今用、推陈出新，把马克思主义思想精髓和中华优秀传统文化精华贯通起来、同人民群众日用而不觉的共同价值观念融通起来，不断夯实马克思主义中国化时代化的历史基础和群众基础，从而为社会主义政治制度的合法性增加砝码。

第二节 人民代表大会制度

现行《宪法》第 2 条规定：人民行使国家权力的机关是全国人民代表大会和地方各级人民代表大会。人民代表大会制度是中国的根本政治制度，是中国的政权组织形式，是中国政治民主的主要体现形式，也是实现中国全过程人民民主的重要制度载体。人民代表大会制度的实际运转状况，直接反映中国政治民主化、政治文明以及政治发展的水平。

一、人民代表大会制度的确立与发展进程

尽管新中国成立之前中国共产党就曾进行过人民代表大会制度的探索，但由于国内外政治形势严峻，诸多实践仅停留在形式层面。人民代表大会制度的真正确立肇始于新中国成立之后，但其发展过程并不顺利，其间存在波折和混乱，甚至倒退，但从整个发展历程来看，则呈现出上升态势。

（一）临时宪法中的制度规定

新中国成立前后，由于制宪条件不成熟，中国共产党和各民主党派共同合作，首先筹建了中国人民政治协商会议，并于第一次会议通过了具有临时宪法性质的《中国人民政治协商会议共同纲领》。按照《中国人民政治协商会议共同纲领》的规定，中华人民共和国的国家政权属于人民，国家最高政权机关为全国人民代表大会，人民行使国家权力的机关为各级人民代表大会和各级人民政府，这就从法律上把人民代表大会制度确立为新中国的根本政治制度。

（二）第一届全国人民代表大会的召开及宪法的制定

随着新民主主义革命在全国范围内的胜利，建立各级人民代表大会的时机逐步成熟。1953 年 2 月，在邓小平的领导下，中央选举委员会制定了《选举法》，建立人民代表大会的工作正式开始。1954 年 9 月，第一届全国人民代表大会第一次会议在北京隆重举行。会议通过了我国历史上第一部社会主义类型的宪法，进一步确认了适合我国国情、便于人民行使国家权力的人民代表大会制度。至此，人民代表大

会制度在新中国的大地上从中央到地方系统地建立起来了。

（三）反右斗争扩大化与“文化大革命”中的混乱

1957年下半年反右斗争严重扩大化，成为我国人民代表大会制度建设和各级人大工作逐步走下坡路的一个转折点。民主集中制遭到损害，人大及其常委会的工作也难以开展。1958年之后，各地人民代表大会的民主风气被侵蚀，立法工作开始停顿，国家政治生活越来越不正常。1966年爆发的“文化大革命”使我国人民代表大会制度遭到严重破坏。此后八年间，没有进行选举和召开全国人民代表大会。全国人大及其常委会仅仅保留一个名义，其工作机构也被严重损坏，实际上已失去最高国家权力机关的作用；地方各级人大连形式也荡然无存。

（四）人民代表大会制度的恢复与发展

1975年1月，第四届全国人民代表大会第一次会议的召开，标志着全国人大及其常委会的各项工作开始复苏，尤其是粉碎“四人帮”之后，我国人民代表大会制度的建设开始逐步恢复。之后，各省、自治区、直辖市陆续召开了省级人民代表大会，地方人大工作逐步展开。1982年11月，第五届全国人民代表大会第五次会议召开，通过了新《宪法》。这部《宪法》继承了1954年《宪法》的优良传统，是根据党的十一届三中全会以来的路线、方针、政策，适应我国新时期政治、经济和社会生活等方面的要求而制定的。1982年《宪法》和在此前后制定与修改的《选举法》等法律，按照发展社会主义民主、健全社会主义法制的基本方针，从我国的实际情况和需要出发，对健全人民代表大会制度做出了一系列新的重要规定，人大工作越来越成为政治生活的重要内容，《宪法》赋予人大的地位也越来越被人们认同，人大的组织建设也越来越成熟，人大的职权发挥越来越重要。人大制度作为国家的根本制度得以彰显。

二、人民代表大会制度的原则

人民代表大会制度，是指以人民代表大会为核心和主要内容的国家政权组织形式，是我国的根本政治制度。它是指全国各族人民按照民主集中制原则，依法定期选举产生自己的代表，组成各级人民代表大会作为行使国家权力的机关，并由人民代表大会组织其他国家机关，以实现对整个国家和社会有效管理的一种政治制度。

（一）一切权力属于人民

《宪法》明确规定，中华人民共和国的一切权力属于人民。人民行使国家权力的机关是全国人民代表大会和地方各级人民代表大会，这是人民代表大会制度的核心内容，是我国政治制度的法理基础，是我国社会主义国家性质的根本体现。整个国家机构就是要按照一切权力属于人民的原则组成并运转。

在新中国第一部《宪法》制定期间，刘少奇同志所做的《关于中华人民共和国宪法草案的报告》明确解释："我们国家的大事不是由一个人或少数几个人来决定的。人民代表大会制既规定为国家的根本政治制度，一切重大问题就都应当经过人民代表大会讨论，并作出决定。"

（二）坚持中国共产党的领导

在我国实行人民代表大会制度，是中国共产党把马克思主义基本原理同中国具体实际相结合的伟大创造，是近代以来中国社会发展的必然选择，是中国共产党带领全国各族人民长期奋斗的重要成果，反映了全国各族人民的共同利益和共同愿望。

坚持党的领导，就是要坚持党总揽全局、协调各方的领导核心作用，坚持维护党中央权威和集中统一领导，保证党的理论、路线、方针政策和决策部署在国家工作中得到全面贯彻和有效执行，使党的主张经过法定程序成为国家意志，使党组织推荐的人选经过法定程序成为国家政权机关的领导人员，从而通过国家政权机关实现党对国家和社会的领导，维护党和国家的权威。

坚持党的领导，坚持人民代表大会制度，坚持依法治国基本方略，是新时代提高党的执政能力的重要内容。这里要处理好两个方面的问题：一是党的领导。作为执政党，要加强对人大的政治领导、组织领导和思想领导，不断完善人民代表大会制度，更好地发挥国家权力机关的作用。二是法治。人大是立法机关，在国家机构中处于最高地位。作为执政党，应该切实带头遵守宪法和法律，党的各级组织和全体党员干部都应该自觉在宪法和法律规定的范围内活动，这是提高党的执政能力和领导水平的重要体现。

（三）民主集中制

民主集中制包括民主和集中两个方面，二者密切相关，缺一不可。民主是集中的基础，只有充分发扬民主，才能达到正确的集中；集中是民主的指导，只有实行有效的集中，才能实现真正的民主。民主集中制使民主和集中二者辩证地统一起来。

民主集中制在人民代表大会制度方面主要表现为下列内容：

第一，在人民代表大会与人民的关系上，首先表现为发扬民主，各级人大代表都是由选民选出的。对违反人民意志和利益的不称职的代表，人民有权依照法定程序予以罢免。其次，由人大来行使中央和地方的最高权力，宪法的修改和法律的制定、重大问题的决策等权力都是由人大代表代为行使，这又表现为集中。

第二，从人大及其常委会的活动原则来讲，人大的工作与其他国家机关的工作相比，方式有很大的不同，人大及其常委会主要是通过会议形式，按照民主集中制原则，依照法定程序，集体行使职权，集体决定问题。无论是人民代表大会还是人大常委会抑或主任会议，都必须充分发扬民主，严格依法按程序办事，甚至在执法检查或者代表视察等活动中也都要以民主集中制为原则。

第三，在人民代表大会与其他国家机关的关系上，人民代表大会是国家权力机关，国家行政机关、监察机关、司法机关都由人民代表大会产生，对它负责，受它监督。在人民代表大会统一行使国家权力的前提下，“一府一委两院”依法行使各自的职权。“一府一委两院”有各自的权力，这是民主；而人大既掌握立法权和重大事项决定权，又通过监督权监督“一府一委两院”的执法过程，这是集中。

第四，在中央和地方国家机构的关系上，在中央的统一领导下，合理划分中央和地方国家机构的职权，充分发挥中央和地方的两个积极性。中央要发挥地方的积极性，发扬地方民主，尊重地方的各项权利和决策，这是民主；地方要遵守国家的大政方针，在中央的统一领导下行事，维护中央权威，保证政令畅通，维护全局利益，这是集中。

第三节 国家元首制度

国家元首可以说是最早产生的国家机关。“世界各国无论历史多么不同，幅员大小、人口多寡和发展水平多么悬殊，社会制度与政治制度又相互差异，但每一个主权国家都有自己的元首或由特定的机关行使元首职权，这几乎是没有例外的。”①

从历史发展的角度来看，国家在形成之初就拥有自己的首脑或者元首。现实的政治实践则反映了国家元首的不可或缺。有学者对 107 个国家的成文宪法进行统计，发现明确规定国家元首的宪法有 52 部，约占 48.6％②。而荷兰学者对 142 个国家的成文宪法进行统计发现，有 71 部宪法用了“国家元首”的术语或类似的术语，其比例为 50％③。这意味着大多数主权国家有明确的或者即使没有明确也实际存在的国家元首。

一、国家元首的历史

元首制度历史悠久，可以说从国家产生的那一天起，便实际上产生了一定形式的元首制度④。西方国家“元首”一词，源自拉丁文“princeps”，可以直译为“第一公民”。罗马共和国时期，元首是指元老院中年龄最长的担任过执政官的监察官，

---

① 许崇德：《国家元首》，68 页，北京，人民出版社，1982。

② 王惠玲：《成文宪法的比较研究：以 107 部宪法文本为研究对象》，143 页，北京，对外经济贸易大学出版社，2010。

③ ［荷］亨克·范·马尔塞文、格尔·范·德·唐：《成文宪法：通过计算机进行的比较研究》，67 页，北京，北京大学出版社，2007。

④ 王德祥：《对国家元首制度的比较研究》，载《现代法学》，1981（4）。

排在元老院花名册第一位，地位最为显赫和尊贵，称为“首席元老”（Princeps Senatus）①。首席元老在元老院会议上有权第一个发言。但此时首席元老并未拥有超越其他元老的实质性权力，更多意义上是一些荣誉性职权，比如公布元老院会期、确定会议召开地点、接见外国使者等。

随着罗马共和国的灭亡，罗马进入帝国时代。屋大维通过一系列手段清除异己，笼络新贵，并最终创造了一种新的政制——元首制。屋大维表面上声称要维护共和制度，并言“我在权威方面超过了所有的人，但在每一种职位上我并不比我的同僚握有更大的权力”②。但这种集终身执政官、终身保民官、大祭司长、首席法官和最高统帅等大权于一身的体制，意味着元老院不得不授予屋大维“奥古斯都”的神圣称号。后世把屋大维时期的个人独裁统治称为“奥古斯都的元首政治”，简称“元首制”。

中文文献中较早也有“元首”二字的阐述。《尚书·益稷》中曰：“元首明哉，股肱良哉，庶事康哉。”这里的元首指君主，股肱指大臣。孔颖达疏曰：“此以元、首共为头也。君臣大体犹如一身，故元首，君也。”元、首两字，都含有第一、首要的意思。

上述元首的概念主要指君主，是国家最高权力的体现者。在现代历史中，元首这一称谓逐渐演变为主权国家对内对外的最高代表，是国家机构的重要组成部分。学术界有人认为，最早在宪法上规定国家元首职位的是比利时王国，该国 1831 年宪法明确规定：比利时国王是国家元首。当然，一些国家尽管没有明确规定谁是国家元首，但事实上并不难界定。不可否认的是，从宪法意义上对国家元首的界定意味着传统的元首概念已经发生了质的变迁。

当今世界，在不同国家的元首制度中，国家元首的称谓、性质、数量、产生方式、法律地位和具体作用因国家的历史传统、文化观念、政治力量等方面的差别而有着较大的不同。

就称谓来看，有总统，如美利坚合众国；国王，如柬埔寨王国；国家主席，如中华人民共和国；国务委员会主席，如古巴共和国；天皇，如日本国；等等。

就产生方式来看，主要有世袭产生和选任两种形式。

就任期来看，有终身任职和固定任期两种。

就元首数量来看，有一人担任元首、两人担任元首和集体元首三种类型。

就权力来看，有实质性权力和象征性权力两类。

这些纷繁复杂的国家元首制度体现了各国政治的差异，成为我们认识国家政治制度的观察点。

---

① 陈可风：《罗马共和时期的国家制度》，东北师范大学，2004。

② 转引自王乃新：《论奥古斯都元首制的政治特色》，载《求是学刊》，1996（2）。

二、新中国成立之后的元首制度

作为国家的根本大法，宪法是认定国家元首直接而首要的依据。在部分国家，宪法对于特定机关的国家元首性质有明文规定，而有些国家的宪法对于这一问题则没有明示。因此，宪法文本解释以及现实政治实践就成为判断国家元首的依据。中华人民共和国历史上的四部《宪法》并没有明确提及国家元首。正因如此，学者大都根据日常政治实践并结合有关宪法条款来界定，基本认定中国国家元首为国家主席，但历史进程的变化使得作为国家主席的国家元首并非一直存在，它经历了重大变迁①。具体来说，新中国成立后，可以大致分为以下四个阶段：

一是 1949 年新中国成立至 1954 年《宪法》颁布时期。根据起临时宪法作用的《中国人民政治协商会议共同纲领》和《中央人民政府组织法》的规定，中国人民政治协商会议发挥了全国人民代表大会的作用，其产生的中央人民政府委员会对外代表中华人民共和国，对内领导国家政权。

二是 1954 年《宪法》颁布至 1966 年“文化大革命”开始。1954 年《宪法》明确规定了全国人民代表大会下设全国人民代表大会常务委员会和国家主席。中华人民共和国主席根据全国人民代表大会的决定和全国人民代表大会常务委员会的决定，公布法律和法令，任免国务院总理、副总理、各部部长、各委员会主任、秘书长，任免国防委员会副主席、委员，授予国家的勋章和荣誉称号，发布大赦令和特赦令，发布戒严令，宣布进入战争状态，发布动员令。国家主席对外代表中华人民共和国，接受外国使节；根据全国人民代表大会常务委员会的决定，派遣和召回驻外全权代表，批准同外国缔结的条约。基于该部《宪法》，可以认定国家元首为国家主席。

三是 1966 年“文化大革命”开始至 1975 年《宪法》撤销国家主席时期。1969 年担任国家主席的刘少奇被迫害致死后，国家主席一职处于虚置状态。1975 年 1 月 17 日，第四届全国人民代表大会第一次会议通过了新《宪法》，这部《宪法》正式取消了国家主席的设置。原先由国家主席行使的对外职权转交给全国人民代表大会常务委员会。

四是 1978 年《宪法》颁布至 1982 年《宪法》国家主席的重新设立时期。1978 年《宪法》仍然没有恢复国家主席的设置，但其第 26 条赋予了全国人民代表大会常务委员会委员长以下权力：全国人民代表大会常务委员会委员长主持全国人民代表大会常务委员会的工作；接受外国使节；根据全国人民代表大会或者全国人民代

---

① 关于我国国家元首的认定问题。根据 1982 年《宪法》，学界、政界主要有三种观点：一是全国人大常委会和国家主席共同行使的集体元首制；二是学者并不明确做出主张，而是认为国家主席与全国人大或者全国人大常委会结合行使国家元首职权；三是认为国家主席就是国家元首。从学界观点和社会认知来看，第三种观点占主流。

表大会常务委员会的决定，公布法律和法令，派遣和召回驻外全权代表，批准同外国缔结的条约，授予国家的荣誉称号。1982 年，第五届全国人民代表大会第五次会议通过了新《宪法》，也是中国现行《宪法》。该《宪法》恢复了国家主席的设置，也恢复了 1954 年确立的国家主席的权力。国家元首重新确立为国家主席，为单一元首制度。

第四节　政党制度

尽管政党是近代才出现的事物，但其已成为现代政治运作以及政治生活中的关键要素，而政党政治业已成为现代民主政治的重要构件。世界上大部分国家都有政党，不管该国的政党是民主的，还是威权的、专制的，是通过选举上台的，还是革命夺取的，是具有鲜明的意识形态立场，还是不排斥任何的政治理念，政党都发挥着极为重要的作用。政党制度是指国家法律规定或实际生活中形成的有关政党的社会地位和作用，特别是政党执掌、参与或影响国家政权的具体体制和运行机制。政党制度是现代国家治理体系的核心和枢纽，不仅在国家治理运行中发挥着重要作用，而且对国家治理绩效具有决定性的影响①。

传统意义上的政党制度一般有两类：独占政权的一党制和各政党法律地位平等的竞争性多党制。当代中国的政党制度既不是独占政权的一党制，更不是竞争性多党制，作为执政党的中国共产党与其他参政党之间的关系是合作而非竞争。从政党制度比较来看，今天中国的政党制度既非严格的一党制，也非多党制，而是兼有二者之特点，独成一个类别的政党制度，即非竞争性的合作型政党制度。中国的这种新型政党制度是在革命实践过程中形成的。

一、中国新型政党制度的历史选择

中国共产党成立之后，把马克思列宁主义与中国实际相结合，提出了新民主主义革命纲领，团结全国各革命阶级为实现民族独立、人民解放和国家富强、人民幸福而奋斗。主要在全民族抗日战争时期（1937—1945 年）和解放战争时期（1945—1949 年）成立的各民主党派，其社会基础是民族资产阶级、城市小资产阶级以及同这些阶级相联系的知识分子和其他爱国分子，有着反帝、爱国、民主的政治要求，是中国社会的进步力量。中国共产党与各民主党派建立了亲密的合作关系，并在严酷斗争中不断加强这种关系，为实现中国的和平、民主而共同奋斗。

中国共产党在领导新民主主义革命走向胜利的伟大斗争中，确立了在中国各种革命力量中的核心领导地位。各民主党派、无党派民主人士在长期实践中经过比

---

① 任世红：《中国新型政党制度的价值功能与治理效能》，载《中央社会主义学院学报》，2018（5）。

较，自觉地、郑重地选择了中国共产党的领导。1948 年 4 月，中国共产党提出召开新政治协商会议、成立民主联合政府的主张，得到各民主党派和无党派民主人士热烈响应。他们公开表示，愿意在中国共产党的领导下，共同为建立新中国而奋斗。1949 年 9 月中国人民政治协商会议的召开，标志着中国共产党领导的多党合作和政治协商制度正式确立，中国共产党与各民主党派和无党派民主人士共同参加新中国国家政权建设。

中华人民共和国成立后，中国共产党在执政条件下进一步加强同各民主党派的团结合作，不断推进多党合作的理论创新和实践发展。1956 年社会主义改造基本完成后，根据中国阶级状况发生的深刻变化，中国共产党提出了“长期共存、互相监督”的八字方针，明确共产党存在多久，民主党派就存在多久，共产党可以监督民主党派，民主党派也可以监督共产党；由于共产党居于领导、执政地位，主要是民主党派监督共产党。社会主义条件下中国多党合作的基本格局由此确立。1982 年 1 月，胡耀邦在第 15 次全国统战工作会议上做了《开创统战工作新局面》的重要讲话，提出：“在新的历史时期中，我们一定要同党外朋友真正建立起肝胆相照、荣辱与共的关系。”1982 年 9 月，党的十二大报告明确指出：“我们党要继续坚持‘长期共存，互相监督’，‘肝胆相照，荣辱与共’的方针，加强同各民主党派、无党派民主人士、少数民族人士和宗教界爱国人士的合作。”这标志着中国共产党与各民主党派“十六字方针”正式确立，并成为新时期中国共产党领导的多党合作和政治协商制度的基本方针。

二、中国新型政党制度是一项基本政治制度

作为国家的一项基本政治制度，中国共产党领导的多党合作和政治协商制度规定了中国共产党和各民主党派在国家政治生活中的地位、作用和相互关系。

中国共产党处于领导和执政地位。中国共产党领导全国各族人民实现了民族独立和人民解放，并在社会建设中取得了辉煌灿烂的成就，其执政权是历史的选择和人民的赋予。而作为一个幅员辽阔、人口众多的多民族国家，必须有一个坚强的领导核心来带领人民进行现代化建设。

各民主党派是中国的参政党，不是在野党，也不是反对党。各民主党派在与共产党的合作中为中国革命的胜利做出巨大贡献。新中国成立之后，作为各自所联系的一部分社会主义劳动者、社会主义事业建设者和拥护社会主义爱国者的政治联盟，自然应该与共产党合作参与政治，从而为建设社会主义贡献力量。民主党派参政的基本点是：参加国家政权，参与国家大政方针和国家领导人选的协商，参与国家事务的管理，参与国家方针政策、法律法规的制定和执行。参政党的地位和参政权利受到宪法和法律的保护。

中国共产党与各民主党派的合作具有丰富的内容：第一，中国共产党就重大方针政策和重要事务同各民主党派进行政治协商，实行相互监督；第二，各民主党派

成员在国家权力机关中占有适当数量，并应该担任一定的领导职务；第三，中国共产党支持民主党派参加改革开放和社会主义现代化建设。

中国共产党与各民主党派互相监督。这种监督是通过提出意见、批评、建议的方式进行的政治监督。中国共产党处于领导和执政地位，因此更需要来自民主党派的监督。民主党派民主监督的内容是：国家宪法和法律法规的实施情况；中国共产党和政府重要方针政策的制定和贯彻执行情况；中国共产党各级党委的工作和中共党员领导干部履行职责、为政清廉等方面的情况。民主党派的监督，对于加强和改善中国共产党的领导，健全社会主义监督体系，有着重要而独特的作用。

中国共产党领导的多党合作和政治协商制度创立了一种新型的政党制度形式，在世界政党制度中独具特色。中国共产党同各民主党派既亲密合作又互相监督，而不是互相反对。中国共产党依法执政，各民主党派依法参政，而不是轮流执政。这一制度与人民代表大会制度相适应，推进了民主政治的发展。

三、中国新型政党制度的优势

中国新型政党制度以合作、参与、协商为基本精神，以团结、民主、和谐为本质属性，具有政治参与、利益表达、社会整合、民主监督和维护稳定的重要功能，实现了执政与参政、领导与合作、协商与监督的有机统一，是人民当家作主的重要实现形式。

第一，中国新型政党制度能够代表最广大人民群众利益。政党制度是政党引导公民有序参与政治的重要制度安排。中国共产党是中国人民和中华民族根本利益的代表，各民主党派也代表着不同社会阶层和群体的具体利益。这一政党制度能够真实、广泛、持久地代表最广大人民的根本利益。各政党的团结合作保证了中国新型政党制度利益表达功能的广泛性，能够统筹兼顾社会不同阶层和社会群体的利益诉求。

第二，中国新型政党制度能够促进决策施策的科学性。这一政党制度通过政党协商、参政议政、民主监督等制度化、规范化、程序化的安排，集中各方面意见和建议，推动决策科学化民主化，有效克服了旧式政党制度囿于党派利益、阶级利益、区域和集团利益决策施政时固执己见、排斥异己，导致社会撕裂的弊端。这一政党制度在民主集中的基础上求同存异，可以形成发现和改正错误、减少失误的机制，有效克服决策中情况不明、自以为是的弊端。这一政党制度将政治协商纳入决策程序，坚持协商于决策之前和决策实施之中，通过反复协商征求意见、理性审慎决策施策，增强决策的科学性和施策的有效性。

第三，中国新型政党制度能够保障国家治理的有效性。这一政党制度以合作、协商代替对立、争斗，克服政党之间互相倾轧造成政权更迭频繁的弊端，能够有效化解矛盾冲突、维护和谐稳定。这一政党制度坚持在协商中求同，能够有效避免否决政治、议而不决、决而不行，保持政策的连续性和稳定性。这一政党制度能够充分调动各方面的积极性，重视加强对各民主党派、无党派人士履职尽责的支持保障，能够优化政治资源配置，形成社会各界广泛参与国家治理的体制机制，推进国家治理体系和治理能力现代化。

第五节 政治协商制度

政治协商制度，是指在中国共产党的领导下，各政党、各人民团体、少数民族和社会各界的代表，以中国人民政治协商会议为组织形式，经常就国家的大政方针进行民主协商的一种制度。该项制度是中国人民根据历史和国情在政治生活中的创造，是具有中国特色的社会主义政治制度的重要组成部分。

一、政治协商制度的产生

政治协商制度产生于1945年抗日战争胜利之后。中国在当时面临着道路抉择问题。根据1945年10月国共两党代表签署的《政府与中共代表会谈纪要》（《双十协定》）的规定，决定为组织联合政府而召开政治协商会议。1946年1月10日，政治协商会议（旧政协）在重庆召开，参加这次会议的有中国国民党、中国共产党、中国青年党、中国民主同盟和社会贤达五个方面的人士（见表2-1）。

表2-1 1946年1月10日政治协商会议参会名单

党派	中国国民党	中国共产党	中国青年党	中国民主同盟	社会贤达
人数	8人	7人	5人	9人	9人
姓名	孙科 吴铁城 陈布雷 陈立夫 张厉生 王世杰 邵力子 张群	周恩来 董必武 王若飞 叶剑英 吴玉章 陆定一 邓颖超	曾琦 陈启天 杨永浚 余家菊 常乃德	张澜 罗隆基 张君劢 张东荪 沈钧儒 张申府 黄炎培 梁漱溟 章伯钧	莫德惠 邵从恩 王云五 傅斯年 胡霖 郭沫若 钱永铭 缪嘉铭 李烛尘

1946年11月，国民党撕毁政治协商会议决议，单方面宣布召开“国民大会”，遂使政治协商会议解体。

随着解放战争走向全面胜利，成立中央人民政府的任务开始被提到议事日程上来。1948年4月30日，经毛泽东审定的中共中央纪念五一劳动节口号，发出“迅速召开政治协商会议”，讨论“成立民主联合政府”的号召，得到国内各民主党派、各人民团体、无党派民主人士及海外华侨的积极响应。1949年1月31日，北平宣布和平解放。6月15日，新政治协商会议筹备会在北平开幕，参加会议的有23个单位的代表共134人。当时，为了区别1946年1月召开的“旧政协”，遂把即将召开的中国人民政治协商会议简称为“新政协”。

1949年9月21日至30日，中国人民政治协商会议第一届全体会议在北平召开。会议通过了三个极为重要的历史性文献：《中国人民政治协商会议共同纲领》《中央人民政府组织法》《中国人民政治协商会议组织法》。中国人民政治协商会议的召开，标志着中国政治协商制度的创立，也意味着这一制度担负着建设中华人民共和国的重任。

二、中国人民政治协商会议的性质、任务、职能和工作方式

（一）中国人民政治协商会议的性质与任务

中国人民在长期的革命和建设中，逐渐结成了由中国共产党领导的，有各民主党派、无党派人士、人民团体、少数民族人士和各界爱国人士参加的，由全体社会主义劳动者、社会主义事业的建设者、拥护社会主义的爱国者和拥护祖国统一的爱国者组成的，包括香港特别行政区同胞、澳门特别行政区同胞、台湾同胞和海外侨胞在内的最广泛的爱国统一战线。中国人民政治协商会议是中国人民爱国统一战线的组织，是中国共产党领导的多党合作和政治协商的重要机构，是我国政治生活中发扬社会主义民主的重要形式。

中国共产党领导的多党合作和政治协商制度将长期存在和发展。中国人民政治协商会议根据中国共产党同各民主党派和无党派人士“长期共存、互相监督、肝胆相照、荣辱与共”的方针，促进参加中国人民政治协商会议的各党派、无党派人士的团结合作，充分体现和发挥我国社会主义政党制度的特点和优势。

（二）中国人民政治协商会议的职能

根据宪法、中国人民政治协商会议章程、中央有关政策以及具体政治实践，中国人民政治协商会议的主要职能是政治协商、民主监督、参政议政。这三项主要职能是各党派团体、各族各界人士在中国政治体制中共商国是、发挥作用的重要内容和基本形式，体现了人民政协的性质和特点，是人民政协区别于其他政治组织的重要标志。这具体体现为：

第一，政治协商是对国家和地方的大政方针以及政治、经济、文化和社会生活中的重要问题在决策之前进行协商和就决策执行过程中的重要问题进行协商。

第二，民主监督是对国家宪法、法律和法规的实施，重大方针政策的贯彻执行，国家机关及其工作人员的工作，通过建议和批评进行监督。

第三，参政议政是对政治、经济、文化和社会生活中的重要问题以及人民群众普遍关心的问题，开展调查研究，反映社情民意，进行协商讨论。通过调研报告、

提案、建议案或其他形式，向中国共产党和国家机关提出意见和建议。

（三）人民政协开展工作的主要方式

第一，会议。会议是人民政协履行职能的主要形式。全国委员会的主要会议制度有：全体会议制度、常委会议制度、主席会议制度以及秘书长会议制度、专门委员会会议制度等。此外，还根据需要召开各种形式的协商座谈会、论证会、意见听取会等。

全体会议是人民政协最高层次的协商形式。全国委员会的全体会议每年举行一次，一般在每年 3 月与全国人民代表大会同期召开。全国委员会全体会议协商讨论的主要内容有：政府工作报告、国家发展计划和政府预算报告、最高人民法院工作报告、最高人民检察院工作报告以及其他重要报告，审议全国政协常委会工作报告、提案工作情况的报告等。

常委会议是全体会议闭会期间的主要协商形式。全国政协常委会议一般每年召开四次，主要任务有：听取中共中央、国务院负责人的重要报告；讨论国家重大方针政策以及国计民生的重要问题；审议重要的建议案、提案和调研报告；研究政协工作中的重要事务等。

主席会议是常委会议闭会期间的重要协商形式。其主要任务有：讨论国家重大方针政策以及群众关心的重要问题；审查以全国委员会或常务委员会名义向中共中央、国务院提出的重要建议案；拟定常委会议的日程和议程草案；审议提交常委会议的文件；执行常委会的决议，处理常委会的重要日常工作等。

第二，提案。提案是政协委员、参加人民政协的党派团体和人民政协专门委员会向人民政协全体会议或常务委员会提出的，经审查立案后由承办单位办理的书面意见和建议。提案的提出一般有四种形式：一是政协委员可以个人或者联名方式提出提案；二是人民政协全体会议期间可以界别小组或者联组名义提出提案；三是参加人民政协的各党派和人民团体，可以本党派、团体名义或者联名方式提出提案；四是人民政协各专门委员会可以本专门委员会名义或者联名方式提出提案。对人民政协提案，承办单位按照有关规定认真办理后，在一定时限内给予书面答复，全国政协采取多种方式督办。

第三，视察。视察是政协委员履行职能的一项基础性工作，既是委员了解情况、检查工作、研究问题、议政建言的重要途径，也是委员行使民主权利、开展民主监督的重要渠道。全国政协每年都围绕国家的中心工作，有计划地组织政协委员深入各地开展视察活动。

第四，专题调研。开展专题调研、建言立论，是人民政协发挥优势共商国是的重要途径。专题调研一般以专门委员会为依托，以课题为纽带，联合、组织各行各业的专家学者，围绕国家和地方的中心工作，有重点地进行调查研究，提出切实中肯的意见和建议，推动社会主义物质文明、政治文明和精神文明协调发展。

第五，开展对外交往。人民政协的对外交往是中国总体外交的重要组成部分。

人民政协立足于国家外交大局，致力于加强同世界各国的友好往来与交流合作，维护世界和平、促进共同发展。

我国的政治协商制度是以人民政协为主要组织载体的，但人民政协不能体现该制度的全部。改革开放以来，在人民政协之外，中国社会已经形成了多种政治协商的新形式。2005年，《中共中央关于进一步加强中国共产党领导的多党合作和政治协商制度建设的意见》对这些形式进行总结。就制度的表现形式而言，这些新形式既是多党合作的表现，同时也是政治协商的表现，其中包括：

（1）民主协商会。中共中央主要领导人邀请各民主党派主要领导人和无党派人士开会，就将要提出的重大政策、方针与民主党派人士协商，听取他们的意见。一般每年举行一次。

（2）高层谈心会。中共中央主要领导人根据工作需要，不定期地邀请各民主党派主要领导人和无党派人士举行小范围的谈心，就共同关心的问题交换意见和想法。

（3）双月座谈会。由中共中央主持，各民主党派、无党派人士参加，通报或交流重要情况，传达重要文件，听取各民主党派、无党派人士提出的政策性建议或讨论某些专题。一般每两个月举行一次，但重大事件随时通报。

（4）书面建议或约谈。各民主党派领导人和无党派人士可以随时就国家大政方针和具体的重大问题向中共中央提出书面建议，或约请中共中央负责人交谈。

（5）对口联系。教育、经济、科技、侨办、台办和卫生等政府部门与有关民主党派建立对口联系制度。政府有关部门就专业性问题同民主党派对口协商，在决定某些重大政策措施前，组织有关民主党派座谈，征求意见。

（6）特约“四大员”。一批符合条件、有专门知识的民主党派成员、无党派人士被邀请担任特约监督员、检察员、审计员和教育督导员等。民主党派成员还被吸收参加政府监察、审计、工商等部门组织的重大案件的调查，以及税收等检查。

（7）专题调研。专题调研可由某个民主党派单独进行，八个民主党派联合进行，或者由民主党派、无党派人士和中共专家组成的以某民主党派为主，其他党派、专家等为辅的专题调研课题组进行调研，从而提高专题调研的质量，使调研报告更具有针对性和可操作性。

（8）“议政日制度”。民主党派形成的一项活动制度，为民主党派人士及其所联系的广大人民群众的呼声、意愿、意见和建议得到及时反映创造了条件。

三、新时代中国协商民主制度的特点

党的十八大在政治建设任务中第一次概括出了“健全社会主义协商民主制度”的任务目标，并指出社会主义协商民主是我国人民民主的重要形式，要完善协商民主制度和工作机制，推进协商民主广泛、多层、制度化发展。这是现代新型民主的伟大制度创造。

第一，协商民主制度的复合性特征。新时代协商民主制度体现出明显的层次性和多维性，既有宏观层面的协商，也有中观层面和微观层面的协商；既有政治协商，也有政策协商和社会协商。这种协商民主制度能够在不同场域、不同议题、不同主体中开展广泛的协商。

第二，协商民主制度的包容性特征。人民政协作为中国共产党领导的各党派、各团体、各民族、各阶层大团结大联合的组织，最大限度地包容政协委员在知识背景、利益诉求、社会阅历、生活方式等方面的差异，调动一切可以调动的积极因素，最大限度凝聚起共同团结奋斗的强大力量。发挥人民政协代表性强、包容性广的优势，必须坚持一致性和多样性的统一。

第三，协商民主制度的人民性特征。协商是不同阶层和不同群体的共生，民主是人民当家作主。协商民主制度既是中国人民政治实践的产物，也反映着人民民主的内在本质要求。

第六节　地方自治制度

地方自治是现代国家治理地方的一种方式，是基于分权原理而设计的一种地方政治制度。地方自治的实质就是一定区域内的公民对该区域内的公共事务拥有自主权，其精髓是民主精神。在中文中，“地方自治”一词是在清末由日本转译而来的。最早宣传地方自治思想的是马建忠、郑观应、何启等人。维新派极力主张地方自治，清政府出于维护统治需要，开始逐步推进地方自治。辛亥革命后，地方自治成为极为重要的政治实践。

中华人民共和国成立之后，受到马克思列宁主义的影响，建立了民主集中制类型的地方政权体制。该体制在强调中央集权的同时，建立了一种向地方分权的制度，表现在：一方面，地方行政机关接受国务院统一领导；另一方面，地方行政机关由同级地方人民代表大会选举产生，对同级人大负责，接受其监督。另外，在一些特别区域和地理空间采取地方自治。较为具体的地方自治制度主要体现在三个方面：为解决多民族差异采取的民族区域自治制度，为解决历史遗留问题采取的特别行政区制度，为推进民主采取的基层群众自治制度。

一、民族区域自治制度

中国民族区域自治是在国家统一领导下，各少数民族聚居的地方设立自治机关，行使自治权，实行区域自治。中国采用民族区域自治的办法解决民族问题，是根据本国的历史发展、文化特点、民族关系和民族分布等具体情况做出的制度安排，符合各民族人民的共同利益和发展要求。《宪法》和《民族区域自治法》对民族区域自治及其实施做出明确规定。民族区域自治制度是中国的一项基本政治制度。

1949 年，《中国人民政治协商会议共同纲领》确立民族区域自治为我国解决民族问题的一项基本政策。1952 年，《民族区域自治实施纲要》发布，民族区域自治开始全面推行。1954 年，中华人民共和国第一部《宪法》颁布，明确了民族区域自治的法律地位。1984 年，《民族区域自治法》颁布实施，进一步以法律的形式把民族区域自治政策固定下来，使民族区域自治进入法制化轨道。1997 年，党的十五大以来，民族区域自治制度被确立为我国必须长期坚持的一项基本政治制度。2001 年，新修订的《民族区域自治法》颁布实施。2005 年，国务院颁布《实施〈中华人民共和国民族区域自治法〉若干规定》。2007 年，党的十七大强调，坚持中国特色社会主义政治发展道路，不断推进社会主义政治制度自我完善与发展，必须坚持和完善民族区域自治制度。2012 年，党的十八大指出，必须全面正确贯彻落实党的民族政策，坚持和完善民族区域自治制度。2017 年，党的十九大把坚持和完善民族区域自治制度，上升为新时代坚持和发展中国特色社会主义的一条基本方略。

中国的民族自治地方分为自治区、自治州、自治县三级。1947 年，在中国共产党领导下，已经解放的中国蒙古族聚居地区建立了中国第一个省级民族自治地方——内蒙古自治区。新中国成立后，中国政府开始在少数民族聚居的地方全面推行民族区域自治。1955 年 10 月，新疆维吾尔自治区成立；1958 年 3 月，广西壮族自治区成立；1958 年 10 月，宁夏回族自治区成立；1965 年 9 月，西藏自治区成立。

依据《宪法》和《民族区域自治法》的规定，民族自治地方的自治机关在行使同级地方国家机关职权的同时，拥有自治权。

一是享有制定自治条例和单行条例的权力。自治条例和单行条例不同于一般地方性法规，它可以对国家法律和政策做出变通性规定，自治区的自治条例和单行条例需要经过全国人大常委会批准后生效，自治州、自治县的自治条例和单行法规要经过自治区人大常委会批准后生效，并报全国人大常委会备案。

二是行政变通执行权。上级国家机关的决议、决定、命令和指示，如有不适合民族自治地方实际情况的，自治机关可以报经上级国家机关批准，变通执行或者停止执行。

三是语言、教育、文化权。民族区域自治政府可以根据国家有关政策，决定本地方的语言文字使用、教育规划、新闻出版以及广播电视等事项。

四是财政自主和经济建设自主权。民族区域自治政府有权自主安排使用属于本民族自治地方的财政收入，可以自主安排、管理和发展本地方经济建设事业。

五是组织公安部队权。民族区域自治政府依照国家的军事制度和当地的实际需要，经国务院批准，可以组织本地方维护社会治安的公安部队。

二、特别行政区制度

特别行政区，是指在我国版图内，根据宪法和法律的规定，在中央政府管理之下，实行不同于一般行政区的政治、经济和法律制度，具有特殊法律地位，拥有高度自治权的行政区域。它是根据宪法特别条款由全国人大通过法律的形式设立，是“一个国家，两种制度”伟大构想的具体化。特别行政区制度是有中国特色的单一制国家结构形式的重要组成部分，是中国特色政治文明的重大制度创新。

特别行政区政府具有高度的自治权力。所谓“高度自治权”，是指充分自主地管理本地区事务的权力，除外交、国防之外，特别行政区享有行政管理权、立法权、独立的司法权和终审权。具体来说：

第一，行政管理方面，自治权广及财政经济、工商贸易、交通运输、土地和资源、教育科技、文化体育、治安、出入境管制等领域，其中突出的是财政独立，财政收入不上缴中央，中央不在特区征税，实行独立的税收制度、自行发行货币，等等。

第二，立法方面，特别行政区在不违反基本法的条件下可自行立法，继续实行不与基本法相抵触的原有法律。特别行政区制定的法律须向全国人大常委会备案，全国人大如果认为其不符合基本法，只将有关法律发回，不做修改，退回即告失效，但没有溯及力。

第三，司法方面，享有独立的司法权和终审权。特别行政区建立独立的法院组织系统，与国家的法院组织系统没有组织上的关系。特别行政区的终审权属于特别行政区的终审法院；对案件的终审裁决，由特别行政区终审法院做出，不需要上诉到国家的最高人民法院。

第四，中央政府授权特别行政区依照基本法的规定，自行处理有关外交事务，如以特区名义单独同各国、各地区及有关国际组织保持和发展经济文化关系，还可以“中国香港”“中国澳门”的名义参加不以国家为单位参加的国际组织和国际会议等。

第五，特别行政区享有中央授予的其他权力。

需要注意的是，为了维护国家主权、安全、发展利益，坚持和完善“一国两制”制度体系，第十三届全国人民代表大会第三次会议于 2020 年 5 月通过《全国人民代表大会关于建立健全香港特别行政区维护国家安全的法律制度和执行机制的决定》，为“一国两制”的宪制秩序提供了有力保障。

三、基层群众自治制度

基层群众自治制度是我国民主政治的基础性政治制度之一，坚持和完善基层群众自治制度是坚持中国特色社会主义政治发展道路的重要内容。

所谓基层群众自治，是指在社会的末端，地理空间较为狭小的区域范围内（包括农村和城市社区），由辖区群众民主选举成立组织，自主治理区域事项，集体决策重大事务，共同监督组织运行。新中国成立后，天津、武汉等城市的一些城市社区逐步形成了城市居民委员会制度。但是，此时各地的居民委员会规模不太一样，职能也不统一，有的居民委员会的领导整日陷入烦琐的工作事务之中，有的居民委员会的组成人员则利用手中的权力大搞乱筹款、乱募捐活动等。

为了克服此类不正常的现象，1953 年 6 月 8 日，彭真给毛泽东等中央领导同志专门提交了《关于城市街道办事处、居民委员会组织和经费问题的报告》。报告指出，城市街道居民委员会这一组织是需要建立的。它的性质应当是群众性自治组织，而不是基层政权组织。毛泽东及其他中央领导同志同意了这个报告。此后，各城市陆续建立了居民委员会组织，名称也逐渐趋向统一，其性质都属于基层群众性自治组织。

1954 年 12 月召开的第一届全国人大常委会第四次会议制定并颁布了《城市居民委员会组织条例》，第一次用法律的形式肯定了居民委员会的性质、地位和作用。1989 年 12 月，第七届全国人大常委会第十一次会议通过了《城市居民委员会组织法》，对改革开放条件下城市居民自治的性质、任务、组织形式及其他相关制度做出了全面规定，使居委会工作得到较快发展。目前，我国城市地区已经普遍建立了由社区居民通过间接或直接方式选举产生的社区委员会或社区居民委员会等群众性自治组织。

我国农村村民自治经历了一个从萌芽到发展的过程。它是为适应农村家庭联产承包责任制和政社分开的体制改革而建立的。1982 年 12 月，新《宪法》正式确立了村民委员会作为农村基层群众性自治组织的法律地位。经过多年的努力，我国广大农村普遍建立了以村民委员会、村民会议或村民代表会议为主要载体的基层社会管理体制。实践证明，实行村民自治，坚持村级民主选举、民主决策、民主管理和民主监督，既有利于充分发挥农民群众推动经济社会全面发展的积极性，又有利于在农村基层建立有效的利益协调机制、矛盾调处机制和社会管理机制，从而促进农村各项事业的发展与和谐稳定。

随着国家治理体系和治理能力现代化的持续推进，基层治理成为国家治理的基础性工程。2021 年 4 月，中共中央、国务院联合发布实施《关于加强基层治理体系和治理能力现代化建设的意见》，明确了基层民主自治制度建设，通过加强村（居）民委员会规范化建设，健全村（居）民自治机制，增强村（社区）组织动员能力，优化村（社区）服务格局，进一步健全基层治理体制机制，从而建设一个人人有责、人人尽责、人人享有的基层治理共同体。

总体来看，经过长期的发展，我国基层群众自治制度体系已基本确立，组织载体日益健全，内容不断丰富，形式更加多样，城乡基层群众自治正在社会主义民主政治建设中发挥着越来越大的作用。

关键术语

政治制度　　国家元首　　新型政党制度　　地方自治　　协商民主

复习思考题

1. 政治制度的运作主要受哪些因素影响？
2. 中国为什么会形成人民代表大会制度？
3. 中国政治协商制度与协商民主有联系吗？
4. 举例说明民族区域自治制度的变通立法权。
5. 如何评价当前中国的村民自治？
6. 中国的新型政党制度“新”在何处？
7. 特别行政区“特”在何处？

第三章

当代中国的政府体系

所谓政府体系，亦可称政府体制，是指立法、行政、监察、司法和军队等不同的政府机构，在一定的组织原则之下，通过承担相应的政府职责，形成的具有特定的法律、政治关系的政体①。伴随社会演变、政治力量变动以及各种政治理念的嬗变，世界各国政府体系已形成多元化、多样性的形态。

对于不同形态的政府体系，不能简单地说哪种政府形式好或坏，因为任何政府体系的产生以及演变都受到历史传统、政治文化、经济社会状况等条件的制约，而何种政府体系能够更好地契合国民性情、保障公民权利、推动社会发展，则要经历持久的实践和理性的研判才能逐渐确立其框架。当代中国政府体系的确立既受到中国历史传统的制约，又吸收了马克思主义的思想，具有鲜明的中国特色。

重点问题

- 全国人大及其常委会的职权
- 国务院的组成与职权
- 地方政府的结构
- 地方立法权

① 朱光磊：《现代政府理论》，202页，北京，高等教育出版社，2006。

第一节　中央政府的组织体系

在中文语境中，中央政府简称“中央”，它是和地方政府相对的，中央政府是管理全国性事务的国家机构的总称。在联邦制国家，由于联邦和州是一种分享主权的国家结构，州并不称为地方政府，地方政府往往是州以下的政府，所以联邦制国家的中央政府往往称为联邦政府。不管是中央政府还是联邦政府，都承担着全国性重大事务，如宪法修订、法律制定、国防外交等。根据《宪法》，中国中央政府的组织体系主要由以下机构构成：全国人民代表大会及其常务委员会、国家主席、国务院、国家监察委员会、最高人民法院、最高人民检察院、中央军事委员会。

一、全国人民代表大会及其常务委员会

我国现行《宪法》第57条规定：中华人民共和国全国人民代表大会是最高国家权力机关。它的常设机关是全国人民代表大会常务委员会。所谓“最高国家权力机关”，一方面是指在自下而上的整个国家权力机关系统中全国人民代表大会居于最高一级，它所制定的宪法、法律，做出的决定，在全国范围内具有最高权威性，全国各级国家机关、各政党、各社会团体、各企事业单位以及全国公民都必须严格遵守；另一方面是指在中央一级的各类最高国家机关中，全国人民代表大会是“最高国家权力机关”，处于首要的地位，无论是最高行政机关（中央人民政府即国务院）、最高军事机关（中央军事委员会）、最高监察机关（国家监察委员会），还是最高人民法院、最高人民检察院，都由它产生，对它负责，受它监督。

（一）全国人民代表大会

全国人民代表大会每届任期5年，由省、自治区、直辖市、特别行政区和军队选出的代表组成，各少数民族都应当有适当名额的代表。全国人民代表大会代表名额和代表产生办法由法律规定。全国人民代表大会代表的选举由全国人民代表大会常务委员会主持。

全国人民代表大会会议每年举行一次，由全国人民代表大会常务委员会召集。如果全国人民代表大会常务委员会认为必要，或者有1/5以上的全国人民代表大会代表提议，可以临时召集全国人民代表大会会议。近年来，全国人大全体代表会议一般在3月上旬举行，会期一般10天左右。全国人民代表大会举行会议的时候，选举主席团主持会议。

全国人大内设专门委员会作为它的常设工作机构。全国人大专门委员会由全国人民代表大会产生，受全国人民代表大会领导，对全国人民代表大会负责。在全国人民代表大会闭会期间，全国人大各专门委员会受全国人大常委会领导。在每次全

国人民代表大会会议上，各专门委员会都要向全国人民代表大会书面报告一年来的工作和今后一年的工作要点；在每届的第一次大会上还要书面报告过去 5 年的工作。全国人大专门委员会的主要职责是在全国人大及其常委会的领导下，研究、审议和拟定有关议案。全国人大设立民族委员会、宪法和法律委员会、监察和司法委员会、财政经济委员会、教育科学文化卫生委员会、外事委员会、华侨委员会、环境与资源保护委员会、农业与农村委员会、社会建设委员会和全国人民代表大会认为需要设立的其他专门委员会。

全国人民代表大会和全国人民代表大会常务委员会认为必要的时候，可以组织关于特定问题的调查委员会，并且根据调查委员会的报告，做出相应的决议。调查委员会进行调查的时候，一切有关的国家机关、社会团体和公民都有义务向它提供必要的材料。

现行《宪法》规定，全国人民代表大会具有全权的和最高的地位，其主要职权有：

1. 修改宪法、监督宪法的实施

宪法是国家的根本大法，具有最高的法律效力，只有全国人民代表大会才有修改宪法的权力，无论是对宪法的全面修改，还是个别条文的修订，都必须经过全国人民代表大会全体代表 2/3 以上的多数通过，其他任何国家机关和政党、组织都没有这项权力。

2. 制定和修改国家的基本法律

全国人民代表大会有权制定和修改刑事、民事、国家机构和其他的基本法律。

3. 选举、决定、罢免国家机构组成人员

根据宪法和法律，全国人大选举和罢免全国人大常委会委员长、副委员长、秘书长和委员；选举和罢免国家主席、副主席；根据国家主席的提名，决定国务院总理的人选；根据国务院总理的提名，决定国务院副总理、国务委员、各部部长、各委员会主任、审计长和秘书长的人选，并有权罢免上述人员；选举中央军事委员会主席；根据中央军事委员会主席的提名，决定中央军事委员会其他组成人员，并有权罢免上述人员；选举和罢免国家监察委员会主任；选举和罢免最高人民法院院长、最高人民检察院检察长；通过全国人大各专门委员会的主任委员、副主任委员和委员的人选，并有权撤销上述人员的职务。

4. 决定国家的重大事项

包括审查和批准国民经济和社会发展计划及计划执行情况的报告，审查和批准国家的预算及预算执行情况的报告，批准省、自治区和直辖市的建置，决定特别行政区的设立及其制度，决定战争与和平问题，做出各种授权决定等。

5. 监督国家机关

全国人大行使的监督权是国家最高形式的监督权。《宪法》规定，全国人大常委会对全国人大负责并报告工作，国家的行政机关、监察机关、审判机关、检察机关都由人民代表大会产生，对它负责，受它监督；中央军事委员会主席对全国人大负责，中央军事委员会受全国人大监督。

根据宪法和法律，监督的主要形式是听取和审议全国人大常委会、国务院、国家监察委员会、最高人民法院和最高人民检察院的工作报告。另外，法律还规定，全国人民代表大会会议期间，一个代表团或者 30 名以上的代表联名，有权书面提出对国务院或者国务院各部、各委员会、最高人民法院、最高人民检察院的质询案。

（二）全国人民代表大会常务委员会

全国人民代表大会常务委员会是全国人民代表大会的常设机关，对全国人民代表大会负责并报告工作。全国人民代表大会常务委员会由委员长、副委员长若干人，秘书长、委员若干人组成。常务委员会的组成人员由全国人民代表大会从全国人民代表大会的代表中选举产生。委员长主持全国人民代表大会常务委员会的工作，召集全国人民代表大会常务委员会会议。副委员长、秘书长协助委员长工作。全国人民代表大会常务委员会会议一般每两个月举行一次，通常都在双月的下旬，会期一周左右。有特殊需要的时候，可以临时召集会议。全国人民代表大会常务委员会委员长、副委员长、秘书长组成委员长会议，处理常务委员会的重要日常工作。全国人民代表大会常务委员会每届任期和全国人民代表大会每届任期相同。

现行《宪法》规定，全国人民代表大会常务委员会主要职权有：

1. 立法权

全国人大常委会和全国人大共同行使立法权，主要包括：制定和修改除应当由全国人民代表大会制定的法律以外的其他法律；在全国人民代表大会闭会期间，对全国人民代表大会制定的法律进行部分补充和修改，但是不得同该法律的基本原则相抵触。这样，除了宪法和基本法律外，大量的立法工作都由全国人大常委会承担。

2. 宪法和法律的解释权

解释宪法，即对法律条文本身需要进一步明确界限或做补充规定而做的立法解释。这样便于从立法的角度及时回答和解决宪法和法律实施过程中出现的问题，保障宪法和法律的准确实施。

3. 宪法实施的监督权

现行宪法除规定全国人大监督宪法的实施外，还赋予全国人大常委会监督宪法实施的职权。全国人大常委会是全国人大的常设机构，由它行使这一职权，便于对宪法的实施进行经常性的监督。这对于保障宪法的实施具有重大意义。

4. 对其他国家机关工作的监督权

全国人民代表大会常务委员会监督国务院、中央军事委员会、国家监察委员会、最高人民法院和最高人民检察院的工作；撤销由国务院制定的同宪法、法律相抵触的行政法规、决定和命令；撤销省、自治区、直辖市国家权力机关制定的同宪法、法律和行政法规相抵触的地方性法规和决议。

5. 对其他国家机关工作人员的人事任免权

在全国人民代表大会闭会期间，根据国务院总理的提名，决定国务院的部长、委员会主任、审计长、秘书长的人选；在全国人民代表大会闭会期间，根据中央军事委员会主席的提名，决定中央军事委员会其他组成人员的人选；根据国家监察委员会主任的提请，任免国家监察委员会副主任、委员；根据最高人民法院院长的提请，任免最高人民法院副院长、审判员、审判委员会委员和军事法院院长；根据最高人民检察院检察长的提请，任免最高人民检察院副检察长、检察员、检察委员会委员和军事检察院检察长，并且批准省、自治区、直辖市的人民检察院检察长的任免；决定国家驻外全权代表的任免。

6. 对国家生活中重要问题的决定权

这一职权包括：决定同外国缔结的条约和重要协定的批准和废除；规定军人和外交人员的衔级制度和其他专门衔级制度；规定和决定授予国家的勋章和荣誉称号；决定特赦；在全国人民代表大会闭会期间，如果遇到国家遭受武装侵犯或者必须履行国际上共同防止侵略的条约的情况，决定战争状态的宣布；决定全国总动员或者局部动员；决定全国或者个别省、自治区、直辖市的戒严；在全国人民代表大会闭会期间，审查和批准国民经济和社会发展计划、国家预算在执行过程中所必须做的部分调整方案。

7. 全国人民代表大会授予的其他职权

除上述职权外，全国人大常委会还有权执行全国人大授予的其他职权。如：主持全国人民代表大会代表的选举；召集全国人民代表大会的会议；联系全国人大代表，并组织他们视察；在全国人大闭会期间，领导各专门委员会的工作；等等。

二、国家主席

中华人民共和国主席是中华人民共和国国家机构的组成部分，是国家机构中的一种，处于全国人民代表大会的从属地位。国家主席根据全国人民代表大会和全国人民代表大会常务委员会的决定行使各项国家元首的权力。在对外活动中，代表中华人民共和国，享有国家的最高代表权。从国家活动的程序性、礼仪性、象征性意义看，国家主席具有最高的地位；但从国家活动的实质性意义看，国家主席本身不独立决定任何国家事务，而是根据全国人民代表大会及其常务委员会的决定行使职权，因此国家主席处于全国人民代表大会的从属地位。

中华人民共和国主席、副主席由全国人民代表大会选举。有选举权和被选举权的年满 45 周岁的中华人民共和国公民可以被选为中华人民共和国主席、副主席。中华人民共和国主席、副主席每届任期同全国人民代表大会每届任期相同。

国家副主席在任职资格上与国家主席相同，但在宪法上没有独立的权力，他的职责主要是协助国家主席工作，可以受国家主席的委托，代替国家主席出访、接受外国使节等。副主席受委托行使国家元首职权时，具有与国家主席同等的法律地位，所处理的国务具有与国家主席同等的法律效力。

现行《宪法》规定，国家主席主要行使以下职权：

1. 法律公布权

法律在全国人大或全国人大常委会正式通过后，由国家主席予以颁布施行。没有经过国家主席签署并向社会公布的法律没有法律效力。这也是中华人民共和国立法程序的最后一个环节。

2. 发布命令权

国家主席根据全国人大或者全国人大常委会的决定，发布特赦令、戒严令、动员令，宣布战争状态等。

3. 任免权

全国人大或全国人大常委会确定国务院总理、副总理、国务委员、各部部长、各委员会主任、审计长、秘书长的正式人选后，由国家主席宣布其任职；在相反的情况下，宣布其免职。根据全国人大常委会的决定，国家主席派出或召回代表国家的常驻外交代表，即驻外使节。

4. 外交权

国家主席代表国家进行国事活动，接受外国使节，也即主持递交国书仪式。根据全国人大常委会的决定，国家主席宣布批准或废除条约和重要协定。

5. 荣典权

包括授予荣誉权和受到非常礼遇权。

三、国务院

现行《宪法》第85条规定，中华人民共和国国务院，即中央人民政府，是最高国家权力机关的执行机关，是最高国家行政机关。作为执行机关，它从属于全国人民代表大会，对全国人大负责并报告工作，全国人大闭会期间，对全国人大常务委员会负责并报告工作。作为最高行政机关，它统一领导全国各级地方政府行政工作。

国务院由下列人员组成：总理，副总理若干人，国务委员若干人，各部部长，各委员会主任，审计长，秘书长。国务院实行总理负责制。各部、各委员会实行部长、主任负责制。国务院的组织由法律规定。

国务院每届任期同全国人民代表大会每届任期相同。总理、副总理、国务委员连续任职不得超过两届。总理领导国务院的工作。副总理、国务委员协助总理工作。总理、副总理、国务委员、秘书长组成国务院常务会议。国务院所有组成人员组成国务院全体会议。总理负责召集和主持国务院常务会议与国务院全体会议。

国务院各部部长、各委员会主任负责本部门的工作；召集和主持部务会议或者委员会会议，讨论决定本部门工作的重大问题。各部、各委员会根据法律和国务院的行政法规、决定、命令，在本部门的权限内，发布命令、指示和规章。国务院设立审计机关，对国务院各部门和地方各级政府的财政收支，对国家的财政金融机构和企业事业组织的财务收支，进行审计监督。审计机关在国务院总理领导下，依照法律规定独立行使审计监督权，不受其他行政机关、社会团体和个人的干涉。

作为最高国家行政机关，国务院被赋予广泛的权力。现行《宪法》第 89 条以列举的形式规定了国务院 17 项职权和 1 项全国人大及其常委会的保留授权。这些职权包括：

1. 行政立法权

国务院有根据《宪法》和《立法法》的规定就有关行政事项制定或变动法规的权力。此外，国务院还能接受全国人大及其常务委员会授权制定具有法律效力的暂行规定和条例。

2. 行政提案权

国务院有权向全国人大及其常委会提出属于职权范围内的议案。为了完成宪法和最高国家权力机关规定的各项任务，国务院必须提出有关的法律草案以及国民经济和社会发展计划，报告计划的执行情况，报告国家的预算及其执行情况等，并经最高国家权力机关审议批准，使之变成指导社会生活和经济建设的法律性文件。从具体实践来看，国务院在法律提案活动中的作用特别重要。1979 年以来，国务院就制定新法律、将行政法规修改完善上升为法律以及修改和废止现行法律等多方面事项，向全国人大及其常委会提出大量法律案，全国人大及其常委会所立法律中，由国务院提案的约占 70%。

3. 行政领导和管理权

国务院领导全国性行政工作，包括国务院各部委和各级国家行政机关工作。国务院有权对各部委和地方各级国家行政机关发布指示、规定任务，进行行政领导和监督；有权改变其所发布的不适当的决定、命令和规章；有权确定其所属各部、各委员会等中央国家行政机关的工作内容、工作制度、工作任务和所担负的职能与责任；有权改变或者撤销各部、各委员会发布的不适当的决定和命令。国务院所属各部委和地方各级行政机关必须接受国务院的统一领导和监督。

4. 行政任免权

国务院有权依照《宪法》《国务院组织法》《地方组织法》等有关法律，任免国家行政机关的领导人员，奖励先进的工作人员，惩罚违反法纪、造成一定后果的工作人员。国务院进行人事任免的范围为：国务院组成部门的副职领导，国务院直属机构、办事机构、部委归口管理的国家局、国务院直属事业单位的正副职领导。

5. 行政监督权

国务院有权改变和撤销国务院各部委和各级地方行政机关所发布的不适当的命令、指示和规章。

四、国家监察委员会

现行《宪法》第 125 条规定：中华人民共和国国家监察委员会是最高监察机关。国家监察委员会由主任，副主任若干人，委员若干人组成。国家监察委员会主任每届任期同全国人民代表大会每届任期相同，连续任职不得超过两届。国家监察委员会主要内设机构为监督检查室等。

国家监察委员会的主要职责有：

1. 监督检查权

对公职人员开展廉政教育，对其依法履职、秉公用权、廉洁从政从业以及道德操守情况进行监督检查。

2. 调查权

对涉嫌贪污贿赂、滥用职权、玩忽职守、权力寻租、利益输送、徇私舞弊以及浪费国家资财等职务违法和职务犯罪进行调查。

3. 处分问责权

对违法的公职人员依法做出政务处分决定；对履行职责不力、失职失责的领导人员进行问责。

4. 监察建议权

对监察对象所在单位廉政建设和履行职责存在的问题等提出监察建议。监察建议不同于一般的工作建议，而是具有法律效力和强制执行力的处置措施。

需要注意的是，国家监察委员会和中央纪律检查委员会在党中央统一领导下合署办公，实行一套机构、两块牌子，履行纪检监察职责。

五、最高人民法院

现行《宪法》第 128 条规定：人民法院是国家的审判机关。第 131 条规定：人民法院依照法律规定独立行使审判权，不受行政机关、社会团体和个人的干涉。

最高人民法院是最高国家审判机关，独立行使审判权，同时也是地方各级人民法院和专门人民法院审判工作的最高监督机关。最高人民法院由院长一人，副院长、庭长、副庭长和审判员若干人组成。院长由全国人民代表大会选举产生，向全国人民代表大会负责并报告工作，任期五年，可以连任，但不能超过两届。副院长、庭长、副庭长和审判员由全国人大常委会任免。被任命者必须年满 23 周岁，具有选举权和被选举权，没有被剥夺政治权利，且具有法律专业知识。

最高人民法院设刑事审判庭、民事审判庭、经济审判庭、行政审判庭和其他需要设置的审判庭。

最高人民法院的职权如下：

1. 案件审判权

作为最高国家审判机关，最高人民法院审判的案件涉及：法律、法令规定由最高人民法院管辖和它认为应当由自己审判的第一审案件；对高级人民法院、专门人民法院判决、裁定不服的上诉和抗诉案件；最高人民检察院按照审判监督程序提出的抗诉案件。死刑除依法由最高人民法院判决的以外，各高级人民法院和解放军军事法院依法判决和裁定的死刑立即执行案件，应当报请最高人民法院核准。

2. 司法监督权

最高人民法院可以监督地方各级人民法院和专门人民法院的审判工作。对各级人民法院已经发生法律效力的判决、裁定，如果发现确有错误，有权提审或指令下级法院再审。

3. 司法解释权

对于人民法院在审判过程中如何具体应用法律、法令的问题进行解释。

包括最高人民法院在内的各级法院在审判的过程中应该遵循以下基本原则：

（1）平等原则。

中华人民共和国公民在法律面前一律平等。法律在适用过程中对任何人和组织都是平等的，任何人和组织都没有特权。

（2）公开审判原则。

各级法院在审判过程中，除了涉及国家机密、个人隐私和未成年人犯罪案件外，一律公开。

（3）辩护原则。

当事人有权聘请律师或其他人为自己辩护。法院有义务为没有委托辩护人或特殊情况的被告人指定辩护人。被告人依法有权委托他人或由自己在审判过程中对案件事实的认定和材料证据进行辩解。

（4）合议制。

最高人民法院审判第一审案件由审判员组成合议庭。合议庭由院长或者庭长指定审判员一人担任审判长，成员权利平等。

（5）回避原则。

如果当事人认为审判人员对本案有利害关系或者其他关系不能公开审判，有权请求审判人员回避，审判人员是否回避由院长决定。如果审判人员认为自己与本案有利害关系或者其他关系，需要回避时，报告院长决定。

（6）独立审判原则。

人民法院依照法律规定独立行使审判权，不受行政机关、社会团体和个人的干涉。

六、最高人民检察院

现行《宪法》第 134 条规定：人民检察院是国家的法律监督机关。第 136 条规定：人民检察院依照法律规定独立行使检察权，不受行政机关、社会团体和个人的干涉。最高人民检察院是最高国家检察机关。

最高人民检察院设检察长一人，副检察长、检察员若干人。最高人民检察院检察长每届任期同全国人民代表大会每届任期相同，连续任职不得超过两届。最高人民检察院检察长由全国人民代表大会选举和罢免。最高人民检察院副检察长、检察委员会委员和检察员由最高人民检察院检察长提请全国人民代表大会常务委员会任免。最高人民检察院对全国人民代表大会和全国人民代表大会常务委员会负责。

最高人民检察院设立检察委员会。检察委员会实行民主集中制，在检察长的主持下，讨论决定重大案件和其他重大问题。如果检察长在重大问题上不同意多数人的决定，可以报请本级人民代表大会常务委员会决定。

最高人民检察院主要行使以下职权：

1. 统一领导权

最高人民检察院统一领导地方各级人民检察院和专门检察院工作。确定检察工作方针，部署检察工作任务。

2. 议案建议权

最高人民检察院依法向全国人民代表大会和全国人民代表大会常务委员会提出议案。

3. 侦查权

依法对贪污案、贿赂案、侵犯公民民主权利案、渎职案以及认为需要自己依法直接受理的其他刑事案件进行侦查。

4. 公诉权

检察机关代表国家决定起诉或不起诉。最高人民检察院对重大刑事犯罪案件依法审查批捕、提起公诉。

5. 抗诉权

对各级人民法院已经发生法律效力、确有错误的判决和裁定，依法向最高人民法院提起抗诉。

6. 监督权

对地方各级人民检察院和专门人民检察院行使检察权做出的决定进行审查，纠正错误决定。

七、中央军事委员会

现行《宪法》第 93 条规定：中央军事委员会领导全国武装力量。中央军事委员会由下列人员组成：主席，副主席若干人，委员若干人。中央军事委员会实行主席负责制。中央军事委员会每届任期同全国人民代表大会每届任期相同。第 94 条规定：中央军事委员会主席对全国人民代表大会和全国人民代表大会常务委员会负责。

在中国革命过程中，中国军事体制逐渐形成了中国共产党对人民解放军和其他人民武装力量的领导指挥权。军队中班有中共党员，排建有党小组，在基层连队设立党支部，在团以上单位设立党委。在军队中设立的各级党委是军队中的统一领导和团结的核心。党委对所属部队的一切组织、一切部门、一切人员、一切工作实行统一领导，部队的一切重大问题，除紧急情况下可以由首长临机处置外，都必须先由党委做出决定。未经中共中央、中共中央军委的授权，任何组织或个人不得插手、过问或处理军队问题，更不允许擅自调动和指挥军队。

因此，中共中央军事委员会和中华人民共和国中央军事委员会是两块牌子、同一机构，人员构成相同，两者简称“中央军委”。

党的中央军委是中共中央的一个重要工作部门，它和它统率的全国武装力量都必须服从党中央的绝对领导，这是对中央军委地位的最基本的规定。作为国家的中央军委，它又有体现国家意志的一面，其组织系统是国家机构的一个重要组成部分。中共中央军委和国家中央军委的组成人员对武装力量的领导职能是完全一致的，只是在中国共产党内和国家内同时拥有两种地位。既能坚持中国共产党对军队的领导，又明确了人民武装力量在国家政权体系中的地位；能通过国家政府机构加强武装力量建设，有利于必要时迅速使武装力量转为战时体制，以应对突发事件。

中华人民共和国的武装力量，由中国人民解放军、中国人民武装警察部队和民兵组成。它的任务是巩固国防，抵御侵略，保卫祖国，保卫人民的和平劳动，参加国家建设事业，努力为人民服务。

国防部是国务院的军事工作部门。它的基本职能是：统一管理全国武装力量的建设工作，如人民武装力量的征集、编制、装备、训练、军事科研以及军人衔级、薪给等。国防部的工作由解放军总部机关分别办理。

第二节　地方政府的结构体系

受限于人口规模和土地面积，中央政府很难直接管理全国范围内的所有社会事务，因此大多数国家都设有地方政府来对本辖区的事务进行管理。由于国情不同，地方政府在不同的国家呈现出异质化特点。就中国而言，中国地方政府不仅规模庞大、层级众多，而且类型多样、结构复杂。本节主要从地方政府组织体系和职权的角度来解读地方政府结构体系。

一、地方政府结构概述

根据《2022 年民政事业发展统计公报》，中国地方政府建制是由 34 个省级单位、333 个地级单位（其中地级市 293 个）、2 843 个县级单位（其中市辖区 977 个）、38 602 个乡级单位（其中街道 8 984 个）组成。这些地方政府建制，其称谓、地理面积、人口规模、地位、权限有着较大的差别。以省级单位为例，有的称为省，有的称为直辖市，有的称为自治区，有的称为特别行政区；有的面积达到 160 多万平方千米，如新疆，有的面积只有 30 多平方千米（未计海域面积），如澳门；根据第七次全国人口普查公报，有的省级单位人口超过 1 亿，如山东（1.02 亿），有的省级单位则只有几百万，如西藏（364.81 万）；有的省级建制地位较高，如北京、上海；有的省级单位权限较大，如香港、澳门高度自治。地方政府这种差异性是由自然环境、历史传统、政治经济环境、经济发展水平、社会制度、民族宗教等因素造成的，具有一定的必然性。

作为单一制国家，中国地方政府这种多样性形态与中央的权力密切相连。全国人民代表大会是中国最高权力机关，国务院作为最高行政机关统一领导各级行政机关工作，地方政府设置和权限都由中央政府决定或者授予，中央政府对于地方政府的制度安排、职责权限、层级类别具有无可置疑的权力。

地方政府的职能与中央政府的职能区别较大。一般来说，中央政府负责宏观的国家事务，如国防外交、法律制定、宏观调控、全国性公共物品提供等；地方政府则直接面对居民，提供终端的公共产品。归纳起来，地方政府主要负责以下几个方面的事务：一是维护社会秩序运行。不论处于何种时代和何种社会，每个人都期望社会秩序稳定，没有稳定的社会秩序，就没有权利的保障和安全感，地方政府负有维护秩序的责任。二是推动经济发展。经济的发展能够为地方政府提供社会福利奠定基础，因此地方政府必须为经济活动提供良好的环境。三是提供教育、医疗和社保等公共物品。公共物品是公民能安居乐业的重要因素。四是保护生态环境。经济和社会发展的可持续性离不开生态环境保护，因此地方政府必须统筹地方经济与自然环境的和谐发展。

不同层级的地方政府差异性较大，最高层级地方政府更多的是中央和基层地方政府的桥梁和纽带，承担上情下达和下情上达的角色。在具体运作过程中，省级政府更多的是贯彻落实中央政府法律法规并出台具体的落实方案和根据区域情况制定地方性法规、地方性行政规章和有关规范性文件，基层政府则是具体操作落实，将会具体面对公民个体和组织。

二、地方各级政府体系结构

相较于中央政府，地方政府不仅数量众多，而且结构复杂，同时又要面临与中央政府的关系处理。比如，地方行政机关不仅产生于同级地方人民代表大会，接受同级地方人民代表大会的领导和监督，而且要接受上级行政机关的领导，地方人民代表大会与全国人民代表大会之间不是领导与被领导的关系，而是法律监督和业务指导的关系。所以，对地方政府的结构需要从不同的视角予以观察。

（一）地方政府层级的演变

1949年中华人民共和国成立以后，地方行政区划和行政建制经历了多次调整。概括来说可分为四个阶段：

1. 第一阶段（1949—1954年）

新中国成立之初，在对旧中国地方行政层级结构进行调整的基础上，在中央与省之间增设了大行政区建制，实行大区—省—县—乡四级制。当时，全国设立有东北、华北、西北、华东、中南、西南六个大行政区，它们为最高一级地方政府，每个大行政区分辖若干个省、自治区或直辖市。与此同时，省的建制被适当划小，如现辽宁省被划为辽东省和辽西省，现四川省被划分为川东、川西、川南和川北四个行署区。此外，在省与县之间设有准行政层次的专区专员公署，作为省政府的派出机关；在县和乡之间设有准行政层次区公所，作为县政府的派出机关。1952年11月，中央决定将各大区政府改为行政委员会，作为中央政府的代表机关。1954年6月，中央通过《关于撤销大区一级行政机构和合并若干省、市建制的决定》，并于当年撤销了六个大行政区行政委员会。

2. 第二阶段（1954—1966年）

1954年至1966年，地方行政机关实行省—县—乡三级体制。1954年《宪法》第53条将中华人民共和国的行政区域划分如下：全国分为省、自治区、直辖市；省、自治区分为自治州、县、自治县、市；县、自治县分为乡、民族乡、镇。1954年6月撤销六个大行政区行政委员会的同时，中央扩大了省级建制的统辖地域，将除北京、上海、天津外的其他11个直辖市改为省辖市，并先后成立新疆、广西、宁夏、西藏等四个自治区。

3. 第三阶段（1966—1976年）

“文化大革命”对中国地方政权、地方行政区划造成了强大的冲击。地方各级政府的日常运转被打破，而有关行政区划的调整更多由党的机构来进行直接批准，比如1967年1月将天津改为直辖市，将内蒙古3盟4市19旗3县划归辽宁、吉林、黑龙江、甘肃、宁夏五省区。1975年，将省级政府派出机关专员公署所辖专区改为一级地方行政区域，称为“地区”。

4. 第四阶段（改革开放以来）

“文化大革命”结束之后，中国地方政府管理和行政建制逐步走上正轨，尤其是1982年《宪法》通过之后，重新确立了国家地方实行三级行政建制，地方行政层级建设逐步规范化。但在发展过程中，也有结合经济社会发展做出的调整。

1982年，中共中央提出，在经济发达地区将省辖中等城市周围的地委、行署与市委、市政府合并，由市管县。1982年末，首先在江苏进行地市合并试点，中央批准江苏省在全省范围内撤销原有的地区行政公署，实行“市管县”体制。1983年2月，中共中央、国务院发出了《关于地市州党政机关机构改革的若干问题的通知》，指出以经济发达的城市为中心，以广大农村为基础逐步实行“市管县”体制。

此后，各省纷纷开始试点“市管县”体制。

当前，中国的地方行政层级设置存在着两级制、三级制和四级制等三种形式。其中，两级制只存在于直辖市的城区，实行直辖市—市辖区两级制，市辖区是基层地方政府。三级制主要有四种情况：直辖市—县（郊区）—乡（镇），省（自治区）—设区的市—市辖区，省（自治区）—县（自治县，县级市）—乡（镇），省（自治区）—自治州—县级市。四级制主要有两种情况：省（自治区）—设区的市—县（自治县、郊区、县级市）—乡（民族乡、镇），省（自治区）—自治州—县（自治县、县级市）—乡（民族乡、镇）。在上述三大类行政层级设置中，四级制是主导的普遍形式。此外，在现行地方行政管理体制下，市辖区、县级市之下设有街道办事处作为派出机关，少数省（自治区）在县之上设有地区（盟）作为派出机关，这些派出机关具有准行政层级地位，它们在事实上承担着一级政府的管理职能。

（二）地方政府立法权

从世界范围来看，不论单一制还是联邦制，绝大多数国家的地方政权都有一定的立法权①，只是立法的范围、内容有所不同罢了，而这些不同点也从一个侧面显示出该国地方与中央的不同关系。地方政府立法权的存在不仅有利于地方公民的意愿表达和政治参与，而且也与经济社会发展的复杂性程度有关。

中国地方政府立法权的法律依据来自《宪法》《立法法》《地方组织法》。中国地方政府立法权来自两类机构、两个层次（自治区为三个层次）。

两类机构是指有立法权的地方人民代表大会和地方人民政府，地方人大立法称为“地方性法规”，地方政府立法称为“地方性行政规章”。地方人大立法包括省级人大立法和设区的市的人大立法，地方政府立法包括省级政府立法和设区的市政府立法。需要注意的是，在民族区域自治地方，除了自治区和自治州之外，自治县的人大和政府也可以制定自治条例和单行条例。自治条例和单行条例可以依照当地民族的特点，对法律和行政法规的规定做出变通规定，但不得违背法律或者行政法规的基本原则，不得对宪法和民族区域自治法的规定以及其他有关法律、行政法规专门就民族自治地方所做的规定做出变通规定。

（三）地方政府功能类型

地方政府的功能类型是指地方政府除了按一般管理需求进行行政区划设定之外，还会基于特定需要来进行地方行政建制。比如，省级建制就有一般省份、直辖市、民族自治区和特别行政区之分。总体来看，我国行政区划按设置目的可以分为三类：一是一般地域型政府，二是民族区域自治政府，三是特别行政区政府。

一般地域型政府建制是大部分有地方政府的国家设置的基本类型，占有大多

---

① 李林：《立法机关比较研究》，228页，北京，人民日报出版社，1991。

数。它主要是基于地方管理的需要，没有其他的特殊要求。

民族区域自治政府是建立在实行民族区域自治地方的具有自治权利和地位的地方行政单位。中国现行的民族区域自治制度是相当特殊的自治制度，是民族自治与区域自治的正确结合，是经济因素与政治因素的正确结合。其基本特征是：民族区域自治不是以民族为单位的民族自治，而是少数民族聚居的地方实行的区域自治；不是居住在自治地方内的所有民族都实行自治，而只是实行区域自治的民族在自治区域内实行自治。因此，中国的民族区域自治既不是民族自治，也不是地方自治，而是特定少数民族在其居住区域内实行的区域自治。

特别行政区是实行与国家其他区域不同的基本政治、经济和社会制度的行政区域。我国特别行政区政府是基于历史遗留问题而出现的。目前主要有香港和澳门两个特别行政区。这两个特别行政区与我国其他地方政府差别较大，不仅仅是简单的地方自治，而是存在政治、经济和社会制度上的根本性差别。除了国防和外交之外，特别行政区完全自治，在立法、行政、司法、财政、人事、对外事务方面高度自主，但性质仍然是国家的地方政府，是国家的组成部分，不具有主权国家的性质和地位。

关键术语

全国人民代表大会　　国务院　　专门委员会　　地方立法权

复习思考题

1. 思考全国人民代表大会和全国人民代表大会常务委员会在立法权领域是如何分配的。

2. 监察权和检察权是一种什么关系，两者之间如何协调配合？

3. 结合历史知识，如何看待中国政府的行政层级设置。

4. 国家主席的职权主要有哪些？

5. 国务院的主要职权有哪些？

6. 为什么要赋予法院独立审判权？

7. 地方政府的立法权是如何设置的？

第四章

当代中国的政治关系

政治关系指人们在社会生活中，基于特定的利益要求和利益关系而形成的，以政治强制力量和权利分配为特征的社会关系①。它是各种政治主体在组织或参与国家政治生活的过程中形成的，以特定的政治权力和政治利益分配为内容，是人类政治活动的必然产物。

重点问题

- 政治关系的本质
- 中央与地方关系的发展方向
- 正确处理执政党与国家权力机关的关系
- 正确处理执政党与司法机关的关系
- 当代中国党政关系的困境和优化路径
- 社会转型期地方政府间关系的特点

第一节　概述

一、政治关系的概念与特征

政治关系是政治主体在进行以获得、运用或影响政治权力从而实现特定利益为

① 王浦劬等：《政治学基础》，4版，68页，北京，北京大学出版社，2018。

目的的政治活动过程中形成的社会关系。与其他社会关系相比，政治关系有自身的特殊性，通常具有以下特点：

第一，政治关系是政治主体之间的相互关系，这类政治主体既包括公民、政治家、政府官员等个体，也包括政党、政治团体、政府机关等政治组织。

第二，政治关系是政治主体在政治生活中结成的相互关系，在政治生活之外发生的社会关系不是政治关系。

第三，导致政治关系产生的直接原因是各种各样的政治利益。政治利益是政治主体参与政治活动的动因，是一切政治组织和政治制度的基础[①]。政治关系是基于特定的利益形成的，利益关系是政治关系中最首要和最基本的关系。

二、政治关系的主要种类

政治关系是一个庞杂的政治网络系统。用不同的分类方法可以把政治关系分为若干不同的种类。当代中国最重要的政治关系应包括以下六种：

第一，中央与地方的关系。既包括中央与一般地方单位之间的关系，也包括中央与自治地方单位之间的关系。

第二，政党与国家权力机关的关系。在我国主要表现为执政党与国家权力机关即人民代表大会之间的关系。

第三，政党与司法机关的关系。中国共产党的领导与司法机关依法独立行使司法权之间的关系是十分重要的政治关系，能否正确处理党法关系影响着社会的文明进步和国家的长治久安。

第四，政党与政府的关系。中国新型政党制度决定了中国共产党在国家政治生活中居于核心地位，而政府是具体领导和决定经济社会发展等大事的机构，是权力机关的执行机关，中国共产党的领导和政府的决策执行之间是一对重要的政治关系。

第五，地方政府间关系。在市场化竞争条件下，地方政府之间既存在竞争又存在合作，地方政府间关系呈现多维度的复杂结构。

第六，政党与其他组织的关系。除了上述关系之外，在我国执政党与军队、工青妇、社会组织及经济组织之间的关系也是现阶段重要的政治关系。

三、政治关系的本质

（一）政治关系是由经济关系决定的

人们在政治生活中处于何种地位、发生什么样的作用、对政治进程产生什么影

---

① 王浦劬等：《政治学基础》，4 版，68 页，北京，北京大学出版社，2018。

响，归根结底是由他们在社会经济生活中的地位决定的。在经济上占统治地位的个人或集团与处于被统治地位的个人或集团在政治上不可能有真正的平等关系。从总体上说，社会的政治关系总是与经济关系相适应。一定的政治关系取决于一定的经济关系，并为一定的经济关系服务。

（二）政治关系的本质是利益关系

利益关系指的是不同利益主体之间的社会联系，包括纵向和横向两方面的利益联系。在纵向上，利益关系包括个人利益与群体利益的关系、不同层次的社会群体之间以及个人利益、群体利益和社会利益之间的联系。在横向上，利益关系包括个人与个人之间、同一层次的社会群体之间乃至国家之间的利益关系。利益关系就是一个纵横交错的社会关系网络。

利益在政治关系中的地位和作用主要表现为：(1) 利益是一切政治关系的出发点。(2) 利益关系是政治权力和政治权利形成的基础和前提。(3) 利益关系的内在矛盾决定了政治权力和政治权利的特性①。

第二节　执政党与权力机关的关系

一、执政党与权力机关关系的发展过程

中国共产党与人民代表大会的关系是当代中国最重要的政治关系之一。中国共产党是中国的执政党，是中国各项事业的领导核心，而人民代表大会作为国家的代议机关，是人民行使当家作主权力的机关，全国人民代表大会是中国的最高权力机关，二者的关系反映了当代中国党政关系的核心。深入理解二者的政治关系，需要对其发展历程有一个概括的了解。

（一）党在人民代表大会制度建立和发展中的作用

中国共产党是人民代表大会制度的缔造者。人民代表大会的前身是中华苏维埃代表大会。自 1927 年广东海陆丰起义起，苏维埃曾经在中国共产党所领导的各个根据地出现，1931 年中国共产党在江西瑞金召开了中华苏维埃第一次全国代表大会，规定中华苏维埃代表大会及其常设机构中央执行委员会是中华苏维埃共和国的最高权力机构，由此开始了对人民代表大会制度的探索。抗日战争爆发后，中国共产党在其领导的根据地建立了各级代表会议制和各级参议会制度，作为民主政权形式，各级参议会分别是各地方的最高权力机关。全面内战爆发后，中国共产党在其控制区域取消各级参议会，代之以人民代表会议制度，各级人民代表会议是各地的

---

① 王浦劬等：《政治学基础》，4 版，68 页，北京，北京大学出版社，2018。

最高权力机构。

毛泽东在新民主主义革命时期就发表过关于人民代表大会制度的设想，他在《新民主主义论》中首次提出“人民代表大会”这一概念，“中国现在可以采取全国人民代表大会，省人民代表大会，县人民代表大会，区人民代表大会直到乡人民代表大会的系统，并由各级代表大会选举政府。但必须实行无男女、信仰、财产、教育等差别的真正普遍平等的选举制，才能适合于各革命阶级在国家中的地位，适合于表现民意和指挥革命斗争，适合于新民主主义的精神。这种制度即是民主集中制”①。这是中国共产党最初对国家政权形式的设想。

1949 年 9 月 21 日，中国共产党发起召开了中国人民政治协商会议，通过了《中国人民政治协商会议共同纲领》，确定中华人民共和国的政治制度是民主集中制的人民代表大会制度。《中国人民政治协商会议共同纲领》成为当时中国人民的大宪章，在一个时期内起着临时宪法的作用。但是，由于新中国成立初期召开经普选产生的各级人民代表大会的条件还不成熟，为了巩固新生政权并顺利完成各项艰巨的革命与建设任务，党采取了过渡的办法，即在中央由中国人民政治协商会议第一届全体会议代行全国人民代表大会的职权，选举产生了中央人民政府委员会，并赋之以行使国家权力的职能；在地方，则普遍召开了各界人民代表会议，逐步代行人民代表大会的职权，选举产生本级人民政府。中央人民政府委员会先后通过了省、市、县各界人民代表会议组织通则，政务院先后通过了区、乡各界人民代表会议组织通则。这一时期，各界人民代表会议在团结和动员人民群众完成土地改革、镇压反革命、恢复和发展生产、民主法制建设等方面发挥了重要作用。新中国成立初期的四年，是从中国人民政治协商会议和地方各界人民代表会议向各级人民代表大会过渡的时期。

1953 年，党领导在全国范围内进行了新中国第一次大规模的普选。在此基础上，自下而上逐级召开了人民代表大会。1954 年 9 月 15 日，第一届全国人民代表大会第一次会议在北京胜利召开，标志着我国人民代表大会制度从中央到地方系统地建立起来。第一届全国人民代表大会通过了中华人民共和国第一部宪法，明确规定人民代表大会制度是我国的根本政治制度。至此，中国的人民代表大会制度得以正式确立并开始在全国范围内实施。第一届全国人民代表大会第一次会议的召开和新宪法的制定，是我国民主法制建设的里程碑，党与人大的关系良性发展。从 1954 年 9 月到 1957 年上半年，全国人大及其常委会通过了 80 多部法律、法令和有关法律问题的决定，审查批准了“一五”计划和年度经济计划、预算，决定了综合治理黄河的方案等。

从 1957 年下半年反右派斗争起，“左”的思想日益严重，党的民主集中制遭到损害，国家政治、经济、社会生活出现不正常的情况，党和国家权力机关的关系出现偏差，全国人大及其常委会的工作也难以开展。1962 年之后，情况有所好转，

---

① 《毛泽东选集》，2 版，第 2 卷，677 页，北京，人民出版社，1991。

但人大职权的行使受到削弱，人大工作并没有恢复到1957年前的水平。1966年5月到1976年10月，“文化大革命”的十年间，人民代表大会制度遭到严重破坏。“文化大革命”开始后，各级人大活动停止，党和国家权力机关以及国家机关内部的关系受到严重不良影响。同时，地方人大及其人民委员会被所谓的“临时权力机构”革命委员会取代。“文化大革命”后期，在1975年1月召开的第四届全国人民代表大会第一次会议的代表也不是由选举产生的，很难称得上是一次真正的人民代表大会。

1976年10月以后，“四人帮”被粉碎，“文化大革命”结束，人民代表大会制度逐步恢复和完善起来，各方面工作取得重大进展①。1978年党的十一届三中全会以后，人大工作很快实现了历史性转变，人民代表大会制度进入了新的历史发展时期。第五届全国人民代表大会第二次会议制定了《刑法》《刑事诉讼法》《选举法》《地方组织法》《人民法院组织法》《人民检察院组织法》《中外合资经营企业法》七部法律，显示了最高国家权力机关工作的实效，给人们以极大的鼓舞。

1982年《宪法》对我国新时期的根本任务和政治、经济、文化制度做出了一系列重要规定。1987年，全国人大常委会议事规则明确了联组会、多审制等规定。1992年，《代表法》正式施行，对人大代表在会议期间的工作以及闭会期间的活动等做了全面规定。2000年，《立法法》施行，规定全国人大常委会制定法律应当采取多种形式听取各方面的意见，对于一些重要的法律案可以向全社会公布，广泛征求意见。此后，“开门立法”逐渐成为全国人大和地方人大的立法新常态。2007年，《监督法》施行，对人大常委会履行职责、行使权力提供了更为坚实的法理依据和法制保障。

2009年，《选举法（修正案）》通过，明确规定实行城乡按相同人口比例选举人大代表，实现了城乡选举权的平等。2011年3月10日，全国人大常委会委员长吴邦国在第十一届全国人民代表大会第四次会议上宣布，中国特色社会主义法律体系已经形成。2018年3月11日，第十三届全国人民代表大会第一次会议通过的《中华人民共和国宪法修正案》，将监察委员会归为国家机构的重要组成部分，列入人民代表大会制度的根本制度体系，监察委员会由人民代表大会产生，对人民代表大会负责②。2018年3月20日，第十三届全国人民代表大会第一次会议表决通过了《监察法》。从此，中国的人民代表大会制度发展又进入了一个制度更加完备、体系更加健全的新阶段。

在党的领导下，全国人大及其常委会以提高立法质量为核心，立法工作迈出新步伐。特别是注重增强法律的可执行性、可操作性，探索法律出台前评估工作，完善公布法律草案征求意见机制，立法科学化、民主化水平不断提高。

---

① 《中国共产党简史》编写组：《中国共产党简史》，214页，北京，人民出版社，2021。

② 时和兴：《新时代人民代表大会制度的发展与完善》，62-69页，载《中央社会主义学院学报》，2018（3）。

（二）执政党与人民代表大会的关系

中国共产党与人民代表大会的关系，就是要处理好中国共产党作为领导核心和人大作为权力机关之间的关系，尤其是党中央和全国人大的关系。通常认为，中国共产党对全国人大的工作实行政治领导，中国共产党又在宪法和法律范围内活动，其中关键是如何保证党的领导地位和发挥人大的权力机关作用之间的关系。

第一，人民代表大会是在中国共产党的领导下建立和发展起来的，党的领导地位和人大的权力机关地位是中国近现代史上各种因素和内外合力相互作用形成的，是历史的选择。

第二，中国共产党成员在全国和地方各级人民代表大会及其常务委员会中都占大多数，我们党作为执政党和领导党，在各级人大中保持多数优势是必然的、也是应该的。在我国的各级人大代表中，党员所占的比例一般在70%左右。以全国人大代表为例，比如第十届全国人大代表共有2 985人，其中党员2 178人，占代表总数的72.96%；第十一届全国人大代表共有2 987人，其中党员2 099人，占代表总数的70.27%；第十二届全国人大代表共有2 987人，其中党政领导干部代表1 042人，占代表总数的34.88%，若包括其他界别代表中的中国共产党党员，中国共产党党员占比达到70%左右；第十三届全国人大代表共有2 980人，其中党政领导干部代表1 011人，占代表总数的33.93%；第十四届全国人大代表共有2 977人，其中党政领导干部代表969人，占代表总数的32.55%①。

第三，中国共产党通过在人大中的多数，通过组织程序、人大的法定程序选择能够体现执政党意志的人大常委会组成人员，并经立法程序形成法律，从而把政党的意志上升为国家意志。

第四，在各级人大开会期间，大会和各代表团成立受同级党委领导的党组织，能够保证党员代表在会议中贯彻党的决定，团结党外的人大代表完成大会预定的任务。

第五，在人大常委会中，建立以党员委员长（主任）和副委员长（副主任）为主体的人大常委会党组，决定人大如何通过适当的法律程序贯彻党的主张等重大问题②。

二、执政党与权力机关关系的实质与内容

中国共产党是中华人民共和国的缔造者和中国政治制度的奠基者，中国共产党对人民代表大会的领导地位是由党的执政地位决定的，中国共产党的执政地位是中国近现代史的产物和当时政治力量对比的反映。

---

① 参见中国人大网：http：//www.npc.gov.cn/。

② 朱光磊：《当代中国政府过程》，3版，46－47页，天津，天津人民出版社，2008。

（一）执政党与权力机关关系的实质

宪法序言中规定的基本原则强调中国共产党对国家的领导核心地位。中国共产党对国家的领导是全面的，是中华人民共和国范围内唯一的核心政治力量，不存在任何能够无视或摆脱中国共产党领导和政治影响的社会组织，也不允许这样的组织存在。人民代表大会是体现国家政权与人民关系的政治组织，是中国根本政治制度的最主要机构，但在接受和服从中国共产党领导方面，其实质与其他任何社会组织并无二致①。党章及其相关文件规定了党委制、党组制、党管干部制度和归口管理制度。这些既是法定的权力结构，又是事实上的权力程序。因此，执政党通过领导国家权力机关来实现自己的纲领，通过各级权力机关来执行人民的意志。

（二）执政党与权力机关关系的内容

作为执政党的中国共产党与权力机关关系的内容可以从宪法的制定和修改、人大代表的选举、对“一府一委两院”的监督等方面阐述。

首先，在宪法层次上，中国共产党是在宪法的框架内存在和活动的，但同时宪法的制定和修改又是在中国共产党的领导下进行的，即中国共产党实际上是中国宪法和法律最主要的制定者和监护者。包括制定和修改宪法在内的立法权是人民代表大会最主要、最实质性的权力，而这种权力实际上又是在中国共产党的主导下行使的，因此可以说，人民代表大会在最主要权力的运用方面是处在中国共产党的直接领导和影响之下的。

其次，人大代表的选举及其具体运作环节，都是在中国共产党的领导和帮助下完成的。人大代表候选人的提名通常是中国共产党党委组织部门与其他社会组织协商确定的，甚至事实上只有政党提名而没有社会组织提名②。人大代表的选举是在中国共产党领导下进行的，代表团内部建立中国共产党临时党委、党支部或党组，代表被置于中国共产党地方党委的权力支配范围内。在人民代表大会举行会议期间，由中国共产党各级主要领导人为主体构成的大会主席团负有重要的领导和控制会议进程的职责。在人民代表大会闭会期间，在人大常委会内部设立中国共产党党组，实现中国共产党对人大常委会的日常领导。中国共产党历来重视选派优秀领导干部依法进入人大担任领导职务，并通过他们的履职行为贯彻执行党的政策主张。从全国人大的情况看，历届全国人大常委会委员长都是党的重要领导人。从地方人大来看，地方党委书记任职人大常委会主任（人大主席）的格局就形成了“省级兼任化”“县乡专职化”“市级弹性化”三种模式。在工作程序上，人大及其常委会职权范围内的重大事项，如基本法律的修改、经济和社会发展规划、预算和决算草案、人事任免案、质询案、罢免案等，一般都需要先经同级中国共产党党委同意或

---

① 杨凤春：《中国政府概要》，89页，北京，北京大学出版社，2002。

② 杨光斌：《政治学导论》，3版，145页，北京，中国人民大学出版社，2007。

由中国共产党党委提出议案，才能进入人大或人大常委会的议事程序①。

最后，人大对“一府一委两院”的监督也是通过同级党委的领导实现的。2018年3月11日，第十三届全国人民代表大会第一次会议通过《中华人民共和国宪法修正案》，将“监察委员会”（简称“监委”）作为国家机关写入宪法，形成了各级人大及其常委会监督本级“一府（政府）一委（监委）两院（法院、检察院）”的新格局②。宪法和法律赋予人大及其常委会对“一府一委两院”进行监督的权力，以保障国家行政机关、审判机关、检察机关和监察机关对国家权力机关负责，保障人民当家作主权利的实现。人大及其常委会对“一府一委两院”进行监督，必须坚持依法监督的原则，在法律规定的职权范围内按照法定程序开展工作；坚持集体监督的原则，通过会议集体讨论和决定问题；坚持公开监督的原则，监督的情况和结果向社会公布并接受人民群众的监督。由于党的主要负责人担任人大委员长或主任，实际上人大常委会或主席团也就自动在党委或党组的领导之下，上述监督也是在党的领导下实现的。

三、正确处理执政党与国家权力机关的关系

中共十八届四中全会通过了《中共中央关于全面推进依法治国若干重大问题的决定》，提出：坚持走中国特色社会主义法治道路，建设中国特色社会主义法治体系；完善以宪法为核心的中国特色社会主义法律体系，加强宪法实施；加强和改进党对全面推进依法治国的领导；等等。党的十八大以来，以习近平同志为核心的党中央提出，加强和改善党对人大工作的领导，改进党的领导方式和执政方式，坚持和完善人民代表大会制度，做好新时代人大工作③。这就要求执政党和国家权力机关在宪法的规范下行使权力。正确处理执政党的领导地位与国家权力机关的关系，直接影响国家权力机关作用的发挥、党的执政方式的转变。

从中央层面来看，处理好执政党与国家权力机关的关系，应着重解决以下问题：

第一，坚持中国共产党对人大工作的全面领导。在2021年中央人大工作会议上，习近平提出“六个必须坚持”，其中第一个就是必须坚持中国共产党领导。中国共产党领导是中国特色社会主义最本质的特征。人大工作能不能做好，不仅取决于人大自身，主要还是取决于党如何坚持对人大工作的全面领导，因为人大首先是党领导下的政治机关，人大工作是党的工作的一个重要组成部分。

第二，执政党应在宪法和法律的框架内活动。改革过程中需要突破原有的利益

---

① 杨凤春：《中国政府概要》，90页，北京，北京大学出版社，2002。

② 程向晖、滕修福：《浅谈“一府一委两院”新格局下的人大监督：监委接受本级人大及其常委会监督的法定差异及相关问题思考》，载《人大研究》，2018（12）。

③ 李伯钧：《坚持党对人大工作全面领导的重要举措》，载《人大研究》，2021（11）。

格局，但当改革进入深水区，就需要法治化、制度化的约束，这要求执政党在宪法的约束下活动，不允许有突破宪法的行为。不仅在国家权力机关内的执政党人员应受法律的监督与约束，在国家权力机关外的执政党人员包括领导人员也应与其他公民一样接受法律的制约和监督。

第三，落实宪法所规定的最高国家权力机关所应拥有的权力。宪法明确规定，全国人大是最高国家权力机关，地方人大是地方国家权力机关。中国共产党应支持人大落实宪法规定的权力，使人大能够自主地行使宪法规定的权力，充分发挥人大的权力机关的作用。要正确处理执政党中央与全国人大及其常委会的关系，强化全国人大的独立审议功能。执政党中央与最高国家权力机关应各司其职，执政党应支持全国人大独立行使职权①。

第四，执政党支持人大依法履行国家权力机关的职能。执政党的主张经过法定程序，成为国家意志，使党组织推荐的人选成为国家政权机关的领导人员，并对他们进行监督②。习近平在庆祝全国人大成立六十周年大会上发表讲话指出："我们必须坚持党总揽全局、协调各方的领导核心作用，通过人民代表大会制度，保证党的路线方针政策和决策部署在国家工作中得到全面贯彻和有效执行。……要不断加强和改善党的领导，善于使党的主张通过法定程序成为国家意志，善于使党组织推荐的人选通过法定程序成为国家政权机关的领导人员，善于通过国家政权机关实施党对国家和社会的领导，善于运用民主集中制原则维护党和国家权威、维护全党全国团结统一。"③

从地方层面来看，正确处理地方党委的领导权和地方权力机关的决定权之间的关系，对地方权力机关正确行使决定权具有十分重要的作用。习近平指出："县级以上地方人大设立常委会，是发展和完善人民代表大会制度的一个重要举措。40年来，地方人大及其常委会坚持党的领导、人民当家作主、依法治国有机统一，履职尽责，开拓进取，为地方改革发展稳定工作作出了重要贡献。"④ 地方党组织要服从上级党组织的领导，并服从上级权力机关通过的法律或决定等，地方权力机关也要在事实上服从上级党组织的领导和上级权力机关通过的法律或决定等。地方党组织是地方区域内改革开放和社会主义现代化建设事业的领导核心，地方权力机关决定权的行使与党的领导是一致的。

首先，地方党委的领导权和地方权力机关的决定权在根本上是一致的。地方党委通过地方权力机关把自己的意志转化为规范性的法律文件，从而实现党的领导权和权力机关决定权的统一。

---

① 李景治：《我国权力结构和运行机制中的人民代表大会》，见杨光斌、寇健文：《中国政治变革中的观念与利益》，71－72页，北京，中国人民大学出版社，2012。

② 谢庆奎：《当代中国政府与政治》，78页，北京，高等教育出版社，2003。

③ 中共中央文献研究室：《十八大以来重要文献选编》（中），54页，北京，中央文献出版社，2016。

④ 《习近平对地方人大及其常委会工作作出重要指示》，见 http://www.chinanews.com.cn/gn/2019/07－18/8899099.shtml。

其次，地方人大常委会要自觉地接受党的领导，把党的领导贯穿于人大常委会工作的始终。地方权力机关决定重大事项前与同级党委沟通的制度保证了党委的意图能够实现，同时权力机关要围绕党委的中心工作来行使决定权。

再次，地方党委是否支持地方权力机关行使决定权决定着地方权力机关工作是否顺利。要促进地方党委领导方式的转变，不宜对地方权力机关职权范围内的事务直接做出决策，党委工作的重心要及时实现向权力机关工作转移，并且党委应带头执行权力机关的决定和决议。

最后，地方党委要带头遵守宪法和法律，特别是担任同级人大常委会主任的地方党委书记，要按时参加并主持人大常委会会议，同时，要支持和保障本级人大常委会开展常委会会议，依法行使好立法权、监督权、重大事项决定权以及选举任免权，在做出涉及本地区的重大决策之前，应事先向本级人大常委会党组通气，听取本级人大代表的意见和建议①。

第三节　执政党与司法机关的关系

习近平指出："党和法的关系是一个根本问题，处理得好，则法治兴、党兴、国家兴；处理得不好，则法治衰、党衰、国家衰。"这一论断抓住了党和法关系的要害，强调了正确处理执政党和司法机关关系的重要性。

一、执政党与司法机关关系的历史发展

在我国的党政体制之下，党管政法的基本原则贯穿始终，不过党对司法机关的领导方式随着社会环境的变迁而产生了变化②。总体来看，改革开放以前，党对司法机关的领导方式经历了一个由尊重司法机关独立行使职权到党对司法实现绝对领导的过程；改革开放之后，重申司法机关应当独立行使职权，党对司法机关的领导更加科学。

（一）改革开放前执政党与司法机关的关系

新中国成立初期，中国人民政治协商会议第一届全体会议通过的《中央人民政府组织法》规定，中央人民政府最高人民法院，最高人民检察署，公安部和司法部，行使国家审判、检察、侦查和司法行政职权。1954 年《宪法》专门规定了人民法院和人民检察院的职权，形成"一府两院"新体制，并规定：人民法院独立进

① 黄小钫、郁伊凡：《正确把握和处理地方人大常委会履职工作中的若干关系》，载《人大研究》，2019(11)。

② 景跃进等：《当代中国政府与政治》，120 页，北京，中国人民大学出版社，2016。

行审判，只服从法律；地方各级人民检察院独立行使职权，不受地方国家机关的干涉。这些规定明确了审判独立与检察独立原则，确立了公开审理、两审终审、审判监督等基本工作制度，也清楚地规划出我国立法、司法与行政三大职责分工[①]。

1957年，最高人民法院和司法部共同召开司法工作座谈会，会后报告规定：全部审判活动都必须坚决服从党委的领导和监督，党委有权过问一切案件。任何借审判“独立”，抗拒党委对具体案件审批的想法和做法都是错误的，必须坚决给予纠正。1958年，最高人民法院和司法部召开第四届全国司法工作会议，认为人民法院是无产阶级专政的重要武器，党的领导是无产阶级专政的根本保证，人民法院必须绝对服从党的领导。在这一历史时期，人民法院在审理每个案件时，一般都呈报同级党委批准。如果党委对具体案件做出指示或决定，法院必须无条件地执行。

（二）改革开放后执政党与司法机关的关系

党的十一届三中全会重新强调司法机关审理案件的独立性，全会公报明确指出：检察机关和司法机关要保持应有的独立性。第五届全国人民代表大会第二次会议通过的《人民法院组织法》规定：“人民法院独立进行审判，只服从法律。”1979年针对《刑法》和《刑事诉讼法》执行情况，党中央提出，党的领导主要是方针政策和政治思想的领导，党委不审批案件，党应保证司法机关独立行使检察权和审判权。1982年《宪法》规定：人民法院、人民检察院分别独立行使审判权和检察权，不受行政机关、社会团体和个人的干涉。显然，保证司法机关独立行使职权是社会主义法制工作的一项重要原则。

党的十五大确定了“依法治国，建设社会主义法治国家”的治国方略，第九届全国人民代表大会第二次会议又将这一治国方略写入宪法。党的十六大报告指出，按照公正司法和严格执法的要求，完善司法机关的配置、职权划分和管理制度，进一步健全责权明确、相互配合、相互制约、高效运行的司法体制。党的十七大提出，依法治国是社会主义民主政治的基本要求，强调要全面落实依法治国基本方略，加快建设社会主义法治国家。

（三）党的十八大以来执政党与司法机关的关系

党的十八大强调了法治在国家治理与社会管理中的重要作用，再次强调审判机关、检察机关依法独立公正行使审判权、检察权的重要性[②]。党的十八大报告明确提出，要全面推进依法治国，进一步深化司法体制改革，坚持和完善中国特色社会主义司法制度。随着新一轮司法改革的推进，党的领导与司法机关的关系得到了进一步的明确，我国对如何处理党的领导与司法机关的关系有了更深的理解和把握，

---

① 谢庆奎：《当代中国政府与政治》，78页，北京，高等教育出版社，2003。

② 习近平：《关于〈中共中央关于全面推进依法治国若干重大问题的决定〉的说明》，载《人民日报》，2014-10-29。

对于这种政治关系的处理也进一步走向成熟和规范①。

党的十八大以来，党中央高度重视依法治国，强调党要履行好执政兴国的重大职责，必须依据党章从严治党、依据宪法治国理政；党领导人民制定宪法和法律，党领导人民执行宪法和法律，党自身必须在宪法和法律范围内活动，真正做到党领导立法、保证执法、带头守法。随着中国特色社会主义进入新时代，党的十九大报告对中国特色社会主义法治提出了新的要求，强调要加强宪法实施和监督，推进合宪性审查工作，深化司法体制综合配套改革，依法推进国家监察体制改革。在组织上，成立中央全面依法治国领导小组，体现了党领导一切的要求，为全面依法治国提供了有力的组织保障②。党的二十大进一步提出要严格公正司法，深化司法体制综合配套改革，全面准确落实司法责任制，加快建设公正高效权威的社会主义司法制度，努力让人民群众在每一个司法案件中感受到公平正义，为司法体制改革进一步指明了方向。

除了强调更好地发挥党对司法工作的领导之外，党中央高度重视深化司法体制改革，促进司法公正。一方面，强调健全司法权力分工负责、互相配合、互相制约机制，完善确保依法独立公正行使审判权和检察权的制度。另一方面，强调完善对权利的司法保障、对权力的司法监督，加强对司法活动的监督，健全司法机关内部监督制约机制，建设公正高效权威的社会主义司法制度。

二、正确处理执政党与司法机关的关系

习近平指出："坚持党的领导，不是一句空的口号，必须具体体现在党领导立法、保证执法、支持司法、带头守法上。"必须健全党领导全面依法治国的制度和工作机制，加强党对法治工作的组织领导，强化党中央在科学立法、严格执法、公正司法、全民守法、法治改革等方面的领导。

执政党与司法机关的关系是不以人的意志为转移的客观存在，正确处理执政党与司法机关的关系，是为了更好地实现执政党与司法机关的互动③。正确处理执政党与司法机关的关系，既需要坚持党对司法机关工作的领导，又需要正确理解并把握司法机关坚持依法独立公正行使司法权。

（一）坚持党对司法机关工作的领导

首先，应当正确认识在司法工作中坚持党的领导的重要性。要把坚持党对司法工作的领导，作为坚持中国共产党依法执政、巩固党的执政地位的重要形式来正确

① 陈卫东：《司法机关依法独立行使职权研究》，载《中国法学》，2014（2）。

② 《中共中央关于制定国民经济和社会发展第十四个五年规划和二〇三五年远景目标的建议》，载《人民日报》，2020-11-04。

③ 江必新：《正确认识司法与政治的关系》，载《求是》，2009（24）。

认识。中国共产党是中国特色社会主义建设事业和法治建设事业的领导核心。人民司法事业作为中国特色社会主义事业的重要组成部分，必须始终坚持党的领导，坚决执行党的路线、方针和政策，要把坚持党的领导作为首要的政治责任①。

其次，应当始终坚持党对司法工作的领导。党委及其政法委要带头在宪法和法律范围内活动，善于运用法治思维和法治方式领导政法工作。要充分发挥党依法执政和依法治国的政治优势、组织优势、纪律优势，排除对司法活动的各种干预和干扰，为独立公正司法创造良好的制度环境和社会环境，支持司法机关依法独立公正行使司法权。为支持司法机关依法独立公正办案，党的十八届四中全会通过的《中共中央关于全面推进依法治国若干重大问题的决定》提出了一项改革举措，即建立领导干部干预司法活动、插手具体案件处理的记录、通报和责任追究制度，这是对司法机关正确适用法律的强大支持。

（二）正确理解并把握坚持依法独立公正行使司法权

首先，要保障司法权行使不受行政机关、社会团体和个人的干涉。要保障行政机关作为最大的执法主体，在行使行政权的过程中不能僭越司法权的行使；为了避免司法成为部分利益群体谋取私利的工具，还要使司法机关独立于任何由一定社会群体以利益诉求联结起来的社会团体；司法机关独立公正行使司法权还要排除个人的干预，不允许任何公民有超越宪法和法律的特权②。在 2014 年中央政法工作会议上，习近平指出，要正确处理坚持党的领导和确保司法机关依法独立公正行使职权的关系，明确要求各级党组织和领导干部要支持政法系统各单位依照宪法法律独立负责、协调一致开展工作③。

其次，依法独立公正行使司法权并不意味着不受监督，必须建立健全司法权力监督体系，真正做到司法权为民所用。司法权力监督体系包括党的监督、国家权力机关的监督以及人民的监督，另外审判机关还要接受检察机关的监督。党的纪律检查机关依据党章党纪对司法人员进行监督，特别是依法独立公正行使司法权；监督他们在审判活动中是否只服从法律，独立裁判，公开公正司法；监督他们不得徇私枉法，杜绝司法腐败；监督他们自觉维护司法的独立与权威。国家权力机关的监督是指各级人大对其对应的司法机关的监督。一方面，人大处于国家机关中的中心地位，司法机关是由人大产生的，理所当然应对人大负责并受其监督；另一方面，各级人大作为民意机关，代表人民统一行使对司法机关的监督，司法机关接受人大的监督过程也是接受人民群众监督的过程。检察机关对法院的活动进行全方位的法律监督。在我国，由检察机关行使审判监督权是实现权力制约监督的必然要求，是维护司法公正和司法高效的有效方式。检察机关针对审判机关的合法性监督要严格依

① 胡云腾、程芳：《论坚持党的领导与坚持依法独立行使审判权》，载《江汉论坛》，2014（11）。
② 龚廷泰：《党的领导与司法独立关系之我见》，载《法制与社会发展》，2014（6）。
③ 胡云腾、程芳：《论坚持党的领导与坚持依法独立行使审判权》，载《江汉论坛》，2014（11）。

照法定程序进行，绝不能超出监督权限，干涉其正常审判，同时又要保证权力的充分有效行使，确保法院裁判的合法性、公正性①。

总之，党的领导不应该成为司法权独立公正行使的障碍，司法权独立公正行使并不能成为拒斥党的领导的理由，加强党的领导和司法机关独立行使职权应当形成正效应的关系。

第四节　执政党与政府的关系

一、中国共产党与政府关系的演进

在现实的政治运行中，党和作为国家行政机关的政府之间的关系是核心的政治关系，党通过政府有效治理国家，政府被党和人民赋予行政权力并发挥着直接治理国家的作用，因此党和政府之间的关系常常被界定为狭义的党政关系②。早在 1927 年，毛泽东就批评了井冈山革命根据地“以党代替苏维埃”的现象，指出党在群众中有极大的威权，政府的威权却差得多。针对这种现象，他进一步提出了改正措施，即“以后党要执行领导政府的任务；党的主张办法，除宣传外，执行的时候必须通过政府的组织”③。

中国共产党领导的政府在新民主主义革命时期，经历了由工农民主政府到抗日民主政府再到人民民主政府的转变。1931 年 11 月，中华苏维埃共和国临时中央政府在江西瑞金宣告成立。该政府为工农民主政府，接受中国共产党的领导，执行中国共产党的方针、政策，并在政府机关中设立党团书记，具体实施党对政府的领导。抗日战争时期，中国共产党的政治地位发生变化，对党政关系做了进一步的规范，此时中国共产党的苏维埃政权也转变为抗日民主政权④。在中国共产党领导的八路军和新四军所控制的陕甘宁边区和各抗日根据地，成立了抗日民主政府，接受中国共产党同级党组织的领导，执行共产党提出的施政纲领和各项方针政策。解放战争时期，解放区建立了人民民主政府，仍实行“三三制”。政府中工人、贫农、中农比例增大，并吸收民族资产阶级和开明士绅参加；随着人民解放战争的胜利，各民主党派、爱国民主人士也纷纷加入。新民主主义革命时期，中国共产党领导建立政府的经验集中到一点，就是加强中国共产党对政府的领导。

新中国成立后，面对内忧外患，执政党通过在政府内组建共产党的各级组织，

---

① 陈晨、张瑞琪：《司法权力制约与监督体系中检察机关的定位与功能》，载《法制与社会》，2013（34）。

② 张云生：《新时代党政分工的价值定位、内在逻辑与发展指向》，载《云南行政学院学报》，2022，24（3）。

③ 《毛泽东选集》，2 版，第 1 卷，73 页，北京，人民出版社，1991。

④ 范艳燕：《现代中国党政关系的型构》，南京大学，2016。

逐步形成了被称为中国共产党“一元化”的领导模式①。为了在中央人民政府成立后保证党对政府工作的领导，1949年11月，中共中央做出《关于在中央人民政府内组织中国共产党党委会的决定》和《关于在中央人民政府内建立中国共产党党组的决定》。上述决定在中央和地方各级政府部门均予以实行。各级政府机关党委的职能，主要是依据中央人民政府的政策决议，保证政府部门各项行政任务的完成。同时，为了在工作中贯彻党的政治路线及各项政策，在中央人民政府所属各委、部、会、院、署、行，由担任负责工作的共产党员组成党组，党中央一切有关政府工作的决定、指示，党组必须保证执行，不得违反。在新中国成立初期，各国家机关的领导人员中有许多非党民主人士，按照党组系统向党中央请示报告工作，通过党组在政府部门实现党的政策和决定，并加强党员干部和非党干部的团结，起了很好的作用。党组制度由中央国家机关推及地方各级政府部门，一直坚持了下来。新中国成立后，在干部人事制度方面，实行党管干部的原则，即国家的一切干部都要按照党的有关方针政策和原则实行统一的管理。除军队干部实行单独管理外，其余所有干部都统一由中央和各级党委的组织部门管理。政府人事部门是党管理干部的一种组织形式，受同级党委组织部的指导②。

社会主义建设时期尽管在党内也曾经酝酿过“党政分开”问题，但是出于巩固政权以及党的政治权威的需要，中国共产党没有贯彻执行政党职能和政府职能分开的原则，而是将战争年代形成的党的一元化领导体制延续和继承下来，并在以后不断极端化、教条化。这种党政不分、以党代政使国家的政治生活出现严重的弊端。第一，重复决策，效率低下。由于党政职能不同、工作角度不同，但又承担着同一范围的领导责任，所以同级党政领导班子难免会就同一问题进行重复研究、决策，即“二重决策”。这种决策模式有稳妥的一面，但也有在效率上不适应加快政务工作节奏的一面。第二，政出多门，容易导致内耗。如前所述，党政双方承担着同一范围的领导责任。“政”的一方当然要抓“政”，“党”的一方也要努力使党的工作联系本地区、本单位“政”的具体实际，双方的职能就很难分清楚。这也就是党政双方的负责人越是责任心强、工作能力强，越容易产生人事冲突的原因。第三，管理机构和干部队伍庞大。两套机构必然会产生两套人马，特别是党的机构和工会、共青团、妇联等人民团体的行政化，更加剧了编制工作的压力③。

1978年，党的十一届三中全会公报指出：“应该在党的一元化领导之下，认真解决党政企不分、以党代政、以政代企的现象，实行分级分工分人负责。”

1980年，邓小平在《党和国家领导制度的改革》的讲话中明确提出解决党政不分、以党代政的问题④。1982年，党的十二大提出，党的工作和政府工作必须适

① 谢庆奎：《当代中国政府与政治》，80页，北京，高等教育出版社，2003。

② 中共中央党史研究室：《中国共产党历史·第二卷（1949—1978）》（上册），174页，北京，中央党史出版社，2011。

③ 朱光磊：《当代中国政府过程》，3版，51页，天津，天津人民出版社，2008。

④ 邓小平：《邓小平文选》，2版，第2卷，321页，北京，人民出版社，1994。

当分工，党不是向群众发号施令的权力组织，也不是行政组织和生产组织。

1987 年，党的十三大提出党政分开的设想和尝试。但党政之间的关系问题一直存在，处理好党政之间的关系问题，就要在改革和完善党的领导方式与执政方式上下功夫，也就是党政分工[①]。当代中国所讲的“党政分工”，是指在党的全面领导下，“党”和“政”在职能配置上进行合理的分工，进而在组织载体上进行适当的分离和融合，以实现“党”和“政”的高效运转[②]。这个概念所包含的思想是正确的，政治上的指向是明确的。现代政治普遍实行的是政党政治，在现有条件下，“党”和“政”是不可能截然分开的。“党”和“政”一旦分开，政党也就失去了存在的意义。在实行初步党政分工的过程中，也出现了一些问题。比如，在实施“党委领导下的行政首长负责制”的条件下，有些地方和单位出现了“党政分家”“党政扯皮”等现象。

针对党政分工改革之后党的领导地位和领导能力存在一定程度削弱的问题，党的十八大以来，党中央在意识上和行动上给予了高度重视。党中央在党政分工改革的基础上进一步推进党政融合工作，以此来不断完善坚持党的领导的体制和机制。

为了在推进党政关系的规范化和科学化的同时，更好地提升和加强党的领导能力和执政能力，以达到全面加强党的领导的目标，党的十九大以来，党中央在党政分工改革的基础上继续推进党政融合工作，以此来不断完善坚持党的领导的体制和机制。进入新时代以来，以习近平同志为核心的党中央用党政融合模式，通过设置中共中央有关工作领导小组或者工作委员会、党政机构合并设置、合署办公等方式成功地解决了党政分工基础上如何有效提升党的领导能力和执政能力的问题，为新时代党政关系的完善奠定了坚实的基础[③]。

目前，中国特色的、相对稳定的执政党与政府关系已经基本形成。通过对改革开放 40 多年来我国党政关系改革历程的回顾和总结，可以发现，党政分工和党政融合是党政关系改革的两个重要方面，党政分工到党政融合，不是对党政分工的否定，更不是回到党政不分或者党政合一的老路，而是在党政分工的基础上，对更好地处理党政关系，构建科学合理高效的新型党政关系模式的积极探索和有益尝试。无论社会发展环境如何变化，坚持党的领导始终是我国党政关系发展的根本所在。

二、当代中国党政关系规范化的路径选择

执政党与政府间的关系不仅是一个重大的政治理论问题，而且是一个重大的政

---

① 张荣臣：《准确把握“党政分工”概念》，见 http：//theory. people. com. cn/n1/2017/0410/c40531 - 29198863. html，2023 - 07 - 20。

② 沈亚平、范文宇：《党政分工：新时代机构改革的深层逻辑》，载《天津行政学院报》，2020（3）。

③ 陈鹏：《改革开放四十年我国党政关系的探索和完善》，载《宁夏党校学报》，2018（5）。

治现实问题。执政党如何明确政党职责，保持自身的执政地位，如何动用党政资源来实现国家资源和社会资源配置的最大化与有效化，如何达到政治资源配置权力的规范化与制度化，这是中国政治现代化所面临的最大课题。

第一，“党要管党”。执政党仅仅是一个政党组织，不是国家行政组织。在社会发展变化，特别是进入社会主义市场经济时期，执政党迫切需要进行思想价值的创新，加强组织建设中的民主监督，铲除滋生腐败的温床，提高执政能力，用中国特色社会主义理论武装全党。严格民主集中制和党的组织生活制度。推进党内政治生态的风清气正，解决党内政治生活中出现的问题，加强制度约束是治本之策①。习近平多次强调，“让党内政治生活有规可依、有章可循”②，推动党内政治生活“制度化、规范化、程序化”③。进入新时代以来，党的建设实践较好地回答了三个重大的问题：一是做到了“严字当头”，真正把党要管党、从严治党落到实处；二是巩固了党的执政基础，确保党与人民群众的血肉联系；三是坚持了党的领导，确保党始终是伟大事业的坚强领导核心，从而深化了对执政党建设规律的认识。

第二，遵循现代社会政党政治的规律。现代社会是政党政治，但这种政党政治并不表明政党所行使的权力具有无限扩张性，而是限定在一定的规范中。中国共产党对政府的领导，主要应是政治领导，即在国家法治、政治原则和重大决策方面的领导，党必须通过立法程序，把党的主张上升为国家意志，才能实现党的领导。在涉及决策执行方面，不能以党的运行机制代替国家政权机关的运行机制，党的运行必须科学化，不能包办一切、干预一切。这就要改革和完善党的领导方式和执政方式，不断提高党的执政水平和领导水平，努力提高党整合社会资源的功能④。中国共产党发挥领导作用须依托国家行政机关，但不能取代国家行政机关而直接进入各种操作程序中。要充分认识到党的领导是“总揽”而非“包揽”。

第三，党政职能分开。党政关系是整个政治体制中占有重要地位的有机一环，对这一问题的处理直接影响到政治体制改革的成败，同样会影响到政党与国家、政党与社会、政党与市场等关系的构造。要强化对党政机关职能的统筹规划，进一步发挥党的职能部门统一集中的管理协调职能。作为执政党必须具有驾驭社会主要矛盾、总揽国家全局的意识和能力，而不能使自己陷入具体而复杂的社会事务，执政党与政府的关系的重点应放在协调国家意志的表达上，而不应放在国家意志的执行上。执行国家意志是国家行政机关的职能和任务，这样才能充分发挥国家行政机关的作用。党最基本的政治职能，就是全面、自如地运用法治的力量管理社会和国家，保证最广大人民群众的共同利益得以实现。

第四，党要坚持依法执政，各级政府要坚持依法行政。党的十八届三中全会提

① 杨蕾歆：《“党要管党，首先要从党内政治生活管起”：深刻领会习近平关于严肃和规范党内政治生活的重要论述》，载《党的文献》，2019（4）。

② 中共中央文献研究室：《习近平关于全面从严治党论述摘编》，41页，北京，中央文献出版社，2016。

③ 同上书，45页。

④ 叶麒麟：《现代国家建构：我国党政关系演进的一种解读》，载《学习与探索》，2007（4）。

出“法治中国”。全面推进依法治国要求充分发挥法治在国家治理和社会管理中的重要作用，实现国家各项工作的法治化[①]。从“分”的角度来看，“依法执政和依法行政这两个方面构筑了全面依法治国的支点”[②]。“依法执政，关键是依宪执政。”[③] 转变政府职能是行政体制改革的核心。伴随着改革开放的深入和社会主义市场经济的发展，我们对政府职能的认识和定位也随之改变，要求重新将政府职能放在政府与市场的关系网中进行审视。党的二十大进一步提出要扎实推进依法行政，转变政府职能，优化政府职责体系和组织结构，提高行政效率和公信力，全面推进严格规范公正文明执法。

第五节　中央与地方关系

一、改革开放前中央与地方关系的基本格局

在 1949 年和 1978 年之间，中央与地方关系在整体集权的前提下也有相对分权的阶段，往往是先经历一个较为集权的阶段，发现权力过分集中的弊端之后再经历一个相对分权的阶段，而后发现分权带来松散的弊端，又向上集权，如此交替变化，但总体上集权的特点并没有发生质的变化。

新中国成立以后，由于意识形态的影响和国际大环境的压力，中国共产党实行了“一边倒”的外交政策，即倒向以苏联为首的社会主义阵营。在国内管理体制的构建方面，既有战争管理体制的惯性，也有社会形态的取向，从而模仿甚至照搬了苏联高度集中的计划经济体制。计划经济体制下的政府组织是一个“条块”分割的系统：所谓“条条”，是指从中央政府到各主管部、不同层次的派出机构、企业的一个纵向系统；所谓“块块”，是指由地方政府控制的一定区域。绝大部分经济生活是由中央政府推动的，中央政府的集权程度被放到最大。

其实，这种集权模式并不完全符合中国的国情，毛泽东早就注意到了这个问题。在《论十大关系》中，中央政府与地方政府的关系是其中的一项重要关系。毛泽东提出，在中央和地方的关系问题上，要在巩固中央统一领导的前提下，扩大地方的权力，让地方办更多的事情，发挥中央和地方两个积极性。在这一精神的指导下，1956 年 9 月，中共八大决定对经济管理体制进行改革，并提出从 1958 年初开始实施。1958 年进行的经济管理体制改革的重点是向各级地方政府放权让利，主要包括：向地方政府下放计划权，向地方政府下放企业管辖权，向地方政府下放物

---

① 江必新、龙峰：《“依法治国、依法执政、依法行政共同推进”的目标要求与实现路径》，载《求索》，2022 (2)。

② 卓泽渊：《依法执政：政党政治法制化的表现及实现路径》，载《国家检察官学院学报》，2011 (6)。

③ 习近平：《在首都各界纪念现行宪法公布施行 30 周年大会上的讲话》，11 页，北京，人民出版社，2012。

资分配权，向地方政府下放基本建设项目审批权、投资和信贷管理权，向地方政府下放财政和税收权，向地方政府下放劳动管理权。但是，这次向地方政府放权的尝试并不成功。要么放权、要么集权的调整并不能为地方政府的职能找到准确的定位，改正的思路还是重新集权，即把向地方政府下放的权力重新收回来。

1960 年，中央确定了对国民经济实行“调整、巩固、充实、提高”的八字方针。其中，在中央与地方的关系上，决定把财政、信贷和企业管辖权等下放的权力重新集中，并要求建立比 1950 年统一财政时“更紧更严”的体制，结果是集权经济的问题积累到严重影响经济发展的程度，这就又把人们的注意力引向分权的思路上。1970 年，以“下放就是革命，下放越多就越革命”为口号的大规模经济管理体制改革，在中国经济舞台上再一次上演。

上述从集权到分权再到集权的中央与地方关系变革表明，在原有的计划体制下，单纯的集权-分权式改革无法处理好中央与地方关系，不能保证经济的健康发展，另寻出路成了一项新的历史任务。

二、改革开放以来中央与地方关系的新变化

随着社会主义市场经济体制的逐步确立，中央政府与地方政府的关系出现了新的变化。

（一）中央与地方事权关系的变化

改革开放以后，中央政府与地方政府之间的权力划分较计划经济时期发生了重大的调整。

在社会主义市场经济条件下，政府的“事权”主要包括两个方面：一是为纠正“市场失灵”而提供的各种法律和政策；二是为维护社会的相对公平和公正而制定的各种制度与措施，主要体现在法规和政策体系、国防与外交、社会秩序和安全、社会保障体系、公共事业与基础设施、自然灾害防治与生态环境保护、宏观经济管理以及区际关系协调与弱势人群的保护等八大方面。理论上，政府的事权可以分为由中央政府独立承担的事务和由中央政府与地方政府共同承担的事务两大类。

事权在中央政府与地方政府之间分摊。实践中，即使在高度集权的体制下，中央政府也不能包揽全部事权。在社会主义市场经济体制下，中央政府和地方政府在事权方面应该进行科学划分，一方面要使地方政府承担更多的事权，另一方面还要使地方政府承担的事权能够相互协调，并且要避免在扩大地方政府事权的过程中，出现对地方经济主体所从事经济活动干预过多的情形。

（二）中央与地方职能关系的变化

计划经济体制时期的政府主导经济，是经济生活的主角。社会主义市场经济体制下政府的经济职能，就是健全宏观调控体系，主要运用经济手段、法律手段和必

要的行政手段，引导和调控经济运行，调整和优化经济结构，发展对外经济贸易和区域经济合作，实现经济增长、就业充分、物价稳定和国际收支平衡。党的十六大报告在总结实践经验的基础上，把政府的职能确定为十六字：经济调节、市场监管、社会管理、公共服务。这是对我国社会主义市场经济条件下政府职能的科学总结和高度概括。

政府的市场监管职能，就是创造公平和可预见的法制环境，完善行政执法、行业自律、舆论监督、群众参与相结合的市场监管体系，建立健全社会信用体系，实行信用监督和失信惩戒制度，整顿和规范市场经济秩序，建设统一、开放、竞争、有序的现代市场体系。

政府的社会管理职能，就是要完善政策和法律、法规，依法管理和规范社会组织、社会事务，妥善处理社会矛盾，维护社会秩序和社会稳定，促进社会公正。

政府的公共服务职能，就是政府提供公共产品和公共服务的职能。包括加强城乡公共设施建设，发展社会就业、社会保障服务和教育、科技、文化、卫生体育等公共事业，发布公共信息等，为社会公众生活和参与社会经济、政治、文化活动创造条件和提供保障。

此外，党的十八届五中全会公报提出："构建发展新体制，加快形成有利于创新发展的市场环境、产权制度、投融资体制、分配制度、人才培养引进使用机制，深化行政管理体制改革，进一步转变政府职能，持续推进简政放权、放管结合、优化服务，提高政府效能，激发市场活力和社会创造力。"党的十九大报告提出："转变政府职能，深化简政放权，创新监管方式，增强政府公信力和执行力，建设人民满意的服务型政府。赋予省级及以下政府更多自主权。在省市县对职能相近的党政机关探索合并设立或合署办公。"党的二十大报告也提出："扎实推进依法行政。……转变政府职能，优化政府职责体系和组织结构，……提高行政效率和公信力，全面推进严格规范公正文明执法。"

（三）中央与地方财政关系的变化

计划经济时期的财政体制是中央统一领导、统一计划、收支两条线。

改革开放到分税制时期。1976 年 10 月粉碎"四人帮"之后，我国在江苏实行了固定比例包干的财政管理模式：按收支总数计算，确定比例，进行包干，几年不变。1978 年，在部分省、市试行"增收分成，收支挂钩"的模式。1980 年，实行划分收支、分级包干的"分灶吃饭"的财税体制。具体做法是：把财政收入划分为固定收入、固定比例分成收入和调剂收入三类，支出按隶属关系划分；收支划定后，对地方的分成比例和补助数额，实行分级包干，五年不变；地方在这个范围内，自己安排收支，自求平衡。1985 年起实行"划分税种、核定收支、分级包干"的新模式。它的具体内容是：按照利改税第二步改革之后的税种，划分中央财政收入、地方财政收入、中央与地方财政共享收入三大类；财政支出仍按企事业的隶属关系划分，并增加了财政专案拨款；另外还规定了中央、地方财政收支的分成方法，主要有地方固定收入大于支出的定额上解，地方固定收入小于支出的从共享收入中确定一个分成比例留给地方，地方固定收入加共享收入还不足以抵拨其支出的由中央定额补助。1988年起，对各地财政包干方法做了一系列修正与改进，地方政府自行负责包盈、包亏。

分税制时期。1994年的分税制改革把税收分为三类：中央税（如关税）、地方税（如营业税）、共享税（如增值税）。同时分设国税、地税两套机构，与地方财政部门脱钩，省以下税务机关以垂直管理为主，由上级税务机构负责管理人员和工资。分税制改革是以厘清中央与地方权责为内核的财税分配规则化的体制性变革。分税制改革以事权与财权相结合、事权与财力相匹配为原则，在不断合理调整中央与地方各级财政支出责任的事权基础上，将消费税、关税、海关代征消费税和增值税、船舶吨位税、车辆购置税等与维护国家权益和实施宏观调控所必需的税种列为中央税，将城镇土地使用税、城市维护建设税、房产税、车船税、印花税等与地方经济和社会事业发展关系密切、适宜地方征管的税种划为地方税，将增值税、纳入共享范围的企业所得税和个人所得税、资源税等与经济发展直接相关的主要税种划为按比例分成的中央与地方共享税。针对分税制改革以来地方财政压力增加的情况，党的十八届三中全会提出，要适度加强中央事权和支出责任，中央与地方按照事权划分相应承担和分担支出责任，中央可通过安排转移支付将部分事权支出责任委托地方承担。

1995年，中央财政首先实行“过渡期转移支付制度”。其后，中央政府对转移支付方案不断进行调整与完善，重点优化转移支付结构。2002年开始实施所得税收入分享改革，由原来按照企业隶属关系划分改为按比例分享。2003年后中央与地方所得税收入分享比例分别占60%与40%。2009年，我国将中央对地方的转移支付简化为一般性转移支付和专项转移支付两类，提高一般性转移支付比重，使二者合理配置，更好地实行基本公共服务均等化。2013年根据党的十八届三中全会进一步理顺中央与地方收入划分的要求，减少重复纳税。2015年，中共中央办公厅、国务院办公厅印发《深化国税、地税征管体制改革方案》，以解决国税、地税两套税务机构征管体制暴露出的职责不明晰、执法不统一、办税不便利等问题。2016年5月全国实施“营改增”。由于营业税是地方财政的主体税种，“营改增”后地方财政收入的重要来源消失了，中央将增值税的中央与地方分享比例调整为各占50%，这标志着共享税已成为地方税收划分的主要方式，中央通过财政转移支付及税收返还的方式，保证了地方财政收入的相对稳定。2016年8月，国务院制定了中央和地方权责划分的指导意见，明确了中央财政事权、地方财政事权、中央与地方共同财政事权的划分范围和支出责任。

2018年，国务院推进新一轮行政机构改革，合并1994年以来设立的省级和省级以下国税局和地方税务局，标志着我国税收征管体制迈出了实质性、关键性一步，是中央与地方财政关系的继续调整与完善，也充分体现了党中央和国家深化财税体制改革的坚定决心[①]。2018 年 3 月，第十三届全国人民代表大会审议并通过了将省级及省级以下国税与地税机构合并的决议，各地税务局将实行以国家税务总局为主与省（区、市）人民政府双重领导管理体制，它是 2016 年我国全面“营改增”的必然趋势，同时也顺应了新时代中国特色社会主义市场经济的发展规律[②]。2019 年，党的十九届四中全会通过的《中共中央关于坚持和完善中国特色社会主义制度、推进国家治理体系和治理能力现代化若干重大问题的决定》提出“优化政府间事权和财权划分，建立权责清晰、财力协调、区域均衡的中央和地方财政关系，形成稳定的各级政府事权、支出责任和财力相适应的制度”，并将“健全充分发挥中央和地方两个积极性体制机制”作为推进国家治理体系和治理能力现代化的重要内容[③]。

（四）中央与地方层级关系的变化

现行《宪法》第 30 条明确规定，我国目前的地方行政体制为省、县、乡三级，直辖市和较大的市分为区、县。

长期计划经济体制下逐步形成的按行政系统、行政区划、行政层次组织经济活动的纵向管理体制，不适应社会生产力和商品经济发展的要求；长期实行市、县分治的行政管理体制使得城市人为地脱离周围的农村而孤立地发展，这种城乡二元体制使经济增长日益陷入块块分割、条条分割和城乡分割的困境之中。20 世纪 80 年代以后，随着改革开放和有计划商品经济政策的实施，再加上国家对城市发展的扶持，城市经济和规模得以飞速增长。为了加快城乡一体化建设步伐，缩小城乡差距、地区差距，中央决定在经济比较发达的地区试行“市管县”体制，以经济比较发达的城市为核心，带动周围农村，统一组织生产和流通，逐步形成以城市为依托的各种规模、各种类型的经济区。此后，地市合并，城市升格，建立“市管县”体制成为行政改革的主要取向。1999 年中共中央、国务院在《关于地方政府机构改革的意见》中指出：“要调整地区建制，减少行政层次，避免重复设置。与地级市并存一地的地区，实行地市合并；与县级市并存一地的地区、所在市（县）达到设立地级市标准的，撤销地区建制，设立地级市，实行“市管县”体制；其余地区建制也要逐步撤销，原地区所辖县改由附近地级市领导或由省直辖，县级市由省委托地级市代管。”各地纷纷实行“市管县”体制，地级市管理层基本上形成了一级行政区划建制，逐步由虚变实，“市管县”体制取代了地区管县体制的主体地位。

在 2005 年的全国农村税费改革工作会议上，温家宝指出，改革县乡财政的管理方式，具备条件的地方，可以推进“省直管县”和“乡财乡用县管”的改革试

---

① 焦建华：《超大规模国家治理：建党百年央地财政关系的探索与实践》，载《财政监督》，2021（13）。

② 李建英、刘锦鸿：《国地税合并对税收征管效率影响及政策建议》，载《地方财政研究》，2019（6）。

③ 吕炜、任之光、周佳音等：《中国政府间财政关系与经济发展模式》，载《中国科学基金》，2021（3）。

点。这是中央高层领导人首次公开对“省直管县”财政体制改革的理论阐述。党的十八大报告明确提出了“优化行政层级和行政区划设置，有条件的地方可探索省直接管理县（市）改革”的要求。党的十八大的决策为“省直管县”体制去除了制度的障碍，这是稳步推进“省直管县”改革的重要信号。

2022年6月，中央全面深化改革委员会第二十六次会议审议通过的《关于加强和改进行政区划工作的意见》强调要加强党中央对行政区划工作的集中统一领导，行政区划的重大改革、重要政策、重大调整由党中央研究决策；要加强战略性、系统性、前瞻性研究，组织研究拟定行政区划总体规划思路，提升行政区划设置的科学性、规范性、有效性，确保行政区划设置和调整同国家发展战略、经济社会发展、国防建设需要相适应。

三、中央与地方关系的发展方向

结合对新中国成立以来中央与地方关系的考察，借鉴西方发达国家中央与地方关系演变的经验，在新形势下，建构适应市场经济、民主政治和现代化建设需要的中央与地方关系体制应坚持以下几点：

一是要发挥两个积极性原则。充分发挥中央与地方两个积极性，是国家生活中的一个重要原则，也是正确处理中央与地方关系的重要原则，直接关系国家统一、民族团结和全国经济的协调发展。发挥中央的积极性就是必须坚持中央的统一领导，使中央的能力得到充分发挥；发挥地方的积极性就是在统一指导下，赋予地方必要的权力，兼顾地方利益，调动地方的主动性、创造性。我国社会主义实践充分证明，单靠中央或地方某一个积极性是不够的，我国疆域广、人口多、情况复杂，必须充分发挥中央和地方两个积极性，才能将事情办好。我们要统一，也要特殊，为了建设一个强大的社会主义国家，中国必须有强有力的统一领导，同时又必须发挥地方的积极性，各地都要有适当情况的特殊。因此，在中央与地方职能关系、权力关系、组织关系、利益关系的构筑中，必须考虑中央与地方两个积极性，只有这样才能使国民经济生机勃勃、持续健康地发展。

二是由政策治国向依法治国转变。中央政府与各级地方政府的职权划分基本上是一种量的分工，而不是一种质的分工。除外交、国防等专属中央的权限外，法律赋予中央政府与地方政府的职权基本是同构的，地方政府的职权是中央政府职权的翻版。这种职能上的量的分工，一方面意味着中央政府有权对地方政府所管辖的任何事务进行直接干预，导致地方政府缺乏有效地履行职责的完整职权；另一方面由于各级地方政府的职责、权限并没有得到严格的界定，加之中央政府也无法有效地监督地方政府的行为，因而地方政府也常有越权行为和“变通”做法，在“上有政策，下有对策”的软对抗中消解中央政府的政令和权威。

20世纪80年代以来的放权改革，说到底依然是一种政策性放权。每次权力的放或收，都是中央根据其政策需要采取的一种权宜性措施，调整的内容基本上限于地方在经济社会管理权限方面的增减，中央与地方关系并无结构性的变化，放权改革带有鲜明的人治色彩和主观随意性，始终没有达到制度化的水平。政策性放权是一种中央政府的单方面行为，中央政府可以充分利用自己的权威优势，灵活地掌握收权或放权的尺度，做到收放自如。给地方政府下放更大的自主权还是削弱地方政府的权限，收多少、放多少，什么时候收、什么时候放，都完全取决于中央政府的意志，地方政府没有讨价还价的余地。若想尽可能减少随意的、人为因素的干扰，必须用法律规范中央和地方关系，即中央与地方政府权力划分由法律来规定，中央与地方根据宪法所赋予的权力行使职责，其他有关法律在宪法基础上对中央与地方关系做出相应规定。宪法中仅做出原则性规定，实践中多以文件形式加以界定，缺乏必要的法律权威和约束力。适应国家治理体系和治理能力现代化需求，发挥中央和地方两个积极性必须健全法律法规制度，让相关体制机制政策制度更加成熟更加定型①。当务之急是以法律形式对中央与地方职权范围、内容、监督机制以及程序加以规定，使中央与地方关系有法可依。

三是加强中央政府的宏观调控能力，改变对地方监督不力的局面。改革开放以来，我国把调整中央和地方关系的注意力放在了调动地方积极性上，更多地强调向地方分权，中央在下放权力的同时，缺乏对地方有效和得力的监督，削弱了中央的宏观调控和管理，使地方保护主义的边际收益大于边际成本，助长了机会主义行为。当经济过热，中央发出宏观调控的警示时，各地方不是减少或停止投资，反而加快投资步伐，为自己争取更多的发展机会，唯恐吃亏，因此地方保护主义愈演愈烈，而宏观调控的效果大打折扣。虽然我国中央对地方的监督体系庞大，有党内纪律监督、行政监督、财政监督、司法监督、立法监督等等，但是这些监督存在着体制不顺、标准不清、责任不明、手段落后、缺乏规范等问题，造成中央政府对地方政府监督不力。中央必须承担起相应的责任，采取严格的政策和措施防止、整治地方的投机行为，把地方政府间的竞争引导到提高地区公共产品供给竞争的正确轨道上来。

第六节　地方政府间关系

地方政府间关系作为政治关系的重要组成部分，随着经济社会的发展而逐渐成为一种多层次、多元化的复杂关系，具有动态性、互动性等共性。地方政府间的主要关系包括纵向关系和横向关系。其中，地方政府间纵向关系主要以权力配置为基础，体现为中央与地方、地方政府上下级、政府部门上下级之间的关系。而横向关系的形成主要以利益为纽带，从地域上可划分为国内外政府间的横向关系，从政府行为模式上可划分为政府间竞争关系与合作关系，同时，地方政府与政党、非营利

① 樊继达：《发挥中央和地方两个积极性重在“五个精准”》，载《中国党政干部论坛》，2021（8）。

组织及其他组织的关系也是横向关系中不可忽略的一部分。

地方政府间关系指围绕地方政府展开的公共组织间的各种关系，包括中央政府与地方政府之间、地方政府之间、地方政府各部门之间、地方政府与其他组织之间的关系等。由于各国情况千差万别，加之人们对地方政府的内涵和外延的理解不同，地方政府间关系在不同国家的具体情况不尽相同。

一、地方政府间纵向关系

（一）地方政府间纵向关系的界定

地方政府间纵向关系是依托国家结构形式和政府管理层次，以中央政府与地方政府关系为核心的纵向上各级政府之间的关系。

首先，从国家结构的形式看，纵向关系指的是“国家的中央权力机关和地方权力机关、整体与局部之间关系的构成方式，它是中央权力与地方权力在国家组织结构形式和原则上的体现”①。国家结构形式勾勒出了政府间纵向关系的总体框架，奠定了政府间关系的法理基础，没有国家结构形式的规定，就不会发生各种政府间纵向关系。

其次，从政府管理的层次看，纵向关系指的是包括财政援助、技术援助、审查调查、报告要求等在内的决策网络，这其中以资金和指令为其往来的核心，并认为这种纵向体系类似于一种服从的等级体系②。这种等级体系一般分为四个层次，即中央政府（或联邦政府）、高层地方政府（如省、州、郡等）、中层地方政府（如中国的地级市）、基层地方政府（如乡镇、县、町等）。

最后，纵向关系中最核心的是中央政府与地方政府的关系。在单一制模式下，地方政府是由中央政府设立的，是中央政府在地方的延伸，地方的权力来自中央的授予，中央与地方是领导与被领导的隶属关系。在联邦制模式下，联邦政府的权力是地方让渡的，地方自治特点显著。

（二）地方政府间纵向关系的调节手段

单一制国家地方政府间纵向关系的调节手段主要有以下几种：

（1）立法手段。由宪法和法律对各级政府的组织结构与管理职能、范围、权力进行明确规定，这是政府间关系运行的基础和保障。在西方国家，不论是有中央集权传统的法国，还是有地方自治传统的美国，都从立法的角度对各级政府的事权和职责进行了科学的划分，地方政府间纵向关系在法制化基础上达到了动态平衡。

（2）司法手段。各级政府间的纠纷和矛盾可以通过司法途径来解决。如果中央

---

① 王浦劬等：《政治学基础》，4 版，246 页，北京，北京大学出版社，2018。

② ［美］理查德·D. 宾厄姆等：《美国地方政府的管理：实践中的公共行政》，151－159 页，北京，北京大学出版社，1997。

政府对地方政府的行为产生异议，而地方政府拒绝改变现行行为时，中央政府可以诉诸法律，法院一般通过训令、禁令、声明、终止令等方式来调控地方政府行为。同样，地方政府认为中央政府政策和行为不适当时，也可以通过法院来解决。司法手段提供了一种政府间互相监督的途径。

(3) 行政手段。包括命令、指导、审批、检查、制裁、协商等多种形式。行政手段的运用比较灵活，可以根据事务性质和内容的不同采取不同的方式进行调节，主要体现出了上级政府对下级政府的控制和监督。在我国计划经济时代，中央对地方的控制大多采用行政手段，经济体制转型后，行政手段依然是调节政府间纵向关系的重要手段。

(4) 财政手段。中央政府通过拨款、退款、援助、补贴等方式和转移支付制度制约地方政府，并达到缩小区域差距的目的。很多国家的地方收入中，中央援助占很大一部分，地方政府对中央政府的依赖增强，显示出财政手段在构建地方政府间关系中发挥着越来越重要的作用。

(三) 中国地方政府间纵向关系的特点

我国是复合式单一制国家，“一国两制”的国家结构和民族区域自治制度体现出单一制基础上的复合性质。经历几次权力收放的起伏后，政府间纵向关系的改革更加注重对权力调整的规范化和法律化的理性思考。

第一，在权力结构方面，政府间纵向关系的核心表现为权力分配关系。新中国成立后，计划经济体制下政治经济一体化，地方政府作为中央的隶属机构，几乎看不出地方利益与自主权力的诉求和体现，中央对地方权力的调整以“收权—放权—再收权”收尾。改革开放以来，以经济发展为内生变量的政府改革打破了政府间纵向关系的旧格局。1982 年《宪法》从立法权、管理权限、人事体制等方面对中央与地方关系的调整做出规定，变中央一级立法体系为中央与地方四级立法体系，并确定中央与地方政府管理权限的总体原则，继财政包干体制后，1994 年实行分税制，地方政府逐渐转变为有一定自主权力的利益主体。但是，权力均衡很难在现实中实现，我国在几十年的改革历程中不断经历权力收放的循环，如今政府间纵向关系正朝着实现中央与地方“双赢”的动态平衡方向努力。

第二，在职责结构方面，政府间纵向关系模式是以“条块关系”为基础的[①]。职责结构上的条块分割是我国政府间纵向关系的一个重要特点，即各级地方政府的职能部门在纵向上从属于上级职能部门，形成垂直管理的“条条”系统，在横向上从属于本级地方政府，形成地方政府的“块块”系统。可以看出，地方政府职能部门的双重从属地位，这种条块关系长期影响着我国政府的发展和改革。在向市场经济转型后，权力从中央转移到地方。在这个过程中，一方面条块关系成为权力流动的阻碍，另一方面“条条专政”并不占据优势地位，条块关系依旧在政府间关系发

① 林尚立：《国内政府间关系》，313 页，杭州，浙江人民出版社，1998。

展中起着复杂的作用。

（四）中国地方政府间纵向关系的影响因素

戴维·卡梅伦在谈到影响政府间关系结构的诸因素时指出，联邦制内的特殊政府间关系由下列原因形成：所在的社会、所依托的宪法体制、所体现的部分政府体制、在特定时间影响所在国生活的内外因素。同时，他还列举了几个影响政府间关系的主要因素：人口与地理因素、社会与文化因素、历史因素、宪法与制度因素、政治因素、环境因素①。

1984 年 10 月，党的十二届三中全会提出将国民经济的管理从以行政区管理为主转向以城市为中心的经济区管理为主的战略设想，这一改革在实践中大大提高了城市政府在国民经济管理中的地位。在此过程中，计划单列市的确立和“市管县”的改革，提高了大、中城市的地位，同时也使政府间纵向关系发生了变化。

1. 计划单列市对政府间纵向关系的影响

第一，计划单列市与省的权力配置不顺畅。为了实现国民经济的管理从以行政区管理为主转向以城市为中心的经济区管理为主，国务院在 20 世纪 80 年代城市经济体制改革的过程中开始设置计划单列市。计划单列市与一般的省辖市的区别在于：一是计划单列市具有省级经济管理权限，其经济方面的诸多行政管理事项直属于中央及中央有关主管部门，同中央在行政上的直接联系明显多于省辖市，而同其省的直接联系相对少于省辖市；二是计划单列市的管理权限较大，中央有关主管部门赋予其增设有关管理机构的权限；三是国家转移支付的各项专门事业补助经费直接下达单列市，如教育、科研、卫生、体育等经费，均由中央有关部门直接下达单列市对口部门，不经过省政府及其有关部门②。

第二，计划单列市被赋予了省级经济管理权限，但是，基本行政体制不变，计划单列市同省的行政隶属关系并不因此而被改变。省政府仍然领导单列市，对单列市的各方面工作实行“统筹、服务、协调、监督”。在政府行政体系中，单列市的经济权限等同省级，行政地位列省级以下，这打破了传统上下级关系的平衡，改变了原有的地方政府间的关系。同时，中央政府与城市政府的关系也出现新变化。过去，中央政府与城市政府的关系只有两种形式：一是与直辖市政府的关系是直接的，与中央和省政府的关系相似。二是与一般城市政府的关系是间接的，通过省政府实现。现在，中央与单列市的关系与已有的两种关系模式都不同。在经济管理上，中央与单列市的关系是直接的，但在行政指导和监督上，中央与单列市的关系是间接的，必须通过省政府。这样，中央政府、省政府和单列市政府的关系就由原来的单一垂直的领导关系变成了三角关系。但是，由于省对中央是全隶属关系，而单列市对省和中央均非全隶属关系，且单列市的经济管理权接近省政府，所以，这

---

① ［加］戴维·卡梅伦：《政府间关系的几种结构》，载《国际社会科学》，2002（1）。

② 林尚立：《国内政府间关系》，328－329 页，杭州，浙江人民出版社，1998。

种三角关系是一种不等边的三角关系。在这种关系下，中央与省政府、省政府与市政府之间就难免发生摩擦和冲突，而且就整个行政体制来讲，单列市的设立也使政府间关系出现了一定程度的不平衡，即同属市级政府，但在政府行政体系中却有多重差别，而这种差别直接影响市级政府在争取社会资源中的优势。在这种情况下，不平衡就会衍化为整个政府体系内的矛盾①。

2. “市管县”对政府间纵向关系的影响

1982 年 12 月，中央提出以经济发达的城市为中心，以广大农村为基础，逐步实行“市管县”的体制，使城市和农村结合，实现改革的基本目的和要求。长期以来，我国实行的是城乡分治的行政体制，在经济上相应地形成了二元经济结构。其结果是城乡隔绝，甚至造成某种程度的城乡对立。随着农村商品经济的发展和城市改革的深入，建立新型城乡关系已成为一个十分重要的课题。

第一，打破行政分割，促进区域经济发展，城乡经济一体化和行政一体化的两个过程同步进行。发挥中心城市和地区优势，广泛开展地区分工与横向经济合作，建立开放型经济网络，解决“块块”分割问题，促使城市行政区与城市经济区基本保持一致，并在法律上予以明确界定，有效协调区域经济管理与行政管理之间的关系。

第二，在地方行政体制发展上，缩小省级政府的管理幅度，增强对县域经济社会发展的调控能力。县级单位分担省级政府及其部门的一部分工作，减轻省级政府在协调地市矛盾方面的压力和责任。

第三，管县的市级政府职权的扩大，不仅对省级政府的利益形成了挑战，而且受中心城市领导的县级政府也反映，中心城市往往只考虑自己所在中心的利益和发展，很少照顾到整个地区特别是下属县的发展和前途；中心城市的上级地方政府则担心中心城市与它们竞争管理权限。由此，省、市、县三级政府之间常常出现矛盾与摩擦。

3. “省直管县”对政府间纵向关系的影响

“省直管县”改革，是以县域为基点的行政区划扁平化。在组织复杂性和职位结构多元性持续扩展的宏大背景下，组织结构的扁平化是行政区划变迁的趋势之一②。作为一项重大的行政创新，“省直管县”改革的制度设计，是省级政府直接将资源下沉到县一级，缩减科层组织的空间距离，以期赋予县级政府更大的经济社会管理权限和自主发展能力。“省直管县”突破了“市管县”的条块结构改革，将“省—市—县—乡（镇）”管理架构，转变为“省—县—乡（镇）”模式。

“省直管县”改革改变了地级市政府对于资金的总体管辖权，使得市县之间不再有日常资金往来关系。一方面，改革减少了地级市政府对财政资金进行“截和”

---

① 林尚立：《国内政府间关系》，329 页，杭州，浙江人民出版社，1998。

② 王旭辉：《从抽象到具体：对科层组织运作动态的分析：以〈工业组织的科层制类型〉、〈科层组织的动态〉为线索》，载《社会学研究》，2008（3）。

的可能性，实现资源的最优配置；另一方面，县财政与省级财政直接对接，减少了信息不对称，使得省级政府更加清楚地了解基层人民需求，在信息传递上减弱了转移支付向城市偏移的倾向性。“省直管县”改革赋予了直管县更大的财政收支能力，能够激励地方政府发展经济，有利于促进区域产业结构的升级，从而可能促进区域经济发展质量提升①。

党的十九大报告明确提出，深化省以下党政机关合署办公。这从侧面反映了在后“省直管县”时代会有更多扁平化的制度探索，也是治理体系现代化的重要组成部分。超越“省直管县”的制度遗产需要以开放的心态对扁平化改革不断调适。在治理现代化的进程中，科层制和扁平化始终会是长期并存的改革趋势。

（五）当前我国地方政府间纵向关系的治理构想

改革开放以来，中国地方政府间关系经历了一系列的调整，纵向关系发展中的困境主要是由各级政府拥有的权力和承担的职责不对称所造成的。我国宪法确定了对中央与地方的职权划分的基本内容，《地方组织法》对各级政府的权责划分做出了较为具体的规定。中央与地方权力关系的调整只有在法治化和制度化的基础上，既维护中央权威，又尊重地方自主性，允许地方政府有因地制宜地设置机构和配置职权的权力，才能培育政府间相互依赖、相互合作的关系。

（1）打破“职责同构”状态，进一步转变政府职能，深化政府体制改革。经过几轮政府体制改革，政出多门、部门职能交叉、部门职能分工权责脱节等问题并没有得到根本解决。中央提出按照精简、统一、效能的原则和决策、执行、监督相协调的要求，建立决策科学、权责对等、分工合理、执行顺畅、监督有力的行政管理体制，加快建设服务政府、责任政府、法治政府。2008 年政府机构改革提出建立“大部制”，将那些职能相近、业务范围相似的部门整合成一个大部门进行统一管理，将其中职能相近或相似的部委司局、办事机构等整合为内设的职能司局，在横向和纵向的职责配置上做出了新的尝试，为我国政府体制改革揭开了新的一幕。而在地方机构设置上，在上下级对口的机构设置外，可以考虑赋予地方各级政府根据本地的实际需要，因地制宜地设置地方部门的权力，以便进一步整合职能和机构，突破职责同构的限制。

（2）构建中央与地方的伙伴关系。在我国政府体系内部构建中央与地方的伙伴关系，并不意味着取代政府的层级结构，也不意味着中央和地方拥有相等的权力，而是要在法定中央与地方职责范围、合理配置权力的基础上，建立一种相互依赖、相互合作、共赢互利的合作型、伙伴型工作关系。不能以削弱中央权威为代价，也不是对领导与被领导关系的简单改造。

（3）建立“五位双向”的监督体系。重新整合现存政府权力监督主体的力量，

---

① 詹新宇、易泉映雪、刘皓月：《政府层级改革的经济发展质量效应研究：基于“省直管县”和“强县扩权”的准自然实验》，载《财政科学》，2022（3）。

建立以人大监督、司法监督、行政监督、监察监督和政党内部监督为主要内容，辅以基层民主监督和各种形式的社会监督，自上而下和自下而上的双向政府间权力监督体系，为中国政府发展提供必要的监督保障基础①。

地方政府间的纵向关系要完全理顺，还有待全面改革的深入。通过简政放权等措施，取消大量的审批事项，既有利于减少政府对市场的过度干预，也有利于减少上级政府对下级政府的过多干预，从而改变地方政府间纵向关系的集权程度，减少市场主体交易成本、促进经济繁荣。

二、地方政府间横向关系

（一）地方政府间横向关系的界定与特点

地方政府间横向关系主要表现为没有行政隶属关系的同级地方政府间关系，如我国的省、自治区、直辖市之间，市与市之间的关系。这是较为狭义的地方政府间横向关系，而这里所说的地方政府间横向关系是广义范畴上的，不仅包括同级地方政府间的关系，而且包括不同层级、互不隶属的地方政府间关系。

地方政府间横向关系是政府间关系的重要内容，其特点在于：

1. 多元性

首先是主体多元性。如我国地方政府涵盖除了中央政府以外的各级各类政府，行政级别上有省级、地市级、县级、乡镇级。其次是内容多元性。地方政府间横向关系内容的发展趋势是逐渐从生产领域向生活领域扩展，从对外争夺资源的经济竞争向制度创新和服务提升的政府能力较量转变②。最后是形式多样性。地方政府间横向关系不仅有竞争关系，而且有合作关系。另外，还有正式与非正式的关系、直接与间接的关系、平行的与斜向的关系。随着国际交流与合作的不断增加，一些新的横向关系形式也不断出现。

2. 平等性

地方政府间横向关系不论是平行的，还是斜向的，其地位都是平等的。同时它们是作为独立的个体，并且是以地区利益代表的身份出现在地方政府间横向关系中的。它们不存在指导与被指导的关系，更不存在领导与被领导的关系。地方政府间的合作关系是建立在各合作参与方政府意愿一致的基础上的。

3. 互动性

地方政府间横向关系的发生多是双方或多方意愿表达的结果，同时它们做出的意愿表达是基于本辖区的公共利益和区域共同利益的。在这种关系中，任何一方都不能强迫另一方做出与其意愿相反的行动。横向关系的发生、发展表现出很强的互

---

① 张志红：《当代中国政府间纵向关系研究》，396页，天津，天津人民出版社，2005。

② 庄晓华：《中国政府间横向关系浅析》，载《理论与现代化》，2006（4）。

动性。例如，在地方政府间竞争关系中，它们实行地方保护主义，相互封锁市场；在合作关系中，它们共同协商、交流沟通、联合行动等。

（二）我国地方政府间横向关系的类型

1. 从地域的角度划分

一是互不隶属的省级政府（包括省、自治区、直辖市、特别行政区）之间的横向关系。这种横向关系既可能是合作关系，也可能是竞争关系。例如，泛珠三角区域合作与发展论坛便属于这一范畴。

二是互不隶属的省级政区所辖的地市级政府，县级市、区、旗政府，以及乡、镇政府之间的横向关系。这种类型的地方政府间关系力图建立起多元互动的网络状地方政府间关系。如长三角政府区域合作中，就有三省市所辖的市长级别的“长江三角洲城市经济协调会”以及第三层次的“长三角城市政府部门之间的协调会”①。2008 年 5 月汶川地震后，国务院出台了《汶川地震灾后恢复重建对口支援方案》，规定了 19 个省市对地震重灾区的对口支援，例如山东省对口支援四川省北川县、浙江省对口支援四川省青川县等，这些支援活动实际上是一种地方政府间的合作关系，也属于这一范畴。

三是一个省级政区范围内互不隶属的市级、县级、乡级政府之间的横向关系。例如，山东省内互不隶属的青岛市和济南市之间的竞争关系，陕西省的西安市对汉中市下辖的国家级贫困县——宁强县的对口支援等。这些都是同一辖区内的地方政府间关系。

四是跨国地方政府间的横向关系。随着全球化和区域经济一体化的发展，越来越多的地方政府跨出国门，积极寻求更有利于本地区社会经济发展的机会和资源。跨国地方政府间合作成为地方政府提高本地区公共服务能力的可行性选择。跨国地方政府间合作的主要形式就是建立“友好城市”、进行“议题合作”等。我国地方政府与国外地方政府间的横向关系虽然已经深入各个领域，但仍存在着交流层次较低、国内地方政府国际合作发展不均衡的现象。

2. 从地方政府间行为模式的角度划分

一是竞争关系。“政府竞争是一个国家内部不同行政区域地方政府之间为提供公共物品，吸引资本、技术等生产要素而在投资环境、法律制度、政府效率等方面开展的跨区域政府之间的竞争。”② 地方政府间竞争关系的范畴主要限定在横向竞争，竞争的目的是“吸引资本、技术”，从而获得经济收入，补充地方财政，这个定义比较符合中国现阶段的地方政府间关系。但是由于我国的经济和政治制度发展不完善，一些地方政府间的竞争出现了异化现象。区域经济学将其归结为诸侯经济、地方封锁、逆向调控、资源大战等。对地方政府间关系协调不力导致地方政府

① 徐寿松、李荣、俞丽虹：《长三角：“泛”还是不“泛”》，载《瞭望新闻周刊》，2004（47）。

② 刘汉屏、刘锡田：《地方政府竞争：分权、公共物品与制度创新》，载《改革》，2003（6）。

行为企业化，而地方经济行为又行政化，分割了统一的大市场，阻碍了生产要素的自由流动，最终使得资源无法实现合理配置而损害国民经济的健康发展①。政治学与公共行政学的研究则将其归结为“地方保护主义”，由中央政府宏观调控乏力和地方政府行为失范所致②。总之，地方政府间的无序竞争导致生产要素不能自由流动，增加了市场交易费用，造成了资源的严重浪费，不利于节约型社会的建立。

地方政府基于本地区利益的考虑，以及资源有限性的制约，使得地方政府间的竞争与摩擦难以避免。主要可以归纳为以下两种情况：

第一，对中央政府所掌握资源的争夺。所谓的“跑部钱进”就是说各地方政府为了争夺中央政府提供的资源和支持，争先恐后地跑到中央寻求支持。因为中央政府掌握着制定政策、规划重大工程、投资重大项目等多种权力，这些权力最终都决定着资源的配置。各地为了本地区的发展都会竭尽全力展开争夺，造成了地方政府间的竞争。

第二，对地方各种经济发展资源的争夺。地方政府为了发展本地区的经济会不断争夺有限资源。这些资源包括能源、原材料、资金、技术、人才等。

二是合作关系。近些年，在地方政府间关系的问题上，国内学术界不再局限于政府间竞争理论的一维解释与分析，而是尝试进行多维度与多视角的分析，尤其是区域发展相互依赖理论、政府间伙伴关系理论为地方政府间的合作提供了理论上的支持，在学理上推动了地方政府间的合作意向③。

随着我国区域一体化的发展，地方政府间的横向联系日益增加，地方政府间的合作形式也不断增加。地方政府间的合作形式主要有三种：一是城市政府联合体。这是指城市政府之间在经济、行政和文化等方面的合作。二是经济区内各地方政府的联合。经济区的形成是地方政府推动的结果，经济区形成后经济利益上的联系又会促进地方政府间的合作。三是跨经济区的地方政府合作。随着经济区的发展，各地方政府间的合作不再局限于行政区划内，而是根据经济发展的需要延伸到行政区划外，形成跨区域合作。

以经济协作为基础的地方政府间的横向合作，不仅有利于本地和本地区的经济发展，而且有利于减缓地区经济发展的不平衡，从而推动整个国民经济的发展。因此，地方政府间的合作发展符合中国社会和经济发展潮流，具有积极意义。

不同地区经济管理的横向协作的发展与两个因素密切相关：一是改革中企业的自主发展必然会冲破行政边界而寻求广泛的合作，企业的充分发展对主管的地方政府是十分有利的，地方政府会努力促进企业的发展；二是改革中城市和地方政府的经济管理权力也有扩大，从中央政府那里获得更多自主权，在这个前提下，城市和地方政府为推进本地经济发展，也主动提出创办横向经济联合等事宜。正是在企业

---

① 张可云：《区域大战与区域经济关系》，75－114页，北京，民主与建设出版社，2001。

② 吴家庆：《论地方保护主义的危害及遏制》，载《政治学研究》，2001 (1)。

③ 刘祖云：《政府间关系：合作博弈与府际治理》，载《学海》，2007 (1)。

和政府的共同推动下，不同地区之间的横向经济协作才能得到很好的发展。这种发展彻底消解了传统体制下地方政府间横向阻隔的局面，使地方政府间横向关系日益紧密和活跃。

以京津冀协同发展为例，2017 年 4 月 1 日，中共中央、国务院决定设立河北雄安新区。这是继深圳经济特区和上海浦东新区之后又一具有全国意义的新区。同时，雄安新区也是党中央为深入推进京津冀协同发展所做出的一项重大决策部署。通过雄安新区的建设，京津冀加速了产业、人才、资金等要素在这里的聚集，河北省的许多城市都在发展上缩小了与北京、天津的落差，实现了协调发展。总之，地方政府的横向合作不仅有利于实现地方政府在本地区内的公众利益，而且有利于地方政府区域共同利益的实现，缩小地区差距，实现资源的合理利用。

党的十八大以来，以习近平同志为核心的党中央深入实施区域协调发展战略，通过促进京津冀协同发展、长江经济带发展、粤港澳大湾区建设、长三角一体化发展、黄河流域生态保护和高质量发展等，推动我国经济在实现高质量发展上不断取得新进展。

党的二十大报告指出："着力推进城乡融合和区域协调发展，推动经济实现质的有效提升和量的合理增长。""促进区域协调发展。深入实施区域协调发展战略、区域重大战略、主体功能区战略、新型城镇化战略，优化重大生产力布局，构建优势互补、高质量发展的区域经济布局和国土空间体系。"

三、地方政府与其他组织的关系

（一）地方政府与非营利组织的关系

我国自 20 世纪 80 年代以来，随着新公共管理浪潮和政府改革的推动，公用事业社会化改革已经开始，在公共领域，非营利组织逐渐开始浮现。作为公共事务治理中的重要组成部分，非营利组织本质上具有非政府组织性、自愿性、公益性、民间性和自治性，与政府合作共同分担管理公共事务、提供公共产品和服务的责任，较好地弥补了"政府失灵"和"市场失灵"的缺陷，能更好地满足社会公众的需求，达到效率与公平的较好结合，同时在一定程度上弥补了地方政府和市场的不足，发挥了积极的治理效能。无论是在发达国家还是在发展中国家，政府都已深刻地意识到，唯有建立政府和非营利组织之间的合作关系，塑造政府与非营利组织间的现代伙伴关系，才能收到双方乃至多方非零和博弈的结果。

非营利性组织随着新时代经济社会的不断进步而不断发展，已成为我国社会主义现代化建设的重要力量。进入 21 世纪以来，我国政府职能开始转变，并积极探索非营利性组织的管理体制改革。虽然如此，我国非营利性组织仍处于成长阶段，非营利性组织仍然面临着许多问题，这也就要求非营利性组织与政府有更多更恰当的互动与合作，要求政府在引导社会组织的发展过程中提供更多的支持。

党的十九大报告在社会建设上，在多个段落涉及社会组织、慈善事业、志愿服务等工作，习近平总书记指出要“构建政府为主导、企业为主体、社会组织和公众共同参与的环境治理体系”。我国政府应加强与非营利性组织的合作，共同提供公共服务、维护公共利益①。

（二）地方政府与经济组织的关系

企业一般通过以下政治行为来保护和发展自身的政治利益：政治环境甄别、政治游说、构建联盟（如行业协会等）、建立企业内部公共事务委员会、企业政治鼓吹宣传等。许多企业的决策者都将处理公共事务、发展与政府的良好关系作为自身工作的关键环节，以提高企业在面对政府管制和在新公共政策出台时的适应能力，并将其作为企业获取竞争优势的重要手段②。而对政府而言，如火如荼的“新公共管理运动”正是政府向企业学习的再造运动。根据市场经济的特点，西方各国一方面在公共部门的管理中积极引进经济组织中较为成功的管理理论、方法、技术和经验；另一方面积极推进市场化进程，让经济组织有机会参与更多的公共事务的管理和公共服务的提供。这样就形成了经济组织和地方政府的互动，加强了它们之间的依存关系。

在现实情况中，我国的经济组织主要是指企业。企业的生存环境与政府管制、公共政策之间存在着依存关系。一方面，政府控制着重要的资源，比如土地、能源等，如果取得了这些资源，企业将具有竞争优势。政府出台的相关政策对企业的发展具有很大影响，比如2008年起生效的《劳动合同法》，对企业用工方面就有很多新的规定。所以政府行为对企业的影响不亚于市场环境。另一方面，政府也依赖企业的发展。地方政府总是希望自己区域内的企业做强做大，因为这不仅能提高当地的就业率，而且也是地方政府政绩评价的重要指标。所以，地方政府和企业之间是相互依存的关系。

对于一个国家或地区来说，国民经济是其存在和发展的基础，企业的良好发展对经济的可持续发展具有积极的促进作用。地方政府作为公共服务的统筹者，不但要充分发挥其作用，还需要对企业的生产经营活动进行监督并为之营造良好的氛围。

（三）地方政府与其他政治组织的关系

地方政府与其他政治组织的关系在我国表现为地方政府与人大、政协及其他政治团体之间的关系。在这里，主要涉及地方人大、地方政协与地方政府间的关系。

（1）地方政府与地方人大的关系。这种关系概括起来就是：产生与被产生的关系，决定与执行的关系，监督与被监督的关系。地方人民代表大会是地方权力体系

---

① 胡利霞：《非营利组织与政府的合作机制》，南昌大学，2019。

② 王亮、赵定涛：《企业—政府互动依赖关系与企业政治行为》，载《公共管理学报》，2006（3）。

的中心，是地方整个权力运行和政治体制的核心，地方人大产生地方政府，政府是权力机关的执行机关。监督职能是人大的基本职能，是其权力体系的重要组成部分。地方人大与地方政府的职责虽然不一样，但两者最终的目标都是实现最广大人民的利益。要处理好地方政府与地方人大的关系，一方面，地方政府要自觉接受人大监督：一要主动向人大及其常委会报告工作，二要认真执行人大决议，三要诚恳接受人大评议，四要认真处理人大代表的意见和建议。另一方面，地方政府要积极推进依法行政，积极推进依法行政是坚持人民代表大会制度、贯彻依法治国基本方略的重要内容和必然要求。

（2）地方政府与地方政协的关系。地方政协有参政议政的权利，同时也有对地方政府进行民主监督的义务。首先，地方政府应该全面落实政治协商制度，把政治协商纳入政府工作的决策程序，通过邀请政协领导列席政府常务会议、召开政府政协专题协商会议等形式，积极与政协协商关乎人民群众利益的事情，广泛征求意见，充分发挥政协委员的作用。其次，地方政府要自觉接受地方政协的民主监督，建立政府重大决策社会听证制度、民主评议机关政风制度和民主评议政府工作部门制度，自觉接受政协委员对政府及其部门工作全过程的监督。最后，要大力支持地方政协参政议政，要将地方政协的有益提案积极落实，调动地方政协的积极性。

第七节　执政党与其他组织的关系

一、执政党与军队的关系

党与军队的关系问题，是党的建设和军队建设的根本问题，也是重大政治问题。1938 年 11 月，毛泽东在《战争和战略问题》中，把党对军队绝对领导通俗地解释为“党指挥枪”，指出：“我们的原则是党指挥枪，而决不容许枪指挥党。”[①]党的十九大报告明确提出坚持党对人民军队的绝对领导，并从党的指导思想、基本方略和战略部署上进行系统阐述，把党对人民军队的绝对领导的理论、制度和实践推向新境界。习近平在庆祝中国人民解放军建军 90 周年大会上指出：“党对军队的绝对领导是中国特色社会主义的本质特征，是党和国家的重要政治优势，是人民军队的建军之本、强军之魂。”[②] 这一重要论述，深刻阐明了党对军队的绝对领导在党、国家和军队事业全局中的特殊地位和作用。坚持党对人民军队的绝对领导，是习近平新时代中国特色社会主义思想和基本方略的重要内容，是我国的基本军事制度和中国特色社会主义政治制度的重要组成部分，是坚持党对一切工作的领导在军事领域的具体体现。

---

① 《毛泽东选集》，2 版，第 2 卷，547 页，北京，人民出版社，1991。

② 习近平：《在庆祝中国人民解放军建军 90 周年大会上的讲话》，14 页，北京，人民出版社，2017。

新党章明确提出，“中国共产党坚持对人民解放军和其他人民武装力量的绝对领导”。党对人民军队的绝对领导的基本内容主要包括：军队必须无条件地置于中国共产党的领导之下，在思想上、政治上、行动上始终同党中央、中央军委保持高度一致，坚决维护党中央、中央军委权威，任何时候任何情况下都坚决听从党中央、中央军委指挥[①]。这种绝对领导主要通过两个方面加以实施。一是党自身的系统。中国共产党一方面通过中国共产党中央军事委员会对全国的武装力量进行直接领导，另一方面通过武装力量内部的党委领导制度、政治委员制度、政治机关制度来进行。二是党外部的系统。这一系统主要是通过国家体制来进行的。国家机构中设置有中华人民共和国中央军事委员会这一机构，该机构既作为国家体制内的机构而存在，又相对应于中国共产党的中央军事委员会。

党的二十大报告指出，十八大以来我们确立党在新时代的强军目标，贯彻新时代党的强军思想，贯彻新时代军事战略方针，坚持党对人民军队的绝对领导，统筹加强各方向各领域军事斗争，大刀阔斧深化国防和军队改革，人民军队体制一新、结构一新、格局一新、面貌一新。该报告还提出如期实现建军一百年奋斗目标，加快把人民军队建成世界一流军队，是全面建设社会主义现代化国家的战略要求。

我国的人民军队是共产党缔造的，1927 年中国共产党开始创建自己领导的人民军队。党在新民主主义革命时期坚持对军队的绝对领导，在中央建立中央军事委员会，统一指挥与管理人民军队；在军队中自下而上建立共产党的各级组织。同时在根据地实行党对人民军队的统一领导与指挥，建立并健全人民武装的力量体制，形成主力部队、地方部队与民兵三种形态的组织体制，逐渐形成一系列的政治工作制度、民主制度与管理教育制度。习近平在庆祝中国人民解放军建军 90 周年大会上的重要讲话对此做了明确概括：“党对军队绝对领导的根本原则和制度，发端于南昌起义，奠基于三湾改编，定型于古田会议，是人民军队区别于一切旧军队的政治特质和根本优势。”[②] 中国共产党所创建的军事制度，在推翻代表帝国主义、封建主义与官僚资本主义旧政权的革命活动中，发挥了有效的作用。

中国共产党对军队的绝对领导，除了领导军队自身建设（包括武器装备、编制体制、战略战术等）外，最重要的就是开展有效的政治工作。

（一）军委主席负责制

1982 年《宪法》明确规定，中央军委实行主席负责制。1982 年《宪法》颁布实行后，我国又于 1988 年、1993 年、1999 年、2004 年和 2018 年五次对宪法进行了修订完善，中央军委实行主席负责制这一规定始终未做改动，一直延续至今。军委主席负责制凝结着我们党建军治军的历史经验和优良传统，是中国特色社会主义

---

① 许其亮：《坚持和完善党对人民军队的绝对领导制度》，载《人民日报》，2019－11－21。

② 刘志兵：《坚持党对人民军队的绝对领导》，载《前线》，2020（7）。

政治制度、军事制度的重要组成部分①。

1989 年 6 月，党的十三届四中全会选举江泽民为中共中央总书记；11 月，党的十三届五中全会选举江泽民为中共中央军委主席。1990 年 3 月，七届全国人大三次会议选举江泽民为中华人民共和国中央军委主席；1993 年 3 月，八届全国人大一次会议选举江泽民为中华人民共和国主席。由此，构建起了党的总书记、国家主席、中央军委主席“三位一体”的军委主席负责制。2002 年 11 月，党的十六届一中全会选举胡锦涛为中共中央总书记；2004 年 9 月，党的十六届四中全会选举胡锦涛为中共中央军委主席；2003 年 3 月，十届全国人大一次会议选举胡锦涛为中华人民共和国主席；2005 年 3 月，十届全国人大三次会议选举胡锦涛为中华人民共和国中央军委主席。2012 年 11 月，党的十八届一中全会选举习近平为中共中央总书记和中共中央军委主席；2013 年 3 月，十二届全国人大一次会议选举习近平为中华人民共和国国家主席和中华人民共和国中央军委主席。习近平着眼实现中国梦强军梦，围绕维护和贯彻军委主席负责制提出一系列重大战略思想、重大理论观点、重大决策部署，从理论和实践上不断丰富完善军委主席负责制，确保军队高度集中统一和政令军令畅通。

（二）党委领导制度

为了实现党对军队的领导，中国共产党在团以上部队和相当于团以上的单位设立党的委员会。党的各级委员会是部队统一领导与团结的核心。党委领导制度最早始于三湾改编时期，毛泽东在红军的连队中设立了党支部，在营团以上建立了党委。党委领导制度的内容有三：一是党委统一的集体领导下的首长分工负责制。部队中的一切重大问题，都要由党委集体讨论决定，最后由军政首长负责组织实施。军事指挥员与政治委员都必须服从党委的统一领导，执行党委的决议。二是实行双重领导体制。在中国共产党中央委员会和中央军事委员会的统一领导下，由军事系统党组织与地方系统党组织对军队实行双重领导。首先，部队应保持军事系统党组织的垂直领导与隶属关系；其次，在与地方有关的工作上接受同级地方党委会的领导；三是在基层建立党的组织。在部队营和相当于营的单位，设立党的基层委员会，统一领导全营的军事和政治工作。在连队设立党支部，班排有党小组，是党委领导制度的基础。

（三）政治委员制度

政治委员制度，最早是学习苏联红军的经验而建立的党代表制。南昌起义后，起义部队改编的三个军都设有党代表。1929 年，党代表改称政治委员。政治委员在军内行政职务上和军事指挥员同为部队首长，对军队事务共同负责。政治委员是党的委员会日常事务的主持者。政治委员隶属于直属上级部队首长。政治委员的工

---

① 袁新涛：《党对军队的绝对领导与军委主席负责制的形成和发展》，载《党的文献》，2016（4）。

作职责是：负责所在部队的政治思想工作、党团建设工作；负责部队的干部工作，并在任免干部及调动人员的命令上签字；与同级军事指挥员共同负责制定部队作战、训练、后勤工作和部队建设、民兵建设的计划，并在颁布的命令上共同签字。一旦政治委员与军事指挥员出现原则上的分歧，应提交党委会讨论决定，或请示上级解决。

（四）政治机关制度

政治机关制度，是指党在中国人民解放军中管理党的工作和政治工作的领导机关的制度，具体包括：团和相当于团的单位设政治处，师以上部队和相当于师以上的单位设政治部。它从组织体制上确保党对军队的绝对领导和对政治工作的具体实施。抗日战争时期，中国人民解放军总政治部是全军最高政治机关，后来改为中国共产党中央军事委员会政治工作部（简称中央军委政治工作部），中央军委政治工作部在部门职能上同样具有政治工作的主导地位。首先，它承担着贯彻党的军事路线和方针政策的责任，以确保各项政策得以有效实施。其次，它负责领导各军兵种和军事机关的政治工作，包括思想政治教育、纪律建设、安全防护、宣传工作等方面。此外，中央军委政治工作部还负责军队文化建设、军事礼仪、官兵关系的协调等工作。在组织结构上，中央军委政治工作部采用军委委员、军委秘书长的方式组织和运作，旨在提高政治工作的科学性、权威性和组织性，以更好地适应现代军事领域的需求和要求。中央军委政治工作部通过委员会制度来决策重大军事事务和政策调整，委员会中的每位成员都具有平等的发言权和表决权，执行少数服从多数的原则。中央军委政治工作部的设立表明了党中央高度重视军队建设和军事力量的维护。

二、执政党与工青妇的关系

工会、共青团、妇女组织都是以政治任务为中心的组织，必须接受中国共产党的领导，是党政机关的附属组织，是党政机关的配角，是共产党联系群众、教育群众、团结群众的“杠杆”“纽带”“桥梁”。中国共产党诞生后所进行的革命活动，与工人、农民、青年和妇女等组织有着紧密的联系，这些组织因在革命中的特殊作用，在社会主义社会建立后都确立了自己恰当的位置并延续至今，成为当代中国政治社团组织的始源。

新中国成立后建立了高度统一的政治经济体制，政治上实行一元化领导，造成党群不分、政群不分，群众性的政治团体纳入了国家编制。没有独立经济利益的生产者，也就失去了争取利益的动力，更没有在经济领域争取利益的空间。同时，按照我国的社团登记法，社团登记注册的条件是必须有一个主管单位。各级工、青、妇组织直接由各级党委负责，其他社团则由党政部门负责。由于社团在法律上的从属性质，各社团在章程中都规定了“助手”条款。例如，共青团是“党的助手”。

再加上单位制功能的无所不及，把每一个人的政治、经济和社会生活全部融入组织体系，使得代表不同群体的其他政治社团的产生成为不可能，只有工会、共青团和妇联有大的发展。

在中国，层次高、规模大、功能强的工会、共青团、妇联往往被列入党政机关编制，除工会外，人员经费等方面的管理与政府组织没什么区别。但在事实上，这些组织的章程都将自己规定为社团，在政府编制上，它们是“群众团体”而不属于“政府工作部门”。不仅如此，这些组织形成的纽带不是政府部门的职能分工，而是成员们的共同特征。这些组织的功能主要是维护成员的利益，具有互益性。这些组织的上层机构类似于政府，但在基层则更接近于群众组织，其人员、经费上对政府的依赖较为淡化，具有明显的社会性。

1978年改革开放后，中国经济、政治、社会生活以及文化观念发生的巨大变化，为政治社团组织的发育提供了全新的土壤，也为政治社团参与政治提供了良好的政治背景，最引人注目的是工会政治地位的提高。由于某些改革措施损害了职工利益，工会要求参与改革决策。20世纪80年代，为适应我国经济体制改革的需要，中共十三大对政治体制改革提出要求，在论及群团组织改革时，强调要理顺党政部门与群团组织间的关系，让群团组织可以结合自身特点开展工作。1985年，中国共产党中央批准了中华全国总工会的请示，同意“中央、国务院及有关部委在研究、制定有关国家的经济和社会发展计划以及重大方针政策时，凡涉及职工切身利益问题时，通知全国总工会参加必要的会议和工作”，“吸收工会参加涉及职工利益的各项重大改革的领导机构”，并规定各部门和地方各级政府照此执行①。

党的十八大以来，国内外形势正发生着深刻复杂的变化，社会结构加速转型，产生了一些新兴领域、一些新分化组合的群体。新技术的发展和互联网“第三次浪潮”的推动，重塑了人与人之间的交往方式，毫无疑问，这也使群团组织工作面临新领域、新问题、新使命。习近平在科学总结群团组织发展历史经验的基础上，结合时代背景与中国群团组织改革与发展的现实考量，提出了全面加强和改进群团工作的具体要求。一是强调党委对群团组织的领导和支持，坚持党对群团组织的领导是做好群团工作的根本保证。二是坚持问题导向，解决突出问题。习近平指出，群团组织存在的问题，其实质还是脱离群众的问题②。三是强化群团组织服务职能。习近平指出，“每个群团组织的联系对象、职能作用、优势特长各有差异”③，群团组织要结合自身特点强化服务职能。四是加强群团组织自身建设。习近平从多个维度强调要高度重视和大力加强群团组织自身建设。习近平高度重视群团工作，特别是党的十八大以来，基于马克思主义党群理论以及群团组织改革与发展的现实考

① 中华全国总工会政策研究室：《工会多层次参政议政》，18-19页，沈阳，辽宁人民出版社，1986。

② 中共中央文献研究室：《习近平关于社会主义政治建设论述摘编》，189页，北京，中央文献出版社，2017。

③ 同上书，205页。

量，从不同维度就群团工作有过许多深刻论述，这些论述成为新时代指导我国群团组织改革与发展的根本遵循①。党的二十大报告提出要深化工会、共青团、妇联等群团组织改革和建设，有效发挥桥梁纽带作用，这进一步深化了党和工青妇的关系。

三、执政党与社会组织的关系

社会组织是社会的组织载体。中国共产党诞生于半殖民地半封建社会中，推翻旧政权、建立新政权，扎根社会，紧密联系群众是中国共产党生存的必要条件。领导社会组织、依靠社会组织力量成为中国共产党的必然选择。

改革开放以后，社会组织不断发展壮大。计划经济时期中国共产党与社会组织之间的隶属型领导关系，正在被市场经济的发展所冲破，取而代之的是，中国共产党与社会组织正在形成一种共生型领导关系。

（一）中国共产党通过政府设立具体机构管理社会组织

中国共产党对社会组织的管理日益规范化，把社会组织管理权逐渐划归政府，让政府来引导、管理、监督社会组织的发展。1950 年颁布的《社会团体登记暂行办法》规定，社团的登记管理机关是政务院下属的内务部和各级政府。1988 年国务院机构改革时，才将社团管理职能交给民政部门。1998 年 6 月的国务院机构改革中，国务院批准成立了民政部民间组织管理局。1998 年 10 月，国务院颁布《民办非企业单位登记管理暂行条例》，逐步形成了对社会组织实行“民政部门主管登记，党政主管部门负责日常管理”的“分级登记、双重管理”的体制。党的十六大修订的党章在第 29 条规定中将“街道”变更为“街道社区”，增加了“社会团体、社会中介组织”。随着政府职能转变力度的加大，我国政府、市场、社会之间功能厘清的速度加快，社会组织的监管和培育力度也进一步加大，2007 年民政部民间组织管理局对外可称“国家民间组织管理局”，加挂民间组织执法监察局牌子②。2013 年我国开始对行业协会商会类、科技类、公益慈善类、城乡社区服务类等四类社会组织实行直接登记。2016 年，民政部民间组织管理局正式更名为社会组织管理局，对外可称国家社会组织管理局。

（二）中国共产党通过政策创议与制定，引导、控制、监督社会组织发展

中国共产党通过政策创议，把党的意图转化为国家意志，通过政府来执行。中共中央办公厅、中央组织部、中央宣传部等机构常常与国务院办公厅或民政部等机

---

① 李占乐、魏楠：《习近平关于群团工作重要论述的时代价值》，载《湖北省社会主义学院学报》，2021（1）。

② 褚松燕：《改革开放以来社会组织党建政策的演进及其逻辑》，载《探索》，2020（4）。

构共同发布政策文件，或者民政部转发党的文件，如《关于进一步加强民间组织管理工作的通知》。党对社会组织实施领导的过程，具体体现为党的路线方针政策在社会组织中贯彻落实的过程。各个社会组织要在党的路线方针政策设定的框架内活动，严格贯彻落实各项政策特别是党为推动社会组织发展而制定的政治政策、产业政策、舆论宣传政策、行业政策、社会政策，不能随意背离党的政策要求，在党的政策之上或之外行事；不能对党的路线方针政策空喊口号，造成政策空转；不能搞阳奉阴违，搞上有政策、下有对策[①]。

（三）中国共产党通过建立党组织，对社会组织进行领导

1994 年 9 月党的十四届四中全会通过的《中共中央关于加强党的建设几个重大问题的决定》要求从实际出发，在各种新建立的经济组织和社会组织中建立党的组织，开展党的活动。1996 年，中共中央办公厅、国务院办公厅下发了《关于加强社会团体和民办非企业单位管理工作的通知》，这是改革开放后中国共产党正式提出要在社会组织里建立党组织的文件。通知要求在清理整顿的过程中，在社会团体和民办非企业单位中建立党组织，接受挂靠单位、业务主管部门党组织或所在地方党组织领导，以加强领导班子建设，做好政治思想工作，保证党的政策和国家各项法律法规的贯彻执行。1998 年 2 月，中共中央组织部、民政部下发了《关于在社会团体中建立党组织有关问题的通知》，对在社会团体中建立党的组织问题做出了具体规定，要求业务主管部门或挂靠单位党组织负责加强社会团体党组织建设，并从应建尽建、组织关系转入等五个方面做了规定。

随着社会主义市场经济的飞速发展，我国的社会活力进一步提升，2004 年党的十六届四中全会通过的《中共中央关于加强党的执政能力建设的决定》从战略高度要求加大在新经济组织、新社会组织中建立党组织的工作力度，社会组织党建开始真正受到重视，从组织和工作两个方面平稳推进[②]。2012 年党的十八大报告强调要全面推进包括社会组织党建在内的各领域基层党建工作并扩大党组织和党的工作覆盖面。2017 年党的十九大修改通过的新党章专门对社会组织党组织的功能做了规定，即“社会组织中党的基层组织，宣传和执行党的路线、方针、政策，领导工会、共青团等群团组织，教育管理党员，引领服务群众，推动事业发展”。2018 年 7 月，习近平出席全国组织工作会议并发表重要讲话指出“要加强社会组织党的建设，全面增强党对各类各级社会组织的领导”[③]。此后，2018 年 10 月 28 日起施行的《中国共产党支部工作条例（试行）》明确了社会组织中的党支部应承担的重点任务，并再次强调了社会组织党建经费保障政策，为社会组织党建的真正破题提供

① 万银锋、闫妍：《党领导社会组织：必然逻辑、现实困境与应对策略》，载《中州学刊》，2020（4）。

② 褚松燕：《改革开放以来社会组织党建政策的演进及其逻辑》，载《探索》，2020（4）。

③ 中共中央党史和文献研究院：《十九大以来重要文献选编》（上），561 页，北京，中央文献出版社，2019。

支持。

四、执政党与经济组织的关系

经济组织主要以行业组织为代表。中国现代意义上的经济组织出现在20世纪初，主要指伴随着民族工商业的兴起而发展起来的新型行业组织。新中国成立后，中国共产党政权根据社会主义原则对这些经济组织进行了彻底的清理与整顿。1953年，中华全国工商业联合会（简称“工商联”）宣告成立。工商联在团结教育广大私营工商业者爱国、敬业、守法，接受工人阶级监督，拥护社会主义改造，缴纳税款和参加社会公益活动方面起到了很重要的作用。随着社会主义改造的基本完成和公私合营的出现，政府直接参与企业活动，公方代表取得了企业的实际领导权，这样原工商业者的社会经济地位受到了抑制，工商联就变成了党和政府联系工商界代表人士的一个社团组织，发挥着独特的桥梁和纽带作用。1966年开始的“文化大革命”使中国的民主法制遭到严重破坏，中断了社会团体在法制基础上的健康发展。普遍意义上的经济组织基本不存在①。

1978年，中国开始改革开放。随着企业扩权的发展与条块分割问题的日益突出，20世纪80年代，中国政府提出了“按行业组织、按行业管理、按行业规划”的原则，并相继建立了跨地区、跨部门的工业协会、包装技术协会等。党的组织关系是上下级关系，是领导与被领导的关系。经济组织通过各种渠道宣传贯彻党和政府的方针政策，配合有关部门打造现代化企业，培养企业家队伍，提高企业家素质，提供有价值的信息资源，积极协调政企关系，在政府和企业、企业与企业之间发挥桥梁纽带作用。同时，经济组织还广泛收集来自企业的意见和建议，努力维护企业和企业家的合法权益。现在我国大多数的经济组织都坚持为经济建设服务、为企业服务、为政府服务，受到政府的认同和企业的欢迎。

1992年10月，党的十四大提出：在其他各种经济组织中，也要从实际出发，抓紧建立健全党的组织和工作制度，这是改革开放后党中央第一次对包括非公有制经济在内的各种经济组织提出党建工作要求。1993年12月，第八届全国人大常委会第五次会议审议通过《公司法》，其中第19条明确规定：在公司中，根据中国共产党章程的规定，设立中国共产党的组织，开展党的活动。1999年9月，《中共中央关于加强和改进思想政治工作的若干意见》指出要注意针对各类经济组织和社会组织日益增多、大批劳动力在产业间转移和地区间流动的新情况，建立健全党的基层组织，加强对党员的教育和管理。2005年10月，第十届全国人大常委会第十八次会议修订通过的《公司法》的第19条规定：在公司中，根据中国共产党章程的规定，设立中国共产党的组织，开展党的活动。公司应当为党组织的活动提供必要条件。2009年10月，中央成立非公有制经济组织深入学习实践科学发展观活动巡

---

① 冷明权、张智勇：《经济社团的理论与案例》，123页，北京，社会科学文献出版社，2004。

回指导组①。党的八大以后，经济组织的发展取得重大进展。2013 年 8 月，国务院正式批准设立中国（上海）自由贸易试验区。2013 年 11 月，党的十八届三中全会强调经济体制改革的核心是处理好政府和市场的关系，使市场在资源配置中起决定性作用和更好发挥政府的作用。

党的二十大报告提出要构建高水平社会主义市场经济体制，坚持和完善社会主义基本经济制度，毫不动摇巩固和发展公有制经济，毫不动摇鼓励、支持、引导非公有制经济发展，充分发挥市场在资源配置中的决定性作用，更好发挥政府作用。

但是，经济组织在发展中仍然存在行政色彩过浓、自律机制不明显的问题。从中央到地方的大量官办的经济组织，编制由政府制定，工作人员拥有政府公务员身份，组织的领导由党政领导干部担任，经费由财政拨款或由政府职能部门承担，管理方式大都等同于机关的处室，活动方式往往采用行政命令的方法，带有明显的行政化倾向。官办经济组织的活动经费由政府财政拨款，在经济上完全依赖政府。甚至有些地方政府直接干预经济组织的合法活动，使经济组织成为政府机构的延伸，严重阻碍了当前经济组织的发展。

关键术语

政治关系　中央和地方关系　党政关系　地方政府间纵向关系　地方政府间横向关系

复习思考题

1. 当代中国政治关系的本质是什么？
2. 社会转型期中国中央和地方关系有哪些新变化？
3. 当代中国执政党与国家权力机关关系的本质是什么？
4. 当代中国党政关系如何？
5. 地方政府间纵向关系的特点是什么？其发展趋势如何？
6. 请谈谈转型期地方政府间横向竞合关系的发展方向。
7. 中国共产党与人民军队是什么关系？
8. 如何理解执政党与工青妇等社会团体间的关系？
9. 请谈谈对执政党与社会组织关系的认识。

① 庹登夫：《非公有制经济组织党建理论创新发展历程》（上），载《中国市场监管报》，2021－12－18。

第五章

当代中国的政府职能

政府职能是国家职能的组成部分和重要体现。政府的基本职能包括政治职能、经济职能和社会职能。我国政府职能的重心和实现方式随着经济社会的发展而经历了不断变迁，转变政府职能也是全面深化改革的必然要求和行政体制改革的重要组成部分。当代中国政府职能转变取得了很大的进展，受到多种力量的推动，但与新时代的要求仍然存在差距。中央关于政府职能转变的战略部署，明确了新发展阶段政府职能转变的目标、重点领域、基本原则，同时，还需要采取提升动力、提高绩效、创新行动等策略，切实推动地方政府职能的转变。

重点问题

- 政府职能的内容
- 中国政府职能变迁的历史
- 地方政府职能转变的动力因素
- 中国政府职能的未来发展

第一节　概述

一般来说，政府的规模、结构、组织形态和管理方式，是由政府的职能决定的。政府职能反映了政府活动的基本方向、根本任务和主要作用[①]。准确把握政府

① 金太军等：《政府职能梳理与重构》，1页，广州，广东人民出版社，2002。

职能的内涵、外延和基本理论，是政府进行科学的职能设置和职能转变的前提，也是正确履行职能的关键。

一、政府职能的含义

简单地说，“政府职能就是一个社会的行政体系在整个社会系统中所扮演的角色和所发挥的作用”[①]。具体而言，政府职能应当包括以下几个层次的含义：

第一，政府职能的主体是行政组织系统及其工作人员，表现为从中央到地方的国家行政机关，政府职能体系是其组织架构的设置基础和考核依据。

第二，政府职能是国家职能的组成部分和重要体现。国家职能是由政府职能、立法职能和司法职能等组成的，政府职能表现为执行国家意志的行政管理职能。

第三，政府职能区别于私人部门职能的地方在于其公共性。政府职能是政府对国家事务和社会公共事务实施管理时所表现出来的职能，因而是一种公共性的职能。这种职能不能取代或否定私人领域的管理作用。

第四，政府职能是政府行政机关管理职能的统一。政府职能首先体现为“政府应该管什么、管到什么程度，如何管”，同时又表现为政府在国家和社会中应发挥怎样的作用，这两者是统一的。

第五，政府职能体系是一个生态系统。政府职能与社会经济、政治和科学技术的发展以及管理环境的变化密切相关，当外界条件变化时，政府的职能体系就要相应地做出合适的调整，以适应实际情况[②]。

二、政府职能的内容

以英国思想家约翰·洛克为代表的西方政治学家基于自然法、社会契约论等，认为政府得到的只是人们让渡出来的权力，因此政府的行为就一定是有限的，政府的职能限于确保公民的生命、自由和财产的安全[③]。但现实中，政府职能却不止于此。马克思和恩格斯在探讨国家的性质，国家的产生、发展和灭亡的规律过程中，对政府的职能进行了概括。

马克思在《不列颠在印度的统治》一文中指出：“在亚洲，从远古的时候起一般说来就只有三个政府部门：财政部门，或者说，对内进行掠夺的部门；战争部门，或者说，对外进行掠夺的部门；最后是公共工程部门。……所以亚洲的一切政府都不能不执行一种经济职能，即举办公共工程的职能。”[④] 而不列颠人在印度的

---

① 齐明山：《公共行政学》（第三版），34 页，北京，中国人民大学出版社，2016。

② 李文良等：《中国政府职能转变问题报告：问题、现状、挑战、对策》，2 页，北京，中国发展出版社，2003。

③ 杜创国：《政府职能转变论纲》，18－19 页，北京，中央编译出版社，2008。

④ 马克思、恩格斯：《马克思恩格斯选集》，2 版，第 1 卷，762 页，北京，人民出版社，1995。

统治造成农业衰落的原因，恰恰在于他们仅仅接受了政府的财政部门和军事部门，而完全忽略了公共工程部门①。

恩格斯在《家庭、私有制和国家的起源》一书中指出：“国家是以一种与全体固定成员相脱离的特殊的公共权力为前提的。”② 而这种特殊的公共权力是从不知国家为何物的氏族社会管理公共事务的职能发展而来的。“我们已经看到，国家的本质特征，是和人民大众分离的公共权力。雅典在当时只有一支国民军和一支直接由人民提供的舰队，它们被用来抵御外敌和压制当时已占人口绝大多数的奴隶。”③因此，国家的职能包含两个方面：一方面是管理公共事务（社会管理职能），另一方面是抵御外敌和压制奴隶（政治统治职能）。而“政治统治到处都是以执行某种社会职能为基础，而且政治统治只有在它执行了它的这种社会职能时才能持续下去”④。恩格斯还在《社会主义从空想到科学的发展》中指出：“无论在任何情况下，无论有或者没有托拉斯，资本主义社会的正式代表——国家终究不得不承担起对生产的领导。”⑤

可见，根据马克思主义的观点，国家和执行国家意志的政府的基本职能应该包括政治职能、经济职能和社会职能。

（一）政治职能

政府的政治职能，是指通过行政强力机关行使约束性、控制性、防卫性以及镇压性的功能，防御外来的入侵和渗透，镇压被统治阶级的反抗，制止和打击不法分子的各种破坏活动，建立和维护有利于统治阶级的社会秩序及内外环境，妥善处理统治阶级内部的各种关系，其核心功能是巩固国家政权⑥。政府的政治统治职能是各国政府最古老、最基本的职能，在当代中国具体表现为保护公民权利职能、公共安全职能、外交职能、军事职能、民主与法治建设职能等。

（二）经济职能

政府的经济职能，是指政府在经济活动中所承担的职责和功能。由于经济领域在现代社会中的独特地位和市场经济的蓬勃发展，经济职能成为各国政府职能的核心问题。围绕政府在经济活动中究竟应该扮演什么样的角色的问题，形成了不同的政府职能理论。

以亚当·斯密为代表的自由主义经济学家强调市场这一“看不见的手”的作用，认为政府不必积极干预经济生活，而只需做个“守夜人”。“按照自然自由的制

---

① 马克思、恩格斯：《马克思恩格斯选集》，2 版，第 1 卷，763 页，北京，人民出版社，1995。
② 马克思、恩格斯：《马克思恩格斯选集》，2 版，第 4 卷，94 页，北京，人民出版社，1995。
③ 同上书，116 页。
④ 马克思、恩格斯：《马克思恩格斯选集》，2 版，第 3 卷，523 页，北京，人民出版社，1995。
⑤ 同上书，752 页。
⑥ 金太军等：《政府职能梳理与重构》，13 页，广州，广东人民出版社，2002。

度，君主只有三个应尽的义务”：“第一，保护社会，使之不受其他独立社会的侵犯；第二，尽可能保护社会上的每个人，使之不受社会上任何其他人的侵害或压迫，这就是说，要设立严正的司法机关；第三，建设并维持某些公共事业及某些公共设施。”① 而这类机关和工程，主要为便利社会商业活动、促进人民教育的公共设施和工程。经济自由主义的政府职能理论盛行于 20 世纪以前的西方主要资本主义国家。

凯恩斯在《就业、利息和货币通论》一书中系统地提出了就业理论和国家干预经济的政策主张，要求扩大政府职能，如政府对投资承担责任，以“举债支出”的财政政策提高消费，扩大政府支出，投资公共工程，等等。沿着凯恩斯的思路，萨缪尔森把政府的经济职能归纳为确立法律体制、决定宏观经济稳定政策、影响资源配置以提高经济效率、建立影响收入公平分配的方案等四个方面②。

20 世纪 70 年代初的经济危机中，西方国家出现了经济滞胀现象，主张把政府职能限制在最小的范围内，充分发挥市场优势的新经济自由主义的政府职能理论兴起。弗里德曼通过对货币和货币政策的分析，得出了政府作用非常有限的结论，甚至认为“通货膨胀和低速增长是政府庞大化的产物”③。哈耶克认为，市场是一种整理分散信息的机制，它比人们精心设计的任何机制都更为有效，而政府的职责应该限于完善法律、创立和维护一种有效的竞争制度以及提供公共品。从 20 世纪 70 年代末起，英国和美国政府均采用了这一理论。

20 世纪 80 年代末和 90 年代初，西方国家出现经济衰退，经济增长率下降，失业人数增加，新凯恩斯主义开始重申政府干预的必要性。经济学家斯蒂格利茨认为，因为市场参与者不能得到充分的信息，市场的功能是不完善的，常常对人们的利益造成损害，所以政府和其他机构必须巧妙地对市场进行干预，以使市场正常运作。政府有征税权，可利用不同的税率税种来限制或鼓励某些产品的生产；政府有禁止权，它能直接禁止企业进行某些活动；政府有处罚权，可实施一系列严厉的处罚（如对污染）；政府在交易成本上也存在一定的优势，包括可以减少组织费用，可以减少公共品提供过程中的交易成本，可以减少因市场自身造成的信息不完全、不对称所带来的交易费用，以及因市场中的“逆向选择”所带来的种种问题④。

以科斯、诺斯和布坎南为代表的西方学者，批判了隐含在凯恩斯主义政府干预内的政府全能倾向，提出了政府失效理论。他们既不同意政府全面干预经济的干预主义，也不同意政府只承担守夜人职责的自由主义，而是提出有选择地干预“市场

① ［英］亚当·斯密：《国民财富的性质和原因的研究》（下卷），252－253 页，北京，商务印书馆，1974。

② ［美］保罗·A. 萨缪尔森、威廉·D. 诺德豪斯：《经济学》，12 版，1169 页，北京，中国发展出版社，1992。

③ ［美］米尔顿·弗里德曼：《危机中的经济自由》，载《国际经济评论》，1981（2）。

④ ［美］约瑟夫·E. 斯蒂格利茨：《政府为什么干预经济》，74－77 页，北京，中国物资出版社，1998。

失败”的第三种理论，认为政府干预经济只能限制在一定范围内，这个范围就是市场长久失败的地方以及政府去干预并不会带来“政府失败”的方面。他们的主要观点是：(1) 市场有失败，政府也存在着失败，政府失败既表现为国家对经济干预过度造成市场进一步失灵，又表现为对经济干预不足使市场无法正常运作。(2) 政府只能干预市场根本性失败，不能干预非根本性缺陷。(3) 政府要利用市场去干预经济①。政府积极、适度的干预与社会有效自我管理的并存，已成为当代西方发达国家的普遍现象，反映了经济自由主义与国家干预主义正走向融合②。

新中国成立后，政府经济职能的目的始终是促进社会生产力的发展，增加社会财富，提高人民的物质生活水平。不过，在不同的发展阶段中、不同的经济体制下，经济职能的主要内容和实现方式有所不同。在计划经济体制下，主要表现为政府直接管理企业、干预微观经济运行；在社会主义市场经济体制下，我国政府逐步明确了市场在资源配置中的决定性地位，政府的经济职能主要是宏观调控和市场监督，弥补市场失灵。

（三）社会职能

政府的社会职能，是指政府对社会公共事务的管理和提供公共产品及公共服务的职能，包括政府在教育、科学、文化、卫生、社会保障、环境保护、基础设施建设等方面承担的职责和功能。新中国成立以后，与政治职能和经济职能相比，政府的社会职能没有得到应有的重视。2003 年以来，中国政府的社会职能不断加强。现阶段中国政府的社会职能主要体现在：健全党委领导、政府负责、民主协商、社会协同、公众参与、法治保障、科技支撑的社会治理体系；加强社会保障和社会救济职能，逐步建立和完善覆盖全社会的、高效率的社会保障制度；完善应急管理体制机制，有效应对各种社会风险；加强社会治安综合治理，增强公众安全感；加快基础教育、科技创新、文化事业、基本医疗保健、卫生防疫、公共设施等基础性公共事业的发展；加强生态环境保护的管理和投入力度；等等。

第二节　当代中国政府职能的变迁

政府职能的内容和实现方式源于国家和社会的需求，随着国家和社会的发展变化，政府职能也在不断发展和变化。新中国成立以来，政府职能经历了一个不断变迁的过程。

---

① 辛向阳：《西方学者关于政府职能的主要理论》，载《国外社会科学》，1995 (1)。

② 张洁珺、陈国权：《西方政府职能：转变历程、模式选择及其制约因素》，载《中共浙江省委党校学报》，2000 (4)。

一、计划经济体制与“全能型”政府职能的确立

（一）计划经济体制的建立和“全能型”政府职能的形成

1949 年中华人民共和国成立后，为尽快恢复和重建破碎的国民经济，政府主要通过没收和接管资本的方式掌握了影响国民经济命脉的重要产业和部门，并通过税收、物价、信贷等经济手段调节商品供求与流通。

1950 年，随着统一全国财政收支、统一全国现金管理、统一全国物资调度等财政经济制度的实施，中央政府掌控的可支配性资源迅速扩大，财力增长，行政性手段逐渐取代了市场调节。1950 年 6 月党的七届三中全会后，在争取国家财政经济状况根本好转的过程中，中央政府在农业方面先后实施了粮食、油料、棉花的统购统销；在工商业方面，重点调整了公私关系，即在国营经济的领导下，使私营经济能够获得其所得，并通过对私营工商业采取有计划的加工、订货、统购、包销等方式，把私营工商业的生产与销售纳入国家计划的框架中，加强了全国公私经济成分的计划性，避免盲目性和生产的无政府状态。这些政策措施的实施，为实行大规模的计划经济做好了准备，也使得中国政府以行政性手段协调和分配社会经济资源的行政管理模式得以建立，为全能型政府职能的初步确立奠定了基础。

1953—1954 年，随着第一个五年计划的制定与实施，根据大规模计划经济建设的需要，参照当时苏联的情况，中央政府逐步实行以中央部门为主的行政管理体制。《宪法》《国务院组织法》等法律将这一体制确定下来。从此，一个以计划和部门管理为核心、高度集中的行政管理体制基本形成并不断强化，而建立在此基础之上的全能型政府职能体系也相伴形成。

1956 年底，我国实现了对个体农业、个体手工业和民族资本主义工商业的社会主义改造，生产资料所有制结构变成了单一的公有制，为计划经济提供了广阔的活动空间。此前通过“准计划”调节的企业和领域统统被纳入统一的政府指令性计划，高度集权的完整的行政性协调模式建立起来，而建立在这种集权的计划体制下的全能型政府职能体系也完全形成①。

（二）“全能型”政府职能的特点

中国“全能型”的政府职能，同时也具有鲜明的管制型政府的特点，具体表现为：

首先，在职能重心方面，政府政治职能被无限放大。新中国成立以后，中国政府职能的配置经历了从以经济职能与政治职能并重到以政治职能为重心的转变。新中国成立初期，为维护新生政权，中国政府职能主要侧重于政治统治、阶级专政。

---

① 杨冠琼：《当代中国行政管理模式沿革研究》，276－280 页，北京，北京师范大学出版社，1999。

1952 年，中国开始大规模的经济建设，政府的经济管理职能开始逐渐突出。但是不久，由于极左思潮的发展，政府职能的重心又逐步回到政治统治方面，在反右和“文化大革命”等一系列的政治运动中，政府的阶级专政职能被无限放大，严重影响了政府经济管理和社会管理职能的正常发挥。

其次，在政府经济职能的实现方式上，以行政手段直接管理经济。一方面，在政府与市场的关系上，把计划和市场对立起来，认为计划经济等同于社会主义，市场经济等同于资本主义，进而根本否认市场配置资源的基础性作用，由政府垄断生产资料，通过各经济部门，按照行政层级运用行政手段来配置经济资源。另一方面，在政府与企业的关系上，企业不是独立的责任主体和利润主体，而是各级政府机构的附属物。政府一方面对企业实行统一计划、统收统支，另一方面又对企业实行统负盈亏、统购统销①。

最后，在政府社会职能的实现方式上，以行政手段对社会进行全面控制，包揽了几乎所有的社会事务。政府通过行政手段控制一切社会领域，垄断生活资料和社会权力的配置，每一组织除从政府获取所需资源外，没有任何其他渠道，要素和资源很难横向流动，各类社会组织高度依赖于政府；政府通过“单位制”组织形式对个人进行控制，在城市形成“政府—单位—个人”的控制机制，在农村建立了“人民公社”制度；政府通过“身份制”限制户籍、职业、社会地位等流动，确立阶级、户籍、就业、所有制等身份系列，同一身份的社会成员之间在职业、就业、工资、社会地位等方面具有很高的同质性和平等性，而不同身份群体之间则具有较强的异质性和不平等性，且不同身份等级之间界限分明、壁垒森严，流动十分困难②。

（三）改革开放前“全能型”政府职能的转型尝试

“全能型”政府职能模式是为了适应当时中国面临的国内和国际环境所做出的现实选择。“在一个极其贫穷落后的大国力图强国求生存，而又没有国防工业和重工业做基本支撑点时，采取高度集中统一和带有非经济强制手段的计划经济管理模式，一定时期内是有其必然性的，甚至可能是当时最好的选择。”③ 实践证明，这一模式对于新中国建立独立自主的国民经济体系起到了非常关键的作用。

但是，以政府全面垄断为特征的“全能型”政府职能模式，在实践中也暴露出了其压抑地方与企业积极性、制约社会经济活力和创造性、阻碍社会生产力发展等弊端。1956 年 4 月 25 日，毛泽东在中央政治局扩大会议上做了《论十大关系》的报告，报告中提出了正确处理中央和地方的关系的问题，指出“应当在巩固中央统一领导的前提下，扩大一点地方的权力，给地方更多的独立性，让地方办更多的事

---

① 李文良：《我国政府职能转变的历史追溯》，载《北京电子科技学报》，2007（9）。

② 吴爱明：《当代中国政府》，3 版，168－169 页，北京，中国人民大学出版社，2010。

③ 金太军：《政府职能梳理与重构》，77 页，广州，广东人民出版社，2002。

情”，还指出“省市也要注意发挥地、县、区、乡的积极性，都不能够框得太死”①。以此为开端，中国政府开始了改革“全能型”政府职能模式的尝试。

从1956年到1959年，中国进行了一次较大规模的中央和地方之间权力关系的调整，由中央向地方大幅下放权力，这是新中国成立后关于国家行政管理体制分权的第一次尝试。这次改革的主要内容是扩大地方各级政府对于企业的管辖权，以及对物资供应、投资、信贷等的决策权，与此同时也采取了减少指令性计划指标等一些扩大企业自主权的措施②。到改革开放前，这样以纵向权力再分配与横向权力拆分为主要内容的政府管理模式的改革尝试进行了数次，但由于没有摆脱高度集中的计划经济体制的束缚，政府仍然是配置资源的唯一主体，政府干预经济的范围、方式没有发生根本性的变化，因而改革只能是中央与地方各级政府在计划经济体制的框架内进行权力再分配，政府职能模式没有实现根本性变革③。

二、改革开放与政府职能的转变

（一）改革开放政策的制定与政府职能重心的调整

1978年12月，中共中央召开了十一届三中全会。会后发表的公报指出：“全会决定……全党工作的着重点应该从一九七九年转移到社会主义现代化建设上来。”“这对于实现国民经济三年、八年规划和二十三年设想，实现农业、工业、国防和科学技术的现代化，巩固我国的无产阶级专政，具有重大的意义。我们党所提出的新时期的总任务，反映了历史的要求和人民的愿望，代表了人民的根本利益。”“实现四个现代化，要求大幅度地提高生产力，也就必然要求多方面地改变同生产力发展不适应的生产关系和上层建筑，改变一切不适应的管理方式、活动方式和思想方式，因而是一场广泛、深刻的革命。”

党的十一届三中全会的召开标志着中国从此进入了改革开放和社会主义现代化建设的历史新时期，为中国政府职能重心从阶级专政转向经济建设指明了方向。在政府职能实现的方式方面，会议指出：“现在我国经济管理体制的一个严重缺点是权力过于集中，应该有领导地大胆下放，让地方和工农业企业在国家统一计划的指导下有更多的经营管理自主权；应该着手大力精简各级经济行政机构，把它们的大部分职权转交给企业性的专业公司或联合公司；应该坚决实行按经济规律办事，重视价值规律的作用，注意把思想政治工作和经济手段结合起来，充分调动干部和劳动者的生产积极性；应该在党的一元化领导之下，认真解决党政企不分、以党代

---

① 中共中央文献研究室：《毛泽东文集》，第7卷，31、32－33页，北京，人民出版社，1999。

② 钱振明：《我国政府职能转变的历史轨迹及其理论思考》，载《华东师范大学学报》（哲学社会科学版），1995（4）。

③ 刘华：《全能型政府职能模式的历史作用及其转型努力》，载《河南师范大学学报》（哲学社会科学版），2009（2）。

政、以政代企的现象，实行分级分工分人负责，加强管理机构和管理人员的权限和责任，减少会议公文，提高工作效率，认真实行考核、奖惩、升降等制度。采取这些措施，才能充分发挥中央部门、地方、企业和劳动者个人四个方面的主动性、积极性、创造性，使社会主义经济的各个部门各个环节普遍地蓬蓬勃勃地发展起来。”此后，中国开始了转变政府职能的探索。

（二）计划经济体制内转变政府职能的探索

1980 年 8 月，邓小平同志在中共中央政治局扩大会议上发表讲话指出：“我们的各级领导机关，都管了很多不该管、管不好、管不了的事，这些事只要有一定的规章，放在下面，放在企业、事业、社会单位，让他们真正按民主集中制自行处理，本来可以很好办，但是统统拿到党政领导机关、拿到中央部门来，就很难办。”① 在这次讲话中，邓小平提出了改革并完善党和国家领导制度的任务，以适应现代化建设的需要。

1981 年前后，中国农村陆续推行了家庭联产承包责任制；1983 年 10 月，中共中央根据 1982 年《宪法》中“县、自治县分为乡、民族乡、镇”的规定，发布了《关于实行政社分开，建立乡政府的通知》，实行行政与生产经营权分离。这些都极大地冲击了原有的基层政府职能，实现了乡镇政府职能转变的较大突破。1984 年，党的十二届三中全会通过的《中共中央关于经济体制改革的决定》明确指出中国的体制改革方向是发展有计划的商品经济，同时对政府的经济职能进行了规范和限制：制定经济和社会发展的战略、计划方针和政策；制定资源开发、技术改造和智力开发的方案；协调地区、部门、企业之间的发展计划和经济关系；部署重点工程特别是能源、交通和原材料工业的建设；汇集和传播经济信息，掌握和运用经济调节手段；制订和执行经济技术交流和合作方案等。

除经济活动外，政府对社会生活、学术文化活动的干预也逐渐减少，人事制度开始松动，政府对社会的控制力度逐渐减弱。

1987 年，党的十三大明确提出转变政府职能，认为为了避免重走过去“精简—膨胀—再精简—再膨胀”的老路，机构改革必须抓住转变职能的关键。在 1988 年机构改革中，“转变职能，下放权力，调整内部结构，精简人员”成为总的指导思想。

上述探索和实践，促进了中国“全能型”政府职能向“有限型”政府职能转变，但是，由于计划经济体制下政府的经济职能并未有实质性的变化，政府职能的转变也就缺乏明确的方向和实现的路径。因此，1988 年开始的机构改革并未实现转变政府职能的目标。

---

① 邓小平：《邓小平文选》，2 版，第 2 卷，328 页，北京，人民出版社，1994。

三、社会主义市场经济体制与政府职能的转变

（一）社会主义市场经济体制的确立及其对政府职能转变的要求

1992年，党的十四大确立了建设社会主义市场经济体制的目标，中国的经济体制开始了由计划经济向市场经济的根本转变。社会主义市场经济体制要求充分发挥市场配置社会资源的作用，也就是说，在社会主义市场经济体制下，凡是市场能发挥作用的地方，政府都应让位于市场；市场失灵的地方由政府来弥补，并培育各种社会组织，充分发挥第三部门的作用。市场经济还要求政府按照客观经济规律，充分运用价格、财政、税收、信贷、工资、利润等经济杠杆和法律手段，间接管理经济，组织、调节和规范经济活动，达到宏观调控的目的，并为经济可持续发展保驾护航。企业不是各级政府机构的附属物，而是自主经营和独立经济核算的法人经济实体；政府不能直接干预企业的生产活动，政府应围绕着如何促进企业竞争力做好服务。

1993年开始的政府机构改革，把适应社会主义市场经济发展的要求作为改革的目标，要求按照政企职责分开和精简、统一、效能的原则，在转变职能、理顺关系、精兵简政、提高效率方面加大改革力度，努力解决政企不分、关系不顺、机构臃肿、效率低下等各级政府机构存在的突出问题。改革的重点是转变政府职能，而转变职能的根本途径是政企分开，按照建立社会主义市场经济体制的要求，加强宏观调控和监督部门，强化社会管理职能部门，减少具体审批事务和对企业的直接管理，做到宏观管好、微观放开；把属于企业的权力下放给企业，把应该由企业解决的问题交由企业自己去解决；政府的行政管理职能，主要是统筹规划、掌握政策、信息引导、组织协调、提供服务和检查监督等。1998年开始的政府机构改革，其原则仍然强调按照社会主义市场经济的要求，转变政府职能，实现政企分开。这些改革进一步促进了中国政府职能由“全能型”向“有限型”的转变，同时“管制型”的职能模式也开始得到转变。

（二）加入世贸组织对中国政府职能转变的挑战

2001年12月，经过长达15年的艰苦努力，中国正式加入世界贸易组织（WTO）。WTO的主要原则包括互惠原则、透明度原则、市场准入原则、促进公平竞争原则、非歧视性原则（包括最惠国待遇和国民待遇原则）、一般取消数量限制原则等。WTO的经贸规则以市场经济为基础、以自由竞争为原则，主要是针对成员国政府并规范政府相关行为的，这就对尚处于社会主义市场经济体制建立阶段的中国政府的职能转变提出了要求和挑战。例如，在资源配置方面，政府需要更多地让位于市场；在经济管理方面，政府应从注重微观管理向宏观管理转变，为企业营造良好的经营环境和规范的市场竞争环境；在服务和监督方面，政府要提高自身的

服务意识和能力，以增强在国际市场中的竞争力；在政府经济职能的实现方式上，要更多地使用法律手段和经济手段，更少地使用行政手段；等等。

面对加入 WTO 给中国政府改革带来的严峻挑战，在前期改革的基础上，2002 年 11 月，党的十六大报告明确指出，政府的基本职能包括经济调节、市场监管、社会管理和公共服务，并提出了深化行政管理体制改革的任务，要求进一步转变政府职能，改进管理方式，推行电子政务，提高行政效率，降低行政成本，形成行为规范、运转协调、公正透明、廉洁高效的行政管理体制。根据这一部署，党的十六届二中全会审议通过了《关于深化行政管理体制和机构改革的意见》，启动了改革开放以来第五次政府改革进程。改革的重点是深化国有资产管理体制改革，完善宏观调控体系，健全金融监管体制，继续推进流通管理体制改革，加强食品安全和安全生产监管体制建设。这强调了政府的宏观经济管理职能和市场监管职能，并开始将政府改革的重点从经济建设逐步转向社会管理和公共服务。2003 年“非典”疫情的发生和蔓延，使得中国政府意识到要在继续加强经济调节和市场监管职能的同时，更加重视政府的社会管理和公共服务职能。

（三）建设服务型政府目标的提出与政府职能转变的加快

2007 年，党的十七大提出了“加快行政管理体制改革，建设服务型政府”的目标，再次强调“着力转变职能”，“健全政府职责体系，完善公共服务体系，推行电子政务，强化社会管理和公共服务”。“加快推进政企分开、政资分开、政事分开、政府与市场中介组织分开，规范行政行为，加强行政执法部门建设，减少和规范行政审批，减少政府对微观经济运行的干预。”“加大机构整合力度，探索实行职能有机统一的大部门体制，健全部门间协调配合机制。”“着力解决机构重叠、职责交叉、政出多门问题。”

所谓服务型政府，是指一种“在公民本位、社会本位理念指导下，在整个社会民主秩序的框架下，通过法定程序，按照公民意志组建起来，以为公民服务为宗旨，实现着服务职能并承担着服务责任的政府”①。服务型政府“是一种政府形态，决不是政府公共服务职能的放大……而是在政府的理念、价值、目标、运作、行为等方面都要以公众服务为宗旨，要把政府的公共服务职能放到更加突出的地位”②。

建设服务型政府的目标将以往没有得到足够重视的政府提供公共产品和服务的职能放到了核心位置，同时也将进一步减少政府对经济和市场的微观干预，继续深化政府经济职能的转变。强化公共服务，是中国政府为适应社会主义市场经济发展的要求，继续深入推进政府职能转变的新阶段，建设服务型政府不是一个具体的工

---

① 刘熙瑞：《服务型政府：经济全球化背景下中国政府改革的目标选择》，载《中国行政管理》，2002 (7)。

② 汪玉凯：《加快行政管理体制改革与建设服务型政府》，载《国家教育行政学院学报》，2008 (4)。

作和任务，而是对政府发展方向的新定位①。因此，可以说，当代中国政府职能转变的目标，就是建立起符合服务型政府要求的政府职能体系。

四、新时代中国政府职能转变

党的十八大以来，党和国家事业发生了历史性变革，中国特色社会主义进入了新时代。2012 年 11 月，党的十八大明确提出了全面建成小康社会和全面深化改革的目标。在政府职能转变问题上，党的十八大报告指出："深入推进政企分开、政资分开、政事分开、政社分开，建设职能科学、结构优化、廉洁高效、人民满意的服务型政府。深化行政审批制度改革，继续简政放权，推动政府职能向创造良好发展环境、提供优质公共服务、维护社会公平正义转变。"

2013 年 3 月，十二届全国人大一次会议通过了《关于国务院机构改革和职能转变方案的决定》，决定批准《国务院机构改革和职能转变方案》（以下简称《方案》）。《方案》指出，党的十一届三中全会以来，国务院机构经过六轮改革，形成了基本适应社会主义市场经济体制的组织架构和职能体系。同时，现行行政体制仍存在许多不适应新形势新任务要求的地方，国务院部门在职能定位、机构设置、职责分工、运行机制等方面还存在不少问题。主要是：职能越位、缺位问题依然突出，不该管的管得过多，一些该管的又没有管好；职责交叉、权责脱节、争权诿责现象依然较多，行政效能不够高；机构设置不够合理，一些领域机构重叠、人浮于事问题依然存在；对行政权力的制约监督机制不完善，不作为乱作为、以权谋私、贪污腐败等现象尚未得到有效遏制。这些问题，需要通过深化体制改革、完善制度机制特别是职能转变加以解决。

《方案》还指出，政府职能转变是深化行政体制改革的核心。这次国务院机构职能转变，要按照政府职能向创造良好发展环境、提供优质公共服务、维护社会公平正义转变的要求，适应加强市场监管、提供基本社会保障的需要，推进职能转移，着力解决政府与市场、政府与社会的关系问题，充分发挥市场在资源配置中的基础性作用，更好发挥社会力量在管理社会事务中的作用；推进职能下放，着力解决国务院部门管得过多过细问题，充分发挥中央和地方两个积极性；推进职能整合，着力解决职责交叉、推诿扯皮问题，提高行政效能；推进职能加强，着力解决国务院部门抓大事管宏观不够问题，改善和加强宏观管理，注重完善制度机制。通过推动职能转变，加快形成权界清晰、分工合理、权责一致、运转高效、法治保障的国务院机构职能体系，真正做到该管的管住管好，不该管的不管不干预，切实提高政府管理科学化水平。《方案》针对国务院机构职能存在的突出问题，从充分发挥市场在资源配置中的基础性作用、更好发挥社会力量在管理社会事务中的作用、充分发挥中央和地方两个积极性、优化职能配置、改善和加强宏观管理、加强制度

① 朱光磊：《中国政府职能转变问题研究论纲》，载《中国高校社会科学》，2013（4）。

建设和依法行政六个方面提出措施，明确了职能转变的方向、原则和重点。

2013年11月，党的十八届三中全会通过了《中共中央关于全面深化改革若干重大问题的决定》，对全面深化改革做出了顶层设计，明确提出了全面深化改革的指导思想、目标任务、重大原则，首次从全面深化改革、推进国家治理体系和治理能力现代化的高度，对转变政府职能进行系统部署。该决定再次强调了“加快转变政府职能”，并从健全宏观调控体系、全面正确履行政府职能、优化政府组织结构三方面提出了具体要求。其中，“加强中央政府宏观调控职责和能力，加强地方政府公共服务、市场监管、社会管理、环境保护等职责”的表述，第一次明确对中央政府和地方政府的职责分别做了表述，并第一次将“环境保护”职责单列出来。

2013年以来，以行政审批制度改革为标志的政府职能改革速度加快，取消和下放的行政审批事项数量众多。2017年10月，党的十九大报告指出，要转变政府职能，深化简政放权，创新监管方式，增强政府公信力和执行力，建设人民满意的服务型政府；赋予省级及以下政府更多自主权；在省市县对职能相近的党政机关探索合并设立或合署办公。2018年2月，党的十九届三中全会明确，党和国家机构职能体系是中国特色社会主义制度的重要组成部分，是党治国理政的重要保障；转变政府职能，优化政府机构设置和职能配置，是深化党和国家机构改革的重要任务。面对新时代新任务提出的新要求，党和国家机构设置和职能配置同统筹推进“五位一体”总体布局、协调推进“四个全面”战略布局的要求还不完全适应，同实现国家治理体系和治理能力现代化的要求还不完全适应。主要是：一些领域党的机构设置和职能配置还不够健全有力，保障党的全面领导、推进全面从严治党的体制机制有待完善；一些领域党政机构重叠、职责交叉、权责脱节问题比较突出；一些政府机构设置和职责划分不够科学，职责缺位和效能不高问题凸显，政府职能转变还不到位；一些领域中央和地方机构职能上下一般粗，权责划分不尽合理；基层机构设置和权力配置有待完善，组织群众、服务群众能力需要进一步提高；军民融合发展水平有待提高；群团组织政治性、先进性、群众性需要增强；事业单位定位不准、职能不清、效率不高等问题依然存在；一些领域权力运行制约和监督机制不够完善，滥用职权、以权谋私等问题仍然存在；机构编制科学化、规范化、法定化相对滞后，机构编制管理方式有待改进。针对上述问题，党的十九届三中全会通过的《中共中央关于深化党和国家机构改革的决定》提出了具体的改革要求。

2022年10月，党的二十大召开。党的二十大报告将转变政府职能列为“扎实推进依法行政”的内容之一，指出：“转变政府职能，优化政府职责体系和组织结构，推进机构、职能、权限、程序、责任法定化，提高行政效率和公信力。”

纵观当代中国政府职能转变的方针政策，可以看出，党对政府职能转变的理论认识和具体部署都在不断深化和细化。同时，围绕市场在资源配置中起决定性作用和更好发挥政府作用推进政府职能转变，在实践中也取得了重要的进展和成就：简政放权、放管结合、优化服务改革持续向纵深推进，有力激发和释放了市场主体活力；加强和改善宏观调控，经济保持总体平稳、稳中有进的良好态势；公共服务能力和水平不断提高，人民群众的获得感、幸福感、安全感持续增强；适应新时代要求的党和国家机构职能体系的主体框架初步建立；正确处理中央和地方关系，发挥中央和地方两个积极性，构建了从中央到地方各级机构政令统一、运行顺畅、充满活力的工作体系；不断扩大规则、标准等制度型开放，稳步推进政府职能转变①。

第三节　当代中国政府职能的未来发展

2020年，全面建成小康社会的目标基本完成，我国进入全面建设社会主义现代化国家的新阶段，到2035年，将基本实现社会主义现代化，进入中等发达国家行列。政府职能转变在我国全面建成小康社会的过程中起到了重要的作用，在新的发展阶段，政府不仅要承担起推动、组织、实现现代化的基本职责，还要不断完善政府职能体系与职责体系，不断推进政府职能现代化②，在我国面临的深刻复杂变化的发展环境下，推动国家治理体系和治理能力现代化目标的实现。

一、新发展阶段对政府职能的要求

（一）高质量发展对政府职能的要求

党的十九大报告明确指出，“我国经济已由高速增长阶段转向高质量发展阶段”。“当前，我国社会主要矛盾已经转化为人民日益增长的美好生活需要和不平衡不充分的发展之间的矛盾，发展中的矛盾和问题集中体现在发展质量上。这就要求我们必须把发展质量问题摆在更为突出的位置，着力提升发展质量和效益。”③ 高质量发展，就是能够很好满足人民日益增长的美好生活需要的发展，是体现新发展理念的发展，是创新成为第一动力、协调成为内生特点、绿色成为普遍形态、开放成为必由之路、共享成为根本目的的发展④。《“十四五”规划纲要》指出，“我国发展不平衡不充分问题仍然突出，重点领域关键环节改革任务仍然艰巨，创新能力不适应高质量发展要求，农业基础还不稳固，城乡区域发展和收入分配差距较大，生态环保任重道远，民生保障存在短板，社会治理还有弱项”。因此，“以推动高质量发展为主题，必须坚定不移贯彻新发展理念，以深化供给侧结构性改革为主线，坚持质量第一、效益优先，切实转变发展方式，推动质量变革、效率变革、动力变

---

①② 李军鹏：《面向社会主义现代化新发展阶段的政府职能转变》，载《中共中央党校（国家行政学院）学报》，2021（4）。

③ 习近平：《关于〈中共中央关于制定国民经济和社会发展第十四个五年规划和二〇三五年远景目标的建议〉的说明》，载《人民日报》，2020－11－04。

④ 王昌林：《以推动高质量发展为主题》，载《人民日报》，2020－11－17。

革，使发展成果更好惠及全体人民，不断实现人民对美好生活的向往”①。党的二十大将“实现高质量发展”列为中国式现代化的本质要求之一，并明确“高质量发展是全面建设社会主义现代化国家的首要任务”。高质量发展的任务，必须通过进一步细化、深化政府职能转变来实现，政府职能的转变也必须以推动高质量发展为指导思想。

（二）法治政府建设对政府职能的要求

到 2035 年，我国将基本实现国家治理体系和治理能力现代化，人民平等参与、平等发展权利得到充分保障，基本建成法治国家、法治政府、法治社会。建设法治政府，推进依法行政是推进政府治理体系现代化的基本方式和重要抓手，政府依法全面履行职能是建设法治政府的必然要求②。中共中央、国务院印发的《法治政府建设实施纲要（2021—2025 年）》指出，要“健全政府机构职能体系，推动更好发挥政府作用”，要求“坚持法定职责必须为、法无授权不可为，着力实现政府职能深刻转变，把该管的事务管好、管到位，基本形成边界清晰、分工合理、权责一致、运行高效、法治保障的政府机构职能体系”，并提出了推进政府机构职能优化协同高效、深入推进“放管服”改革和持续优化法治化营商环境三方面的主要任务。同时，我国还将健全依法行政制度体系，加快推进政府治理规范化程序化法治化。随着相关法律法规的制定、完善和实施，政府职责和权力将得以规范和完善。例如，《优化营商环境条例》（2020 年 1 月 1 日起施行）就规定：“优化营商环境应当坚持市场化、法治化、国际化原则，以市场主体需求为导向，以深刻转变政府职能为核心，创新体制机制、强化协同联动、完善法治保障，对标国际先进水平，为各类市场主体投资兴业营造稳定、公平、透明、可预期的良好环境。”在 2022 年 3 月修正的《地方组织法》中，增加了“地方各级人民政府应当维护宪法和法律权威，坚持依法行政，建设职能科学、权责法定、执法严明、公开公正、智能高效、廉洁诚信、人民满意的法治政府”的规定；同时，对建设服务型政府、廉洁政府、诚信政府，推进政务公开和政务数据有序共享、实现科学民主依法决策、依法接受监督等也提出了明确要求。党的二十大报告更是强调了政府机构、职能、权限、程序、责任法定化问题。可见，法治政府的建设，为政府职能的转变和完善提出了更高的要求，也提供了更完善的法律和政策依据。

（三）高水平对外开放对政府职能的要求

党的十九届四中全会通过的《中共中央关于坚持和完善中国特色社会主义制度、推进国家治理体系和治理能力现代化若干重大问题的决定》提出，要“建设更高水平开放型经济新体制”，“实施更大范围、更宽领域、更深层次的全面开放”，

---

① 王昌林：《以推动高质量发展为主题》，载《人民日报》，2020－11－17。

② 朱宁宁：《推进法治政府建设　完善地方政府职权》，载《法制日报两会特刊》，2022－03－06。

“推动规则、规制、管理、标准等制度型开放”。党的十九届五中全会决议指出，要“实行高水平对外开放，开拓合作共赢新局面”，再次强调要“建设更高水平开放型经济新体制”。高水平对外开放、制度型开放，对政府职能提出了新要求，政府需要通过职能转变，推进反行政垄断、推动企业公平竞争、提升市场监管的国际化水平、建设高标准市场体系、持续改善国内营商环境，用市场化、制度化、法治化手段推进对外开放。

（四）数字中国建设对政府职能的要求

当前，人类社会正在进入以数字化生产力为主要标志的全新历史阶段，世界上的主要国家都把数字化作为经济发展和技术创新的重点，能不能适应和引领数字化发展，成为决定大国兴衰的一个关键①。《“十四五”规划纲要》专门设置了“加快数字化发展　建设数字中国”一篇，对“加快建设数字经济、数字社会、数字政府，以数字化转型整体驱动生产方式、生活方式和治理方式变革”做出了明确部署。加快建设数字中国，对政府职能提出了新的要求，政府职能的内容和履职方式都需要适应数字中国建设而进行改变。在政府职能的内容上，政府需要履行好数字技术研究和发展的推动与整合、数字技术前导计划的规划与投资、网络安全规范和网络伦理的维护、隐私权和知识产权的保护、确保公民方便公正平等接触数字服务、应用推动数字社会转型等数字化时代的新职能；在履职方式上，政府要以数字技术为基础，建设以公民为中心的、数据公开的、互动的、回应民意的数字政府，推广数字化服务②。数字政府是政府借助云计算、大数据、人工智能等新一代信息通信技术，以实现公共服务无纸化、社会治理精准化、政府决策科学化为目标，通过连接网络社会与现实社会，重组政府组织架构，再造政府行政流程，优化政府服务供给，推动政府对施政理念、方式、手段、工具等进行全局性、系统性、根本性变革，促进经济社会运行全面数字化而建立的一种新型政府形态③。数字政府建设本身也包含着对加快政府职能转变的要求。

二、新发展阶段政府职能转变的战略和策略

（一）政府职能转变的战略部署和中央政府职能转变的重点

党的十八大以来，党中央、国务院对政府职能转变进行了一系列战略部署。2020 年 10 月，中国共产党第十九届中央委员会第五次全体会议通过了《“十四五”规划纲要》，对新发展阶段加快转变政府职能做出了重要部署，要求“建设职责明确、依法行政的政府治理体系”，明确了加快转变政府职能的目标。《“十四五”规

① 马兴瑞：《加快数字化发展》，载《求是》，2021（2）。

② 张成福、党秀云：《公共管理学》，3 版，302－303 页，北京，中国人民大学出版社，2020。

③ 王伟玲：《加快实施数字政府战略：现实困境与破解路径》，载《电子政务》，2019（12）。

划纲要》中，对政府的科技管理职能、经济职能和公共卫生体系构建方面的职能转变和强化进行了强调。在加快科技管理职能转变方面，要求强化规划政策引导和创新环境营造，减少分钱分物定项目等直接干预。在政府经济职能方面，要求创新和完善宏观调控，提高政府治理效能，具体包括：完善宏观经济治理；构建一流营商环境，深化简政放权、放管结合、优化服务改革，全面实行政府权责清单制度，持续优化市场化法治化国际化营商环境；推进监管能力现代化，健全以“双随机、一公开”监管和“互联网＋监管”为基本手段、以重点监管为补充、以信用监管为基础的新型监管机制，推进线上线下一体化监管。在构建公共卫生体系方面，要求改革疾病预防控制体系，强化监测预警、风险评估、流行病学调查、检验检测、应急处置等职能。

从上述部署可知，在新发展阶段，中央政府政府职能转变的重点是在完善宏观经济治理，加强政府职能转变相关的政策、制度及机制的建设推行，以及强化薄弱领域的政府职能等方面。在政府职能转变的过程中，中央政府承担着顶层设计的职责和功能。

（二）加快地方政府职能转变的策略

各级地方政府是我国地方公共事务管理的主体，加快地方政府职能转变，也是政府职能转变的重中之重。中央政府的顶层设计以及自身职能的转变，为地方政府职能转变提供了具体的方向、压力、动力和法律政策依据；地方政府职能转变的实践探索，也可以为中央政府转变政府职能的部署提供决策参考。因此，采取积极策略，切实推动地方政府职能转变尤为重要。

1. 提升政府职能转变的动力

改革开放以来，中国政府职能转变得到多重力量的推动，包括经济体制改革、国家治理方式的变革、执政党的政治意志、中央政府的行政强制力、地方的竞争压力、信息技术的广泛运用等。未来，这些动力因素将持续发挥作用。同时，结合新发展阶段的实际和政府职能转变的要求，需要更加细致和深入地研究地方政府职能转变的动力因素和驱动机制，提升加快地方政府职能转变的动力。地方政府职能转变的动力因素，可以分为情境动力、触发动力和使能动力三类。

情境动力来源于地方政府的内外部情境，内外部情境中的一些因素导致地方政府现行职能模式出现危机，引发政府职能转变的需要。总体而言，转型压力和绩效困境是我国地方政府职能转变的关键情境动力因素。转型压力是指经济社会转型导致地方政府现行职能模式出现不适应、制度冲突问题。现阶段，由于经济、社会双重转型，使得地方政府的政治、经济、社会文化、技术、法律等外部环境发生显著改变。绩效困境是指地方政府绩效表现不佳，表明地方政府现行职能模式存在无效率和利益冲突问题。现阶段，地方政府面临的绩效困境，主要包括财政压力，内外部管理失调、失控，民众对政府的不满、不信任等。针对情境的动力问题，可以通过健全专家顾问制度、优化政府绩效评估、促使上级党政领导对转型形成正确的认知等措施，推动地方政府转变职能。

触发动力与影响地方政府决策和行动的主体有关，相关主体的认知和行为促成地方政府新职能模式的引入，引发职能转变的需要。影响地方政府决策和行为的主体涉及上级党委和政府、本级党政领导、本级政府普通工作人员、同级其他政府、下级政府、民众、企业、社会组织、专家媒体等。其中，上级党委和政府、民众以及本级党政领导是具有关键影响力的主体，政绩导向、民众诉求、领导推动是政府职能转变的关键触发动力因素。应当注意发挥主体合力，包括加强地方改革统筹部署，提高上级党委和政府对地方政府职能转变的导向性；改进诉求表达机制，促进民众诉求进入政府系统，对其予以重视和回应；增强地方领导改革动机，促使地方党政领导积极推动地方政府职能转变。

使能动力与地方政府职能转变实施的具体行动有关，一些具体行动推动地方政府新职能模式取代现行职能模式，最终成功实现地方政府职能转变。地方政府职能转变的执行力包括共识、协同、控制三个方面，需要进一步构建共识、加强组织协同和过程控制。在构建共识方面，当前地方政府职能转变的目标任务已有基本共识，但对于具体路径仍存在一些争议，同时，基层政府普通工作人员、民众对地方政府职能转变的了解度与参与度仍有待提高，需要通过领导、参与、沟通等手段，使相关主体对地方政府职能转变有共同的认识和承诺。在组织协同方面，地方政府职能转变是一个复杂的系统工程，涉及地方政府管理活动的方方面面，比如流程再造、资源配置的调整等，而协同度低是造成地方政府职能转变出现失败的主要原因，缺乏协同的部分成为短板，阻碍了地方政府职能转变的推进。良好的协同需要围绕地方政府职能转变的目标与任务进行总体部署，使得相关管理活动互相衔接互相匹配共同推动政府职能转变的实现。在过程控制方面，地方政府职能转变从愿景计划、沟通、变革、巩固到制度化，需要一定的时间实施完成，在此过程中会出现偏差和障碍，导致地方政府职能转变失败。当前对于地方政府职能转变尚缺乏严格的过程控制，实践中存在形式主义、推进缓慢、责任模糊、方向偏差等问题。因此，需要通过计划、考核、反馈等手段，对地方政府职能转变过程进行控制，以保障其有效执行并获得成功①。

2. 提升政府职能转变的绩效

政府职能转变绩效，是指一个时期内由政府职能转变引起的政府自身运行过程的改善情况，以及对外部环境适应性的提升程度②。政府职能转变绩效，既体现着政府职能转变的实际效果，也在一定程度上影响着政府内外部对政府职能转变的信心。研究表明，领导力是提升地方政府职能转变绩效的决定性因素；行政审批流程、公众参与对政府与市场、政府与社会的关系影响强度最大；愿景与战略、公务

① 范柏乃、张电电、金洁、余钧：《完善社会主义市场经济体制条件下加快转变政府职能研究》，136-145、430-431页，北京，中国财政经济出版社，2021。

② 同上书，210页。

员队伍建设、公共资源管理等影响因素通过行进审批流程这个中介变量，对政府职能转变绩效产生间接影响；政府与市场、政府与社会关系的改善，能够显著提升职能转变过程中的地方政府自身运行情况。因此，应强化服务公共决策的领导力，拓宽社会治理的公民参与，深化行政审批体制改革，健全以流程为中心的公共资源支持体系，以显著提升政府职能转变绩效①。

3. 创新政府职能转变的行动

改革开放以来，中国各级政府通过大量创新行动，推动了政府职能的重塑。进入新发展阶段，我国发展条件深刻变化，进一步发展面临新的机遇和挑战。在加快政府职能转变的过程中，无论是机构设置、职能配置等体制机制方面的改革，还是提升宏观调控和经济调节职能、健全公共服务职能、强化市场监管职能、优化社会管理治理、加强环境保护职能，创新依然必不可少。创新首先离不开地方政府的积极探索，同时，上级的支持、民众的支持、法律和制度的保障、良好的舆论氛围和微观环境等也是必不可少的条件②。创造和维护这些条件，将有力促进地方政府职能转变的实现。

关键术语

政府职能　“全能型”政府　“有限型”政府　服务型政府　政府职能转变

复习思考题

1. 政府职能的内涵是什么？
2. 政府职能的内容有哪些？
3. 当代中国政府职能经历了怎样的变迁过程？
4. “全能型”政府职能模式有哪些特点？
5. 地方政府职能转变的动力因素有哪些？
6. 结合实际谈谈对深化中国政府职能转变的认识。

① 范柏乃、张电电、金洁等：《完善社会主义市场经济体制条件下加快转变政府职能研究》，462－467页，北京，中国财政经济出版社，2021。

② 俞可平：《中国地方政府创新的可持续性（2000—2015）：以“中国地方政府创新奖”获奖项目为例》，载《公共管理学报》，2019（1）。

第六章

当代中国的政府过程

"任何实际运行中的政府，都不仅是一种体制、一个体系，而且还是一个过程。"[1] 政府决策过程、政策执行过程和监督过程，是政府过程中的重要组成部分。了解和分析这些政府过程，可以发现这些政府过程在当代中国的运行具有鲜明的特点，并且在国家政治经济形势不断发生变化的背景下，这些过程一直处于明显的变动之中。政府过程的改革和完善，有赖于政治体制改革的不断深化。

重点问题

- 政府决策的一般过程
- 政策执行的环节和手段
- 监督体系的构成和各监督主体的监督过程

第一节　政府决策过程

政府决策过程，就是将社会中各种利益要求综合之后，输入政府系统之中，并转化为政策输出的过程。

① 朱光磊：《当代中国政府过程》，3版，1页，天津，天津人民出版社，2008。

一、当代中国政府决策的权力结构

（一）政府决策的核心权力结构

当代中国政府决策的核心权力结构包括中国共产党组织、全国人民代表大会和地方各级人民代表大会、国务院和地方各级人民政府。

中国共产党在当代中国政府决策权力中处于核心地位，党的中央委员会、中央政治局及政治局常委是当代中国最重要的政策制定者。对于一般性决策，通常由中央政治局及其常委会做出；对于带有方针路线性或战略性的重大决策，通常要召开中央全会加以讨论通过；某些特别重大的决策有时还要召开党的全国代表大会或代表会议审议通过。各级党组织分别在各级政府的决策中起核心和控制作用。

国家生活中重大事项的决策权属于全国人民代表大会，地方各级人民代表大会对于其行政区域内的重大事项具有决策权。但政府决策过程是个复杂的过程，国家权力机关决策权力的行使是这个过程中最后也是最关键的环节，即赋予政府决策方案合法的地位。

国务院和地方各级人民政府是权力机关的执行机关，同时，它们也有权规定行政措施，发布决定和命令。也就是说，除执行功能外，它们还拥有大量行政决策权和行政立法权。

（二）其他国家机关和人民政协对政府决策的影响

中央军委。在当代中国，共产党领导下的军队系统在政府决策中主要起影响作用，其影响力根据时间变化而有所不同，在涉及国防、军事和外交方面的重大决策过程中影响力较大。

国家主席。国家主席的各项职权都必须依据全国人大及其常委会的决定行使，不独立决定国家重大事项。近年来，国家主席在外交决策中的影响有所增加。

人民法院和人民检察院。法院和检察院在政权体系中的功能主要不是决策，而是执行，其对一些具体案件的审理、判决和提出的建议，有时也会间接影响政府决策。

人民政协。人民政协虽然不是法律规定的国家机构，但实际上具有某种国家政权机关的功能，它与人大会议讨论的问题相近，重大决策和人事安排在人大付诸表决前一般会经过政协会议或常委会讨论。但政协会议没有人大会议所具有的决策权、任免权和表决权。人民政协的主要功能是通过利益表达和利益综合对政府决策施加影响。

二、当代中国政府决策的一般过程

政策形成涉及三个方面的问题：“公共问题是怎样引起决策者注意的？解决特

定问题的政策意见是怎样形成的？某一建议是怎样从相互匹敌的可供选择的政策方案中被选中的？”① 加上政策的合法化，政府决策的一般过程包括政策议程的建立、政策方案规划（包括设计和选择）以及政策合法化。

（一）政策议程的建立

社会各界向政府提出的大量需要采取行动的要求，只有少数能够受到政策制定者的关注，政策制定者感到必须加以处理，从而将其提上议事日程。政策议程就是将政策问题提上政府议事日程、纳入决策领域的过程。

政策议程可以分为系统议程（公众议程）与正式议程（政府议程）两类。系统议程是指某个社会问题已经引起社会公众和有关团体的普遍关注，它们向政府提出政策诉求，要求采取措施予以解决，从而建立政策议程的过程；正式议程是指某个社会问题引起政府决策者的积极关心或密切注意，使特定的社会问题进入政策议程的过程②。在实际决策过程中，两者往往同时发生作用。不过，当代中国绝大多数决策都是通过正式议程做出的，系统议程的建立还比较困难。随着民主政治的发展和网络等利益表达渠道的拓展丰富，系统议程有日益增加的趋势。

当代中国政府政策议程最主要的创始因素是政治领袖和领导人，此外还有政治组织、人民代表大会和政治协商会议、国家行政机关工作人员、专家学者、突发事件和危机事件、公众和大众传媒等。

当代中国全局性、长远性和根本性的决策，一般都是由党的领袖创始的。大多数较为次要和一些微观的政策议程，则往往是由相关领域的领导人创始的。人大代表和政协委员对政策议程建立的影响力正在不断加大，他们可以通过提出议案、提案、建议等，使其所关注的社会问题受到政府重视，从而有可能列入政策议程。某些政治组织（政党、工会、妇联和青年组织）提出的社会问题，也比较容易引起政府和全社会的关注，被列入政策议程。

除了上述国家领导人和组织之外，国家行政机关工作人员和专家学者也是当代中国政策议程建立的重要推动因素。国家行政机关工作人员在执行政策以及处理公务的过程中，接触范围较广，掌握信息较多，能够发现与原有政策相关的新问题，因而有机会将之纳入政策议程。而专家学者在各自的专业领域中，通过研究能够发现某些重要问题，并凭借其专长做出关于社会发展趋势等的科学预测，所取得的重大科研成果也可以通过各种渠道列入政策议程。在注重科学决策和民主决策的当代中国，专家学者对政策议程创立的促进作用正日益显示出来。

突发事件和危机事件也是政策议程的创始因素，这类事件的发生往往会立刻把相关问题提上政府的议事日程（甚至是首要议程），通过突发事件和危机事件，也可以促成政策议程的形成。

---

① ［美］詹姆斯·E. 安德森：《公共决策》，65 页，北京，华夏出版社，1990。

② 蔡立辉、王乐夫：《公共管理学》，3 版，170 页，北京，中国人民大学出版社，2022。

公众和大众传媒同样是当代中国建立政策议程的积极因素。公众一般的利益表达并不一定能够导致政策议程的建立。然而如果民意的反映相当广泛或强烈，已构成一种社会现象，则往往就会进入政策议程，如物价问题、腐败问题、国有企业大量职工下岗问题等。当代中国的传媒具有很强的政治性，它可以把本来不引人注意的问题或暴露不多的问题迅速放大，从而引起广大民众和决策者的关注，使之进入政策议程。随着中国大众传媒的迅速发展，传媒作为政策议程创始因素的作用还将得到更多的体现。

以上政策议程的创始因素，有时单独发挥作用，有时同时发挥作用。在实际决策过程中，往往难以完全区分①。

（二）政策方案规划

政策问题一旦被提上议事日程，就要进行分析研究并提出解决方法，即进行方案规划，基本内容是方案设计和方案择优。政策方案规划既是一种研究活动，要借助专家学者的力量，遵循科学的原则、手段和方法来进行；又是一种政治行为，因为它涉及人们之间的利益调节和分配，规划参与者之间也会因利益、价值观和信仰不同而相互影响和制约。

政策方案规划需要遵循信息完备、系统协调、科学预测、现实可行、民主参与、稳定可调等基本原则。在这些原则的基础上，当代中国政府的政策方案规划有其自身的特点。例如，在获取信息方面，中国政府强调坚持调查研究，全面地了解客观情况，如实地把握客观规律，在调查研究的基础上做出方案规划。在民主参与方面，中国共产党很早就提倡“从群众中来，到群众中去”，通过反复沟通、实践、修正，使基层群众的意见、要求、利益得以反映到党的各项决策中来；强调坚持民主集中制，即民主基础上的集中和集中指导下的民主相结合。但是，群众路线在新中国成立以后却没有得到很好的发扬，而且由于政府决策中自上而下的集权式决策模式占主导地位，在以往的政策方案规划过程中，过多地强调了集中，公众参与非常有限，经常是采取先定案再沟通的方式，给后期的政策执行造成很大困难。党的十六大以后，决策过程中的公众参与受到了很大的重视，随着当代中国民主政治的不断发展，政策方案规划中的公众参与原则也将得到更大程度的应用。

（三）政策合法化

政策方案只有经过一定的形式转变成正式的政策而具有合法性，才能得到社会的认同和遵循。所谓政策合法化，是指法定主体为使政策方案获得合法地位而依照法定权限和程序所实施的一系列审查、通过、批准、签署和颁布政策的行为过程。所有的政策，包括中央政策和地方政策、法律和其他形式的政策，都有其合法化的

---

①　胡伟：《政府过程》，236－242页，杭州，浙江人民出版社，1998；陈振明：《政策科学：公共政策分析导论》，210页，北京，中国人民大学出版社，2003。

过程。

当前，中国政策合法化的主体和程序主要是：第一，全国人民代表大会及其常务委员会。这是最具权威性的法定政策合法化机构，其他各级人大及其常委会在其行政区域内也具有相应的职权。第二，中国共产党的中央和各级党委。作为唯一的执政党，实际上共产党的各种高层会议所通过的决定，就具有公共政策的性质，而且往往是最基本和核心的政策。中国共产党的全国代表大会、中央全会、政治局会议、政治局常委会议和书记处会议等，是重要的政策合法化途径。第三，国家主席。根据宪法赋予的职权，国家主席根据全国人大及其常委会的决定，向社会公布法律，发布特赦令、动员令，宣布进入战争状态，批准和废除与外国缔结的条约和重要协定等。第四，国务院和各级地方政府。它们所制定的政策一般比较具体，涉及范围较小，政府的全体会议和常务会议是政策合法化的常规渠道。

需要指出的是，政策的内容、形式和效力范围等不同，政策合法化的主体和程序也就不完全相同，如限制公民人身自由的政策，必须由全国人大依照立法程序使之合法化。同一国家机关，不同的政策也可能有不同的合法化程序，如国务院制定重大政策，应由国务院常务会议或全体会议讨论决定后由国务院总理签署发布；而一般性政策，国务院总理有权直接签署发布。政策合法化的程序虽然不尽一致，但有共同的标准，即要符合法律规定，有基本的步骤，即包括审查、通过、批准、签署和颁布政策等一系列行为过程。

政策合法化在政策过程中占有举足轻重的地位，在实践上也具有重要意义。它不仅是政策制定过程的重要阶段和政策执行的前提，是决策民主化、科学化和法制化的具体体现，也是当代中国依法治国、以法治取代人治的需要①。

第二节　政策执行过程

政策执行是一个动态的过程，“它是政策执行者通过建立组织机构，运用各种政策资源，采取解释、宣传、实验、实施、协调与监控等各种行动，将政策观念形态的内容转化为实际效果，从而实现既定政策目标的活动过程”②。

一、政策的执行主体

在当代中国，国务院和地方各级人民政府是法定的执行机关，也是政策的主要执行机构。“而与此同时，各级共产党组织也具有政策执行功能，它表现为共产党组织在进行政策制定以后，继而控制和参与这些政策的实施，或是取代政府机关直

① 陈振明：《政策科学：公共政策分析导论》，228－230页，北京，中国人民大学出版社，2003。
② 同上书，260页。

接行使执行功能，或是通过行政决策干预政府机关的执行活动，或是与政府部门一起履行执行功能。”① 从20世纪80年代中期以来，中共中央和各级地方党委逐步把政策的执行权交还给了政府。不过，由于各级党委对同级政府、同级人民团体都是政治领导关系，而且党的各职能部门都在工作指导、干部任用上制约着本工作领域各项事业和相应的人员、机构，因此党内的执行系统在当代中国政府过程中实际上起着“政治框架”和“传动器”的作用，即在政治领导的框架内，共产党把各项重要决策通过各种传动装置传输给行政机关、干部群众，由他们去执行政策。

中国共产党党内的执行系统主要包括“一个中心”：中共中央的领导机关（中共中央委员会、中共中央政治局、中共中央政治局常务委员会、中共中央书记处、中共中央军事委员会和中共中央纪律检查委员会），以及“四大方面”：中共中央的职能部门、办事机构，地方党的组织系统，主要人民团体系统（中华全国总工会、中国共产主义青年团、中华全国妇女联合会），国家机关和直属单位的党委、党组②。

二、政策执行的环节和手段

（一）政策执行的环节

政策执行过程主要包括政策宣传、政策分解、物质准备、组织准备、政策实验、政策全面实施、政策协调与监控等环节③。

政策宣传是政策执行过程的起始环节。要使政策得到有效执行，必须首先统一人们的思想认识：一方面，政策执行者只有在对政策的意图和政策实施的具体措施有一个明确认识和充分了解的情况下，才有可能积极主动地执行政策；另一方面，政策对象只有知晓了政策，才能理解并自觉地接受和服从政策。政策宣传就是统一人们思想认识的一个有效手段。在当代中国政府政策执行的过程中，政策宣传一直备受重视和强化，通过党政会议和各种大众传媒进行的政策“传达”，是政策宣传的主要方式。

政策分解就是通常所说的制订计划。一般来说，一项政策往往只是指出实现政策目标的基本方向，比较笼统和抽象。要使政策执行顺利进行，就必须在这些基本原则的指导下，对总体目标进行分解，编制出政策执行活动的行动路线。政策分解要遵循客观性、适应性和一致性等原则。在当代中国政府政策执行的过程中，政策分解的这些原则有时并未得到很好的遵循，存在主观臆断、缺乏弹性等问题。更为显著的问题是，上下级的政策目标常常未能保持一致，“上有政策、下有对策”的情况长期存在。

---

① 胡伟：《政府过程》，292页，杭州，浙江人民出版社，1998。

② 朱光磊：《当代中国政府过程》，3版，132－133页，天津，天津人民出版社，2008。

③ 陈振明：《政策科学：公共政策分析导论》，263页，北京，中国人民大学出版社，2003。

物质准备主要是指执行政策所必需的财力（经费）和必要的物力（设备）两方面的准备。执行者应根据政策执行活动中的各项开支，本着既能保证执行活动正常开展，又坚持勤俭节约的原则编制预算，配置设备；预算必须报经有关部门批准后才能执行。在当代中国，一方面一些政策的执行经费不到位，导致政策目标难以实现（如教育、环保方面的政策）；另一方面，物质准备缺乏必要的财政监督，浪费现象时有发生。

组织准备工作是政策具体贯彻落实的保障机制，组织功能的发挥情况直接决定着政策目标的实现程度。组织准备工作包括解决组织形式问题，建立精干高效的组织机构、配备胜任称职的领导者和一般的政策执行人员，制定必要的规章制度，使人力、物力、财力得到最合理的利用。在当代中国，“每遇一项重大决策的实施工作都要成立‘领导小组’之类的机构，似乎已成为惯例”①。

政策实验是政策执行过程中的重要步骤。政策实验既可以验证政策，又可以为政策的全面实施积累经验。由于中国正处于改革开放的进程中，很多政策措施都是没有先例的，政府政策执行中非常重视政策实验，即“试点”，很多政策，尤其是那些涉及全局关系的重大政策，都是先在个别地方进行实验后，总结经验教训，然后才推广开来的。

政策的全面实施是政策实施过程中操作性、程序性最强，涉及面最具体、最广泛的一个环节，在中国这一阶段通常被称为“全面铺开”。全面实施政策要求严格遵循政策执行的基本原则，充分发挥政策执行的功能要素，以保证政策目标的圆满实现。

政策的协调与监控贯穿于政策实施全过程。协调工作做好了，才能保证执行活动的同步与和谐，才能提高工作效率。当代中国政策执行中的协调方式主要有两种，“一是经常性地召开协调会议；二是运用领导人的个人影响，在领导人和有关骨干之间进行非正式协调”②。监控是政策实施过程的保障环节。在实际的政策实施过程中，由于政策执行者认识上的差异等原因，常常出现对政策理解的失当，或者由于政策制定者与执行者之间存在的利益差别的影响，往往会使政策执行活动偏离政策目标，因而必须对整个实施过程加强监督和控制，以保证政策的全面贯彻和落实。当代中国政策执行中的监控，主要是由人大及其常委会、党的组织和上级政府等来进行的。

（二）政策执行的手段

政策执行手段是指政策执行机关及其执行者为完成一定政策任务、达到一定政策目标而采取的各种措施和方法。政策执行手段主要有行政手段、法律手段、经济

---

① 朱光磊：《当代中国政府过程》，3版，153页，天津，天津人民出版社，2008。

② 同上书，154页。

手段和思想诱导手段等①。同时，随着信息技术的快速发展和数字政府的建设，技术手段在政策执行中发挥的作用也越来越突出。

行政手段是指依靠行政组织的权威，采用行政命令、指示、规定及规章制度等行政方式，按照行政系统、行政层次和行政区划来实施政策的方法。行政手段具有权威性、强制性、对象的有限性和时效性。在政策执行中使用行政手段容易做到协调统一、令行禁止。但行政手段对上级机关的要求甚高，上级如有失误将会导致连锁反应。另外，执行过程中的无偿性和下级的被动地位都不利于充分发挥下级的积极性和创造性。行政手段曾经是中国政府政策执行的主要手段，目前正逐步把它限制在一定的范围内。

法律手段是指通过各种法律、法令、法规、司法、规范和仲裁工作，特别是通过行政立法和司法方式来调整政策执行活动中各种关系的方法。法律手段具有权威性、强制性、稳定性和规范性。运用法律手段，能够消除阻碍政策目标实现的各种干扰，保障政策执行活动有法可依、有章可循，从而有利于政策的顺利实施。法律手段使用的范围比较广泛，尤其适用于解决那些共性的问题。随着中国法治进程的发展，法律手段在政策执行中的运用将越来越多。

经济手段是指根据客观经济规律和物质利益原则，利用各种经济杠杆，调节政策执行过程中各种不同经济利益之间的关系，以促进政策顺利实施的方法。经济手段运用价格、工资、利润、利息、税收、资金、罚款以及经济责任、经济合同等来组织、调节和影响政策执行者和政策对象的活动。经济手段具有间接性和有偿性，影响面也比较大。改革开放以来，特别是建立社会主义市场经济体制的目标确定之后，中国政府开始广泛地采用经济手段来执行政策。

思想诱导手段是一种以人为中心的人本主义管理方法，它通过运用非强制性手段，如制造舆论、说服教育、协商对话等，诱使政策执行者和政策对象自觉自愿地去贯彻执行政策，而不从事与政策相违背的活动。这样不仅可以节省许多人力物力，更主要的是执行者的行为是出自心悦诚服的自觉自愿，因而能够牢固而持久。

技术手段主要是指通过采用信息技术、网络技术等现代化的科学技术，改进政策执行的方式，提高政策执行的效率。信息网络技术常见的载体主要有管理信息系统、应用程序、个人移动互联网终端等。随着数字中国建设的推进，技术手段在政策执行中的作用越来越明显。首先，上级政府可以通过实时动态监控，及时掌握政策执行情况，督促政策落实，减少政策执行中的选择性执行、弄虚作假等问题；其次，政策执行者可以及时地向相关部门反映政策执行中遇到的问题，更加便利地进行纵向和横向沟通，提高政策执行的效率；最后，公众可以拥有更加多元化的参与表达和沟通渠道，有助于公众更方便地参与和监督政策执行的过程。同时，在运用技术手段的过程中，也要注意其可能带来的新的公共治理问题，如程序设计成本增

① 陈振明：《政策科学：公共政策分析导论》，266－269页，北京，中国人民大学出版社，2003。

加，技术监管、政策执行僵化与缺乏弹性、政策低适应性等[①]。

采用强制执行与说服教育相统一的执行手段是中国政策执行过程中的特点，技术手段的广泛运用带来的“技术赋能”，则是当前中国政策执行的新特色。需要注意的是，政策执行手段只是促进政策执行，以实现政策目标的途径，但是如果政策本身不科学、不合理，遭到政策对象的抵制，那么采取任何手段恐怕都是徒劳的，甚至反而会造成社会不安定。政策制定过程中的广泛参与和达成共识可以从根本上大大提高政策的执行效能，保证政策目标的预期实现。

第三节　政府监督过程

在现代社会，基于民众对民主政治、对现代国家管理和对国家权力潜在危险性的深刻认识，国家监督制度受到高度重视，被视为国家的免疫系统[②]。政府监督，是为了保证政府职权在合法、正当的范围内运行，而对政府机关及其工作人员进行的监察、督导、检查、控制、督促和纠偏等各种活动。

在一定社会中，享有对政府进行监督的权力的所有主体之和，构成该社会政府过程中的监督体系[③]。经过 70 多年的曲折发展，当代中国形成了具有中国特色的党和国家监督体系，这一体系可以分为政党监督、国家监督和社会监督[④]三大监督系统，由中国共产党、人民代表大会、监察委员会、审计机关、检察机关、审判机关、人民政协、公民和新闻舆论等主体构成。党的二十大报告指出，要“健全党统一领导、全面覆盖、权威高效的监督体系，完善权力监督制约机制，以党内监督为主导，促进各类监督贯通协调，让权力在阳光下运行”。

一、政党监督的概念和过程

政党监督，是指中国共产党的监督。中国共产党作为当代中国长期的、唯一的执政党，具有对国家进行全面领导的地位，因而也就负有对全党、国家以及社会的监督责任。政党监督包括政治监督和纪律监督。政治监督，是中国共产党通过法制建设、政策约束和干部调配等程序，监督各个国家机关的决策和施行是否符合党的基本路线及方针政策。纪律监督，是党对自身的监督，是对党的组织和党的干部、

---

① 傅利平、陈琴、董永庆等：《技术治理何以影响乡镇干部行动?：基于 X 市精准扶贫政策执行过程的分析》，载《公共行政评论》，2021（4）。

② 蔡定剑：《国家监督制度》，6 页，北京，法制出版社，1991。

③ 朱光磊：《当代中国政府过程》，3 版，188 页，天津，天津人民出版社，2008。

④ 任建明、洪宇：《党和国家监督体系：要素、结构与发展》，见蒋来用：《廉政学研究》第 1 辑，24-43 页，北京，社会科学文献出版社，2018。

党员是否坚持了党的纪律的监督，即党内监督①。由于政府的高级官员大多由党员担任，党在各级政府中设有党的组织，因而党的内部监督也直接作用于政府的各级机构和政府机构中的党员，从而实现对政府的监督。

早在1927年，中国共产党在第三次修改党章时，就专设了"监察委员会"一章。在新中国成立前，党内就设置了纪检机构。1949年11月，中共中央做出了《关于成立中央及各级党的纪律检查委员会的决定》，成立了中央纪律检查委员会，并相继在县以上各级党委成立了纪律检查委员会。1955年3月，党的全国代表会议做出了《关于成立党的中央和地方监察委员会的决议》。受到政治因素的影响，1969年，中共九大通过的党章中删掉了有关纪律检查的规定。1977年，党的十一大恢复了党内纪律检查的原则；1978年，党的十一届三中全会设立中共中央纪律检查委员会。

2004年，《中国共产党党内监督条例（试行）》颁布实施；2016年，《中国共产党党内监督条例》正式颁布实施。根据《中国共产党党内监督条例》的规定，党内监督的主体，包括党的中央组织、党委（党组）、党的纪律检查委员会、党的工作部门、党的基层组织和党员。党内监督的对象，是党的领导机关和领导干部特别是主要领导干部。

党内监督的任务，是确保党章党规党纪在全党有效执行，维护党的团结统一，重点解决党的领导弱化、党的建设缺失、全面从严治党不力，党的观念淡漠、组织涣散、纪律松弛，管党治党宽松软问题，保证党的组织充分履行职能、发挥核心作用，保证全体党员发挥先锋模范作用，保证党的领导干部忠诚干净担当。

党内监督由党中央统一领导。党的中央委员会、中央政治局、中央政治局常务委员会全面领导党内监督工作；中央委员会全体会议每年听取中央政治局工作报告，监督中央政治局工作，部署加强党内监督的重大任务；中央政治局、中央政治局常务委员会定期研究部署在全党开展学习教育，听取和审议全党落实中央八项规定精神情况汇报，听取中央纪律检查委员会常务委员会工作汇报、中央巡视情况汇报；中央政治局每年召开民主生活会，进行对照检查和党性分析，研究加强自身建设措施等。

党内监督的内容主要有8项，即遵守党章党规和宪法法律情况，维护党中央集中领导情况，坚持民主集中制和严肃党内政治生活情况，落实全面从严治党责任情况，落实中央八项规定精神情况，干部选拔任用情况，廉洁自律、秉公用权情况，完成党中央和上级党组织部署的任务情况。

党内监督是和外部监督相结合的。各级党委应当支持和保证同级人大、政府、监察机关、司法机关等对国家机关及公职人员依法进行监督，人民政协依章程进行民主监督，审计机关依法进行审计监督。各级党组织应当支持民主党派履行监督职能，重视民主党派和无党派人士提出的意见、批评、建议，完善知情、

① 朱光磊：《当代中国政府过程》，3版，196－197页，天津，天津人民出版社，2008。

沟通、反馈、落实等机制。各级党组织和党的领导干部应当认真对待、自觉接受社会监督。

二、国家监督及其监督过程

国家监督，是以国家机关为主体的监督，包括人大监督、国家监察、司法监督和审计监督。

（一）人民代表大会的监督

全国人民代表大会是我国最高国家权力机关，地方各级人民代表大会是地方国家权力机关，全国人大常委会和地方各级人大常委会是全国人大和地方各级人大的常设机关。人大及其常委会的监督，是国家监督体系中最高层次的监督，是具有法律效力的监督①。

按照《宪法》和《监督法》的规定，人大及其常委会的监督可以分为法律监督、工作监督和人事监督②。

1. 法律监督

法律监督，主要是指人大及其常委会对政府③执行宪法、法律、法规的行为的监督，以及对规范性文件是否符合宪法和法律规定所进行的监督。根据宪法和法律的规定，全国人大和全国人大常委会有权监督宪法的实施；各级人大及其常委会有权对有关法律、法规在本行政区域内的实施情况进行检查，对所检查的法律、法规实施情况进行评价，提出执法中存在的问题和改进执法工作的建议；县级以上地方各级人民代表大会常务委员会有权审查、撤销本级人民政府发布的不适当的决定、命令，包括超越法定权限，限制或者剥夺公民、法人和其他组织的合法权利，或者增加公民、法人和其他组织的义务，以及同法律、法规规定相抵触等情况。

2. 工作监督

工作监督，是指人大及其常委会对本级政府执行国家的方针、政策和上级或本级人大及其常委会决议、决定等工作进行了解、调查、批评或纠正。人大及其常委会通过听取和审议人民政府的专项工作报告，审查和批准决算，听取和审议国民经济和社会发展计划、预算的执行情况报告，听取和审议审计工作报告，以及询问和质询、特定问题调查等形式进行工作监督。

3. 人事监督

人事监督，是指人大及其常委会有权罢免、撤销由它选举、决定任命的国家机关组成人员的职务。罢免，是人民代表大会免除违法或失职的国家机关领导人职务

---

① 高咏沂等：《论依法治国中的人大监督权威》，载《人大研究》，1998（10）。

② 尹世洪、朱开杨：《人民代表大会制度发展史》，323页，南昌，江西人民出版社，2002。

③ 除政府外，人大及其常委会的监督对象还包括法院、检察院以及下一级人大及其常委会。

的方式，罢免的对象是由它选举的国家机关领导人；撤职，是人大常委会免除由它任命的违法或失职的国家机关组成人员职务的方式。此外，对由其选举和任命的、有轻微过错，或能力不佳、工作不称职的国家机关工作人员，人大及其常委会还可以通过免职和接受辞职的方式进行监督①。

（二）监察机关的监督

1. 行政监察机关及其监察职责的历史演变

（1）建立阶段。1949年9月，中国人民政治协商会议第一届全体会议通过了《中国人民政治协商会议共同纲领》，其中第19条规定："在县市以上的各级人民政府内，设人民监察机关，以监督各级国家机关和各种公务人员是否履行其职责，并纠举其中之违法失职的机关和人员。"同时通过的《中央人民政府组织法》规定，政务院下设人民监察委员会，作为四大委员会之一，"负责监察政府机关和公务人员是否履行其职责"，其地位高于政务院各部。1950年10月，《政务院人民监察委员会试行组织条例》颁布，其中对人民监察委员会的任务、职权、监督方式等方面做了具体规定。其中，政务院人民监察委员会的任务是：监察全国各级国家机关和各种公务人员是否违反国家政策、法律、法令或损害人民及国家之利益，并纠举其中之违法失职的机关和人员；指导全国各级监察机关之监察工作，颁布决议和命令，并审查其执行；接受及处理人民和人民团体对各级国家机关及各类公务人员违法失职行为的控告。

与此同时，地方各级人民监察委员会也相继成立。地方各级人民监察委员会均受所在地人民政府的领导及上级监察机关的指导。此外，1951年9月起，在政务院财政经济委员会所属的财政部、贸易部、重工业部等七个部门内，以及省（市）以上各级政府财政机关及国营财经企业部门内，也陆续设置了监察机构②。

（2）调整阶段。1954年9月，根据第一届全国人民代表大会第一次会议通过的《国务院组织法》，政务院改为国务院，政务院人民监察委员会改为国务院监察部。1955年11月，国务院批准了《监察部组织简则》，规定监察部的职责是维护国家纪律，贯彻政策法令，保护国家财产，对国务院各部门、地方各级国家行政机关、国营企业、公私合营企业、合作社实施监督。根据当时国家政权建设和经济建设的需要，监察部拥有比之前的人民监察委员会更为广泛的监督权。在此期间，地方政府监察部门也进行了适当调整。

（3）取消阶段。监察机关对维护政纪国法、保持国家行政机关工作人员的廉洁和提高行政效能起到了极其重要的作用，但同时也存在职责不清、监察范围太宽、管得太细等问题。1959年，受到当时极左思潮和过分强调党的一元化领导的思想的影响，国家监察部被撤销。

---

① 蔡定剑：《中国人民代表大会制度》，4版，329－330页，北京，法律出版社，2003。

② 王建芹：《中国行政监察教程》，87－88页，北京，中国方正出版社，1997。

（4）恢复确立和发展阶段。1986 年，第六届全国人大常委会第十八次会议通过了《关于设立中华人民共和国监察部的决定》，1987 年监察部重新组建，到 1988 年，各省级人民政府的监察厅（局）相继成立，地、县两级人民政府的监察机关也在此基础上建立起来。新监察机关不是对 20 世纪 50 年代末被撤销的行政监察机关的简单重建，而是依据改革开放的新形势，对监督对象、监督职责、监督权限、领导体制等方面都赋予了新的内容。如监督对象更加集中，主要是对国家行政机关及其工作人员进行监督。在职责权限上，国家行政监察机关除有检查权、调查权和建议权之外，还具有处分权，可以对国家行政机关工作人员和行政机关任命的其他人员处以记大过以下的行政处分。1993 年 1 月，为了避免党的纪律检查机关和行政监察机关工作的交叉和重复，理顺关系，形成合力，根据中共中央、国务院的决定，中央纪委、监察部开始合署办公，实行“一套工作机构履行党的纪律检查和行政监督两项职能”的体制。地方各级党的纪检部门和政府检查机构也改革形成了相同的体制。

2. 国家监察体制改革

（1）监察委员会的设立。党的十八大以来，反腐败力度空前加大。为了推进全面从严治党，坚持思想建党和制度治党紧密结合，党的十八届六中全会通过了《关于新形势下党内政治生活的若干准则》和《中国共产党党内监督条例》，党内监督全面加强，监督对象覆盖了所有的国家机关、社会团体及企事业单位的党员。而行政监察机关作为政府的组成部门，只负责监察行政机关的工作人员以及政府任命的工作人员，未覆盖到政府以外的机构和人员，对非党员公职人员的监督成为空白地带。基于客观形势和现实需要，我国启动了以“整合反腐败资源力量，加强党对反腐败工作的集中统一领导，构建集中统一、权威高效的中国特色国家监察体制，实现对所有行使公权力的公职人员监察全覆盖”为目标的国家监察体制改革①。

2016 年 11 月，中共中央办公厅印发《关于在北京市、山西省、浙江省开展国家监察体制改革试点方案》，部署在 3 省市设立各级监察委员会，从体制机制、制度建设上先行先试、探索实践，为在全国推开积累经验。2016 年 12 月，十二届全国人大常委会做出《关于在北京市、山西省、浙江省开展国家监察体制改革试点工作的决定》；2017 年 11 月，十二届全国人大常委会通过《关于在全国各地推开国家监察体制改革试点工作的决定》，试点工作全面展开。在试点的基础上，党的十九届三中全会审议通过的《中共中央关于深化党和国家机构改革的决定》明确：“完善权力运行制约和监督机制，组建国家、省、市、县监察委员会，同党的纪律检查机关合署办公，实现党内监督和国家机关监督、党的纪律检查和国家监察有机统一，实现对所有行使公权力的公职人员监察全覆盖。”2018 年 3 月，十三届全国人大第一次会议通过《中华人民共和国宪法修正案》和《监察法》，国家监察委员会

① 《中华人民共和国监察法》，32 页，北京，中国方正出版社，2018。

依法组建。

《监察法》规定，“各级监察委员会是行使国家监察职能的专责机关，依照本法对所有行使公权力的公职人员进行监察，调查职务违法和职务犯罪，开展廉政建设和反腐败工作，维护宪法和法律的尊严”。在相应的机构改革中，监察部、国家预防腐败局并入新组建的国家监察委员会，不再保留监察部、国家预防腐败局；最高人民检察院查处贪污贿赂、失职渎职以及预防职务犯罪等反腐败相关职责并入国家监察委员会。国家监察体制改革通过调整反腐败机构和职能实现反腐败权限的聚拢，“把行政监察部门、预防腐败机构和检察机关反腐败相关职责进行整合，解决了过去监察范围过窄、反腐败力量分散、纪法衔接不畅等问题”①。

监察委员会依照法律规定独立行使监察权，不受行政机关、社会团体和个人的干涉。国家监察工作“坚持标本兼治、综合治理，强化监督问责，严厉惩治腐败；深化改革、健全法治，有效制约和监督权力；加强法治教育和道德教育，弘扬中华优秀传统文化，构建不敢腐、不能腐、不想腐的长效机制”。

（2）监察委员会的监督对象和职责。《监察法》规定，监察机关对下列公职人员和有关人员进行监察：中国共产党机关、人民代表大会及其常务委员会机关、人民政府、监察委员会、人民法院、人民检察院、中国人民政治协商会议各级委员会机关、民主党派机关和工商业联合会机关的公务员，以及参照《中华人民共和国公务员法》管理的人员；法律、法规授权或者受国家机关依法委托管理公共事务的组织中从事公务的人员；国有企业管理人员；公办的教育、科研、文化、医疗卫生、体育等单位中从事管理的人员；基层群众性自治组织中从事管理的人员；其他依法履行公职的人员。

根据《监察法》，监察委员会履行“监督、调查、处置职责”：对公职人员开展廉政教育，对其依法履职、秉公用权、廉洁从政从业以及道德操守情况进行监督检查；对涉嫌贪污贿赂、滥用职权、玩忽职守、权力寻租、利益输送、徇私舞弊以及浪费国家资财等职务违法和职务犯罪进行调查；对违法的公职人员依法做出政务处分决定；对履行职责不力、失职失责的领导人员进行问责；对涉嫌职务犯罪的，将调查结果移送人民检察院依法审查、提起公诉；向监察对象所在单位提出监察建议。

各级监察委员会可以向本级中国共产党机关、国家机关、法律法规授权或者委托管理公共事务的组织和单位以及所管辖的行政区域、国有企业等派驻或者派出监察机构、监察专员。派驻或者派出的监察机构、监察专员根据授权，按照管理权限依法对公职人员进行监督，提出监察建议，依法对公职人员进行调查、处置。

---

① 习近平：《在新的起点上深化国家监察体制改革》，载《求是》，2019（5）。

（三）司法机关的监督

1. 检察机关的监督

1949年，《中央人民政府组织法》规定，中央成立人民政府委员会，下设政务院、最高人民法院、最高人民检察署、人民革命军事委员会等四个机关。最高人民检察署是国家的最高检察机关，“对政府机关、公务人员和全国国民之严格遵守法律，负最高的检察责任”。1951年9月，中央人民政府发布《各级地方人民检察署组织通则》，各地方人民检察署陆续建立。

1954年《宪法》规定：“中华人民共和国最高人民检察院对于国务院所属各部门、地方各级国家机关、国家机关工作人员和公民是否遵守法律，行使检察权。地方各级人民检察院和专门人民检察院，依照法律规定的范围行使检察权。”最高人民检察署变更为最高人民检察院，同时各级人民检察署也正式更改为人民检察院。

从1957年到1966年，人民检察院受到当时政治环境的影响，检察职能难以履行。1968年12月11日，最高人民检察院、最高人民法院、内务部军代表、公安部领导小组联合向毛泽东、党中央写了《关于撤销高检院、内务部、内务办三个单位，公安部、高法院留下少数人的请求报告》，被批准执行。1975年《宪法》则在检察机关名存实亡的基础上明确取消了检察机关，规定检察机关的职权由各级公安机关行使。

1978年，第五届全国人民代表大会第一次会议决定重建人民检察院，当年修订的《宪法》也明确规定重新设置人民检察院，并确定其根本职能是法律监督。

根据1982年《宪法》和相关法律的规定，中华人民共和国人民检察院是国家的法律监督机关。不过，各级人民检察院行使的法律监督权实际上不是对一般违法行为的监督，而只是对司法机关的监督，监督司法机关及其工作人员在司法活动中的行为是否合法①。检察监督的内容和程序主要包括：

（1）侦查监督。检察机关对于公安机关侦查的案件进行审查，决定是否逮捕、起诉或者免予起诉；对于公安机关的侦查活动是否合法，实行监督。对于主要犯罪事实不清、证据不足的，可以退回公安机关补充侦查。人民检察院发现公安机关的侦查活动有违法情况时，通知公安机关予以纠正。

（2）审判监督。人民检察院对于人民法院的审判活动是否合法实行监督。地方各级人民检察院对于本级人民法院第一审案件的判决和裁定，认为有错误时，应当按照上诉程序提出抗诉；最高人民检察院对于各级人民法院已经发生法律效力的判决和裁定，上级人民检察院对于下级人民法院已经发生法律效力的判决和裁定，如果发现确有错误，应当按照审判监督程序提出抗诉。

（3）执行监督。人民检察院对于刑事案件判决、裁定的执行和监狱、看守所、劳动改造机关的活动是否合法实行监督。发现刑事判决、裁定的执行有违法情况

---

① 蔡定剑：《国家监督制度》，226－229页，北京，法制出版社，1991。

时，通知执行机关予以纠正；发现监狱、看守所、劳动改造机关的活动有违法情况时，通知主管机关予以纠正。

此外，根据《人民检察院组织法》和《人民检察院监察建议工作规定》，人民检察院在执行法律监督权时，可以直接向本院所办理案件的涉案单位、本级有关主管机关以及其他有关单位提出检察建议。检察建议的类型有：再审检察建议、纠正违法检察建议、公益诉讼检察建议、社会治理检察建议和其他检察建议。人民检察院提出检察建议，除另有规定外，应当要求被建议单位自收到检察建议书之日起两个月以内做出相应处理，并书面回复人民检察院。

2. 人民法院的监督

按照宪法和法律的规定，中华人民共和国人民法院是国家的审判机关，人民法院对于政府的监督，是通过依法审理与国家行政机关及其工作人员有关的行政诉讼案件、刑事案件、民事案件和经济案件等各类案件，以裁定和判决的方式，处理国家行政机关及其工作人员与职务相关的违法犯罪行为来实现的，可以说是一种间接监督。

人民法院在审判工作中，可以从司法的视角，以预防纠纷和犯罪的发生为目的，针对案件中有关单位和管理部门在制度上、工作上所存在的问题，建议其健全规章制度，改进行政管理。司法建议发挥着价值评价和社会引导作用，但其附随于审判执行权，不具有法律上的强制约束力①。

（四）审计机关的监督

1. 审计机关的设立和审计监督制度的发展

审计监督是对政府财政经济行为的监督。新中国成立后，在很长的一段时间里，审计没有单独建制。从新中国成立到20世纪50年代，审计监督职能是分散于财政、财务和监察工作之中的。1982年《宪法》第91条规定，“国务院设立审计机关，对国务院各部门和地方各级政府的财政收支，对国家的财政金融机构和企业事业组织的财务收支，进行审计监督”，“审计机关在国务院总理领导下，依照法律规定独立行使审计监督权，不受其他行政机关、社会团体和个人的干涉”。第109条规定：“县级以上的地方各级人民政府设立审计机关。地方各级审计机关依照法律规定独立行使审计监督权，对本级人民政府和上一级审计机关负责。”

1983年9月，中华人民共和国审计署正式成立。此前，1982年8月23日和1983年3月8日，国务院向各省、自治区、直辖市人民政府分别发出《关于建立审计机关的通知》和《关于地方各级审计机关设置和人员编制问题的通知》，在国家审计署成立之前，全国已有24个省、自治区、直辖市成立了审计局。

1988年11月30日，国务院发布的《中华人民共和国审计条例》明确提出国家“实行审计监督制度”。1995年1月1日，《审计法》生效，审计监督制度有了更高

---

① 姚建军：《司法建议：社会治理问题的司法审视》，载《人民法院报》，2020-09-16。

层级的法律依据。

审计机关成立以来，在维护国家财政经济秩序、提高财政资金使用效益、促进廉政建设、保障经济社会健康发展等方面发挥了重要作用。特别是党的十八大以来，为促进党中央令行禁止、维护国家经济安全、推动全面深化改革、促进依法治国、推进廉政建设等做出了重要贡献①。与此同时，审计监督中还存在着监督的深度、广度和力度不够、独立性不足、尚有监督盲区等问题。

党的十九大以来，党中央做出了改革审计管理体制的重大决策部署，强调构建集中统一、全面覆盖、权威高效的审计监督体系，组建了中央审计委员会，加强党中央对审计工作的集中统一领导。党中央、国务院印发多项重要文件，要求完善审计制度，保障审计机关依法独立行使审计监督权。审计监督被赋予了新使命新任务，审计所处的客观环境发生了深刻变化。在此背景下，2021 年，全国人大常委会对《审计法》进行了修正，以进一步加强党对审计工作的领导，巩固和深化审计管理体制改革成果；健全审计工作报告机制，更好发挥审计监督对人大监督的支持作用；扩展审计监督范围，推进审计全覆盖；优化审计监督手段，规范审计监督行为；强化审计查出问题整改，提升审计监督效能②。

2. 审计监督的对象和程序

根据 2021 年修正的《审计法》的规定，“国家实行审计监督制度。坚持中国共产党对审计工作的领导，构建集中统一、全面覆盖、权威高效的审计监督体系”，要求“国务院和县级以上地方人民政府应当每年向本级人民代表大会常务委员会提出审计工作报告。审计工作报告应当报告审计机关对预算执行、决算草案以及其他财政收支的审计情况，重点报告对预算执行及其绩效的审计情况，按照有关法律、行政法规的规定报告对国有资源、国有资产的审计情况”。“审计机关依照法律规定独立行使审计监督权，不受其他行政机关、社会团体和个人的干涉。”同时，“审计机关和审计人员办理审计事项，应当客观公正，实事求是，廉洁奉公，保守秘密”。

审计机关的监督对象主要包括：本级各部门（含直属单位）和下级政府预算的执行情况和决算以及其他财政收支情况；中央银行的财务收支；国家的事业组织和使用财政资金的其他事业组织的财务收支；国有企业、国有金融机构和国有资本占控股地位或者主导地位的企业、金融机构的资产、负债、损益以及其他财务收支情况；政府投资和以政府投资为主的建设项目的预算执行情况和决算，其他关系国家利益和公共利益的重大公共工程项目的资金管理使用和建设运营情况；国有资源、国有资产；国际组织和外国政府援助、贷款项目的财务收支；等等。此外，根据经批准的审计项目计划安排，审计机关可以对被审计单位贯彻落实国家重大经济社会

① 《习近平主持召开中央审计委员会第一次会议强调　加强党对审计工作的领导　更好发挥审计在党和国家监督体系中的重要作用》，载《中国纪检监察》，2018（11）。

② 郑晓明：《新修订的〈中华人民共和国审计法〉将于 2022 年 1 月 1 日实施》，见 https：//content-static. cctvnews. cctv. com/snow-book/index. html?item_id＝15561618872144314388&toc_style_id＝feeds_default。

政策措施情况进行审计监督。

为确保审计监督的实施，审计机关被赋予的权限主要有：要求被审计单位按照审计机关的规定提供财务、会计资料以及与财政收支、财务收支有关的业务、管理等资料，包括电子数据和有关文档；检查被审计单位的财务、会计资料以及与财政收支、财务收支有关的业务、管理等资料和资产，检查被审计单位信息系统的安全性、可靠性、经济性，被审计单位不得拒绝；就审计事项的有关问题向有关单位和个人进行调查，并取得有关证明材料；对被审计单位违反相关法律规定的行为，有权予以制止；认为被审计单位所执行的上级主管机关、单位有关财政收支、财务收支的规定与法律、行政法规相抵触的，应当建议有关主管机关、单位纠正；可以向政府有关部门通报或者向社会公布审计结果；在履行审计监督职责时，可以提请公安、财政、自然资源、生态环境、海关、税务、市场监督管理等机关予以协助，有关机关应当依法予以配合。

审计机关的审计程序主要包括：

(1) 审计计划。审计机关根据经批准的审计项目计划确定的审计事项组成审计组，并应当在实施审计三日前，向被审计单位送达审计通知书；遇有特殊情况，经县级以上人民政府审计机关负责人批准，可以直接持审计通知书实施审计。

(2) 审查和调查。审计人员通过审查财务、会计资料，查阅与审计事项有关的文件、资料，检查现金、实物、有价证券和信息系统，向有关单位和个人调查等方式进行审计，并取得证明材料。审计组对审计事项实施审计后，将审计组的审计报告和被审计对象的书面意见一并报送审计机关。

(3) 提出审计报告，做出审计决定。审计机关按照审计署规定的程序对审计组的审计报告进行审议，并对被审计单位对审计组的审计报告提出的意见一并研究后，出具审计机关的审计报告；对违反国家规定的财政收支、财务收支行为，依法应当给予处理、处罚的，在法定职权范围内做出审计决定；需要移送有关主管机关、单位处理、处罚的，审计机关应当依法移送。

(4) 送达审计报告和决定。审计机关将审计机关的审计报告和审计决定送达被审计单位和有关主管机关、单位，并报上一级审计机关。审计决定自送达之日起生效。

三、社会监督及其监督过程

社会监督，是公民个人、群体和新闻媒体对政府机关及其工作人员履行职能的相关行为进行监督。

(一) 公民个人的监督

公民个人对政府的监督，是依法进行的监督。现行《宪法》规定：中华人民共和国的一切权力属于人民；人民依照法律规定，通过各种途径和形式，管理国家事务，管理经济和文化事业，管理社会事务；全国人民代表大会和地方各级人民代表大会都由民主选举产生，对人民负责，受人民监督；一切国家机关和国家工作人员必须依靠人民的支持，经常保持同人民的密切联系，倾听人民的意见和建议，接受人民的监督，努力为人民服务。还专门规定："中华人民共和国公民对于任何国家机关和国家工作人员，有提出批评和建议的权利；对于任何国家机关和国家工作人员的违法失职行为，有向有关国家机关提出申诉、控告或者检举的权利。""对于公民的申诉、控告或者检举，有关国家机关必须查清事实，负责处理。任何人不得压制和打击报复。""由于国家机关和国家工作人员侵犯公民权利而受到损失的人，有依照法律规定取得赔偿的权利。"由此可见，公民对政府的监督是宪法赋予的权利，监督的形式可以是批评、建议、申诉、控告或检举。随着互联网和新媒体的发展，公民个人监督的渠道得以拓宽。

（二）社会团体和社会组织的监督

社会团体和社会组织对政府的监督，是公民以群体的形式进行的社会监督。其中，社会团体主要包括工会、共青团、妇联等半官方的人民团体，它们进行监督的渠道主要有两种：按照中共的领导介入政治监督；独立地或者与其他团体合作开展监督活动。社会组织主要包括基层群众组织（村民委员会、居民委员会、单位职工代表大会等）和专业协会（如消费者协会）、行业协会（如律师协会）等，前者进行监督的途径是通过召开会议、保障群众的民主参与权和管理权，实现监督权的行使；后者则通过向国家机关提出批评、建议等，实现对政府的监督。

（三）新闻媒体的监督

新闻媒体的监督，是指报纸、刊物、广播、电视、网络等新闻媒体，通过公开报道政府活动信息、公开反映公众意见和曝光政府部门及其工作人员的错误、不良行为等形式，形成社会舆论，实现对政府部门及其工作人员的监督。

在中国，新闻媒体要受中国共产党的领导或检查，这一方面使得新闻媒体对监督职责的行使比较慎重；另一方面，新闻监督与政治监督的密切关系，也使得被监督对象十分惧怕这种监督形式，新闻媒体的监督往往能够起到其他监督手段达不到的监督效果①。

关键术语

政府过程　　利益表达　　利益综合　　政府决策　　政策议程　　政策合法化
政策执行　　政府监督体系

① 朱光磊：《当代中国政府过程》，3 版，206 页，天津，天津人民出版社，2008。

复习思考题

1. 当代中国政府决策的核心权力结构和主要影响力量有哪些?
2. 当代中国政府政策议程的建立过程有哪些特点?
3. 当代中国政策合法化的主体和程序主要是什么?
4. 结合实际谈谈当代中国政府政策执行中的特点和存在的问题。
5. 当代中国政府监督体系是如何构成的?
6. 结合实际谈谈对完善中国政府监督过程的认识。

第七章
当代中国公民的政治参与

党的二十大报告指出："我们要健全人民当家作主制度体系，扩大人民有序政治参与，保证人民依法实行民主选举、民主协商、民主决策、民主管理、民主监督，发挥人民群众积极性、主动性、创造性，巩固和发展生动活泼、安定团结的政治局面。"这充分表明政治参与是中国特色社会主义建设的重要内容。现代政治学理论认为："政治参与扩大是政治现代化的标志。"① 政治参与是现代政治文明的基本标志。当代中国公民的政治参与受到许多相关因素的影响，如社会经济发展状况、社会政治架构以及公民自身素养等，从而表现出诸多形式和特征。中国公民政治参与的未来发展方向是培育政治参与的内在价值认同、提高参与的制度化和保证参与的机会公平。

重点问题

- 中国公民政治参与的特征与价值
- 中国公民政治参与的途径和形式
- 中国公民政治参与的影响因素
- 中国公民政治参与的发展方向

① ［美］塞缪尔·亨廷顿、琼·纳尔逊：《难以抉择：发展中国家的政治参与》，1页，北京，华夏出版社，1989。

第一节　概述

政治参与是现代民主政治的基本要求和衡量指标之一，也是现代政治区别于传统政治的重要标志之一。

一、政治参与的含义

基于不同的分析视角和理论预设，政治参与的含义也有所不同。目前，关于政治参与概念的诸多争议尚无定论。但在这些争论中，有三个方面的问题是政治参与理论的核心要素，即谁参与（政治参与的主体）、参与什么（政治参与的广度与深度等）、如何参与（政治参与的途径），围绕这三个方面来梳理现有的各种定义，可以给出适合当代中国政府与政治重要特征的概念界定。

（一）谁参与

通常，政治参与被理解为一种行为或行为过程。那么，这个行为或行为过程的主体是谁？政治参与是指“参与制定、通过或贯彻公共政策的行动。这一宽泛的定义适用于从事这类行为的任何人，无论他是当选的政治家、政府官员或是普通公民，只要他是在政治制度内以任何方式参与政策的形成过程”①。根据这种观点，所有的政治行为都是政治参与，甚至包括官员等公职人员的职务行为。这样的话，政治参与就必然与其他更为基本的概念如政治、行政、立法、司法等严重地重叠，从而失去自身特有的论域，也就失去了作为一个政治学概念的功能。亨廷顿和纳尔逊将政治参与界定为“平民试图影响政府决策的活动”②，并借助这一概念“把政治职业者与政治参与者区分了开来”③。正是基于这种考虑，公职人员的职务行为可以排除在外，主要关注普通公民的政治参与，也即政治参与的主体是普通公民，他们行使的是公民权利，而非公共权力。

（二）参与什么

既有的概念大多都将政治参与界定为影响政府行为或公共政策的活动，它的目标指向是政府及其相关产物，它体现为支持或反对、维系或改变。这实际上假定了一个在先的、既定的政府行为或公共政策，公民的政治参与在时间上是在后的，在

① ［英］戴维·米勒、韦农·波格丹诺：《布莱克维尔政治学百科全书》，608－609页，北京，中国政法大学出版社，2002。

② ［美］塞缪尔·亨廷顿、琼·纳尔逊：《难以抉择：发展中国家的政治参与》，3页，北京，华夏出版社，1989。

③ 同上书，5页。

位置上是外在于政府和政策系统的，在定位上较多时候都是与政府对立的，在态度选择上是被动的、有限的。这样的界定抓住了公民政治参与的一些特征，但忽视了许多重要的、有建设意义的政治参与特征。比如，公民的政治参与还可以是主动的、具有建设性和创造性的，在时间上不仅仅是滞后的，还可以是在先的或同步的。比如，公民的政治参与可以提出公共议题，催生公共决策，推进政策执行，担负公共监督与反馈，等等。也就是说，公民的政治参与不是外在于整个政府过程的；很多时候不是反对政府的，而是相互协助的；它可以是一个创造的过程，而非毁坏的举动。正确看待这个问题，可以为当代中国的政府与政治找到更多更有价值的建设性视角。

（三）如何参与

有学者认为："政治参与的方式是多种多样的，有的采用合法的方式，有的采用非法的方式。"① 有的学者则坚持认为："政治参与只局限于影响政治的合法手段，而不包括非法的行为。"② 尽管从政治参与中文表述的内涵和外延上来看，会有这样的争议，但如果从政治参与研究的历程来看，似乎争议就不会太大，因为"政治参与研究是从选举研究发展而来的"③。换言之，政治参与主要指那些局限于基本政治秩序框架之下的公民参与行为，而不包括那些改变甚至打破这一秩序的行为，如暴动和革命等。当然这种秩序与国家的基本法律确立的秩序是一致的，在此意义上可以说政治参与只包括以合法方式开展的行为活动。

为了更好地把握这一概念，可以把一些相近的概念对照起来进行分析，将之放在一个类似光谱带的概念系统中来把握政治参与的特质：

政治冷漠→政治参与→政治反抗→政治革命

从左至右，意味着卷入公共政治生活和社会公共秩序的深度和烈度在不断地加强，毫无疑问，政治参与与政治冷漠、政治反抗乃至政治革命之间的界限并非完全清晰准确，在有些情况下确实难以做出非此即彼的划分。比如说有的事件在意图上是政治参与，在行为过程上表现为政治反抗，结果是导致了政治革命。

二、当代中国公民政治参与的特征

根据上述概念界定，并结合中国当下的实际情况，可以看出当代中国公民政治参与具有以下特征：

第一，数量巨大，主体特征丰富。政治参与的主体是普通公民。根据 2021 年

---

① 燕继荣：《政治学十五讲》，2 版，223 页，北京，北京大学出版社，2012。

② 唐晓、杨帆：《政治科学基础》，修订版，266、267 页，北京，世界知识出版社，2017。

③ 王浦劬等：《政治学基础》，4 版，164－165 页，北京，北京大学出版社，2018。

中国第七次全国人口普查数据显示，全国总人口为 1 443 497 378（包括港澳台地区）①，其中能够行使法定政治权利的普通成年公民约 12 亿。如此庞大的参与人口形构了我国政治参与的许多特点，其中特别鲜明的是主体特征，即中国公民的政治参与在主体的性别、年龄、受教育状况、经济水平、行业、户籍、政治面貌等方面表现出多样性、丰富性的特点。

第二，形式多样。当代中国公民的政治参与大体可总结为：情感（情绪）表达、利益表达、公共志愿活动和制度化参与等多样形式。政治参与是参与公共政治生活，而非局限于针对政府的相关行为。那些只是表达某种政治态度的行为，如国庆、建军、建党等重大政治节日时期公民自发自愿的游行庆贺行为显然不是为了影响政府，而仅仅是一种情绪的表达。此外，还有意在影响其他公民的行为，如政策宣讲、法律普及等行为。这类政治参与行为在当代中国并不少见，更不可忽视。

第三，遵守法定秩序。政治参与主要是指公民在国家基本法律所确定的秩序框架之内，通过各种方式和途径参与公共政治生活的行为和过程。那些意在打破这种基本秩序的政治行为属于政治革命的范畴。具有政治意味的反社会行为，如个别地区的骚乱事件等通常也不被看成是政治参与行为。

第四，政治参与是中国全过程人民民主的重要体现。2021 年 3 月 11 日第十三届全国人民代表大会第四次会议修正通过的《中华人民共和国全国人民代表大会组织法》第 4 条规定："全国人民代表大会由民主选举产生，对人民负责，受人民监督。全国人民代表大会及其常务委员会坚持全过程民主，始终同人民保持密切联系，倾听人民的意见和建议，体现人民意志，保障人民权益。"此外，在中国公共政治生活的许多方面和环节，也体现了全过程参与的特征。总之，当代中国公民的政治参与是全过程人民民主的重要体现。

对当代中国公民政治参与内涵、特征的厘定是进一步了解当代中国公民政治参与的基石。在此基础上，中国公民的政治参与就是指中国公民在《宪法》以及其他相关法律所确定的秩序框架之内，通过各种方式和途径参与公共政治生活的行为和过程。

三、当代中国公民政治参与的价值功能

公民的政治参与总会产生这样或那样的效用，这种效用对某一主体而言就是价值。公民政治参与的价值可以分为两种：一是它对于参与者所具有的效用，即内在价值；二是它对于参与者之外的其他主体而言所具有的价值，即外在效能。

---

① 《2020 年第七次全国人口普查主要数据》，见 http：//www. stats. gov. cn/sj/pcsj/rkpc/d7c/202111/p020211126523667366751. pdf，2022－07－11。

（一）公民政治参与的内在价值

公民政治参与的内在价值，主要体现为以下几点：

第一，政治参与是参与者的公民权利。公民权利是现代人的基本内涵，可以说没有公民权利，就没有现代人。因此，作为公民权利基本内容之一的政治参与无疑具有不可或缺的内在价值。在当代中国，中国公民享有的公民权利比历史上任何时期都更广泛、更切实，主要体现在选举与被选举、言论、集会、结社等宪法所明文确定的公民权利的享有和行使上。

第二，政治参与是一个完善的现代公民的基本要求，它具有提升参与者道德和人生境界的发展性或教育性功能①。政治参与是公民之所以是公民的基本内涵。正如亚里士多德所说："人是天生的政治动物。"也就是说，人只有在公共生活中才能获得人的完满性，否则就是残缺不全的人。中国共产党以马克思主义为指导，自成立伊始就倡导"人的全面发展"，党的二十大报告明确指出："我国是工人阶级领导的、以工农联盟为基础的人民民主专政的社会主义国家，国家一切权力属于人民。人民民主是社会主义的生命，是全面建设社会主义现代化国家的应有之义。全过程人民民主是社会主义民主政治的本质属性，是最广泛、最真实、最管用的民主。必须坚定不移走中国特色社会主义政治发展道路，坚持党的领导、人民当家作主、依法治国有机统一，坚持人民主体地位，充分体现人民意志、保障人民权益、激发人民创造活力。"这与中国公民政治参与的内在价值默契妙合，并在现实中逐步推进，层层展开。

第三，政治参与是公民进行利益表达、政治态度宣示、政治情感表达的基本途径。没有这些，难以想象一个正常的政治人——公民应该是什么样子，更难以想象这样的政治人是如何保证自身的生存的。如果没有健全的政治人的存在，就根本不会有健全的人类政治社会的存在。当代中国公民的政治参与历程就是由各种各样的公民利益表达、政治态度宣示（如反侵略、反霸权、维护国家统一的公民活动）、政治情感表达（如爱国主义、民族自豪感等的表达活动）等组成。

总而言之，一个健全的现代公民，可能没有某些政治参与，但不可能没有任何政治参与。

（二）公民政治参与的外在效能

公民政治参与的外在效能，主要体现为以下几点：

第一，公民政治参与可以形塑公共精神与公共情怀，建构和创造公共价值。任何社会共同体的存在都高度依赖于公共精神、公共情怀和公共价值。它们是共同体得以维系的黏合剂。可以说，人类政治文明的积累就是公共精神、公共情怀和公共

---

① 王明生、杨涛：《改革开放以来我国政治参与研究的回顾与展望》，载《清华大学学报》（哲学社会科学版），2011（6）。

价值的积累。没有公民普遍而广泛的政治参与，公共精神和公共价值的创生要么是不可能的，要么是少数人的意志，最糟糕的情况则是强者意志成为主导。简言之，公民政治参与是现代社会公共精神和公共价值等人类政治文明的尝试、沟通、发明与建构过程。

第二，提升政策过程的合法性。现代公共政策一般分为四大阶段，即议题发现、政策制定、政策执行、政策监督与反馈。公民政治参与所发现的议题，尤其是能够进入政策制定和执行的议题，往往都是事关重大、影响深远的公共问题，公民政治参与使政府的政策法规的公益性得到了极明显的提升和建构。这种提升和建构是政府合法性建构的重要途径之一。

第三，实现社会利益的均衡。在公民政治参与的过程中，社会利益得到了充分的表达和宣示，而且公民参与本身就是社会利益博弈的表现，它们为社会利益的整合提供了必要的前提和基础。正是在利益的充分表达和宣示、在公平合理的利益博弈过程中，可以形成一种更加均衡、更加合法合理的社会利益格局。

第四，对公共权力的建构、监督与制衡。迄今为止人类政治文明至少有两大基本成果，一是产生或建构公共权力，二是对公共权力进行有效的监督与制衡。就前者而言，任何一个现代社会的公共权力的建构都离不开形式各异的公民参与。换言之，公民参与是现代公共权力的合法性之源。就后者而言，如何有效地驯服公共权力是每一个人类政治共同体必须面对的挑战。在当代，公民参与在权力监督与制衡方面的正面功效已成共识。

第五，广泛的公民参与是现代政治程序正义的基本要求。现代正义理论认为，任何正义都必须包含程序正义，没有程序正义，就没有正义。因此，现代的政治正义必须以政治的程序正义为要素。公民政治参与就体现了机会公平这样的程序正义。如果公民没有任何政治参与的机会，就很难说这样的政治过程及其政治输出（如法律或政策）具有正义性。

总之，当代中国公民丰富多彩、健全理性的政治参与既实现了个体的全面发展与成长，又推动了中国民主政治的发展，为建设中国特色社会主义贡献了力量。

第二节　当代中国公民政治参与的方式

第二次世界大战以后，西方学者就开始在政治学领域系统地研究公民的政治参与。他们最初关注的重点在于政治竞选中的选举、投票、志愿者服务等公民参与行为，后来逐步深入扩展到了游行、结社、示威、社区参与等基层的社会政治方面。在这些研究成果中，可以看到许多“西方特色”的内容，如竞选和频繁的游行示威等。当代中国公民的政治参与体现了不同的面貌。因此，在用政治参与这个概念分析当代中国的相关现象时，必须将原生于西方的概念及理论与中国的现实相结合。

当代中国公民的政治参与主要体现为基层自治、选举投票、政治结社、政治接触、政治表达和网络政治参与。

一、基层自治

我国现行《宪法》第111条规定："城市和农村按居民居住地区设立的居民委员会或者村民委员会是基层群众性自治组织。"国家统计局的数据显示，从1996年到2021年中国社区居委会和村民委员会及其成员数如表7-1所示。

表7-1 中国基层自治组织情况统计表（1996—2021年）

年份	自治组织单位数（个）	社区居委会单位数（个）	村民委员会单位数（个）	自治组织成员数（人）	社区居委会成员数（人）	村民委员会成员数（人）
1996	1 042 002	113 690	928 312	4 468 000	493 000	3 975 000
1997	1 023 719	117 915	905 804	4 286 000	498 000	3 788 000
1998	952 029	119 042	832 987	4 094 000	508 000	3 586 000
1999	916 298	114 815	801 483	4 014 000	501 000	3 513 000
2000	840 083	108 424	731 659	3 634 000	484 000	3 150 000
2001	791 867	91 893	699 974	3 628 000	464 000	3 164 000
2002	767 364	86 087	681 277	3 338 000	396 000	2 942 000
2003	740 917	77 431	663 486	3 588 000	397 000	3 191 000
2004	722 050	77 884	644 166	3 346 000	425 000	2 921 000
2005	709 026	79 947	629 079	3 111 000	454 000	2 657 000
2006	704 386	80 717	623 669	2 873 000	443 000	2 430 000
2007	694 715	82 006	612 709	2 827 238	416 164	2 411 074
2008	687 698	83 413	604 285	2 760 325	421 519	2 338 806
2009	683 767	84 689	599 078	2 771 128	430 860	2 340 268
2010	681 715	87 057	594 658	2 773 000	439 000	2 334 000
2011	679 133	89 480	589 653	2 773 000	454 000	2 319 000
2012	679 628	91 153	588 475	2 792 000	469 000	2 323 000
2013	683 167	94 620	588 547	2 807 128	484 015	2 323 113
2014	682 144	96 693	585 451	2 802 062	497 000	2 305 000
2015	680 535	99 679	580 856	2 809 257	512 196	2 297 061
2016	662 478	103 292	559 186			
2017	660 709	106 491	554 218			
2018	649 888	107 869	542 019			

续表

年份	自治组织单位数（个）	社区居委会单位数（个）	村民委员会单位数（个）	自治组织成员数（人）	社区居委会成员数（人）	村民委员会成员数（人）
2019	642 693	109 620	533 073			
2020	615 146	113 089	502 057			
2021	606 124	116 551	489 573			

资料来源：http：//data. stats. gov. cn/easyquery. htm?cn=C01。

注：2016—2021年的自治组织成员数、社区居委会成员数和村民委员会成员数的统计数据暂缺。

党的二十大报告指出："基层民主是全过程人民民主的重要体现。"基层自治是中国基层民主的重要组成部分，是当代中国公民最广泛的政治参与形式之一。由表7-1可知，20世纪90年代以来，中国村（居）委会最多时达100多万个，村（居）委会成员最多时有近450万人。近几年的"合村并居"后，村（居）委会大体维持在60多万个，村（居）委会成员数也基本稳定在280万人左右。尽管还存在着需要进一步完善的地方，但如此广泛而持续的政治参与，在中国历史上可谓空前。它正在为中国未来的民主政治进行着探索和尝试，积累着宝贵的经验。

二、选举投票

现代政治学理论认为：公共权力非从天降，更非自然产生，而是来自社会成员的让渡和授予。我国现行《宪法》第2条规定："中华人民共和国的一切权力属于人民。"人民通过选举和投票产生人民代表大会的代表，由人大代表的选举和投票任命官员、选择政策。选举和投票就是公民行使法定权利的表现。在当代中国，除了依照法律被剥夺政治权利的人，其他所有年满18岁的中国公民都享有选举权和被选举权。

选举是指社会成员选择充任公共职务人员的行为过程，它包括宣传、投票和组织选民等。在选举过程中，投票是最引人注目的核心环节。不过投票不仅仅是针对人事任免的选举，还可能是关于法律的废立、公共决策的选择等，如全民公决、立法投票、选择政策的投票等。简言之，选举针对的是人，投票不仅对人，还可能对事或对物。

在当代中国的政治生活中，选举主要体现为公民选举各级人大代表①，党员选举各级党代表，社会各界选举各级政协委员、团代会代表、职代会代表、妇代会代表等等。选举产生人数众多的代表，参与选举的人数和规模是巨大的。可以说，选举是当代中国公民政治参与中规模大、影响深远的活动。笔者根据民政部各年度发布的《社会服务发展统计公报》和《民政事业发展统计公报》整理了2010—2020年中国村（居）民选举数据，具体如表7-2所示。

① 朱光磊：《当代中国政府过程》，3版，28页，天津，天津人民出版社，2008。

表7-2 村（居）民选举情况统计表（2010—2020年）

年份	完成选举的村（居）委会数（万个）	参与选举的村（居）民登记数（亿人）	参与投票人数（亿人）	投票率（%）
2010	10.2	1.7	1.3	76.5
2011	35.8	4.5	3.6	80
2012	10.9	1.6	1.1	68.8
2013	15.0	2.2	1.7	72.3
2014	33	4.3	3.4	79.1
2015	16.5	2.1	1.6	76.2
2016	9.7	1.7	0.9	52.9
2017	18.2	2.4	2.1	87.5
2018	27.6	2.8	2.3	82.1
2019	8.8	1.4	0.75	53.6
2020	6.1	1.1	0.65	59.1

资料来源：http：//www.mca.gov.cn。

由表7-2可知，2010年以来的十余年间，中国村（居）民的投票率起伏明显，最高时达87.5%，最低时约53%。平均为71.6%。这与党的二十大报告提出的“健全人民当家作主制度体系，扩大人民有序政治参与，保证人民依法实行民主选举、民主协商、民主决策、民主管理、民主监督，发挥人民群众积极性、主动性、创造性，巩固和发展生动活泼、安定团结的政治局面”的要求是高度一致的。

选举投票不仅可以选任官员、评判公共政策，还普及了政治知识、训练了公民的政治技能。当代中国公民很在意选举与投票，参与选举与投票的意愿很强烈，但现实中的诸多因素限制了公民的实际参与率。

三、政治结社

政治结社是指公民创立或参与政治社团及其活动。政治结社是现代社会中公民自由的基本内容，是受宪法和其他法律保护的公民的基本权利。

当代中国公民的政治结社主要体现为参与各种政治社团，如加入工商联、工会、共青团、社会组织等。

其中，工商联的全称是中华全国工商业联合会，是中国共产党领导的以民营企业和民营经济人士为主体，具有统战性、经济性、民间性有机统一基本特征的人民团体和商会组织，是党和政府联系民营经济人士的桥梁纽带，是政府管理和服务民营经济的助手，是中国人民政治协商会议的重要组成部分。工商联工作是党的统一战线工作和经济工作的重要组成部分。工商联事业是党和国家事业的重要组成部分。“截至 2022 年 7 月底，全国共有县级以上工商联组织 3 252 个，各级工商联所属和所联系的商会共有 54 589 个，已形成覆盖全国的组织网络。”①

中国工会是中国职工自愿结合的工人阶级的群众组织。当代中国工会的政治参与功能定型于 20 世纪 80 年代，21 世纪以来得到了进一步的丰富和完善。2021 年 12 月第三次修正的《中华人民共和国工会法》从组织原则、权利与义务等方面进行了详细的规定，为全国工会的开展提供了法律保障。

1979—2020 年中国工会及会员数量的发展状况如表 7－3 所示。

表 7－3　中国工会及会员数量情况统计表（1979—2020 年）

年份	工会基层组织数（万个）	全国已建工会组织的基层单位的职工数（万人）	全国已建工会组织的基层单位的会员人数（万人）	工会专职工作人员人数（万人）
1979	32.9	6 897.2	5 147.3	17.9
1980	37.6	7 448.2	6 116.5	24.3
1981	41.1	8 183.0	6 843.9	29.1
1982	43.3	8 586.6	7 331.6	32.2
1983	44.7	8 845.7	7 693.4	33.7
1984	46.6	9 243.9	8 029.1	41.9
1985	46.5	9 643.0	8 525.8	38.1
1986	50.2	9 949.6	8 908.5	45.9
1987	53.6	10 411.8	9 336.5	47.0
1988	56.4	10 747.4	9 628.9	47.4
1989	58.9	10 998.6	9 909.2	48.8
1990	60.6	11 156.9	10 135.6	55.6
1991	61.4	11 351.4	10 389.1	58.0
1992	61.7	11 223.9	10 322.5	58.0
1993	62.7	11 103.8	10 176.1	55.4
1994	58.3	11 269.6	10 202.5	56.0
1995	59.3	11 321.4	10 399.6	46.8
1996	58.6	11 181.4	10 211.9	60.5
1997	51.0	10 111.5	9 131.0	57.7
1998	50.4	9 716.5	9 813.4	48.4
1999	50.9	9 683.0	8 689.9	49.7

① 见 http：//www.acfic.org.cn/bhjj/gk/jj/。

续表

年份	工会基层组织数（万个）	全国已建工会组织的基层单位的职工数（万人）	全国已建工会组织的基层单位的会员人数（万人）	工会专职工作人员人数（万人）
2000	85.9	11 472.1	10 361.5	48.2
2001	153.8	12 997.0	12 152.3	55.4
2002	171.3	14 461.5	13 397.8	47.2
2003	90.6	13 301.6	12 340.5	46.5
2004	102.0	14 436.7	13 694.9	45.6
2005	117.4	15 985.3	15 029.4	47.7
2006	132.4	18 143.6	16 994.2	54.3
2007	150.8	20 452.4	19 329.0	60.2
2008	172.5	22 487.5	21 217.1	70.5
2009	184.5	24 535.3	22 634.4	74.6
2010	197.6	25 345.4	23 996.5	86.4
2011	232.0	27 304.7	25 885.1	99.8
2012	266.3	29 371.5	28 021.3	107.9
2013	276.7	29 946.2	28 786.9	115.6
2014	278.1	29 930.9	28 811.8	115.5
2015	280.6	30 707.6	29 546.0	111.4
2016	282.5	31 428.6	30 288.1	113.0
2017	280.9	31 430.3	30 311.2	108.9
2018	273.1	30 582.9	29 476.5	102.2
2019	261.1	29 412.8	28 317.8	95.4
2020	247.6	28 291.1	27 189.8	90.2

资料来源：http：//data.stats.gov.cn。

由表7－3可知，改革开放以来，中国各级工会引导和组织着广大工人的公共政治生活。2011年以来一直维持着200多万个工会组织和约3亿人口的工人阶层。

中国共青团是当代中国一个极为重要的政治社团，截至2021年12月31日，全国共有共青团员7 371.5万名，共有共青团组织367.7万个。

此外，在当代中国，公民也可以通过其他社会组织如民办非企业单位和基金会来开展政治参与。根据国家统计局公布的统计数据，自1995年以来，中国社会组织的数量急剧增长（见表7－4）。

表 7-4 中国社会组织数量统计表（1995—2020 年）

年份	社会组织单位数（个）	年份	社会组织单位数（个）
1995	180 583	2008	413 660
1996	184 821	2009	431 069
1997	181 318	2010	445 631
1998	165 600	2011	461 971
1999	142 665	2012	499 268
2000	153 322	2013	547 245
2001	210 939	2014	606 048
2002	244 509	2015	662 425
2003	266 612	2016	702 405
2004	289 432	2017	761 539
2005	319 762	2018	817 360
2006	354 393	2019	866 335
2007	386 916	2020	894 162

这种增长表明，数量庞大、形式多样的社会组织在当代中国充满生机，各种社会组织在社会政治生活中发挥着重要的作用。

21 世纪以来，一些行业协会也越来越多地发挥了政治社团的功能。有学者基于 795 家全国性行业协会商会 2014—2019 年的面板数据，运用双重差分模型，实证分析了行业协会商会与行政机关脱钩改革后，行业协会商会政策参与的影响及作用机制。研究表明，脱钩改革能够显著提升行业协会商会政策参与，这一提升通过增强行业协会商会服务提供作用机制予以实现，而且行业协会商会的组织异质性对政策参与具有调节作用①。

社会组织有时能起到意想不到的作用。例如，在绿色申奥运动中，NGO 组织的负责人随同北京奥申委代表团前往瑞士洛桑作申办城市的陈述。另外组织 1 100 个社会组织的代表联名给奥委会写信表达他们对北京申奥的支持②。

自然之友成立于 1993 年，是中国成立最早的社会环保组织之一，目前，全国志愿者累计超过 30 000 人，月度捐赠人超过 4 000 人。一直以来，自然之友通过环境教育、生态社区、公众参与、法律行动以及政策倡导等方式，运用一系列创新工作手法和动员方法，重建人与自然的连接，守护珍贵的生态环境，推动越来越多绿色公民的出现与成长。其官方网站公布了自 1993 年成立以来的许多活动和成就，

① 郁建兴、吴昊岱、沈永东等：《脱钩改革如何影响行业协会商会政策参与?：基于 795 家全国性商协会的实证研究》，载《管理世界》，2022 (9)。

② 赵秀梅：《中国 NGO 对政府的策略：一个初步考察》，载《开放时代》，2004 (6)。

如滇西北天然林和滇金丝猴保护（1995）、圆明园环评听证（2005）、26 度空调节能行动（2005）、参与“5·12”汶川地震救灾及灾区援建工作（2008）、发起“推动污染源信息全面公开”联合行动（2013）、向全国人大常委会法工委提交关于《大气污染防治法（修订草案）》应设专章规定“信息公开和公众参与”的修改建议（2015）、入选《中国智库大数据报告（2016）》的智库榜单并在全国 510 家智库中综合排名第 16 位（2016）、自然之友提起的福建南平生态破坏案入选《人民日报》评选的中国改革开放 40 年·40 个“第一”（2018）、参与 9 项环境法律法规的立法和修法（2019）、完成关于《野生动物保护法》修订的意见和建议（2020）、两次参与《湿地保护法》草案征求意见（2021）等等①。

上述资料显示，社会组织在当代中国确实影响到了社会的公共政治生活，具有鲜明的政治参与功能。

社会组织为了实现其目标，活动策略、途径和形式是多种多样的。有关学者的研究表明，“中国的 NGO 还尝试通过发动广泛的社会参与来影响政府决策。这些活动有这样几个特征：（1）被动员的人很多；（2）媒体被动员，并发挥了巨大作用；（3）持续时间长；（4）形成了一定的公众压力；（5）最常用的办法是给国家有关领导人写公开信，或者是通过私人关系向相关领导转达要求；（6）不会直接对抗政府，而是请求政府采取行动。即使在政府反应缓慢或者没有做出反应的情况下，NGO 也不会采取比较激烈的方式（诸如通过公众集会）来公开要求政府”②。

四、政治接触

政治接触是指公民为了个体或群体利益，有目的地接触官僚或政治家的行为。在欧美国家，政治接触主要包括参加有公职人员出席的酒会、舞会等私人活动，而在中国则主要体现为公民信访和听证会等。

（一）公民信访

从起源来看，信访是中国共产党的群众路线在当代中国政治制度中的具体体现。1982 年颁布的《党政机关信访工作暂行条例（草案）》指出：“人民群众通过来信来访向各级党委和政府提出要求、建议、批评和揭发、控告、申诉，是宪法规定的民主权利，也是人民群众参与管理和监督国家各项工作、监督国家工作人员的一种方式。各级党委和政府要保障人民群众行使这项民主权利。”2005 年开始实行的《信访条例》规定，信访“是指公民、法人或者其他组织采用书信、电子邮件、传真、电话、走访等形式，向各级人民政府、县级以上人民政府工作部门反映情况，提出建议、意见或者投诉请求，依法由有关行政机关处理的活动”。改革开放

① 见 http：//www. fon. org. cn/story/history。
② 赵秀梅：《中国 NGO 对政府的策略：一个初步考察》，载《开放时代》，2004（6）。

以来，我国每年的信访总量巨大，仅其中的涉诉信访数量最多时竟达 1 000 多万件次①。进入新时代以来，通过加强党的领导，深化纪检监察体制改革等措施，社会治理成效卓著，公民信访量大大降低，同时公民信访的正向功能得到极大彰显。研究表明，信访制度主要有三大功能："纠纷解决机制替代功能、法律和政策协商功能、社会剩余事务兜底功能。在纠纷解决方面，信访制度解决了不少不适法的纠纷；在法律和政策协商方面，信访制度容纳了不少带有一定普遍性的类型化诉求，在模糊地带促进了规则的形成和优化。在社会剩余事务方面，信访制度的兜底容纳和综合处理，疏导了社会情绪，缓解了科层体系与社会之间的紧张关系。"②

（二）听证活动

1997 年 12 月，《中华人民共和国价格法》的颁布启动了我国立法听证的实践。2000 年 7 月，《立法法》明确规定了听证活动的类型和适用情形。在现实生活中，1999 年 7 月，深圳市法制局就《深圳市建筑材料使用管理规定（草案）》中有关审批制度改革举行听证会。"此举开创了立法听证制度的先河。"③ "2000 年 9 月，青岛市在全国率先就出租汽车运价调整问题召开了电视听证会，向全市现场直播。"④"2001 年 10 月，深圳市人大通过了《深圳市人民代表大会常务委员会听证条例》。这是第一个地方性立法听证条例，标志着立法听证活动逐步走向制度化、规范化的轨道。""截至 2009 年 5 月 1 日，省级人大常委会共举行过 63 次立法听证会。"⑤ 2019 年 5 月 7 日，山东省人大常委会在长岛举行《山东省长岛海洋生态保护条例（草案）》立法听证会，首次将立法听证会开到渔民家门口，依托基层立法联系点当面听取当地渔民、养殖户、导游、渔家乐从业者和有关管理部门代表、专家学者的意见建议，并根据意见反复修改条例草案⑥。2022 年 4 月 26 日，江西省人大常委会召开《江西省物业管理条例（修订草案）》修改网上立法听证会，并首次利用江西数字人大平台面向社会进行全程网络直播。许多全国性法律法规在制定出台前后都举行了相应的听证会。例如，全国人大常委会举行关于《个人所得税法修正案（草案）》的听证会。

五、政治表达

政治表达是指公民表达政治诉求、政治观点和政治态度的行为。这种行为包括

---

① 马艳朝：《制度规则与公共秩序：当代中国信访违规行为的惩罚问题研究》，4 页，北京，知识产权出版社，2014。

② 陈柏峰：《信访制度的功能及其法治化改革》，载《中外法学》，2016（5）。

③ 蔡定剑：《公众参与：风险社会的制度建设》，26 页，北京，法律出版社，2009。

④ 朱光磊：《当代中国政府过程》，修订版，94－95 页，天津，天津人民出版社，2002。

⑤ 蔡定剑：《公众参与：风险社会的制度建设》，27 页，北京，法律出版社，2009。

⑥ 见 https：//baijiahao. baidu. com/s?id=1696454697184484679&wfr=spider&for=pc。

游行、示威、请愿、集会、言论等。政治表达通常被看成政治过程的开始，正如阿尔蒙德和鲍威尔所说："当某个集团或个人提出一项政治要求时，政治过程就开始了。"① 政治表达的途径主要包括政治集会请愿、发表政治言论等。

《宪法》第 35 条规定："公民有言论、出版、集会、结社、游行、示威的自由。"政治集会请愿是公民临时集合，表达政治诉求、政治观点和态度的行为。

当代中国公民表达的主题和内容是多样的，涉及的主题主要有：立法听证、环境保护、公共卫生、公共事业管理、城市规划、公共预算和基层治理等②。

发表政治言论是指公民公开发表、阐释或宣传政治主张和政治见解的行为。与过去相比，互联网尤其是通信技术的迅猛发展丰富了公民发表政治言论的途径和形式。近年来，许多网络舆论确实深刻地影响了当代中国的许多政府行为与政策。

以上各种政治参与途径和方式具有不同的特征，有学者对此做了比较和总结（见表 7－5）。

表 7－5　政治参与不同途径比较

方式	影响力	影响规模	传递的信息量	所需主动精神	与其他参与者的冲突
政治投票	强	广泛	少	较少	有
政治选举	强	广泛	多或少	少	有
合作活动	弱或强	广泛	多	少或多	通常无
个别接触	弱	个别	多	多	无

资料来源：陈振明：《政治学：概念、理论和方法》，325 页，北京，中国社会科学出版社，2004。

六、网络政治参与

互联网的出现和普及深刻地影响了当代社会的公共生活。截至 2022 年 6 月，我国网民规模达 10.51 亿，网络新闻用户规模达 7.88 亿，网民的人均每周上网时长为 29.5 个小时。许多网民通过互联网浏览信息、发表言论以及组织活动等。其中许多言论都与社会政治事务相关。这实际上就是网络政治参与。网络政治参与是指公民或公民团体通过互联网进行的政治参与，如浏览与政治事务相关的网络信息、发布与政治事务相关的原创内容（包括语言、图片、影音制品等）、发表与政治事务相关的评论、转发与政治事务相关的网络信息、组织或参与与政治事务相关的网络活动等。随着互联网的普及和深度融入社会生活的方方面面，网络参与也随之普及和深化，成为政治参与的重要途径之一，成为当代政治学、社会学研究的重要内容。

---

① ［美］加布里埃尔·A. 阿尔蒙德、小 G. 宾厄姆·鲍威尔：《比较政治学：体系、过程和政策》，199 页，上海，上海译文出版社，1987。

② 蔡定剑：《公众参与：风险社会的制度建设》，北京，法律出版社，2009。

有研究表明，在意见表达参与中，互联网使用者会更积极地向政府部门表达意见，其中城市网民是在线政治参与的积极分子①。也有学者指出，互联网的日常使用可以扩大城市中的非制度化政治参与，互联网的使用和非制度化政治参与之间的“抑制性双向因果”意味着拓展利益诉求渠道是消除社会冲突的重要途径之一②。一项关于农民网络参与的研究显示：第一，互联网使用对我国农村居民的非制度化政治参与具有显著影响，并主要取决于个体对互联网的使用内容偏好，而与一般性的客观使用程度无关。第二，从直接效应来看，作为区分媒体功能和个人媒体使用偏好的基本框架，互联网的娱乐性使用、信息性使用对我国农村居民的非制度化政治参与具有反向差异性影响。互联网娱乐性使用对农民的非制度化政治参与表现出抑制作用。这与西方有关互联网使用的“时间替代与社会退缩”效应一致。一方面，农民将互联网用于聊天交友、网络游戏、购物等娱乐活动，会消耗和占据有限的空闲时间；另一方面，娱乐活动的“去政治化”特性，也使得农民将注意力聚焦在私有领域，减少了对政治和公共事务的兴趣和关注，从而在直接作用上，减少了个体的政治行动和政治参与。第三，政治价值观对农民非制度化政治参与的显著影响得到验证，民主价值观具有促进作用。第四，从间接效应来看，农民对互联网的娱乐性使用、信息性使用均通过影响政治价值观间接影响其非制度化政治参与，且都显示为“遮掩中介效应”，即互联网的娱乐性使用、信息性使用通过影响政治价值观产生的间接效应逆转了其对非制度化政治参与的直接效应③。

总之，当代中国公民的网络参与人数巨大、范围广泛、议题丰富、主体特征和地域差异明显，但相关研究尚在起步阶段。

第三节　当代中国公民政治参与的影响因素及发展方向

一、当代中国公民政治参与的影响因素

人类的行为不可避免地总是受到各种因素的影响或制约。人类的政治活动更是如此，罗伯特·古丁等人就将政治界定为：“社会权力在约束条件下的行使。”④ 就当代中国公民政治参与的影响因素而言，最基本的层次是宏观的社会经济政治状

---

① 王建武：《互联网使用对非制度化政治参与行为的影响：基于 2013 年中国社会状况综合调查数据（CSS）的实证分析》，载《长春理工大学学报》（社会科学版），2015（12）。

② 陈云松：《互联网使用是否扩大非制度化政治参与基于 CGSS2006 的工具变量分析》，载《社会》，2013（5）。

③ 边晓慧、苏振华：《互联网使用对农民非制度化政治参与的影响：基于 SEM 的政治价值观中介效应检验》，载《安徽大学学报》（哲学社会科学版），2020（5）。

④ ［美］罗伯特·古丁、汉斯-迪特尔·克林格曼：《政治科学新手册》，8 页，北京，生活·读书·新知三联书店，2006。

况，其次是中观的社会组织结构，最后是微观的个体特征。

（1）宏观的社会经济政治状况。在参与的方式、参与的人数规模、参与者的组织状况、参与的议题等方面都可以看到社会经济政治变迁的影响痕迹。

就经济基础的影响而言，正如历史唯物主义所主张的那样，经济基础对于上层建筑具有重大的影响力。一个社会特定的经济政治状况无疑会对其中的人类行为产生一定的影响。亨廷顿和纳尔逊在分析了许多发展中国家的政治参与状况以后认为："一个社会中，政治参与的水平、形式和基础与社会-经济发展水平密切相关。高水平的政治参与总是与更高水平的发展相伴随。而且，社会和经济更发达的社会，也趋向于赋予政治参与以更高的价值。"① 当代中国的政治参与也是如此。从工会数量和工会成员数的变化都可以看出，随着中国改革开放的不断深化，这类公民政治参与的数量呈上升态势。

就政治状况的影响而言，当代中国公民的政治参与随着中国政治形势的变化而变化。具体而言，在参与方式上，1966—1976 年的群众运动式的政治参与就与 1990—2000 年的政治参与极为不同。在 1966—1976 年，民众的政治参与特点主要体现为政治运动式的大规模、大范围、举国一致；而在 1996—2000 年，公民的政治参与相对较为分散，大规模的政治动员几乎没有。在议题上，党的十一届三中全会之后的"拨乱反正"时期就与此前的"文化大革命"期间和此后的经济建设时期体现出较大的差异。"拨乱反正"时期，政治参与主要围绕平反；而经济建设时期，人们主要关注各种直接的利益。

（2）中观的社会组织结构。主要指各种公民居住状况、公民团体对公民政治参与的影响与制约。

就公民居住状况而言，正如诺曼·H. 尼和西德尼·伏巴的研究表明的那样："社区的性质给参与造成的差异远远超过在那里居住的公民的特征效应。"② 孤立的、边界清晰的社区有较高的参与率。人们的工作与生活中心越集中统一，人们的关注点越明显、越集中，参与率就越高。就国内近几年来的大规模群体性事件而言，一个最鲜明的特征就是社区特征。原因在于，社群生活或团体生活使人们的利益更加密切，也更容易形成社会认同。而这两者都是促成公民的政治参与的关键因素。

（3）微观的个体特征。以上因素可以在不同层次上解释公民政治参与的异同问题，但有的问题还必须结合微观的个体特征才能得到合理的解答。比如，同样的政治生活环境、类似的经济状况，但却有不同的政治参与形态（参与和拒斥、积极与消极等），这就必须结合相关的微观因素。公民的受教育程度越高、经济收入越高，就越关心政治，但是否采取政治参与行为，还取决于其他因素。有研究表明："参

---

① ［美］塞缪尔·亨廷顿、琼·纳尔逊：《难以抉择：发展中国家的政治参与》，174 页，北京，华夏出版社，1989。

② ［美］诺曼·H. 尼、西德尼·伏巴：《政治参与》，见［美］格林斯坦、波尔斯比：《政治学手册精选》（下卷），331 页，北京，商务印书馆，1996。

与，特别是有效参与（也就是对政府领导人的举止行为起作用的参与）取决于是否能获得特定的一套资料——参与的时间、所需的物质资源、信息和其他技巧。”[①] 也就是说，拥有时间和资源、掌握了相关信息、具有相关技巧的人，与那些不具备上述优势的人相比，能够实施更有效的政治参与。

总之，公民政治参与的效果取决于诸多因素，既与宏观的社会政治生态有关，与社会公共权力体系的开放度、透明度和应对方式、自主性和公正性有关，又与社会中间组织的结构性定位、数量等特征有关，还与参与者的相关知识、能力和参与策略技术有关。不过，近些年的许多研究表明，影响政治参与的因素是多样、多层、多维的，影响机制是多元的[②]，目前还没有一个理论能含摄所有的变量和机制，有待更多深入系统的研究和更高程度的理论整合。

二、当代中国公民政治参与的发展方向

党的二十大报告指出：“必须坚定不移走中国特色社会主义政治发展道路，坚持党的领导、人民当家作主、依法治国有机统一，坚持人民主体地位，充分体现人民意志、保障人民权益、激发人民创造活力。我们要健全人民当家作主制度体系，扩大人民有序政治参与，保证人民依法实行民主选举、民主协商、民主决策、民主管理、民主监督，发挥人民群众积极性、主动性、创造性，巩固和发展生动活泼、安定团结的政治局面。”具体而言，主要包括以下三点：

（1）积极建构公民参与的内在价值认同。如前所述，公民的政治参与具有内外两重价值，内在价值尤为关键。作为公民基本权利的政治参与如果得不到基本的保障，那么任何有效、有序的政治秩序都将是不可能存在的。就此而言，公民基本权利的保障是现代政治文明的基本要求。如果这些基本权利得不到保障，公民将失去最有效的生存生活保障机制，在此基础上也不会有任何有序的公共生活。如果不正视公民政治参与的内在价值，仅仅关注其外在效能，那必将与“以人为本”的理念背道而驰。当然，这个过程并不仅仅是针对政府而言，就公民自身来说也是如此。参与的公民不应该将自身异化为工具性的存在，让自己沦落为“作为武器的弱者”（如自焚、自杀等行为）。

（2）拓宽制度化的参与渠道。从目前的理论与实践来看，政治参与的一个重要的发展目标就是制度化。当政治参与突破了制度的界限时，政治动荡极有可能发生。因此，针对目前中国公民政治参与热情较高、政治参与绝对人数巨大的情况，

---

① ［美］诺曼·H. 尼、西德尼·伏巴：《政治参与》，见［美］格林斯坦、波尔斯比：《政治学手册精选》（下卷），326页，北京，商务印书馆，1996。

② 郑建君：《个体与区域变量对公民选举参与的影响：基于8 506份中国公民有效数据的分析》，载《政治学研究》，2016（5）；肖唐镖、易申波：《当代我国大陆公民政治参与的变迁与类型学特点：基于2002与2011年两波全国抽样调查的分析》，载《政治学研究》，2016（5）；汤峰、苏毓淞：《“内外有别”：政治参与何以影响公众的获得感?》，载《公共行政评论》，2022（2）；等等。

应该加快制度化的步伐，拓展公民政治参与的渠道，尽快完善相应的制度规范，使之与公民政治参与的需求相协调。只有如此，才能保证当代中国的稳定与发展。如果制度化渠道不畅通，那些非制度化的甚至威胁社会整体安定的参与形式将会出现。

（3）促进政治参与的机会公平。政治参与的理想功效是使共同体的公共利益尽可能公正。如果政治参与的机会不公平，那么“公民的利益可能被不适当地或不平均地沟通了，因为一般来说公民都不够积极或积极的程度不平均”①。对此需要拓宽和丰富政治参与的渠道，一方面让更多人能够参与，另一方面保证参与者之间的机会公平。

总之，当代中国公民政治参与的发展在于，一方面通过参与制度的创建和完善不断容纳公民的政治参与诉求，另一方面公共权力的掌握者与公民权利的行使者都采纳有利于共同体生活的自我建构方式，从而使得公民的利益表达、利益诉求和利益获得都符合公共秩序的基本要求，进而建构有序、优质的共同体生活。

关键术语

政治参与　选举　投票　政治表达　政治参与的内在价值　政治参与的外在效能　网络政治参与

复习思考题

1. 政治参与的内涵与特征是什么？
2. 简述公民政治参与的作用与功能。
3. 当代中国政治参与有哪些途径和形式？
4. 有哪些因素影响了当代中国公民的政治参与？
5. 请结合具体事例，阐述对当代中国公民政治参与的理解。

---

① ［美］诺曼·H. 尼、西德尼·伏巴：《政治参与》，见［美］格林斯坦、波尔斯比：《政治学手册精选》（下卷），295页，北京，商务印书馆，1996。

第八章
当代中国的政治文化

政治文化是政治系统的主观维度，是政治学理论最为重要的概念之一。政治文化也是当代中国政治的有机组成部分，是构成当代中国政治系统的重要子系统。如果说政治制度、政治行为构成政治世界的硬件系统，那么政治文化则是政治世界的软件系统。政治文化由于与政治心理、政治观念紧密相关，因而往往具有更强的延续性，对政治实践发挥着潜移默化的作用。

重点问题

- 当代中国政治文化的基本要素
- 中国传统政治文化的内容构成
- 当代中国政治文化的社会化
- 当代中国政治文化的建设路径

第一节 概述

一、政治文化及其构成要素

究竟什么是政治文化？学界实际上并未达成共识。作为政治文化这个学术概念的提出者，阿尔蒙德认为政治文化是一个民族在特定时期流行的一套政治态度、信仰和感情。这一定义更为侧重于在政治心理层面界定政治文化，这也是西方政治文化定义的主流。实际上，这一定义即使在西方也并非毫无争议。政治文化概念自 20

世纪80年代初引入中国学界以来，便受到广泛关注，也开启了概念的本土化过程。与西方主流学界对政治文化的心理学理解路径不同，国内学界对于政治文化的理解，具有浓厚的马克思主义色彩。有的认为“政治文化具有历史性、民族性和阶级性的特征”①，有的认为政治心理和政治思想共同构成政治文化，“政治心理根源于客观的政治现实，受制于社会政治经济条件”②。从马克思主义基本立场出发，对于政治文化的把握得以超越社会心理层面的理解，从而社会实践、阶级视角成为解释政治文化的重要维度。马克思主义认为观念是为特定阶级服务的，观念的形成受到社会实践的深刻影响。由此可见，“政治文化是社会政治领域的精神现象，是一定阶级、民族或其他社会群体的人们在长期的社会政治实践中形成的政治心理、政治思想和政治价值观等构成的有机体系”③。

政治文化的要素构成政治文化的基本单位，要素以及要素之间关系的差异决定了不同政治文化之间的差异。政治文化要素包括大众和精英两个维度，涵盖深层与表层两个方面。概略而言，政治文化包括政治心理、政治思想、政治价值观等要素。政治心理是大众维度，政治思想是精英维度，政治价值观兼备大众与精英的双重特征。政治心理属于表层方面，政治思想和政治价值观则属于深层方面。由于市场经济发展、科技进步、国家与社会适度分离的推进以及信息交互在全球范围的展开，当代中国政治文化在政治心理、政治思想和政治价值观方面都呈现出一些独特的趋势性特点，这些要素也构成观察当代中国政治的重要方面。

（1）政治心理。政治心理是政治行为主体对政治制度、政治行为、政治关系和重大政治现象的直观心理反应。政治心理是社会心理的一部分，政治心理包括政治认知、政治情感和政治态度等维度。在当代中国，公众政治心理具有整体相对一致性与不同群体之间的差异性并存的特征。总体而言，中国公众对于政党、体制具有较高的认同感④，对社会主义制度具有较高的认可度。中国公众对于“中国需要强大的政府权力来维系国家秩序”普遍报以支持的态度⑤。与此同时，伴随着物质生活水平的提升，中国公众越来越具有政治效能感和政治参与意识⑥。就不同人群的政治心理而言，男性政治认同总体上显著高于女性⑦。党员干部普遍认可包括民主集中制、党内民主在内的中国特色民主形式⑧。进入新时代以来，青年对于中国特

---

① 王惠岩：《当代政治学基本理论》，94页，北京，高等教育出版社，2004。

② 王浦劬等：《政治学基础》，4版，228页，北京，北京大学出版社，2018。

③ 《政治学概论》编写组：《政治学概论》，2版，218页，北京，高等教育出版社，2020。

④ 郑建君：《政治沟通在政治认同与国家稳定关系中的作用：基于6 159名中国被试的中介效应分析》，载《政治学研究》，2015（1）。

⑤ 李炜：《中等收入群体的价值观与社会政治态度》，载《华中科技大学学报》（社会科学版），2018（6）。

⑥ 张良驯、郭元凯：《青年政治认同与政治参与研究》，载《人民论坛》，2020（24）。

⑦ 田华、史卫民：《中国政治文化研究：不同公民群体的政治认同比较》，17页，北京，中国社会科学出版社，2019。

⑧ 沈传亮：《我国基层公务员群体政治心理的实证分析：以民主心理为例》，载《科学社会主义》，2012（5）。

色社会主义的认同感呈现逐年上升趋势①。在广大农村，政治信任呈现出“差序政府信任”格局，比之于基层政府，农民更为信任中央以及省政府②。

（2）政治思想。政治思想是政治精英对政治世界的深层次理解，是对政治规律的理性把握，是政治文化理论化形态。“政治文化是人们政治理性认识和政治情感的综合产物。”③ 与政治心理相比，政治思想具有系统性、自觉性等特点。在西方，政治思想往往由政治思想家生产。与之不同的是，在当代中国，执政党往往充当了政治思想最为重要的生产者。“没有革命的理论，就没有革命的运动。”④ 中国共产党是在马克思列宁主义指导下建立的，建立伊始便高度重视理论建设。在不同的历史时期，中国共产党立足于变化中的世情、国情与党情，总结提出毛泽东思想、邓小平理论、“三个代表”重要思想、科学发展观、习近平新时代中国特色社会主义思想等前后相继的理论概括。上述理论既是对不同历史时期政治发展与政治建设的经验总结与规律把握，也是对不同历史时期政治建设、政治发展的实践指南。中国共产党的政治思想对当代中国政治实践具有决定性影响，是当代中国政治文化的核心与精华。

（3）政治价值观。政治实践不是对问题的机械反应，而是在应然目标引导下的目的性行为，政治行为是价值理性和工具理性的有机结合。政治价值观是对政治价值的系统认识，政治价值观在政治文化中具有中心地位，政治价值观是政治行为的深层基础，是政治心理和政治思想背后的内核。政治价值观直接影响着政治信念、政治信仰和政治态度。政治价值观往往是特定阶级、国家、民族、政党在长期政治实践中形成的，是针对自身理想追求、行为规范、发展目标的应然认识。某一特定政治行为主体的价值观之间形成相互呼应，彼此联系的有机整体，就是政治价值观体系。社会主义核心价值观是当代中国政治价值观的集中体现，体现了对国家、社会和公民个人的价值诉求，是“全国各族人民共同认同的价值观‘最大公约数’”⑤。就政治实践来说，社会主义核心价值观承担着引导政治心理、凝聚政治共识、指引政治发展方向、指导政治行为的多重功能。“培育和弘扬核心价值观，有效整合社会意识，是社会系统得以正常运转、社会秩序得以有效维护的重要途径，也是国家治理体系和治理能力的重要方面。历史和现实都表明，构建具有强大感召力的核心价值观，关系社会和谐稳定，关系国家长治久安。”⑥

二、当代中国政治文化的主要功能

政治文化对于政治主体的观念与行为、政治制度的创立与发展、政治发展的道

① 张良驯、郭元凯：《青年政治认同与政治参与研究》，载《人民论坛》，2020（24）。
② 胡荣：《农民上访与政治信任的流失》，载《社会学研究》，2007（3）。
③ 王惠岩：《当代政治学基本理论》，94页，北京，高等教育出版社，2004。
④ 列宁：《列宁全集》，2版，第2卷，443页，北京，人民出版社，1984。
⑤ 习近平：《青年要自觉践行社会主义核心价值观》，载《人民日报》，2014-05-05。
⑥ 习近平：《习近平谈治国理政》，163页，北京，外文出版社，2014。

路和进程都具有深刻的影响，是政治世界的重要组成部分，是政治生活的重要内容。

第一，政治文化是影响当代中国政治主体观念与行为的重要因素。当代中国政治主体的观念与行为归根结底是由当代中国的经济基础所决定的，但是经济基础发挥作用的方式，在很多时候是通过政治心理、政治思想和政治价值观来完成的。如社会主义核心价值观影响着政治行为主体的行为方向，是政治主体实施政治行为的方向标。社会主义核心价值观影响着人们对于政治领域是非的判断，影响着人们的政治选择。政治思想是政治文化的理性表达方式。习近平新时代中国特色社会主义思想作为马克思主义中国化时代化新的飞跃，是新时代最为重要的政治思想，承担着塑造政治行为主体认同、引领政治行为主体行为、推动政治行为主体围绕民族复兴建功立业的重要功能。动机决定行为。正是因为在认知、情感和态度上对党的方针政策的心理认可，政治行为主体才形成了自觉投身中国特色社会主义事业的行为动机。

第二，政治文化影响当代中国政治制度的创立与发展。政治制度的创立与发展根本上是由经济基础决定上层建筑这一人类社会的普遍规律所决定的，政治文化也在其中发挥着重要作用。政治制度的创立与发展，需要获得人们的认可与支持，只有获得大多数人在政治认知、政治情感和政治态度上支持的制度才能够创立和发挥作用。就政治制度的创立而言，社会主义制度在中国的建立是人民的选择，是绝大多数人在情感、态度上支持的产物。在解放战争中，“广大人民群众是大群大群地脱离国民党的影响和控制而站到我们方面来。自由资产阶级向我们找出路，跟国民党走的很少了。各民主党派和人民团体的代表们已经或正在成批地来到解放区”①。就政治制度发展而言，广大人民群众的拥护、支持是社会主义制度在中国生根发芽，并不断焕发勃勃生机的政治文化基础。

第三，政治文化影响当代中国政治发展道路的选择。一个国家政治发展道路的选择深受这个国家的政治文化的影响和塑造，当今世界政治发展道路多样化的呈现很大程度上是不同国家政治文化差异影响的结果。“中国政治发展道路之所以不同于他国，一个关键原因也在于中国人独有的价值体系和政治价值观。”② 当代中国的政治发展道路是以中国共产党为领导核心的社会主义发展道路。这条道路的选择，“不是简单延续我国历史文化的母版，不是简单套用马克思主义经典作家设想的模板，不是其他国家社会主义实践的再版，也不是国外现代化发展的翻版”③。就其原因而言，在于中国在长期的历史发展中，在革命、建设、改革中形成了独具特色的政治文化样态。这种政治文化是在对传统政治文化、马克思主义理论以及在

① 中共中央文献研究室、中央档案馆编：《建党以来重要文献选编（一九二一——一九四九）》，26 册，24 页，北京，中央文献出版社，2011。

② 葛荃等：《政道通源：传统政治文化与中国特色社会主义政治发展道路》，128－129 页，天津，天津人民出版社，2020。

③ 习近平：《在哲学社会科学工作座谈会上的讲话》，载《人民日报》，2016－05－19。

中国特色社会主义建设中形成的文化因素进行充分吸收、整合的基础上形成的，是一种具有中国特色的政治文化表现形式。正是政治文化的特色性，在一定程度上塑造了政治发展道路的特色性。

第二节　当代中国政治文化的内容构成

习近平指出，“在5 000多年文明发展中孕育的中华优秀传统文化，在党和人民伟大斗争中孕育的革命文化和社会主义先进文化，积淀着中华民族最深层的精神追求，代表着中华民族独特的精神标识”①。当代中国政治文化是中华文明5 000多年文明积淀潜移默化影响的产物，是现代中国革命、建设和改革的结果。中华优秀传统文化、革命文化和社会主义先进文化彼此融合，相互促进，共同构成了当代中国政治文化的基本内容。

一、中华优秀传统文化是当代中国政治文化的重要来源

马克思指出，“人们自己创造自己的历史，但是他们并不是随心所欲地创造，并不是在他们自己选定的条件下创造，而是在直接碰到的、既定的、从过去继承下来的条件下创造”②。政治文化具有历史传承性，一个国家、民族的政治文化并非凭空勾勒，而是深受历史上形成的传统文化的影响，中华优秀传统文化是政治文化的优秀基因，是形塑政治文化内涵的重要因素。《关于实施中华优秀传统文化传承发展工程的意见》指出，“在5 000多年文明发展中孕育的中华优秀传统文化，积淀着中华民族最深沉的精神追求，代表着中华民族独特的精神标识，是中华民族生生不息、发展壮大的丰厚滋养，是中国特色社会主义植根的文化沃土，是当代中国发展的突出优势，对延续和发展中华文明、促进人类文明进步，发挥着重要作用”③。当代中国政治文化与中华优秀传统文化之间存在着千丝万缕的联系。譬如惠民利民的民本思想，《尚书·康诰》有言：“天畏棐忱；民情大可见。”④ 滥觞于上古时期的重民思想被儒家发扬光大，孔子认为安民之道在于庶之、富之、教之⑤。孟子阐发的仁政思想，是民本思想的系统呈现。孟子指出，“民为贵，社稷次之，君为轻”⑥，百姓是国家的重要财富，只有施行仁政，方能实现“保民而王”。在当代中

① 习近平：《习近平谈治国理政》，第2卷，44页，北京，外文出版社，2017。

② 马克思、恩格斯：《马克思恩格斯文集》，第2卷，470-471页，北京，人民出版社，2009。

③ 中共中央办公厅　国务院办公厅印发《关于实施中华优秀传统文化传承发展工程的意见》，见http：//www.gov.cn/zhengce/2017-01/25/content_5163472.htm，2022-10-27。

④ 顾颉刚、刘起釪：《尚书校释译论》，1392页，北京，中华书局，2018。

⑤ 杨伯峻：《论语译注》，189页，北京，中华书局，2012。

⑥ 杨伯峻：《孟子译注》，364页，北京，中华书局，2012。

国政治文化中，无论是毛泽东所倡导的全心全意为人民服务，还是习近平所提出的以人民为中心，无不是人民中心地位在政治思想方面的反映。我们固然不能将当代政治文化中人民的中心地位与传统的民本思想直接挂钩，然而无可否认的是，民本思想的文化积淀以及所塑造的潜在思想氛围对当代政治文化中人民中心地位的形成具有支撑和滋养作用。再如德治思想，孔子曰："为政以德，譬如北辰，居其所而众星共之。"①《贞观政要》载："欲流之远者，必浚其泉源；思国之安者，必积其德义。"② 中国传统政治文化具有伦理中心主义色彩，注重国家治理中的道德教化、伦理示范作用，对于政治精英有较高的伦理道德要求。这一点在当代基层治理所倡导的自治、德治、法治相结合中、在"德才兼备、以德为先"的干部选拔任用标准中都有所体现。在历史上，传统中国形成了珍贵丰富的治国理政智慧、影响深远的士人精神、绵延承续的政德传统等优秀传统文化，这些方面都以不同的方式影响着当代政治文化。中华优秀传统文化通过创造性转化和创新性发展构成了当代中国政治文化内容的重要来源。

二、革命文化为当代中国政治文化提供了精神底色

中国共产党是中国特色社会主义的领导核心，中国共产党在当代中国政治制度创建和发展中发挥着极为特殊的作用，中国共产党自身在历史中形成的特色文化也深深地影响着当代中国政治文化。在新民主主义革命时期，中国共产党领导人民反对帝国主义、封建主义、官僚资本主义，争取民族独立、人民解放，为实现中华民族伟大复兴创造根本社会条件，从而形成了以马克思主义为指导、极具革命历史特征与民族性的革命文化。革命文化是中国共产党在新民主主义革命时期为国家独立、民族富强奋斗历程的精神凝结，是中国共产党的精神财富。

革命文化形成于革命战争年代，是中国共产党人的集体记忆，是中国共产党独具优势的组织文化。"一百年前，中国共产党的先驱们创建了中国共产党，形成了坚持真理、坚守理想，践行初心、担当使命，不怕牺牲、英勇斗争，对党忠诚、不负人民的伟大建党精神，这是中国共产党的精神之源。"③ 伴随党领导人民建立中华人民共和国，党成为中国特色社会主义事业的领导核心，革命文化也成为当代中国政治文化的重要组成部分。革命文化是中国共产党为人民谋幸福、为民族谋复兴的精神写照，是不断激励党和人民奋斗向前的精神动力，是当代中国政治文化具有特色与优势的精神底色。习近平指出："中国革命历史是最好的营养剂，重温这部伟大历史能够受到党的初心使命、性质宗旨、理想信念的生动教育，必须铭记光辉

---

① 杨伯峻：《论语译注》，15 页，北京，中华书局，2012。
② 吴兢：《贞观政要》，8 页，上海，上海古籍出版社，1978。
③ 习近平：《在庆祝中国共产党成立 100 周年大会上的讲话》，载《人民日报》，2021-07-16。

历史、传承红色基因。”①

三、社会主义先进文化对当代中国政治文化发挥着引领作用

新中国成立后，在不同历史时期，形成了以马克思主义为指导，将以爱国主义为核心的民族精神、以改革创新为核心的时代精神作为主要内容的社会主义先进文化。社会主义先进文化对当代中国政治文化具有直接影响，是当代政治文化的直接构成元素。

社会主义先进文化坚持以马克思主义为指导，从而进一步强化了科学理论对于当代中国政治文化的指导作用。习近平指出“我们要立足中国，面向现代化、面向世界、面向未来，巩固马克思主义在意识形态领域的指导地位，发展社会主义先进文化”②。马克思主义是揭示人类历史发展规律的科学理论，是以人类解放为目的的理论，是指引人们改造世界的实践理论，是始终站在时代前沿的开放理论。社会主义先进文化得益于马克思主义理论的科学性，坚持以马克思主义为指导是社会主义先进文化的本质规定和最为根本的内在要求。坚持马克思主义指导地位的社会主义先进文化进一步保障了当代中国政治文化的阶级性、先进性。坚持以马克思主义为指导保证了当代中国政治文化始终能够站在广大人民的一边，始终是社会主义的政治文化。社会主义先进文化不仅具有先进性，而且具有时代性。社会主义先进文化是伴随着中国特色社会主义实践的展开、深入而逐步形成的。

爱国主义和改革创新是社会主义先进文化的两个重要方面。习近平指出：“实现中国梦必须弘扬中国精神。这就是以爱国主义为核心的民族精神，以改革创新为核心的时代精神。这种精神是凝心聚力的兴国之魂、强国之魂。”爱国主义历来是政治文化的核心维度，是衡量政治文化的主要指标。所谓爱国主义“是反映个人对祖国依赖关系的感情系统，是调整个人与祖国之间关系的行为准则体系，也是支撑民族繁荣发展的民族精神的核心”③。在当代中国，“爱国主义的本质就是坚持爱国和爱党、爱社会主义高度统一”④。这意味着在政治文化之中，对于国家、政党和体制的认同是高度统一的。对于中华人民共和国、中国共产党、社会主义三者的认同，不仅是当代中国政治文化建构的自觉要求，也在公民对政治文化的反映中具体呈现。改革创新精神是时代精神的核心，是改革开放伟大实践的精神总结。改革创新精神所蕴含的实事求是、与时俱进、勇于创新等内在要求已然成为凝聚政治共识、引领发展、规范政治行为的精神内核。改革创新精神已然内化于当代中国政治文化之中。概言之，爱国主义、改革创新深刻影响了当代中国政治文化，直接构成

---

① 习近平：《在党史学习教育动员大会上的讲话》，载《求是》，2021（7）。

② 习近平：《在纪念马克思诞辰200周年大会上的讲话》，载《人民日报》，2018-05-05。

③ 吴潜涛、杨峻岭：《全面理解爱国主义的科学内涵》，载《高校理论战线》，2011（10）。

④ 《新时代爱国主义教育实施纲要》，载《人民日报》，2019-11-13。

了当代中国政治文化的重要内容。

第三节　当代中国政治文化的社会化

人们的政治文化主要是通过政治社会化形塑而成。政治社会化是个人学习和建立政治取向和行为模式，以及形成政治人格特征的过程和方式；是政治系统内所认同的政治取向模式和行为规范代际相传的过程。

一、学校教育普及对政治文化建设的推动

教育是塑造政治文化的重要方式，学校是政治社会化的重要场所。学校教育对人的人生观、世界观的形成具有重要影响，是政治文化社会化的重要途径。学校教育具有以下功能：传播和维持政治文化的主导地位，培养合格的政治角色，增强政治认同，维护政治系统良性运行，等等。

（一）培养人才直接为政治服务

学校教育的优势在于可以通过专业队伍、确定课程、固定场所、固定时间，相对系统地对受众进行思想塑造。学校教育可以知识学习和集体活动为方式，使具有不同背景的个体、团体接受相对统一的政治理念、政治价值和政治思想，从而推进个体的政治社会化进程。

在古代社会，学校不仅是培养官吏的场所，同时也具有推行道德教化的功能。到了近代社会，由于科学进步和专业分工的深入发展，高级人才的培养越来越依赖于学校教育，越来越依赖于系统性学习。这就进一步提升了学校在政治社会化中的地位和作用，提升了学校在政治社会化中的影响力。教育的广度和深度，在很大程度上决定了政治文化社会化的程度。在当代中国，党和国家历来高度重视人才培养的政治要求。习近平指出，要在党和国家事业发展全局中来看待教育，这就是教育的历史责任。我们党立志于中华民族千秋伟业，必须培养一代又一代拥护中国共产党领导和我国社会主义制度、立志为中国特色社会主义事业奋斗终身的有用人才。党的二十大报告明确指出，我们要办好人民满意的教育，“全面贯彻党的教育方针，落实立德树人根本任务，培养德智体美劳全面发展的社会主义建设者和接班人”。我国的学校教育有着鲜明的政治要求，具有为社会主义建设培养人才的使命。《中华人民共和国教育法》以国家法律的形式，明确规定了教育的人才培养目标，“教育必须为社会主义现代化建设服务、为人民服务，必须与生产劳动和社会实践相结合，培养德智体美劳全面发展的社会主义建设者和接班人”。为了进一步完善人才培养的政治性要求，党和国家先后出台包括《中共中央国务院关于深化教育教学改革全面提高义务教育质量的意见》《加快推进教育现代化实施方案（2018—2022

年)》在内的一系列文件，要求各级教育明确立德树人目标，完善立德树人机制等相关工作。通过明确教育方向，将人才培养与政治文化社会化有机统一，是学校教育发挥政治社会化作用的重要方式。

（二）传播主流政治意识形态

学校教育可以直接为政治制造舆论支持。“敬教劝学，建国之大本；兴贤育才，为政之先务。”目前中国各级学校花时间、花力气上下一起抓的重点政治工作就是思想政治教育。从小学到大学，直至博士生教育，全国统一的教育大纲里都规定了必须严格执行思想政治教育课程和教学时间。国家也一再组织专家学者根据形势的变化编写或修订相关的思想政治教育教材，还重点添加了公民教育和法律教育的内容。通过教师和教学，国家将中国特色社会主义理论贯穿于其他教育内容和各个教学环节中。对于思想政治教育工作，习近平着重强调，“新时代贯彻党的教育方针，要坚持马克思主义指导地位，贯彻新时代中国特色社会主义思想，坚持社会主义办学方向，落实立德树人的根本任务，坚持教育为人民服务、为中国共产党治国理政服务、为巩固和发展中国特色社会主义制度服务、为改革开放和社会主义现代化建设服务，扎根中国大地办教育，同生产劳动和社会实践相结合，加快推进教育现代化、建设教育强国、办好人民满意的教育，努力培养担当民族复兴大任的时代新人，培养德智体美劳全面发展的社会主义建设者和接班人”。为了加强和完善主流意识形态在学校教育中的传播与推广，中共中央办公厅、国务院办公厅印发了《关于深化新时代学校思想政治理论课改革创新的若干意见》。该文件明确提出“坚持思政课建设与党的创新理论武装同步推进，全面推动习近平新时代中国特色社会主义思想进教材进课堂进学生头脑，把社会主义核心价值观贯穿国民教育全过程”。进入新时代以来，党和国家通过加强思想政治教育队伍建设、完善思想政治教育课程体系、强化思想政治教育课程衔接、改进思想政治教育教学手段等方式不断推进主流政治意识形态传播。

二、社会共同体的政治社会化作用

社会共同体是由社会地位、利益诉求相近，信仰大致相同，且有某种共同志趣的人组成的，诸如政党、工会、学会、协会、俱乐部，甚至包括其他非正式的团体，等等。这些社会共同体组织形式或松散或紧密，但作为个人自愿参加的组织，它们具有相同的意识，往往在政治文化的传播上起着强化的作用。

各种社会共同体中，政党的角色至关重要，政党将意识形态作为自己的思想武器，作为获得力量的源泉。在当代中国，共产党是最大的社会共同体，它的政治社会化作用最明显。中国共产党在推动物质文明发展的同时，紧抓精神文明建设。努力“建设具有强大凝聚力和引领力的社会主义意识形态，建设社会主义文化强国，激发全民族文化创新创造活力，更好构筑中国精神、中国价值、中国力量，巩固全党全国各族人民团结奋斗的共同思想基础”①。尤其是伴随着中国特色社会主义进入新时代，“党中央权威和集中统一领导得到有力保证，党的领导制度体系不断完善，党的领导方式更加科学，全党思想上更加统一、政治上更加团结、行动上更加一致，党的政治领导力、思想引领力、群众组织力、社会号召力显著增强”②。政党社会化功能的发挥主要通过三条途径：党的政治纲领，党所管理的舆论工具，通过党的成员来影响他们周围的人。

党的纲领反映的是党的历史使命和为了实现这个使命而制定的行动路线。中国共产党的最高纲领是实现共产主义，当然，也有为实现近期目标而制定的基本纲领。党的最高纲领和基本纲领是党的政治思想的集中体现，是政治行为主体所产生的政治认知、政治情感和政治态度的重要对象，是影响政治价值观的主要因素之一。

媒体是党的喉舌，要坚持党管媒体原则，党管理的舆论工具是传播党的路线、方针、主张，塑造政治文化的重要渠道。习近平指出“在新的时代条件下，党的新闻舆论工作的职责和使命是，高举旗帜、引领导向，围绕中心、服务大局，团结人民、鼓舞士气，成风化人、凝心聚力，澄清谬误、明辨是非，联接中外、沟通世界”③。为了进一步加强党对宣传工作领导的制度化水平，2019 年，中共中央印发了《中国共产党宣传工作条例》，对宣传工作的定位作用、指导思想、根本任务、职责以及加强基层宣传工作规定做出了规范性要求。

党员的先锋示范作用是党影响政治文化的又一重要方式。截至 2022 年底，中国共产党有 9 804.1 万名党员，遍布于各行各业。党章要求，党员有义务“发扬社会主义新风尚，带头实践社会主义核心价值观和社会主义荣辱观，提倡共产主义道德，弘扬中华民族传统美德”。党员是政治文化传播的最小节点，是推动政治文化社会化的基本单元。

三、大众传播媒介的政治社会化功能

大众传播媒介一般包括报纸、杂志、广播、电视、书籍等。它是在社会中大量传播信息的公开载体，其特点是无时无处不与社会成员接触，其形式纷繁、易于接受，是其他途径难以比拟的。可以说，现代大众传媒改变了人们了解政治信息的程度和途径。大众传媒具有以下几项政治社会化功能：

（一）控制政治信息的传递，引导社会舆论

大众传媒是政治信息的重要传递者，它提高了政治信息的普及程度和透明程度。大众传媒迅速地、持续地以各种方式把大量的信息传递给受众，这些信息中所

①② 《中共中央关于党的百年奋斗重大成就和历史经验的决议》，载《人民日报》，2021-11-17。
③ 习近平：《论党的宣传思想工作》，181 页，北京，中央文献出版社，2020。

包含的政治内容因此潜移默化地影响着人们，特别是电视、网络，对社会政治发展的影响更是前所未有，成为社会成员重要的政治信息来源。在现代社会中，大众传媒又有其自身的利益和追逐，在报道的过程中难免会有倾向或过滤，这就可能影响人们对信息的掌握，引导和控制舆论的焦点与走向①。中共中央办公厅、国务院办公厅印发了《"十四五"文化发展规划》，明确提出"坚持正确政治方向、舆论导向和价值取向，坚持马克思主义新闻观，坚持团结稳定鼓劲、正面宣传为主，唱响主旋律，激发正能量，发展壮大主流媒体，不断增强新闻舆论传播力、引导力、影响力、公信力"。当前，由于新媒体技术迅速发展，网络传播成为政治信息传递的重要渠道，成为影响人们政治认知、政治情感和政治态度的重要方式。网络政治信息传播治理成为当代中国政治文化社会化的重要方面。与之相关，互联网治理也成为政治信息治理的重要环节，"党高度重视互联网这个意识形态斗争的主阵地、主战场、最前沿，健全互联网领导和管理体制，坚持依法管网治网，营造清朗的网络空间"②。为了进一步加强针对网络空间信息的引导，中共中央办公厅、国务院办公厅印发《关于加强网络文明建设的意见》，要求加强对网络空间的思想引领，"坚持以习近平新时代中国特色社会主义思想统领互联网内容建设，推动党的创新理论走深走心走实"。

（二）影响政治态度，促进公民的政治参与

公民的政治态度是指人们在对待国家政治生活的心理活动过程中所形成的认识、情感等因素。政治态度的形成是一个复杂的过程。在这个过程中，大众传媒发挥着重要作用。它通过明示或暗示的方式不断地向人们传递着有关政治理想、政治信仰、政治价值观等政治知识与信息，而个体在这些观念和信息的反复刺激下，逐渐形成自己的政治认识和政治情感，从而最终形成自己的政治态度③。

大众传媒通过不断向公众传递政治信息、灌输政治知识以及对社会政治问题的报道，逐渐增强人们对政治问题的注意，使得社会成员经常对政治问题进行讨论，提高公众对政治事务的兴趣以及对政治期望的追求，从而培养公众的政治参与意识。全过程人民民主是对中国特色社会主义民主的概括，"全过程人民民主是社会主义民主政治的本质属性，是最广泛、最真实、最管用的民主"④。全过程人民民主提出以后，各主流媒体都以不同形式对全过程人民民主的内涵、表现形式、经典案例进行了深入报道和广泛传播。这些报道和传播对于广大人民群众进一步认识全过程人民民主、进一步提升自身的民主参与热情起到了推动作用。再如国务院新闻办公室发表《中国的民主》白皮书，对中国公民政治参与的历史、制度与效果进行

① 张爱军、孙玉寻：《社交媒体的政治伦理边界》，载《理论与改革》，2020（6）。

② 《中共中央关于党的百年奋斗重大成就和历史经验的决议》，载《人民日报》，2021-11-17。

③ 张爱军、吉璇：《正与负：社交媒体政治传播功能的平衡功能与优化》，载《行政论坛》，2021（5）。

④ 习近平：《高举中国特色社会主义伟大旗帜　为全面建设社会主义现代化国家而团结奋斗：在中国共产党第二十次全国代表大会上的报告》，37页，北京，人民出版社，2022。

全方位的阐释和介绍，提升大众对于中国政治参与的认知。大众传媒是传播政治参与知识，塑造公民政治认知、政治情感和政治态度，推动公民政治参与行动的重要渠道。

（三）影响价值判断标准，提高公民的政治素质

大众传媒通过传播政治思想、培养人们正确的政治价值观、提高人们参政的知识和能力、锻炼人们的政治技能，培养富有政治责任感的政治人。大众传媒在信息传播过程中，履行着社会教育的职能，引导公民树立正确的价值观。中共中央、国务院印发的《新时代公民道德建设实施纲要》要求，“要坚持以正确的舆论引导人，把正确价值导向和道德要求体现到经济、社会、文化等各领域的新闻报道中，体现到娱乐、体育、广告等各类节目栏目中。加强对道德领域热点问题的引导，以事说理、以案明德，着力增强人们的法治意识、公共意识、规则意识、责任意识。发挥舆论监督作用，对违反社会道德、背离公序良俗的言行和现象，及时进行批评、驳斥，激浊扬清、弘扬正气。传媒和相关业务从业人员要加强道德修养、强化道德自律，自觉履行社会责任”①。进入新时代以来，主流媒体的思想宣传阵地不断得以巩固，大众传媒的道德引领功能不断得以强化。广播电视和网络视听机构“精心组织做好重大主题主线宣传，围绕重要会议、重要时间节点和重大主题，开展了全方位、多层次、全媒体的宣传报道，充分展示党的十八大以来的历史性成就、历史性变革，唱响了主旋律，传播了正能量”②。大众传媒通过对现实进行描述、说明、解释等方式传达信息，把文化传递给下一代，持续地传递给社会成员，并用统一的、主流的人生观、世界观和社会道德规范影响人们，让一代代人在社会中学习并认同社会传统和价值观。大众传媒利用其权威性和广阔的覆盖面，通过多种多样的形式把一整套价值判断体系确立在人们的脑海中③。因此，大众媒体要服务于党和国家的宣传工作需要，“要加强社会主义核心价值体系建设，积极培育和践行社会主义核心价值观，全面提高公民道德素质，培育知荣辱、讲正气、作奉献、促和谐的良好风尚”④。

第四节　当代中国政治文化的建设路径

当代中国政治文化建设是一个复杂的系统工程。在这一过程中，不仅要遵循政

---

① 中共中央　国务院印发《新时代公民道德建设实施纲要》，见 http：//www.gov.cn/zhengce/2019-10/27/content_5445556.htm，2022-10-27。

② 《广播电视和网络视听“十四五”发展规划》，见 https：//www.nrta.gov.cn/art/2021/10/8/art_113_58120.html。

③ 徐蕾、潘理平：《教育公共治理中的大众传媒：建构者、合作参与及行业自律》，载《现代教育管理》，2018（8）。

④ 习近平：《习近平谈治国理政》，第1卷，154页，北京，外文出版社，2014。

治文化发展、变迁的基本规律，同时也要尊重中国的国情与历史传统。体系、过程与政策是建构政治文化的三个重要角度，三者有机结合是建设当代中国政治文化的合宜路径。

一、从体系文化方面增强公民的政治认同

良好的政治文化需要坚实的政治认同。基于有效政治认同的社会政治治理，不仅有利于政治体系的持续稳定健康发展，而且可以经由思想团结和价值凝聚，有效降低社会治理的成本，进而提升社会治理能力。

（一）增强对政治体系的合法性的认同

合法性是政治社会学概念，政权的合法性主要是就政权与社会的关系而言，政权具有合法性是指人民对政权的认同和支持。在历史上，政治合法性的基础是变化的。传统社会的合法性取决于统治者的世袭地位，或者是某种宗教习俗。在转型社会里，政治领袖可能依赖于自身特有的魅力、智慧或依赖于某种意识形态。在现代社会中，合法性往往取决于基于规则的法理权威。合法性为政治权威和公民之间的互动关系确立了规则。在现代政治系统里，政府的政策输出能力受到自身合法性的性质与程度的限制。如果政府的合法性下降，那么即使它使用强制手段来迫使公民服从，其实际作为仍会受到妨碍。如果社会成员就某一政权所具有的合法性发生争论，其结果有时会导致内战或革命。

一个合法性基础牢固的政权需要具备三重要素。一是意识形态的合法性要素，即政权所代表的价值主张必须被社会成员普遍自愿认同。二是程序的合法性要素，即政权的产生、更迭和组成、运行方式，必须符合必要的程序要求。公共权力是有限的，并受到宪法、法律和政治程序的约束。三是政绩的合法性要素，即一个得到民众支持的政权必须有良好的政绩，政府要在维护公共安全、推动经济社会发展方面有效提供公共物品。单纯依靠一种维护合法性的手段，很难获得自觉、持久的政治认同。中国共产党将马克思主义基本原理同中国具体实际相结合、同中华优秀传统文化相结合，开辟了中国特色社会主义道路，树立了坚实的意识形态合法性。这就要求确立和坚持马克思主义在意识形态领域居于指导地位的根本制度，牢牢把握住党对意识形态工作的领导权，全面落实意识形态工作责任制。通过教育、媒体等方式，在全社会范围内讲清楚中国共产党为什么能、中国特色社会主义为什么好、马克思主义为什么行、中国化时代化的马克思主义为什么行，这些带有根本性、原则性的重大问题，让马克思主义成为全社会的政治信仰。同时，全过程人民民主始终将实现最广大人民根本利益作为民主政治建设的出发点和落脚点，为政治体系提供了程序合法性保障。从增强政治认同的角度看，需要进一步完善全过程人民民主的制度体系，进一步丰富全过程人民民主的参与渠道与方式，增强人民群众的政治参与感，从而强化政治认同感。就绩效合法性而言，新中国成立以来，尤其是改革

开放 40 多年来所取得的举世瞩目的发展成就，尤为彰显了我国政治体系的政绩合法性。未来，要进一步增进民生福祉、提升人民生活品质，通过不断提升人民群众的幸福感、获得感和满足感，巩固合法性认同。

（二）强化公民的国家认同意识

国家认同中最重要的元素是新的话语符号和价值标准。新中国成立以后，中国共产党通过拉近与社会各阶层的感情距离，运用群众运动将革命的话语、思维以国家利益至上的观念传递给人民大众。土地改革是一场改革生产关系的社会运动，既涉及阶级关系的变更，也是政治革命的延续。在土地改革中，农民分得了土地，翻身的农民很快坚定地拥护中国共产党，进而积极支持共产党领导的新中国各项事业。所以，新中国成立初期的土地改革本身是在培养国家认同。

改革开放后，中国共产党以“什么是社会主义，如何建设社会主义”等中国特色社会主义理论宣传让中国人民再次懂得了贫穷不是社会主义，让一部分人富裕起来是建设社会主义所必需的，唤起民众对中国共产党领导的改革开放的支持、对富民强国的支持，认同中华民族的复兴。党的二十大提出“中国共产党的中心任务就是团结带领全国各族人民全面建成社会主义现代化强国、实现第二个百年奋斗目标，以中国式现代化全面推进中华民族伟大复兴”①。中华民族伟大复兴、以人民为中心、人民对美好生活的向往等成为新时代的国家认同符号和价值标准。通过大力宣传，促使更多人认同上述理念，内化为自身价值选择，进而形成自觉的国家认同意识。

（三）增强公民对国家政治体制权威的认同

对国家政治体制权威的认同，构成了公民政治认同中最为关键的部分。阿尔蒙德和鲍威尔曾指出，“如果某一社会中的公民都遵守当权者制定和实施的法规，而且还不仅仅是因为若不遵守就会受到惩处，而是因为他们确信遵守是应该的，那么，这个政治权威就是合法的”②。在当代中国，对于制度的权威认同就是不断加强对于中国特色社会主义制度的认同。“中国特色社会主义制度是党和人民在长期实践探索中形成的科学制度体系，我国国家治理一切工作和活动都依照中国特色社会主义制度展开，我国国家治理体系和治理能力是中国特色社会主义制度及其执行能力的集中体现。”③ 中国特色社会主义制度是马克思主义基本原理同中国具体实际相结合、同中华优秀传统文化相结合的产物，是历史与人民选择的结果。强化对

---

① 习近平：《高举中国特色社会主义伟大旗帜　为全面建设社会主义现代化国家而团结奋斗：在中国共产党第二十次全国代表大会上的报告》，21 页，北京，人民出版社，2022。

② ［美］加布里埃尔·A. 阿尔蒙德、小 G. 宾厄姆·鲍威尔：《比较政治学：体系、过程和政策》，35－36 页，北京，东方出版社，2007。

③ 《中共中央关于坚持和完善中国特色社会主义制度　推进国家治理体系和治理能力现代化若干重大问题的决定》，载《人民日报》，2019－11－06。

中国特色社会主义制度的认同，就要不断坚持和完善中国特色社会主义制度的根本制度、基本制度、重要制度，要在实践上不断探索、深化对社会主义的认识，不断增强人民群众对于“只有社会主义才能救中国，只有中国特色社会主义才能发展中国”的认识。在当代中国，对于制度体制权威认同的不断增强，归根结底，就是要让广大人民群众在实践和理论上认识到中国共产党为什么能、中国特色社会主义为什么好、马克思主义为什么行、中国化时代化的马克思主义为什么行。

二、从过程文化方面增强公民的政治效能和政治信任

政治效能和政治信任是衡量现代政治文化的重要指标，它能够反映政治主体对政治过程的态度与感受。政治效能和政治信任，作为一种复杂的政治心理反映，不仅会直接形塑政治文化，而且会对政治参与和政治行为选择产生不容忽视的影响。

（一）强化公民的政治效能感

通过持续提高经济活力，让更多人分享经济发展红利，提升政治效能感。经济发展使人们有更多闲暇关注政治问题，有更高的政治追求，有更大能力参与政治活动，从而提升自身的政治效能感。亨廷顿的研究也表明，在稳定的政治秩序下，公民参与的状况与经济发展水平之间有一定的相关性①。实际上，这也与当代中国的政治文化发展历程相一致，伴随着生产力的发展，人们的政治文化诉求也发生了变化。习近平指出“人民美好生活需要日益广泛，不仅对物质文化生活提出了更高要求，而且在民主、法治、公平、正义、安全、环境等方面的要求日益增长”②。进一步强化公民政治效能感，从根本上来说就需要不断解放生产力、发展生产力。就这个角度来说，强化公民政治效能感，就要不断推动经济和社会发展，不断改善民生，不断推动共同富裕，让广大人民群众切实体会到生产力发展的好处，分享经济社会进步的成果，从而为提升公民政治效能感提供经济基础。

（二）增加公民的政治信任

政治信任是公民在社会生活尤其是政治生活中与他人在一起时所感受到的开放、合作和容忍的态度。公民的政治信任是构成政治稳定和社会发展的基础，是促成社会主义民主政治发展的重要因素。公民之间以及由公民所组成的团体之间如果在政治上相互信任，就能以妥协合作的态度参与政治活动，信任其他社会成员，认同大的政治原则，并在求同存异的基础上达成公共目标，进而可能贡献自己的力量。反之，人们就容易处于猜疑和犹豫之中，小心提防和谨慎行事就将成为社会普

---

① ［美］塞缪尔·亨廷顿：《变化社会中的政治秩序》，37页，北京，生活·读书·新知三联书店，1989。

② 习近平：《习近平谈治国理政》，第3卷，9页，北京，外文出版社，2020。

遍的行为方式，正常的意见或分歧也就易于导致敌对的情绪和偏激的政治行为，易导致政治冲突，政治目标也就难以在比较一致的民意基础上达成。

公民的政治信任可以从两个层面去理解：第一，进一步扩大公民参与公共事务的渠道、方式，让公民在相互尊重、彼此平等的前提下形成政治信任。公民对其他社会成员的信任是建立在彼此平等、相互尊重的基础上的。如果公民本身存在着等级差别，本身就以身份差别去看待他人，就难以建立起相互信任的政治关系。在平等的社会中，人们更倾向于从理性角度去思考问题。通过进一步拓宽协商民主渠道，通过引导更多公民参与基层公共事务，从而使得公民彼此之间在互动中彼此感知，彼此妥协，从而形成信任。在当代中国，党和国家大力推动协商民主和基层民主，就是这方面的一种中国特色式努力。党和国家通过大力推进协商民主和基层民主，扩大了广大人民群众参与公共事务的渠道，提供了人民群众在日常政治生活中实现政治参与的可能性，保障了广大人民群众的政治参与权利。

第二，通过透明政府、政务公开等方式提升公民对政治精英的信任。知晓是信任的前提，任何信任都要建立在必要信息获知的基础之上。在现代国家治理中，由于国土面积、人口等方面的影响，公民往往都是通过选择政治精英来进行政治决策的。在这个过程中，公民对于政治精英是否信任就会对政治体系运行形成重大影响，而公民对于政治精英的信任与否很大程度上与政治信息的公开、透明具有正相关关系。公民信任政治精英，认为政治精英不是异己的力量，而是同一政治共同体的一员，才愿意将公共权力委托给他们，才能够更好地理解、接受政治精英的决策。如果政治运作在一种缺乏公民认同的状况下进行，则政治精英将更多地选择运用暴力或强迫的手段来迫使公民接受，这就极大提升了政治体系运行的成本。反之，人们就可以安心地使用或服从于政治权力，而不必担心是否会有什么阻挠或欺诈。在当代中国，通过政务信息公开保障人民群众知情权、监督权，提升政治信任，是党和国家持之以恒的一项重要工作。中国在 2007 年公布《中华人民共和国政府信息公开条例》，并于 2019 年进行了修订，确立了“应当坚持以公开为常态、不公开为例外”的原则。中共中央办公厅、国务院办公厅印发了《关于全面推进政务公开工作的意见》，用以“保障人民群众知情权、参与权、表达权、监督权具有重要意义”。通过政务透明提升政治信任，要求进一步完善信息公开制度，提升政府透明程度，提升公众对于公共事务的了解，去除暗箱操作的可能。

三、从政策文化方面引导公民形成公共理性

政策文化是指政治体系的成员对公共政策的倾向模式，即在选择什么样的政治行动来实现社会所要达到的意图或目标的问题上，政治体系的成员所表现出来的倾向——公共理性。这种倾向来源于成员对社会理想以及对现实社会中现有条件的不同认识，它决定着公共政策的内容和实施。

加强政策文化建设是培育公民对社会资源的提取和分配的选择形成建设性意见

的前提和基础。政策文化建设主要是培育公民在参与公共事务中的公共理性，体现在两个方面：第一，大力推动相关政策知识的教育。这就是说，国家要通过学校、媒体等政治社会化途径，对现代社会政策决策、实施以及反馈的相关知识予以适当普及，为公民相对客观、科学地看待政策问题提供知识基础。第二，强化公共精神的培育。现代社会一方面使得个人越来越独立，另一方面也使人与人之间相互影响的机会增多，公共事务对公民日常生活的影响也更为深远。这就要求，公民在具有较高自我意识的同时，也要有必要的责任意识、义务意识以及对于他人权利的必要尊重。这实际上就要求在个人利益与他人利益、公共利益发生冲突，或者个人利益受到损失时，公民能够形成相对理性的认知和判断。公共精神是现代社会的基本美德，是良性政策文化的核心要素。在当代中国，这体现在党和国家大力推进的社会公德建设。21 世纪伊始，中共中央印发的《公民道德建设实施纲要》指出，“社会公德是全体公民在社会交往和公共生活中应该遵循的行为准则，涵盖了人与人、人与社会、人与自然之间的关系。在现代社会，公共生活领域不断扩大，人们相互交往日益频繁，社会公德在维护公众利益、公共秩序，保持社会稳定方面的作用更加突出，成为公民个人道德修养和社会文明程度的重要表现”。2019 年又印发了《新时代公民道德建设实施纲要》，对新时代公民道德建设的总体要求、重点任务、深化道德教育引领、推动道德实践养成、抓好网络空间道德建设、发挥制度保障作用、加强组织领导等几个方面进行了部署。作为公共理性在中国文化语境下的典型体现，积极加强广大公民的社会公德建设，对于深入推进国家治理现代化多有裨益。总之，培育公共理性，最重要的是让公民学会正确处理自己与社会的关系，树立起权利必与义务相对应的观念，以平和、理性的心态和认知参与公共事务的处理。

关键术语

政治文化　　政治社会化　　政治认同　　政治效能感

复习思考题

1. 当代中国政治文化有哪些来源？
2. 政治文化社会化的途径有哪些？
3. 当代中国政治文化发展建设的路径有哪些？
4. 如何看待传统政治文化对当代中国政治文化建设的影响？

第九章

当代中国的社会治理

“治理”是一个社会科学术语，自从党的十八届三中全会将“推进国家治理体系和治理能力现代化”作为全面深化改革的总目标后，治理便成为中国政治的热门话语。治理是一个关系概念，涉及治理主体与治理客体的关系问题，治理主体在不同治理领域的治理活动，就构成了治理体系和治理能力的不同内容。从治理主客体关系角度考察社会治理的内涵，就是指特定治理主体对于社会所实施的各种治理行为，具体到中国话语就是党领导人民有效治理社会。党的二十大报告将社会治理提升到关乎国家安全体系和能力现代化、关乎国家安全和社会稳定的政治高度，明确指出，要进一步完善社会治理体系，健全共建共治共享的社会治理制度，提升社会治理效能。

重点问题

- 社会治理的基本理论
- 中国社会治理变迁的历史
- 中国社会治理的新模式

第一节　概述

一、治理概念的提出与西方理论视角

（一）治理概念的提出

“治理”（governance）一词最早起源于西方社会，原本指与应对国家公共事务相关的管理活动或政治活动。1989 年，世界银行在《撒哈拉以南：从危机到可持续发展》的研究报告中，首次运用“治理危机”一词。作为治理理论主要创始人之一的罗西瑙认为，治理是指一系列为求公共利益最大化这一目标而实施的各种社会活动。这种管制活动的主体既不必须为政府部门，更不必须通过国家的强制力以保证实施①。治理优于统治、高于管理，不管是相比统治还是相比管理，它都有更为丰富的内涵。从主体的视角划分，治理的主要内容分为政府治理、非政府组织治理、居民自治及协同治理。有关治理的概念中，被专家们普遍认可的具有权威代表性的是联合国下属的全球治理委员会下的定义：治理是个人、公共或私人共同管理社会事务的各种方式的综合。这是一个协调不同利益方，并将他们联合到一起共同行动的不间断过程。此后，治理理论便作为有效满足各行为主体利益诉求的规则体系，被广泛运用于政治学、社会学、经济学领域，成为回应公共管理领域政府和市场失灵困境的新范式，其逻辑体系与实践价值逐渐丰富和多元化。

（二）西方社会治理的理论发展

在西方社会，公共支出持续增大带来的普遍性的财政危机、全球化的步伐加快、社会公众民主诉求的增强以及社会人口构成的变化，如老龄化和移民增多等原因，迫切要求政府在整个社会管理过程中更具有回应性、更富有效率，同时要求其他社会主体承担相应的责任。因此，西方社会纷纷进行了社会管理的各项变革。社会治理并不是单纯迎合某种理论潮流，或者是人为制造出来的一套新口号，而是各国政府对经济、政治以及意识形态变化而做出的一种理论和实践上的回应。在市场驱动型社会管理模式的影响下，近年来各国政策开始转向解除规制、私有化以及自由化等，公共服务也因此经历了转型，如加拿大的“公共服务 2000”计划、英国的“下一步行动”计划、法国的公共服务改革、澳大利亚的财政管理改革计划、丹麦的公共部门现代化方案，以及葡萄牙的大改革计划等，这一轮新的行政改革经常被人们统称为新公共管理②。席卷发达国家和发展中国家的公共部门改革的主要原因

① 詹姆斯·N. 罗西瑙：《没有政府的治理》，5 页，南昌，江西人民出版社，2001。
② 孙晓莉：《西方国家政府社会治理的理念及其启示》，载《社会科学研究》，2005（2）。

和目标，就是为了克服公共部门的无效率、减少垄断、缩减公共支出、降低补贴、增加收入、提高服务质量、增强社会满意度，但批评意见指出不同地区近来的社会经济发展趋势无法表明这些改革目标得到了实现。

国外学者关于社会治理的相关研究源于20世纪80年代，从不同角度出发，对社会治理的相关问题展开了探索。随着社会理论的革新，学者开始对社会治理这一概念进行新的界定。美国学者埃莉诺·奥斯特罗姆提出多中心理论。该理论认为多中心治理制度对减少政府治理的成本支出、提升社会治理水平颇有助益①，即摆脱政府单打独斗式的治理，让多方面的组织参与到社会治理活动中来。彼得斯围绕政府治理与改革问题展开了深入研究，认为市场化、参与性、弹性化和解制式政府是改善政府治理的四项模式。在治理模式改革的时代，越来越多的学者意识到治理和统治之间的差别。罗西瑙认为，在执行主体上，统治的主体是政府，而治理的主体既可以是以政府为代表的公共组织，也可以不是。在执行力中，政府的统治具有强制力，需要正式权威的支持，而治理依托于公众目标，并不需要强制力，治理是强制与自愿的合作②。理查德·C.博克斯认为，公民治理会成为社会治理的主导，公民有能力成为管理公共事务的参与人③。治理作为超越于新公共管理的一种理念，是西方国家在现存政治制度的基本框架内，在政府与市场、政府与社会、政府与公民基本关系明确定位的前提下，诞生出来的新的社会管理方式。治理的目的是建立和发展新的公共责任机制，通过多种社会主体参与社会管理的方式来缓和各种社会危机、调节各种利益冲突、提高社会公共服务和公共产品的质量。西方国家社会治理的核心理念主要体现在社会治理参与的多元性、方式的民主性、各方的合作性、方式的制度化等方面。利益吸纳机制、协同治理机制、风险控制机制是西方国家对社会治理的重要创新④。利益吸纳机制是社会治理过程的重要一环，不但解决如何聚合民意、疏导民怨、避免冲突发生，而且可以有效避免社会治理中利益分配的失衡、社会阶层间的对立与断裂，是社会治理的事前防范机制。协同治理机制旨在解决如何协同政府外部各种组织，高效便捷地实施社会建设和治理的问题，是社会治理的事中运行机制。风险控制机制是社会治理过程的应急环节，旨在解决问题发生后如何控制和解决的问题，是社会治理的事后控制机制。尽管如此，西方在社会治理实施进程中还面临着具有西方社会特征的问题与矛盾。其一，社会治理追求既要提高社会治理的效率和能力，又要确保社会公平和对公众负责，这种效率目标和解决各种利益冲突的目标在民主体制的实际运作中很难达到统一。其二，西方世界国家与社会之间有较为明显的割裂和二分，社会治理实践受市民社会传统影响较大，

---

① ［美］埃莉诺·奥斯特罗姆：《公共事物的治理之道：集体行动制度的演进》，上海，上海三联书店，2000。

② ［美］詹姆斯·N.罗西瑙：《没有政府的治理》，5-8页，南昌，江西人民出版社，2001。

③ ［美］理查德·C.博克斯：《公民治理：引领21世纪的美国社区》（中文修订版），北京，中国人民大学出版社，2013。

④ 周晓丽、党秀云：《西方国家的社会治理：机制、理念及其启示》，载《南京社会科学》，2013（10）。

社会治理主要由社会主体参与和掌控，社会治理与不同的具体社会结构相关联，受市民社会的组织形态和组织文化影响较大，不同社会的治理方式和内容存在着较大差异。

二、社会治理的马克思主义理论视角

（一）马克思与恩格斯关于治理的基本阐述

马克思和恩格斯在阐释和界定国家、社会本质内涵和特征时，也涉及了治理问题。马克思和恩格斯在阐述国家的阶级属性、阶级本质的同时也阐述了国家的社会属性和公共属性。马克思在《资本论》中，在谈到资本主义国家的本质和职能时指出："政府的监督劳动和全面干涉包括两方面：既包括执行由一切社会的性质产生的各种公共事务，又包括由政府同人民大众相对立而产生的各种特殊职能。"这里"由一切社会的性质产生的各种公共事务"讲的就是国家和政府的社会性和公共性，以及由社会公共属性和公共利益所规定的社会公共事务；而这里的"由政府同人民大众相对立而产生的各种特殊职能"讲的就是国家的阶级性和阶级性所规定的阶级统治、阶级控制（包括阶级镇压）的任务。所以，国家的本质特征有两个方面：一方面是代表整个社会的公共利益，对社会公共事务进行管理，"政治统治到处都是以执行某种社会职能为基础，而且政治统治只有在它执行了它的这种社会职能时才能持续下去"①；另一方面是公共权力与社会分离而独立于社会之上，"国家的本质特征，是和人民大众分离的公共权力"②。所谓公共权力，就是管理社会公共事务即管理社会全体成员的共同事务的权力。国家既是公共权力，同时又是和人民大众分离的公共权力，这构成国家作为公共权力存在的对立统一的矛盾的两面。马克思和恩格斯认为，"这种从社会中产生但又自居于社会之上并且日益同社会相异化的力量，就是国家"③。

从广义上来讲，国家本质上也是一种社会组织。在人类社会中存在着各种各样的社会组织，有的社会组织仅仅构成或覆盖社会的局部，而有的社会组织则覆盖社会的整体。国家就属于覆盖社会整体的社会组织④。国家是维护一定区域内人们生活有序化的组织，它有庞大的组织结构和众多的组织人员，通过一定的强制制度规范所属区域的行为。所以，国家作为一种"公共权力机关"，应该是整个"社会的正式代表"。社会是由各种相互关联的元素及子系统、属性及关系组成的系统的一种类型，其个体建立在反馈机制之上，其目的在于借助于一定界限内起作用的规律

---

① 马克思、恩格斯：《马克思恩格斯选集》，2版，第3卷，523页，北京，人民出版社，1995。

② 马克思、恩格斯：《马克思恩格斯选集》，2版，第4卷，116页，北京，人民出版社，1995。

③ 同上书，170页。

④ 李延明：《什么是国家的本质》，载《马克思主义研究》，1999（2）。

实现个体活力的极值原则①。简言之，国家指在一定的领土范围内通过合法垄断暴力的使用权而对其居民进行强制性管理的组织机构及其体现的强制性等级制关系的总体；社会则相应地指在该国家领土范围内的居民及其群体的非国家组织与关系的总和。

（二）中国社会治理的马克思主义内涵

回顾经典理论，马克思在面对英国工业革命引发的阶级冲突、社会极化与底层赤贫时，提出以社会主义革命来解决当下问题②。涂尔干在面对道德堕落、自杀增加、社会失序的难题时，主张通过发展职业团体和社会团体来重建社会团结③。可以看出，他们的思考都共同指向了通过何种方式来应对社会变迁给生活世界带来的新问题。而从波兰尼对社会自我保护的阐述、葛兰西对市民社会的洞察，以及曼对社会权力来源的分析中，不难发现，不同国家皆通过治理模式转型来应对其自身问题。

在我国，伴随着经济的不断转轨和社会的加速转型，传统的政府与社会高度合一的社会管理模式，已经无法适应当今工业化、城镇化、市场化、国际化深入发展的国内外形势，也制约了经济社会的发展。在全球化、后工业化的进程中，中国的改革开放取得重大进展，社会转型的步伐越来越快，从而使社会治理的问题凸显出来④。2004 年，党的十六届四中全会提出要“加强社会建设和管理，推进社会管理体制创新”。2007 年，党的十七大报告提出要“加快推进以改善民生为重点的社会建设”，提出“更加注重社会建设，着力保障和改善民生，推进社会体制改革，扩大公共服务，完善社会管理”，“要健全党委领导、政府负责、社会协同、公众参与的社会管理格局”。2012 年 11 月，党的十八大报告指出，要“在改善民生和创新管理中加强社会建设”，“加强社会建设，必须以保障和改善民生为重点”，“加快形成党委领导、政府负责、社会协同、公众参与、法治保障的社会管理体制”，“加快形成源头治理、动态管理、应急处置相结合的社会管理机制”。社会建设和社会管理受到各界的广泛关注和研究，为逐渐走向社会治理阶段打下了基础。2013 年 11 月，党的十八届三中全会通过的《中共中央关于全面深化改革若干重大问题的决定》提出了“社会治理”这一概念，这是党的文件首次提出“社会治理”概念，并要求“创新社会治理体制”，这标志着中国共产党的社会治理实践正式从社会管理阶段跨入了社会治理现代化阶段。2017 年 10 月，党的十九大提出要“提高保障和改善民生水平，加强和创新社会治理”，“打造共建共治共享的社会治理格局。加强社会治理制度建设，完善党委领导、政府负责、社会协同、公众参与、法治保障的社会治

---

① A. A. 达维多夫、刘伸：《关于“社会”概念的定义问题》，载《国外社会科学》，2005（1）。

② 卡尔·波兰尼：《巨变：当代政治与经济的起源》，北京，社会科学文献出版社，2013。

③ 安东尼奥·葛兰西：《狱中札记》，郑州，河南大学出版社，2014。

④ 张康之：《论主体多元化条件下的社会治理》，载《中国人民大学学报》，2014（2）。

理体制”，同时提出要“推动社会治理重心向基层下移”。社会治理现代化作为国家治理现代化的一部分，是中国特色社会主义进入新时代的新命题，也是全面建成社会主义现代化的重要组成部分。依据党的十九大报告，我国社会治理现代化的基本内涵是形成共建共治共享的现代社会治理格局与体制，具体涉及国家安全、社会治安、公共安全、矛盾化解、基层治理等领域的共建共治共享①。2019 年 10 月，党的十九届四中全会提出：“社会治理是国家治理的重要方面。必须加强和创新社会治理，完善党委领导、政府负责、民主协商、社会协同、公众参与、法治保障、科技支撑的社会治理体系，建设人人有责、人人尽责、人人享有的社会治理共同体，确保人民安居乐业、社会安定有序，建设更高水平的平安中国。”② 2022 年 10 月，党的二十大胜利召开，会议指出十九大以来，“新一轮党和国家机构改革全面完成，中国特色社会主义制度更加成熟更加定型，国家治理体系和治理能力现代化水平明显提高”③。同时提出在新时代新征程要“健全共建共治共享的社会治理制度，提升社会治理效能”④。从“社会管理”到“社会治理”再到“社会治理现代化”的转变，对解决人民内部矛盾、社会组织治理和服务问题、公共安全等社会问题具有重要意义。

在我国，社会治理作为一个新兴的概念，是当代的产物⑤。改革开放以来，我国的经济发展、政治民主和社会进步为社会治理理念开拓了足够的发展空间。在新时代背景下，社会治理背后体现的协同共治、互动交流、社会发展等现代治理理念，与我国社会发展背景有着较高的契合度，有助于我国更好地推进社会治理实践。换句话说，社会治理的理念是党和国家基于中国现实和历史的考量而提出的一项政治议程⑥。社会治理理念的提出打破了传统的、高度集中的、政府主导下的科层制等级组织管理方式，为协调国家、社会、市场、公众等多元主体的关系提供了一个新的实现方式。

中国的社会治理既有一般治理问题的共性，也有其独特的内涵。从一般意义上讲，社会治理可以被视作一个综合性的过程，其实质就是回答：治理主体是谁？治理对象是什么？治理要达到的目的是什么？用什么治理方式来达到治理的目的⑦？

---

① 李建伟、王伟进：《理解社会治理现代化：内涵、目标与路径》，载《南京大学学报》（哲学·人文科学·社会科学），2021（5）。

② 《中共中央关于坚持和完善中国特色社会主义制度　推进国家治理体系和治理能力现代化若干重大问题的决定》，28 页，北京，人民出版社，2019。

③ 习近平：《高举中国特色社会主义伟大旗帜　为全面建设社会主义现代化国家而团结奋斗：在中国共产党第二十次全国代表大会上的报告》，9 页，北京，人民出版社，2022。

④ 同上书，54 页。

⑤ 魏礼群：《坚定不移推进社会治理现代化：新中国 70 年社会治理现代化历程、进展与启示》，载《社会治理》，2019（9）；俞可平：《社会自治与社会治理现代化》，载《社会政策研究》，2016（1）。

⑥ 冯仕政：《发展、秩序、现代化：转型悖论与当代中国社会治理的主题》，载《中国人民大学学报》，2021（1）。

⑦ 燕继荣：《社会变迁与社会治理：社会治理的理论解释》，载《北京大学学报》（哲学社会科学版），2017（5）。

社会治理是政府公共部门、私营部门、社会组织和公民等多方主体共同协作，运用先进的治理理念、多样的治理手段和工具，去分析社会问题、解决社会问题、调节社会矛盾，进而实现社会公正、激活社会动力、稳定社会秩序，全方面提升居民的社会生活水平。

我国的“社会治理”实际是指“治理社会”，换言之，所谓“社会治理”，就是特定的治理主体对于社会实施的管理①。在我国，社会治理就是指在执政党领导下，由政府组织主导，吸纳社会组织等多方面治理主体参与，对社会公共事务进行的治理活动，是“以实现和维护群众权利为核心，发挥多元治理主体的作用，针对国家治理中的社会问题，完善社会福利、保障改善民生，化解社会矛盾，促进社会公平，推动社会有序和谐发展的过程”②。按照党的十八大报告，我国的社会治理是在“党委领导、政府负责、社会协同、公众参与、法治保障”的总体格局下运行的中国特色社会主义社会管理。

党的十八届三中全会指出，我国的社会治理主要关节点在于“四个坚持”，分别是系统治理、依法治理、综合治理、源头治理，即“坚持系统治理，加强党委领导，发挥政府主导作用，鼓励和支持社会各方面参与，实现政府治理和社会自我调节、居民自治良性互动。坚持依法治理，加强法治保障，运用法治思维和法治方式化解社会矛盾。坚持综合治理，强化道德约束，规范社会行为，调节利益关系，协调社会关系，解决社会问题。坚持源头治理，标本兼治、重在治本，以网格化管理、社会化服务为方向，健全基层综合服务管理平台，及时反映和协调人民群众各方面各层次利益诉求”③。这四个坚持集中体现了在社会治理中，党和政府的公共权力与社会组织和公民的社会权利之间的协调关系和结合方式。创新和加强社会治理的目的是在提升党和政府的治理能力的同时，动员社会，激发社会活力，使社会组织参与社会治理，同时通过各治理主体的合作治理来保障和改善民生、促进社会公平正义、预防和化解社会矛盾、确保公共安全。党的十九届四中全会强调，“社会治理是国家治理的重要方面。必须加强和创新社会治理，完善党委领导、政府负责、民主协商、社会协同、公众参与、法治保障、科技支撑的社会治理体系，建设人人有责、人人尽责、人人享有的社会治理共同体，确保人民安居乐业、社会安定有序，建设更高水平的平安中国”④。党的二十大报告指出要“在社会基层坚持和发展新时代‘枫桥经验’，完善正确处理新形势下人民内部矛盾机制，加强和改进人民信访工作，畅通和规范群众诉求表达、利益协调、权益保障通道，完善网格化管理、精细化服务、信息化支撑的基层治理平台，健全城乡社区治理体系，及时把

---

① 王浦劬：《国家治理、政府治理和社会治理基本含义及其相互关系辨析》，载《社会学评论》，2014（3）。

② 姜晓萍：《国家治理现代化进程中的社会治理体制创新》，载《中国行政管理》，2014（2）。

③ 《中共中央关于全面深化改革若干重大问题的决定》，载《人民日报》，2013-11-16。

④ 《中共中央关于坚持和完善中国特色社会主义制度　推进国家治理体系和治理能力现代化若干重大问题的决定》，28页，北京，人民出版社，2019。

矛盾纠纷化解在基层、化解在萌芽状态”①。所以，新时代加强和创新社会治理是基于新时代背景下国家治理社会的要求而产生的②。

（三）中国社会治理情境的独特性

中国的社会治理，有着自身独特的发展背景和社会基础，经过多年实践，当代中国的社会治理进程与西方国家的相应进程产生了较为重大的差异。在西方治理转型中，国家与社会之间存在着清晰的界限且暗含张力，而中国的国家与社会之间显现的是一种融合一致的关系形态，表现出明显的社会发展和社会治理转型的中国特色，这既是党和政府对自身执政方式的理性反思，也是国家对社会转型期各种社会问题的积极回应。这种独特性表现在我国社会治理的社会传统和指导思想中。我们需要在西方治理理念的基础之上，对中国治理传统与治理文化的特殊性、治理情境的复杂性以及治理内容的内生性有清晰的认知，在与中国本土实际相结合的基础上加以运用。

首先，我国治理传统与治理文化具有特殊性。中国的社会治理有着自身独特的治理传统和治理文化。中国传统的治理文化和现代化的治理追求，共同为社会治理，比如自治、德治、法治，提供了丰富的治理素材。一是中国传统文化中蕴含的中庸、尚同、家族协作等思想具有社会整合功能，可以将不同社会群体统一融合于家庭、宗族和国家之中，为社会秩序的正常运转提供伦理规范和价值引导，有利于社会治理和社会进步。儒家等传统文化中人本理念的体现和传承，也在某种层面上框定了国家和社会的关系，为社会治理提供了有效的治理原则。二是传统中央和地方的两级治理模式蕴含了本土的社会自治文化，这成为中国社会的治理基础之一。传统王权下的王朝的统治者将治理权力下放到基层，依托县级管理者对县级区域进行治理。在基层村庄之中，则主要以亲缘、地缘为纽带形成的家族和乡里村社为治理主体，它将同姓的家族成员用血缘和亲缘联系起来，并在村规民约的制衡之下，进行家族式治理。正如费孝通先生所言，中国的传统政治结构有着中央和地方自治的两层，中央所做的事是极其有限的，地方上的公共事务一般由自治团体管理③。三是马克思主义治理文化对我国社会治理的引领作用。我国是社会主义国家，以马克思主义为主要治国理念。马克思主义对国家、社会与人民关系的论述，人民群众是历史的创造者等治理思想，都是我国独特治理文化的有机组成部分。我国在马克思主义的指导之下对国家和社会的关系进行了重新解读和实践，有助于社会治理理念的拓展。

其次，我国治理情境具有复杂性。中国作为一个发展中国家，其治理情境相对

---

① 习近平：《高举中国特色社会主义伟大旗帜　为全面建设社会主义现代化国家而团结奋斗：在中国共产党第二十次全国代表大会上的报告》，54页，北京，人民出版社，2022。

② 张康之：《论主体多元化条件下的社会治理》，载《中国人民大学学报》，2014（2）。

③ 费孝通：《乡土重建》，长沙，湖南人民出版社，2022。

复杂，一方面，改革开放以来，我国的经济、政治和文化体制都发生了很大的变化，这在客观上要求政府不断改善自身的管理方式，形成具有自身特色的治理模式。在经济体制层面，我国的经济体制逐渐由单一的公有制经济发展为公有制为主体、多种所有制经济共同发展的所有制结构，市场在经济发展过程中的主导地位得以确立并深入发展。只有构建新的社会治理体制，明晰各个治理主体的权责利，才能促使各个市场主体都积极参与到经济发展过程之中，更好地推动经济发展。在政治体制层面，我国的政治结构也由传统的集权型逐步向民主法治型转化，以往少数人的政治决策和强制的行政命令已不再适合当前的政治发展环境。另一方面，我国现有的社会治理结构还不够健全，市场和社会两大治理主体还没有发展成为能有效承载政府职能转变和功能下放的载体，其主动参与机制远未形成，治理效能也有待挖掘。尤其是应该承担大量社会治理职能的社会组织的发展比较滞后，还不够规范成熟。此外，中国国情复杂，不仅经济、政治、社会、文化和生态环境各领域之间的发展不协调，而且从东部到西部、从中心到边陲的各区域之间的发展也不平衡①。这种复杂的治理情境，亟须新的具有本土特色的社会治理体制的建立。

最后，我国治理内容具有内生性。中国社会治理的内容根植于中国自身的经济发展与社会变迁之中，具有中国特色。当前，中国社会治理的内容主要有两方面：一方面是回应和解决弱势群体问题、生态环境问题等社会转型期间凸显出来的社会问题；另一方面是满足民众合理需求，整合各种社会资源，为民众提供有效的公共服务。只有对中国社会治理的独特性进行充分的认识，我们才能更加理性地看待西方的治理理论，整合各行为主体的治理智慧和治理资源，实现社会治理的一般经验和中国的特殊国情的有机结合，有效地回应各种社会问题，激发社会发展活力，满足民众公共需求。

面对治理的独特性，当代社会治理的顶层设计和指导思想具有明显的中国特色，主要表现为以人民为中心、以民生为根本、以基层为重心、以稳定为核心价值②。

第一，“以人民为中心”是党的十八大以来中国特色社会主义国家治理的根本逻辑，也是建设社会治理体制、推进社会治理体系和治理能力现代化必须遵循的基本原则，这体现了党对社会主义建设事业认识的不断深化。处于并将长期处于社会主义初级阶段依然是我国的最大国情，城乡发展不均衡不协调仍是制约我国发展的最大瓶颈。当前，我国城乡基层社会结构生产方式和组织架构形态正在发生深刻变化，党和国家主动适应这些新变化，提出要从改进社会治理方式、完善社会治理格局、创新社会治理体制机制等方面推动社会治理的新实践。

第二，以“民生为根本”推进社会治理体制改革创新。改革开放以来，随着市场经济的不断发展，我国基本公共服务领域问题不断突出，民众对社会公平正义的

① 李友梅：《当代中国社会治理转型的经验逻辑》，载《中国社会科学》，2018（11）。

② 李友梅：《中国社会治理的新内涵与新作为》，载《社会学研究》，2017（6）。

呼声越来越高。党的十八大以来，我国加快了在教育、就业创业、收入分配、社会保障、医疗卫生服务等社会事业领域的改革步伐，一方面加大政府对民生和基本公共服务的投入，另一方面在转变政府职能的同时激发社会活力，通过政府的服务能力建设与社会的自我服务能力建设来共同面向民生需求和弥补基本公共服务的短板。

第三，社会治理重心下移。我国社会治理工作的重心在城乡基层。社会治理重心逐渐向基层下移，是伴随改革开放以来原有“单位制”解体，国家治理体系因应社会转型和社会结构变迁所采取的一种组织性调整，是社会治理由“单位重心”向“基层重心”的转换过程。党的十九大报告明确提出，要“加强社区治理体系建设，推动社会治理重心向基层下移”。“社会治理的重心必须落到城乡社区。社区服务和管理能力强，社会治理的基础就实。要尽可能把资源、服务、管理放到基层，使基层有职有权有物，更好地为群众提供精准有效的服务和管理。”① 中共中央、国务院下发的《关于加强和完善城乡社区治理的意见》指出，“探索建立基层政府面向城乡社区的治理资源统筹机制，推动人财物和责权利对称下沉到城乡社区”。社会治理重心下移不仅仅是管理、服务和资源下沉，更意味着社区功能强化和治理的有效性提升。“管理下移、服务下移、资源下移构建社会治理重心下移的目标框架。”社会治理重心下移中，管理下移是核心，服务下移是目标，资源下移是保障。管理下移包括管理体系、结构、层级等，服务下移包括服务的配置、服务的主体等，资源下移则包括人财物等起支撑作用的资源。

第四，稳定压倒一切的核心价值②。“稳定压倒一切”是社会治理的核心价值，并以此作为评价治理的主要标准。改革开放以前，社会稳定的主要意义是政权的稳定和现状的不变。改革开放以来，这种传统的稳定观正在发生重大变化。公共秩序在社会稳定中的重要性正在提升，传统的静态稳定的主要特点是把稳定理解为现状的静止不动，并通过国家权力压制的手段维持现存的秩序。现代的动态稳定的主要特点是把稳定理解为过程中的平衡，并通过持续不断的社会调整来维持新的平衡。动态稳定的实质，是用新的平衡代替旧的平衡，使秩序由静止的状态变为一种过程的状态。“国家安全是民族复兴的根基，社会稳定是国家强盛的前提。必须坚定不移贯彻总体国家安全观，把维护国家安全贯穿党和国家工作各方面全过程，确保国家安全和社会稳定。”③

（四）社会治理与国家治理、政府治理

国家治理与政府治理、社会治理之间的关系，是包含与被包含的关系。“国家

---

① 中共中央宣传部：《习近平总书记系列重要讲话读本（2016年版）》，225页，北京，人民出版社，2016。

② 俞可平：《中国的治理改革（1978—2018）》，载《武汉大学学报》（哲学社会科学版），2018（3）。

③ 习近平：《高举中国特色社会主义伟大旗帜　为全面建设社会主义现代化国家而团结奋斗：在中国共产党第二十次全国代表大会上的报告》，52页，北京，人民出版社，2022。

治理体系是在党领导下管理国家的制度体系，包括经济建设、政治建设、文化建设、社会建设、生态文明建设和党的建设等各领域体制机制、法律法规安排，也就是一整套紧密相连、相互协调的国家制度”①。在这个意义上，国家治理是总体治理，政府治理、社会治理是国家治理的分支领域和子范畴。当代中国的国家治理，既在本质上区别于中国传统统治者的治理国家，又在价值取向和政治主张上区别于西方的治理理论及其主张。它遵循的是马克思主义国家理论逻辑，即国家的职能由政治统治与政治管理有机组成②。

政府治理是指以政府作为治理主体的治理形式，对社会公共事务的治理是政府职能的全面实现。在中国政治话语和语境中，政府治理概念是一个与我国国情相适应的概念③，其基本含义是指在中国共产党领导下，国家行政体制和治权体系遵循人民民主专政的国家性质，基于党和人民根本利益一致性，维护社会秩序和安全，供给多种制度规则和基本公共服务，实现和发展公共利益。我国的政府治理通常包含三方面的内容④。一是政府通过对自身的内部管理，优化政府组织结构，改进政府运行方式和流程，强化政府的治理能力，从而使得政府全面正确履行职能，提高政府行政管理的科学性、民主性和有效性。二是政府作为市场经济中的“有形之手”，通过转变政府职能、健全宏观调控，更好地发挥政府的作用，进行经济和市场治理活动。由此可见，政府对经济活动和市场活动的治理，是政府治理的重要内容。三是政府作为社会管理主体，在“党委领导、政府负责、民主协商、社会协同、公众参与、法治保障、科技支撑”的基本格局下，对社会公共事务进行的管理活动。政府治理的主体是指狭义的政府即行政权力体系意义上的政府。政府治理是狭义的政府即各级政府行政机构展开的公共治理活动。在政府治理中，治理的主体主要是各级政府行政机关和部门。与此同时，随着行政民主和民主行政的发展，公民和社会组织有序参与政府治理过程，也在特定意义上构成政府治理的权利主体。

在社会治理中，不断完善党委领导、政府负责、民主协商、社会协同、公众参与、法治保障和科技支撑的社会治理体系，除了党和政府作为治理主体之外，还包含社会组织和公民等多方面有序参与的治理主体。因此，社会治理是一元主导、多方参与、各司其职的合作共同治理。另外，我国的社会治理还包含社会自治，在社会自治的组织和体制结构中，党和政府是社会治理的领导者和指导者，而基层社会的公民则是社会治理的具体运行主体，因此使得社会治理既在直接主体意义上区别于国家治理和政府治理，又在自治主体意义上区别于政府作为主体对于社会的直接治理、区别于政府与社会组织和公民对于社会的合作共同治理。在我国，社会治理

① 习近平：《切实把思想统一到党的十八届三中全会精神上来》，载《求是》，2014（1）。

② 王浦劬：《国家治理、政府治理和社会治理基本含义及其相互关系辨析》，载《社会学评论》，2014（3）。

③ 包国宪、郎玫：《治理、政府治理概念的演变与发展》，载《兰州大学学报》，2009（2）。

④ 王浦劬：《国家治理、政府治理和社会治理基本含义及其相互关系辨析》，载《社会学评论》，2014（3）。

是指在执政党领导下，由政府组织主导，吸纳社会组织等多方面治理主体参与，对社会公共事务进行的治理活动，是“以实现和维护群众权利为核心，发挥多元治理主体的作用，针对国家治理中的社会问题，完善社会福利、保障改善民生，化解社会矛盾，促进社会公平，推动社会有序和谐发展的过程”①。

按照十九届四中全会《中共中央关于坚持和完善中国特色社会主义制度、推进国家治理体系和治理能力现代化若干重大问题的决定》的精神，我国的社会治理是在“党委领导、政府负责、民主协商、社会协同、公众参与、法治保障、科技支撑”的总体格局下运行的中国特色社会主义社会管理。政府对于社会公共事务的管理，是政府治理的重要内容，而维护保障公民社会权利，完善社会福利、改善社会民生，化解社会矛盾，促进社会公平正义，推动社会有序和谐发展，则是政府治理的社会职能的集中体现。从我国的实际情况来看，社会治理呈现三种基本状态，即政府对于社会的治理、政府与社会组织和公民的合作共同治理以及社会自治。在这其中，政府对于社会的治理，实则是社会治理的主体形式和主要内容，党的十九届四中全会通过的《中共中央关于坚持和完善中国特色社会主义制度、推进国家治理体系和治理能力现代化若干重大问题的决定》提出，社会治理最终要建设人人有责、人人尽责、人人享有的社会治理共同体，确保人民安居乐业、社会安定有序，建设更高水平的平安中国。社会治理还要正确处理新形势下人民内部矛盾有效机制，完善社会治安防控体系，健全公共安全体制机制，构建基层社会治理新格局，完善国家安全体系。

第二节　当代中国社会治理的历史变迁

新中国成立70多年来，我国社会治理随着整个国家的发展，不断与时俱进，经历了从社会改造到社会管控，从社会管控到社会管理，再到社会治理的历史性飞跃。新中国成立后的前30年社会治理的基本特征，是以建立巩固新生的人民政权和进行社会主义革命为动力，最大限度地把全社会组织和整合起来，形成了最广泛的社会共同体；以开展大规模社会主义建设最大限度地感召和凝聚全体人民的意志和行动，改变国家一穷二白的落后面貌；国家以强大的社会管控能力、组织能力和动员能力，成功地应对和抵御了各种困难与考验，在较短时间内奠定了独立的比较完整的工业体系和国民经济体系，这就为后来社会主义现代化建设的全面推进创造了重要的物质技术基础。改革开放之后，随着社会经济日趋活跃和各种矛盾增多，社会管控理念被社会管理理念所替代。党的十八大以后，为适应建设社会主义和谐社会和现代化发展的现实要求，十八届三中全会将社会管理转变为社会治理，社会治理内涵发生了显著变化，社会治理进入了新时代。

① 姜晓萍：《国家治理现代化进程中的社会治理体制创新》，载《中国行政管理》，2014（1）。

一、社会改造阶段

新中国成立后，百废待兴，面临的首要问题是迅速地把人民群众组织起来，彻底结束旧中国四分五裂、一盘散沙的状态，凝聚起建设新中国、实现民族复兴的力量。自1949年新中国成立至1956年，中国迅速实现了由“新民主主义”到“社会主义”的过渡，伴随国家建设的开展，社会治理展现出“革命”特点，即“改造旧社会，建立新中国”。党领导人民有步骤地实现从新民主主义到社会主义的转变，有步骤地进行对农业、手工业和资本主义工商业的社会主义改造，在迅速恢复国民经济和开展有计划的经济建设的同时，大力革除旧社会弊制，建立新社会秩序，完成土地制度改革，开展“三反”“五反”运动，巩固新生的政权，禁烟禁毒，实行男女平等。通过一系列的群众性政治运动，打击黑恶势力，改造不法分子，净化执政环境。这类运动主要有：(1) 镇压地主恶霸；(2) 镇压反革命运动；(3) 反特肃谍斗争；(4) 取缔反动会道门；(5) 禁毒、禁赌；(6) 禁娼和改造妓女；(7) 识字扫盲运动；等等。党通过上述政治运动，极大地激发了群众的革命热情，树立起中国共产党和新政权的崇高威望①。

在这个过程中，中国学习苏联建立了高度集中的经济和政治体制，在城市形成了单位制为主、街居制为辅的基层治理制度，在农村引导农民走合作化道路，初步建立以支配和管控为主要色彩的总体性社会管理制度，表现出鲜明的“城乡分治”治理特征②。在城市主要采取了“单位制”和“街居制”两大系统管理，分别针对单位人和非单位人（即社会人）的管理③。在人数上，社会人的比例大约在60%④。新政权对单位人延续“革命”传统，以“单位制”整合进各类党政、企事业单位的管理体制，而对社会人则通过“革命”的方式改造旧组织体系（如保甲制），建立新的组织体系（街居制）。由此，在20世纪50年代初期的城市社会，我国大体形成了“街居制-单位制”的社会治理模式。街居制的管理对象主要是城市社会中无单位的一般居民，涉及家庭妇女、摊贩、商人、自由职业者、无业人员以及失业人员等。在制度特征上，街居制表现出“双间接机制”，即基层群众通过居委会间接民主，国家通过居委会间接统合基层社会⑤。这一时期的单位制还处在形成时期，“单位党组织和行政当局不仅是劳动过程的管理者，而且在政治上和法律上都实际代表了党和政府”⑥，从而确保了单位的“革命性”。1954年，第一届全国人民代表

---

① 朱涛：《新中国70年社会治理变迁与基本经验》，载《北京工业大学学报》（社会科学版），2019（4）。

② 李强：《中国社会变迁30年》，北京，社会科学文献出版社，2008。

③ 张济顺：《上海里弄：基层政治动员与国家社会一体化走向（1950—1955）》，载《中国社会科学》，2004（2）。

④ 毛丹：《中国城市基层社会的型构：1949—1954年居委会档案研究》，载《社会学研究》，2018（5）。

⑤ 同上文。

⑥ 路风：《单位：一种特殊的社会组织形式》，载《中国社会科学》，1989（1）。

大会第四次会议通过了《城市街道办事处组织条例》和《城市居民委员会组织条例》，这意味着基于街居制的社会治理模式被以法律的形式正式确立下来。根据《城市街道办事处组织条例》和《城市居民委员会组织条例》的规定，街道办事处主要负责办理市、市辖区的人民委员会有关居民工作的交办事项，指导居民委员会的工作，反映居民的意见和要求；城市居民委员会主要负责办理有关居民的公共福利事项，反映居民的意见和要求，动员居民响应政府号召并遵守法律，领导群众性的治安保卫工作和调节居民间的纠纷。

在农村，新中国管理农村的重要方式是引导农民走合作化道路。1953 年 12 月，中共中央发布《关于发展农业生产合作社的决议》，到 1956 年底，全国的农业生产合作社发展到 75 万个，其中初级社 21 万个，高级社 54 万个；全国 96.3%的农户加入了合作社，其中参加高级社的农户占比约 88%①。这标志着农村地区在生产资料所有制上的社会主义改造基本完成。随着“一化三改”过渡时期总路线的实施，农村集体经济组织普遍建立，城镇职工以单位或企业形式组织起来、居民在居委会中有序参政议事，夯实了城乡基层社会运行的组织系统与制度基础。

20 世纪 50 年代，中国共产党通过上述措施领导“社会革命”，基本完成了我国基层社会结构和生态的革命性改造，帮助人民摆脱了那些来自传统的阶级阶层结构、组织制度、文化意识等的束缚②，从而“革命”地重塑了基层社会治理的状态。

二、社会管控阶段

1956 年，我国社会主义改造基本完成以后，开始转入全面的、大规模的社会主义建设。1958 年 8 月，中共中央在《关于在农村建立人民公社问题的决议》中提出，要随着农业生产合作社的发展，“建立农林牧副渔全面发展，工农商学兵相结合的人民公社”。掀起了撤乡（镇）并大社的高潮，人民公社成了工农商学兵相结合与政社合一的农村社会治理主体。自此，在城市形成了单位制为主、街居制为辅的社会治理制度，在农村形成了政社同构的人民公社制度③。随着计划经济体制的实行，我国形成了国家全面管控社会和高度组织化的治理模式，对社会进行自上而下的整合与管控。具体来看，在城市，建立了机关、事业和企业等三种形式的单位；在农村，建立了集体所有制性质的人民公社、生产大队和行政村。在城市，实行单位制和街居制的社会管理模式。在农村组建合作社和人民公社，实行政社合一制度。社会资源以计划配置为主，社会整合以行政手段为主，社会事业发展由国家或集体包办，实行严格的户籍制度规范和管理人口流动。在城市依托企业建立了医疗、教育、住房、养老、工伤、抚恤等在内的社会保障和公共服务制度；

① 卢汉龙：《新中国社会管理体制研究》，305 页，上海，上海人民出版社，2015。
② 王小章：《积极公民身份与社会建设》，70 页，北京，社会科学文献出版社，2017。
③ 李强：《中国社会变迁 30 年》，47 页，北京，社会科学文献出版社，2008。

在农村建立了基础教育和合作医疗、五保户等保障制度。在全社会大力提倡集体主义精神，在各行各业树立典范，宣扬先进事迹，形成甘于奉献、积极向上的社会心态和爱党爱国的政治氛围。这个历史时期社会治理道路的探索，显示了重要的历史作用。

从1956年到1978年改革开放前夕，社会治理主要依靠国家主导。具体以单位制、人民公社等形式，以严格计划管理为主要特色，以政社合一的治理模式对社会领域进行严格把控，其核心构成包括人民公社、单位制、街居制和户籍管理①，呈现以国家的政治“管控”为特色的社会治理，最终目的是实现社会稳定和维护正常秩序②。在这个阶段，国家对社会的改造和管控的治理模式具有一定的合理性，甚至是必然性，但在治理社会的探索过程中也存在一些问题：权力过分集中，国家管得过多、统得过死，政企不分，政社不分，社会缺乏活力，特别是一个时期内片面追求“一大二公三调四平”，长期“以阶级斗争为纲”，往往以群众运动代替群众路线，使我国社会主义建设没有取得本来应该取得的成就。特别是“文化大革命”，使国家和人民遭受严重挫折和损失，延缓了包括社会治理现代化在内的中国社会主义现代化建设的历史进程，这是极为深刻的历史教训。

归纳来说，改革开放前30年的社会治理带有非常鲜明的时代局限和特征：从单位制、街居制和人民公社制度来看，我国社会主义革命和建设时期的社会治理有以下显著特征：一是政社同构的组织化。毛泽东在新中国成立之初就指出，“将全中国绝大多数人组织在政治、军事、经济、文化及其他各种组织里，克服旧中国散漫无组织的状态”③。通过建立单位制、街居制和人民公社制度，新中国形成了政社同构的社会治理体系，从而将人民群众“组织起来”④，使中国社会实现了从“无组织”到“有组织”、从“旧组织”到“新组织”、从“弱组织”到“强组织”的转变⑤。二是城乡分治。1958年1月颁布的《中华人民共和国户口登记条例》和1964年8月出台的《公安部关于处理户口迁移的规定（草案）》将户口划分为农业户口和非农业户口，严格控制人口流动。通过严格的户籍管理，我国将城市居民和农村居民分而治之⑥。

这一时期，国家对社会的治理方式基本上是“强国家-弱社会”治理模式，目的在于改造旧的、原有的社会结构，建立并维护新的社会秩序，以匹配相应的政治秩序。在行动上通过政治手段确立国家在社会治理中的主导地位，“社会”领域处

① 张来明：《中国社会治理体制历史沿革与发展展望》，载《社会治理》，2018（9）。

② 朱涛：《新中国70年社会治理变迁与基本经验》，载《北京工业大学学报》（社会科学版），2019（4）。

③ 中共中央文献研究室：《毛泽东文集》，第5卷，348页，北京，人民出版社，1996。

④ 余敏江、李粤昊：《中国共产党探索社会治理现代化的百年历程：以注意力资源配置为视角》，载《理论探讨》，2021（5）。

⑤ 范逢春：《社会治理70年：伟大历程、基本经验与未来展望》，载《人民论坛》，2019（32）。

⑥ 李春根、罗家为：《从动员到统合：中国共产党百年基层治理的回顾与前瞻》，载《管理世界》，2021（10）。

于国家治理中的末梢与薄弱环节[①]，客观上抑制了社会内部的活力，形成彼此孤立、缺乏相互联系和自治能力的“蜂窝状”社会结构[②]。社会建设带有鲜明的政治管控和国家包办的特征。新中国成立初期的中国社会缺乏足够的物质资源和条件去改善民生，党和国家对社会的治理施行统一的计划体制和配给制度，对城乡社会资源实行严格的分配和统筹，国家承担了大部分城市社会公共福利和服务的供给。

三、社会管理阶段

改革开放初期，社会制度高度依赖于计划经济，其重要特质是双轨制。以双轨制为核心的改革启动工作导致社会利益分化，社会利益结构分化，社会矛盾主体不断分化。在此阶段，在社会治理模式上，政治管控逐步开始向行政管理转变，法制化、契约化的管理方式开始出现。

这个阶段社会治理的主要内容集中体现在：一是新型基层模式的建立。以村民委员会和居民委员会形式存在的基层社会治理单位取代了人民公社制和单位制，为基层社会治理的制度化和规范化探索出新道路。二是社会组织管理体制的双重性。在此阶段的近十年间，社会组织处于“散养”状态，缺乏有效的社会治理制度。在随后的1988年和1989年之间，《社会团体登记管理条例》《基金会管理办法》《民办非企业单位登记管理暂行条例》等有关社会组织的三项法规的颁布，确立了政府和业务主管部门双重监管负责社会组织的制度，明确了社会组织嵌入政府的社会发展格局与方向。三是人口调控政策的制定与实施。对于人口生育、流动人口、城市人口和农村人口的治理问题，提出了以政府为主导角色的“计划生育”政策和全国范围内开展实施居民身份证制度并行的人口管理方式和管理制度。四是社会治安综合治理基本方向的明确。改革开放初期，社会建设的各个方面还属于空白区，各类形式的违法犯罪活动涌现，面对严峻的形势，为争取社会治安根本好转，中央提出了社会治安综合治理的战略方针[③]。这一阶段社会治理变革的主要特征包括：一是在社会管理的理念上实现了从“办社会”到“管社会”的转变，开始综合利用多种手段进行社会治理。二是缺乏自身独立形态。改革开放之后，“经济”首先作为一个独立领域从国家分化出来，“社会”仍然含混于政治、经济之中，社会治理则淹没于国家治理之中，还没有构成一个系统的整体。三是从属于经济建设。经济改革始终占据中心地位和优先地位，社会领域的建设、改革和发展都服从和服务于经济恢复和经济建设。四是行政化色彩较浓。这一阶段的社会治理仍具有较强的单位属性，体现为行政体制下的社会管理，政社分开的目标并未有效实现。五是带有较明

① 耿立春、张瑞才：《中国社会治理变迁：历史考察、经验启示与未来展望》，载《辽宁大学学报》（哲学社会科学版），2020（6）。

② 李诚：《我国社会治理的历史演进、内在逻辑及路径启示：以国家社会关系为视角》，载《云南行政学院学报》，2020（6）。

③ 苏长枫：《从“管控”到“治理”：社会治理研究回顾与前瞻》，载《党政干部学刊》，2019（3）。

显的计划体制痕迹。这一阶段社会治理制度的设计，因计划经济体制的框架调整，具有较强的城乡二元分割性和社会管制特征。

随着改革开放逐步向多领域、多层面展开，国家开始推动社会体制层面的改革，进一步激发社会活力，构建社会管理体系。以党的十四大召开为标志至党的十八大都是集中于这一内容。“社会管理”一词最早出现在1998年的《关于国务院机构改革方案的说明》中，强调政府的基本职能在于宏观调控、社会管理和公共服务。1998年，第九届全国人民代表大会第一次会议将政府的基本职能定位为“宏观调控、社会管理与公共服务”三个方面。这一阶段社会治理改革的主要内容包括：第一，探索建立“社区制”。从“单位人”向“社会人”的转变，社会领域涌现的新事务、新现象、新问题，迫切需要创新城市基层治理体制。第二，建立社会组织分类管理体制。1998年，民间组织管理局成立，负责社会团体（含基金会）和民办非企业单位登记管理工作。随后，修订后的《社会团体登记管理条例》和《民办非企业单位登记管理暂行条例》发布实施，新增了“民办非企业单位”，分化出了“基金会”，再加上“社会团体”，由此社会组织类型实现从“一元”向“多元”转变，为其分类管理奠定了基础。第三，确立公共服务市场化改革导向。随着社会主义市场经济改革的日益深入，市场化的原则成为这一阶段改革的主导原则，并逐渐渗透到经济社会各领域。参照经济体制改革模式，教育、医疗、住房等公共服务领域出现明显的市场化、产业化倾向①。第四，“社会管理”成为政府基本职能。党的十四大之后，加快转变政府职能成为一项迫切任务。第五，保障改善民生成为重点任务。明确提出加强以保障和改善民生为重点的社会建设方略。改革的基本方向是，强化社会事业的公益属性，推进基本公共服务均等化，倡导政府购买服务制度。2004年党的十六届四中全会首次提出要“不断提高构建社会主义和谐社会的能力”，要求“深入研究社会管理规律，完善社会管理体系和政策法规，整合社会管理资源，建立健全党委领导、政府负责、社会协同、公众参与的社会管理格局”。2012年，党的十八大提出“要围绕构建中国特色社会主义社会管理体系，加快形成党委领导、政府负责、社会协同、公众参与、法治保障的社会管理体制”。第一次系统提出要构建中国特色社会主义社会管理体系，并将“法治保障”作为社会管理的基础支撑。同时，党的十八大将社会管理和民生并列为社会建设的重要内容，以“创新社会管理”为重要抓手推进社会建设。

这一阶段社会治理改革的主要特征包括四个方面：一是凸显市场化原则。以市场作为资源配置的基础性方式成为整个社会的支配性逻辑，在市场机制逐渐建立的过程之中，由于市场存在的制度基础尚不完善，市场的负外部性在一定程度上未能得到纠正，市场失灵的情况不断出现，在教育、医疗、住房等民生领域出现了市场机制不完善的现象和问题。二是国家不再对社会事务大包大揽，原来由国家和政府承担的社会服务供给有相当一部分内容逐渐转移给社会承担，集中表现在社会保障

---

① 王绍光：《大转型：1980年代以来中国的双向运动》，载《中国社会科学》，2008（1）。

和社会福利的剥离和外移，然而由于之前的社会建设主要是为了服务于国家建设，作为国家建设的配套工程，社会没有发展出成熟的、充分的自我治理和自我供给的能力。三是重视法治建设。强调一手抓建设，一手抓法治。市场经济本质上是法治经济。随着依法治国基本方略的确立，国家各项事业被纳入法治化运行轨道，社会治理领域也推进了相关立法。四是社会仍缺乏独立自主形态。市场经济的迅猛发展，传统的社会管控模式日益松动和瓦解，市场经济建设过程中的社会力量逐渐形成，但“社会”作为一个自主结构要素仍不成熟、不完善，与社会主义市场经济体制相适应的社会治理体系亟待建构。五是强化社会管理的政府责任担当。由于行政权力的深度介入，社会在相当程度上还是处于行政控制之下。强调享有基本公共服务是公民的基本权利，是政府的基本责任。

四、社会治理阶段

2013 年 11 月在党的十八届三中全会上首次提出“社会治理”的概念，全会提出将“社会管理”转化为“社会治理”，并提出“加强和创新社会治理，关键在体制创新”。党的十八届三中全会决定把创新社会治理体制作为推进国家治理体系和治理能力现代化的重要内容，提出要深化社会体制改革，“加快形成科学有效的社会治理体制，确保社会既充满活力又和谐有序”的目标要求。全会之后，《中共中央关于全面深化改革若干重大问题的决定》还专门单列一章就如何创新社会治理体制进行了阐释，把社会治理体制创新概括为改进社会治理方式、激发社会组织活力、创新有效预防和化解社会矛盾体制、健全公共安全体系四个方面，具有很强的战略指导性和问题针对性。

用“社会治理”取代“社会管理”，是重大的理念转变，“治理和管理一字之差，体现的是系统治理、依法治理、源头治理、综合施策”①。这体现了党和国家社会治理理念的深刻革命，体现了社会治理的目的、主体、内容、方式进一步向社会治理现代化的要求转变，体现了公共治理进一步向民主化、法治化、制度化、科学化的轨道转变。这是从传统的社会管控、社会管理理念和思维向以人民为中心的现代社会创新思想的重大飞跃，为推进社会治理体系和治理能力现代化提供了宝贵价值和全新的引领②。新的社会治理理念的提出是对权力的属性、功能和运作方式，以及国家与社会之间关系的重新理解。社会治理中的“治理”，意味着放弃基于计划体制而来的国家（政府）包办单干的思路，并将“社会治理”作为国家治理体系和治理能力现代化的重要内容③，实现了从“社会管理”向“社会治理”的理

① 刘捷：《促进政府从管理型向治理型转变》，载《人民日报》，2014-12-16。

② 魏礼群：《坚定不移推进社会治理现代化：新中国 70 年社会治理现代化历程、进展与启示》，载《社会治理》，2019（9）。

③ 冯仕政：《社会治理新蓝图》，3、61、147 页，北京，中国人民大学出版社，2017。

念飞跃；表明社会管理或社会治理的主体从单一转向多元，不再是单一的政府公共权力机构，还包括社会组织、社区组织、企事业单位，甚至公民自己；这还进一步表明，“共建共享”“社会共治”“社会自治”已经成为社会治理的理想目标。党的十八届四中全会就社会治理专门提出“提高社会治理法治化水平”，从而进一步呼应全面依法治国，体现以法治来指引、形塑社会治理。党的二十大报告明确，未来五年是全面建设社会主义现代化国家开局起步的关键时期，主要目标任务之一是改革开放迈出新步伐，国家治理体系和治理能力现代化深入推进①。因此，进入新时代，社会治理内涵发生了显著变化，社会治理现代化与社会治理体制创新实践为其注入了新的内容。这一阶段社会治理改革的最鲜明特征是，推进社会治理现代化，着力建设“共享型社会”。

“社会治理”理念取代“社会管理”，意味着社会秩序的维护和达成不再是政府单方面的事务，而是政府与公民、社会共同的事务；政府不再是单一的管理主体，公民、社会不再是被管理的客体；治理过程不再是自上而下的单向度管控，而是多元主体的平等协商与合作。社会治理改革既包括宏观制度和治理环境的改善，比如明确了全民共建共治共享的社会治理格局，确立了政府、市场、社会共同治理的社会治理体制；也包括微观的治理创新，比如事业单位体制的改革、新型社会保障体制的确立、社会组织的培育和规范、社区治理体制的推行；等等。所有这些社会治理的变革，都表明了中国的社会治理开始从单位本位走向社会本位，从社会管制走向社会服务，从政府统治走向社会共治②。

在从管理到治理战略转变的指引下，当代中国社会治理改革实践的主要内容包括：一是实施社会保障制度并轨改革。推动改革初期的“双规”到“并轨”改革，成为社会平权的一个根本性过程。其中，以户籍制度、基本医保制度、养老金制度、人口生育制度改革体现得最为明显。二是实施“脱贫攻坚战”。从 2015 年到 2018 年，连续 4 年的中央一号文件都强调扶贫脱贫问题，并制定了“精准扶贫、精准脱贫”的基本方略，脱贫攻坚取得决定性进展，贫困群众获得感普遍增强。2020 年，脱贫攻坚取得决定性胜利。三是加强城乡社区治理。2014 年的《关于进一步开展社区减负工作的通知》、2015 年的《关于加强城乡社区协商的意见》以及 2017 年的《关于加强和完善城乡社区治理的意见》从专项设计和顶层设计确立了基层社会治理的政策框架，党的十九大报告提出的“共建共治共享”理念为未来社区治理提供了行动遵循，推动了治理中心下沉到基层的重要制度创新③。四是建立健全现代社会组织体制。围绕“政社分开、权责明确、依法自治”的改革方向，实施社会组织存量与增量改革“双轮驱动”，深化社会组织登记管理制度改革。特别是群团

---

① 习近平：《高举中国特色社会主义伟大旗帜　为全面建设社会主义现代化国家而团结奋斗：在中国共产党第二十次全国代表大会上的报告》，25 页，北京，人民出版社，2022。

② 周红云：《从社会管理走向社会治理：概念、逻辑、原则与路径》，载《团结》，2014（1）。

③ 张金荣、沈笛：《新时代基层社区治理如何创新》，载《人民论坛》，2017（35）。

组织强“三性”、去“四化”[1] 改革，事业单位分类改革，行业协会商会与行政机构脱钩改革，四类社会组织直接登记制度等，成为社会组织体制变革的重要内容。五是加快社会信用体系建设。实施“信用中国”战略，社会信用体系顶层设计逐步完备，初步建立“守信联合激励、失信联合惩戒”机制，基本形成“一处失信、处处受限”的信用惩戒大格局。六是确立“总体国家安全观”。建立国家安全委员会，完善国家安全体制[2]。七是激发社会组织活力。围绕“政社分开、权责明确、依法自治”的改革方向，实施群团组织强“三性”、去“四化”、行业协会商会与行政机构脱钩、四类社会组织直接登记等社会组织制度，并且重视发展社会组织数量和发挥社会组织在参与风险评估、社会矛盾调解和社区治理的各领域的积极作用。

迈入新时代的中国社会治理在治理内涵、治理主体、权威性质、权威来源、权力运行向度、治理体制和治理行动等方面都发生了转变。具体包括以下五个鲜明特点：一是宏观微观改革并重。既有宏观的大的体制性改革，也有微观的机制性再造。社会领域改革顶层制度设计初步成型，中央负责社会治理的领导机构调整到位；“社区、社工、社会组织”三社联动机制、社区减负增效机制、社区协商民主机制等广为推行。二是存量增量改革联动。存量改革凸显，着力攻坚社会改革领域的“硬骨头”；通过存量改革进一步激活和提振增量改革，特别是在事关群众切身利益的民生领域进行了重要突破，一些新的惠民利民举措纷纷推出[3]。三是强调依法治理。注重将社会治理纳入法治化轨道，以法治方式、法治思维、法治精神来谋划和深化社会治理改革，通过法治社会与法治国家、法治政府一体化建设，使得法治成为贯穿全面深化改革的基本枢纽。四是强调共享平权。社会治理从价值理念逐步落实为制度模式，着力从体制上打破城乡二元分割的制度结构体系，从形式上率先实现城乡一体化发展。更加强调社会总体利益的优化和改善，特别是聚焦社会边缘贫困群体，突出共建共治共享。五是运用互联网进行社会治理。网络社会的兴起是当代社会治理面临的新挑战。党的十八大以来，运用互联网参与社会治理体现在两方面。一方面，政府以“互联网+”推动服务创新，全国各地创新出“最多跑一次”“电子政务大厅”等跨部门数据共享、协同治理形式，政府信息公开明显提升，社会治理的智能化程度进展迅速。另一方面，加强对网络空间的治理。网络空间不是法外之地。2017 年 6 月，随着《中华人民共和国网络安全法》开始实施，网络空间的治理有法可依，加强了对网络空间的安全监管[4]。

---

① 强“三性”、去“四化”指增强群团组织的“政治性、先进性、群众性”，去除长期以来我国群团组织存在的“机关化、行政化、贵族化、娱乐化”四项突出问题。

② 李培林：《总体国家安全观指导下的社会治理》，载《社会治理》，2017 (5)。

③ 李友梅：《中国社会治理的新内涵与新作为》，载《社会学研究》，2017 (6)。

④ 朱涛：《新中国 70 年社会治理变迁与基本经验》，载《北京工业大学学报》（社会科学版），2019 (4)。

第三节　当代中国社会治理的现实路径

自2012年党的十八大以来，“治理型”的社会治理处于持续的改革深化中，社会治理体系不断完善，社会治理能力系统提升。纵观我国社会治理的改革创新历程，经历了治理主体由单一化到多元化、治理手段由运动式到精细化、治理任务由社会维稳到社会建设的逐步发展过程。由于时代环境的差异，不同时期社会治理价值、任务的侧重点有所区别，但始终坚持在党委和政府主导的社会治理体制下，不断给社会建设注入新活力，不断赋予社会治理新内涵，中国特色的社会治理之路日渐形成。

一、确立社会治理架构

党的十九大以后，我国着重从加强和创新社会治理、完善社会治理体系的角度，推进社会治理水平的提高。2017年，党的十九大从加强社会治理角度提出要“完善党委领导、政府负责、社会协同、公众参与、法治保障的社会治理体制”，“提高社会治理社会化、法治化、智能化、专业化水平”，并且鼓励建立“自治、法治、德治”有机融合的乡村治理体系，“打造共建共治共享的社会治理格局”①。2019年10月，党的十九届四中全会在党的十九大报告提出的构建“五位一体”社会治理体制基础上，进一步把“民主协商”和“科技支撑”写进了“社会治理体系”之中，再次指出：“必须加强和创新社会治理，完善党委领导、政府负责、民主协商、社会协同、公众参与、法治保障、科技支撑的社会治理体系。”这不仅丰富和发展了党的十九大精神，而且突出了民主协商、科技支撑在社会治理中的创新作用。可以看出，党和国家对社会治理体系内涵的认识不断深化。2020年10月29日，党的十九届五中全会通过的《“十四五”规划纲要》提出：“加强和创新社会治理。完善社会治理体系，健全党组织领导的自治、法治、德治相结合的城乡基层治理体系，完善基层民主协商制度，实现政府治理同社会调节、居民自治良性互动，建设人人有责、人人尽责、人人享有的社会治理共同体。”2021年11月11日，党的十九届六中全会指出“在社会建设上，人民生活全方位改善，社会治理社会化、法治化、智能化、专业化水平大幅度提升，发展了人民安居乐业、社会安定有序的良好局面，续写了社会长期稳定奇迹”。这充分表明，社会治理已成为推进国家治理体系和治理能力现代化的重要内容，成为确保人民安居乐业、社会安定有序的重要手段。

---

① 习近平：《决胜全面建成小康社会　夺取新时代中国特色社会主义伟大胜利：在中国共产党第十九次全国代表大会上的报告》，49页，北京，人民出版社，2017。

在社会治理现代化视域下，中国社会治理模式由党委、政府主导的社会管理向党委、政府主导下的多元参与模式转变，党的十九届四中全会提出“党委领导、政府负责、民主协商、社会协同、公众参与、法治保障、科技支撑”的模式。这一制度创新奠定了我国社会治理的基本架构。

第一，党委领导下的多元治理主体。“党委领导、政府负责”是我国社会治理工作最主要的推动力量，也是现行政治体制在社会治理领域的映射。在所有社会治理主体中，最重要的是中国共产党的各级组织。在西方国家，政府通常是公共治理的最重要主体。与此不同，中国的社会治理结构是一种“以党领政”的治理结构。党掌握着国家的核心政治权力，党组织比政府机关在公共治理和社会治理中作用更大。“党政军民学，东西南北中，党是领导一切的。”① 一方面，在同级的党委和政府中，党委是权力核心，是最高决策权威所在。比起党组织而言，政府在公共治理中更多起着执行党的决策的作用。另一方面，中国共产党目前拥有 9 804.1 万名党员，党的基层组织达 506.5 万个②，其数量远多于政府组织。在许多没有政府组织的社会领域，通常存在着党的组织，它们担负着公共治理和社会治理的主导性责任。

第二，“民主协商、社会协同、公众参与”是社会治理体制的重要组成部分。社会治理体制从党的十六届四中全会开始，不断发展完善，最初是“建立健全党委领导、政府负责、社会协同、公众参与的社会管理格局”。党的十八大将建立健全“社会管理格局”变为构建“社会管理体系”，提出“要围绕构建中国特色社会主义社会管理体系，加快形成党委领导、政府负责、社会协同、公众参与、法治保障的社会管理体制”。党的十九大提出要构建“五位一体”社会治理体制，十九届四中全会在十九大“五位一体”的基础上，补充了民主协商、科技支撑两大力量，我国社会治理体系更趋完善。

我国的社会治理体系是现代治理理论与当代中国社会实际相结合的产物。随着计划经济体制向市场经济体制转型及市场经济体制的发展，单位制逐步解体，总体性社会及其单位社会下的人身依附关系消解，社会结构分层化、异质化、多样化特点日益突出，公民的独立意识和公民精神逐渐增强，民主党派、人民团体③、社会组织、社会公众等正在成为公共治理和社会治理中的重要主体，这些多元主体通过民主协商的形式在参与基层社会的社会管理和公共服务、承担政府职能转移、激发社会活力方面起着越来越重要的作用。社会治理中的民主协商，涉及政党协商、人

① 习近平：《决胜全面建成小康社会　夺取新时代中国特色社会主义伟大胜利：在中国共产党第十九次全国代表大会上的报告》，20 页，北京，人民出版社，2017。

② 《中国共产党党内统计公报》，见 http：//djyj.12371.cn/2023/07/13/ARTI1689233406446468.shtml，2023－07－20。

③ 目前国内八大人民团体指的是在全国政协拥有议政席位的八个人民团体，即中华全国总工会、中国共产主义青年团、中国科学技术协会、中华全国工商联合会、中华全国妇女联合会、中国全国归国华侨联合会、中华全国台湾同胞联谊会、中华全国青年联合会。

大协商、政府协商、政协协商、人民团体协商、基层协商以及社会组织协商等多种形式，是一种参与式民主、全过程民主①。民主协商本质上是一种方式方法，其核心是改传统社会管理自上而下的问题解决方式为平等协商、沟通交流的问题解决方式。因此，民主协商并没有固定的实践形式，要根据不同主题、不同主体、不同条件、不同环境创设不同的协商形式，所有的协商形式都要以问题的解决为中心。

第三，“法治保障、科技支撑”属于社会治理的法治环境、制度保障范畴。2012 年党的十八大在社会管理的框架中加入“法治保障”的内容，法治保障既是社会治理有效推进的保障，也是社会治理的基本特征。各治理主体的治理权限都源于法律的规定，治理内容和治理手段都必须符合法律要求，任何超越法定职权范围的社会治理都会被视为无效。“科技支撑”以现代化的科技手段构建现代社会治理体系的重要方式，新兴数字技术发展迅速，不断在经济社会多个领域取得应用场景的新突破，为社会治理现代化提供支撑和保障的能力持续增强。

二、培育社会治理主体

改革开放以后，社会成为一个相对独立的提供资源和机会的源泉。个人对国家的依附性明显降低，相对独立的社会力量的形成，社会组织化程度的增强，为社会治理的多元主体形成创造了条件②。治理体制涉及各个治理主体之间的相关关系③，从社会体制看，我国社会治理逐步从国家一元管理向多元社会主体共建共治转变。社会治理现代化是社会体制的现代化。新中国成立后实行计划经济体制的时期，国家是经济、社会生活的统一计划者和管理者，是社会管理的唯一主体，包揽社会秩序管理、社会事业发展和各类公共服务。改革开放以后，以往统得过死、管得过宽的社会管理体制被打破，国家作为社会治理主体之外，还重视发挥各种社会力量的作用，逐步形成在党的统一领导下，政府、社会、市场、公众多元主体共建共治共享的社会治理格局，同时逐步发挥法制保障和科技支撑作用，现代社会治理体制框架基本建立。

新时代，党委和政府所扮演的“单主角”社会治理模式已难以适应大环境发展需要，需要建立在党的统一领导下，政府、社会组织、公民多元化主体开展多层次良性互动的社会治理模式，进而达到促进社会协调运转的共同治理目标，满足时代

① 陈煦、周清：《发挥民主协商在社会治理中的独特优势》，载《人民日报》，2019－12－27。

② 罗兴佐：《中国国家与社会关系研究述评》，载《学术界》，2006（4）。

③ 周冰：《论体制概念及其与制度的区别》，载《中国经济问题》，2013（1）。体制一词的广泛使用和流行是与经济体制改革联系在一起的。它是中国人自己创造的一个术语，而不是从国外引进借鉴的概念。邓小平在 1977 年时就说：“体制搞得合理，就可以调动积极性”（邓小平：《邓小平文选》，2 版，第 2 卷，54 页，北京，人民出版社，1994）；1978 年又说：“现在我国的经济管理体制权力过于集中，应该有计划地大胆下放。”（同上，145 页）

发展需求。充分发挥包括社会力量在内的各个治理主体的作用，构建多元治理主体协同参与市域社会治理的共治新格局，凝结为一个人人有责、人人尽责、人人享有的社会治理共同体。从社会治理纵向层次看，打造权责明晰、高效联动、上下贯通、运转灵活的社会治理指挥体系是关键。从社会治理横向层次看，探索构筑党委领导、政府负责、群团助推、社会协同、公众参与的社会共治同心圆是重点。社会治理现代化要建设人人有责、人人尽责、人人享有的社会治理共同体，增强推进社会治理现代化的向心力。

党在社会治理中处于领导地位，主要发挥引导、协调和指挥的作用。作为社会治理主导力量的政府能否真正负好责任，直接影响到社会治理水平。党的十八大以来，社会治理不断创新，通过自身内部优化与外部职能转型顺应社会发展，使履职更加科学化、合理化与高效化①。社会治理的责任在政府，活力在社会。社会治理是一项复杂的系统工程，要充分发挥各主体尤其是社会组织在扩大群众参与、反映群众诉求方面的积极作用，以提高社会治理效能。公众参与是社会治理的重要环节。打造共建共治共享的社会治理格局，根本目的在于增加人民福祉。人民的支持和参与状况在很大程度上决定着社会协同治理目标的实现。社会治理新格局呈现出“一核多元”的鲜明特征，这是我国国情与现实共同作用的结果。中国奉行依法治国，强调在法律框架内进行制度安排，形成以党的领导为核心，政府、社会组织以及公众等多元主体协同参与、共同治理的社会治理格局。

三、创新社会治理方式

社会治理的现代化转型，既是思想观念的转变，也是方式方法的深刻变革。应坚持系统治理、依法治理、综合治理、源头治理，借助于政治、法治、德治、自治、智治“五治”手段，通过多样化治理方式组合达到社会治理现代化。“五治”充分发挥政治引领、法治保障、德治约束、自治强基、智治支撑五方面作用，为社会治理提供支撑。

(1) 社会治理的政治引领。发挥政治的引领作用，坚持和加强党的集中统一领导，指引社会治理方向。发挥政治引领就是要发展党建成为构建社会治理新格局的核心要素。以党建引领社会治理，将区域治理、基层治理以及行业治理有机融合，在把握政治方向的前提下，更好地协调整合各方力量，推进社会治理高效运转，有效化解社会矛盾及源头问题。党的二十大报告指出，严密的组织体系是党的优势所在、力量所在。要增强党组织的政治功能和组织功能。各级党组织要把各领域广大群众组织凝聚好，坚持大抓基层的鲜明导向，持续整顿软弱涣散基层党组织，把基层党组织建设成为有效实现党的领导的坚强战斗堡垒。抓党建促乡村振兴，加强城

---

① 何得桂、徐榕：《团结性吸纳：中国国家与社会关系的一种新解释》，载《中国农村观察》，2021 (3)。

市社区党建工作，推进以党建引领基层治理①。

（2）社会治理的法治保障。党的二十大报告指出加快建设法治社会，推进多层次多领域依法治理，提升社会治理法治化水平。法治社会是构筑法治国家的基础。弘扬社会主义法治精神，传承中华优秀传统法律文化，引导全体人民做社会主义法治的忠实崇尚者、自觉遵守者、坚定捍卫者。建设覆盖城乡的现代公共法律服务体系，深入开展法治宣传教育，增强全民法治观念。增强法治的保障作用，确保社会治理有据可依并有序实施，夯实社会治理基础。社会法治化的重中之重就是法律的实施，只有合理完善的法律制度是远远不够的，还要能够确保法律制度的健康实施。只有严格贯彻行政执法体系，才能确保社会法治化进程的顺利开展。还要发挥领导干部示范带头作用，努力使尊法学法守法用法在全社会蔚然成风②。

（3）社会治理的道德路径。虽然法治是不可或缺的重要治国理政手段，但仅仅依靠法律进行外在约束是远远不够的，还需要发挥德治教化的作用，潜移默化地影响其内心法律的塑造。要大力推动法治与德治的有机结合。德治教化实际是一种更深层次的社会治理手段，是社会文化内化为人的内在道德价值观的过程，社会治理旨在重构国家与社会之间的互动关系，道德社会化是一种更合理有效的社会运行方式。文化治理具有社会价值建构功能、社会冲突整合功能与社会发展导向功能，可以利用和借助文化的潜在功能，协助解决社会发展中的问题。它的功能的发挥过程就是塑造人的思想，进而改变人的行为，从内而外的转化过程，具有稳定性和持久性，可以影响个人的行为方式以及社会的运行方式，进而可以塑造“国家-社会”关系中的现实策略和行动选择。

（4）社会治理的自治基础。体现自治的强基作用，充分调动各类主体参与社会治理的积极性和创造性，激发社会治理活力。首先，加强群众自治规范与自治能力建设。坚持党组织领导基层群众性自治组织的制度，建立基层群众性自治组织法人备案制度。进一步完善城乡社区民主选举、民主协商、民主决策、民主管理、民主监督等基层群众自治制度。注重发挥居民公约、村规民约的自律规范作用，修订完善村（居）民自治章程、村规民约和居民公约，引导城乡基层组织制定完善行业规章、团体章程等各类规则，构建多层次、多样化的自治规范体系。推动村（社区）建设和发展从“政府本位”向“社会本位”转变，提高自治水平，激发社会组织的责任感和参与活力，实现政府治理和社会自我调节、居民自治良性互动。其次，丰富群众自治活动载体。在基层公共事务和公益事业中广泛实行群众自我管理、自我服务、自我教育、自我监督，广泛开展村民说事、民情恳谈等协商活动，健全村（社区）“两委”班子成员联系群众机制，有效通达社情民意、平衡各方利益、化解矛盾纠纷。最后，推进村（社区）减负增效。依法厘清基层政府和基层群众性自治

① 习近平：《高举中国特色社会主义伟大旗帜　为全面建设社会主义现代化国家而团结奋斗：在中国共产党第二十次全国代表大会上的报告》，67页，北京，人民出版社，2022。

② 同上书，42页。

组织权责边界，明确政府管理权和村（居）民自治权的边界，完善社区工作准入清单，把不必要的行政事务剥离出去，为村（社区）减负增效。

（5）社会治理的技术路径。进入新时代，我们在认识上的深化之一，就是强调了社会治理中要加强“科技支撑”的“智能化”。凸显智治的支撑作用，强化社会治理动力。智治作为一种新型治理方式，在治理体系架构、运行机制以及工作流程等方面发挥着重要作用。党的十九届四中全会明确将科技支撑列为社会治理的重要内容和基本理念，十九届五中全会也将加强数字社会、数字政府建设，提升公共服务、社会治理等数字化智能化水平确立为“十四五”时期加快数字化发展的重要指向。新的社会治理方向要求运用现代化信息技术重构社会治理框架、运行机制和工作运行，加强社会治理数字化建设，推动大数据、云计算、人工智能、区块链等现代科技与社会治理深度融合，打造数据驱动、人机协同、跨界融合、共治共享的智能化社会治理新模式。

四、打造社会治理模式

我国当代社会治理在实践经验中形成了具有中国特色的社会治理模式，具体表现在主体、目标和方式等方面。

第一，以党组织为主导的多元治理结构。中国社会治理主体包括党、政府、社会组织以及直接参与公共生活的民众等。它们在社会公共事务治理中承担着不同的社会治理职责，发挥着不同的功能作用，通过彼此间的分工与协作、沟通与配合，结成社会治理的治理网络。政府在社会治理中发挥主导作用，但政府组织不应是社会治理合法性的唯一来源，各个治理主体都应参与到社会事务的管理过程中。这表明中国社会治理结构正由传统的体制内单中心治理向党建引领下的多元治理结构转变。党建在社会治理创新中的引领作用得到了不断拓展，党的组织网络成为社会治理中链接体制内外和不同治理主体的新平台。

其二，治理目标强调社会主义的公平性。社会治理目标是社会治理多元主体进行社会治理期望达到的主观设想，是社会治理主体在治理内容目标等方面对治理客观现实的规划和设想，能为具体社会治理实践活动指明方向。中国社会治理强调效率、公平和利益共享，而不是简单追求效率或照顾某一群体的特殊利益。它希望达到一种“善治”的治理状态，即实现治理的合法性、法治、透明性、责任性、回应性、有效性、参与、稳定、廉洁与公正①。化解社会矛盾、稳定社会秩序、实现社会公正、缩小收入分配差距、激发社会活力、唤醒社会组织动力是现阶段社会治理的具体目标。

其三，治理方式本土化趋势明显。伴随治理理论的本土化发展、社会治理的持续发展，当前社会治理手段呈现出多样化的发展态势，催生出诸如社会自治、网格

---

① 俞可平：《全球治理引论》，载《马克思主义与现实》，2002（1）。

社会治理、合作治理、社会治理数字化等治理手段。社会自治直接关系我国的政治发展和政治进步，是人民群众当家作主的最直接形式，是社会主义民主政治的基础和重要特征，是还政于民的现实途径①。合作治理是社会自治力量成长的必然结果，也是对传统社会治理模式的扬弃②。网格化管理服务工作，是推进基层社会治理体系和治理能力现代化的举措。网格化管理是一种行政管理改革，依托统一的社会管理以及数字化的平台，将管理辖区按照一定的标准划分为单元网格。通过加强对单元网格的部件和事件巡查，建立一种监督和处置互相分离的形式。伴随大数据时代治理环境复杂化、治理诉求多元化和治理场景网络化，基于大数据构建多主体协同、信息均衡、数据驱动的智能化数字社会治理成为社会治理创新的发展趋势③。

总之，在党的领导下，我国社会治理体系不断完善，共建共治共享的社会治理制度不断健全，社会治理效能不断提升。新时代“枫桥经验”在城乡基层不断坚持和发展，新形势下正确处理人民内部矛盾的机制不断完善，完善了网格化管理、精细化服务、信息化支撑的基层治理平台，健全了城乡社区治理体系，形成了矛盾纠纷化解在基层、化解在萌芽状态的源头治理机制；市域社会治理现代化加快推进，市域社会治理能力不断提升，城市成为国家治理的重要基石。在利益表达渠道方面，人民信访工作持续加强和改进，畅通和规范了群众诉求表达、利益协调、权益保障通道。强化了社会治安整体防控，扫黑除恶常态化，依法严惩了群众反映强烈的各类违法犯罪活动。发展壮大了群防群治力量，营造了见义勇为社会氛围。人人有责、人人尽责、人人享有的社会治理共同体取得重大成效④。

关键术语

国家治理　社会管理　社会治理　社会治理变迁

复习思考题

1. 治理的内涵是什么？
2. 西方政府治理理论主要有哪些？
3. 马克思、恩格斯关于治理的相关论述是什么？
4. 国家治理、政府治理、社会治理的区别和联系是什么？
5. 中国社会治理经历了怎样的变迁过程？
6. 当代中国社会治理的模式有哪些特点？

---

① 俞可平：《更加重视社会自治》，载《人民论坛》，2011（6）。

② 张康之：《论参与治理、社会自治与合作治理》，载《行政论坛》，2008（6）。

③ 孟天广、赵娟：《大数据驱动的智能化社会治理：理论建构与治理体系》，载《电子政务》，2018（8）。

④ 习近平：《高举中国特色社会主义伟大旗帜　为全面建设社会主义现代化国家而团结奋斗：在中国共产党第二十次全国代表大会上的报告》，54页，北京，人民出版社，2022。

第十章

当代中国的对外关系

对外关系是国内政治的延续。一个国家国内政治制度和社会体制的特征、国内政治形势的变动以及国家发展战略的调整等，都在相当程度上影响该国的外交政策和对外关系。同样地，对外关系的形成、发展和演变，对于塑造国内政治生活的方方面面又有着显著的作用。认识和理解当代中国的对外关系无疑是认识和理解当代中国政府与政治不可缺少的一个重要方面。

重点问题

- 当代中国对外关系的历史沿革
- 当代中国对外关系面对的国际环境
- 当代中国对外关系中的战略与理念

第一节　改革开放前对外关系的历史沿革

当代中国的对外关系已历经 70 多年。大体来看，这段历史可以划分为几个不同的发展阶段：以新中国成立初期“一边倒”为标志的对外关系的初创阶段，以 20 世纪 50 年代后期逐渐形成的“反两霸”到 70 年代的“一条线”为标志的对外关系的波动与调整阶段，改革开放以来对外关系“全方位”发展的新阶段，以及新时代中国特色大国外交阶段。

一、对外关系的初步确立

1949 年至 1955 年是当代中国对外关系初步确立的阶段。当中华人民共和国以崭新的面貌登上国际舞台时，确立一个正确的对外立场以巩固自己的独立自主、保障国家的安全，就成为这一时期中国对外关系的主要任务。

（一）外交关系的发端

1949 年 10 月 1 日，中华人民共和国宣告成立。毛泽东在开国大典上宣布："凡愿遵守平等、互利及相互尊重领土主权等项原则的任何外国政府，本政府均愿与之建立外交关系。"① 此文告当日被送往各国政府，当代中国的外交关系由此发端。

在"一边倒"、"另起炉灶"② 和"打扫干净屋子再请客"③ 等三项政策原则的基础上，新中国很快迎来了第一次建交高潮。1949 年 10 月 2 日，苏联副外长葛罗米柯致电中国外长周恩来表示：苏联政府决定建立同中华人民共和国的外交关系，并派遣大使。同日，苏联宣布断绝与国民党政府的外交关系。继苏联率先承认新中国之后，其他社会主义国家政府也表示，希望同新中国建立外交关系。至 1950 年初，新中国先后与保加利亚、罗马尼亚、匈牙利、朝鲜、捷克斯洛伐克、波兰、蒙古、德意志民主共和国、阿尔巴尼亚和越南等社会主义国家建立外交关系。

这一时期，中国周边一些获得民族独立的国家，如印度、缅甸、巴基斯坦、印度尼西亚、阿富汗等，均表示承认新中国。这些国家在地理位置上同中国毗邻，建立正常的关系对双方都有利。中国先后同这些国家建立起外交关系。还有一些西欧和北欧国家，如瑞典、丹麦、瑞士和芬兰等，较早承认了中华人民共和国，并同中国建交。此外，英国、荷兰和挪威也较早表示承认中华人民共和国，但它们在同中国政府进行建交谈判时，或是拒绝接受中国政府的建交原则，或是未能履行承诺，中国当时没有与这三个国家建立正式的外交关系。

这一时期，中国对外关系的另一个重要方面是废除旧中国签订的一系列不平等条约，肃清帝国主义在中国的特权和势力。毛泽东对此曾指出，"我们这个国家，如果形象地把它比作一个家庭来讲，它的屋内太脏了。解放后我们必须认真清理我们的屋子，从内到外，从各个角落以至门窗缝里，把那些脏东西通通打扫一番，好好加以整顿，等屋内打扫干净，有了秩序，陈设好了，再请客人进来"④。这就是

---

① 中共中央文献研究室：《毛泽东文集》，第 6 卷，2 页，北京，人民出版社，1999。

② "另起炉灶"就是要同 1840 年以来中国历届统治集团的丧权辱国的外交彻底决裂，彻底改变建立在不平等条约基础上的中国对外关系，即将诞生的新中国将与世界各国通过谈判，建立起反映平等和互相尊重原则的新的外交关系。

③ "打扫干净屋子再请客"，就是要在彻底清除旧中国遗留下来的帝国主义在华特权和残余势力之后，再请客人进来，以免敌对者"钻进来"捣乱。

④ 师哲：《在历史巨人身边》，379 页，北京，中央文献出版社，1991。

著名的"打扫干净屋子再请客"的政策思想。

此外，中国还努力争取恢复在联合国以及其他国际机构和国际组织中的合法席位。但主要是由于美国的阻挠和反对，中国当时未能恢复在一系列国际组织和机构中的合法席位。

（二）与苏联结盟，与美国对抗

与苏联结盟，与美国对抗，是这一时期中国对外关系的基本格局和态势。

1. 中苏同盟

1949 年 12 月 16 日，毛泽东率领中国政府代表团抵达莫斯科对苏联进行正式访问，受到斯大林等苏联领导人的热情欢迎。两国领导人进行了谈判。1950 年 2 月 14 日，中苏双方代表在克里姆林宫举行了《中苏友好同盟互助条约》的签字仪式。中国外长周恩来和苏联外长维辛斯基分别代表各自的政府在有关条约和议定书上签字。以此为标志，中苏两国建立起友好同盟关系。

与苏结盟有着复杂的历史原因。从解放战争后期制定对外政策的过程看，中共中央在考虑新中国的对外关系问题时，一直把同苏联的关系置于首位。这主要是由几个基本因素决定的，包括：中国共产党同苏联之间形成的关系，长期以来苏联一直对中国革命予以同情和支持；中共中央对战后世界政治已经形成的基本认识和判断；等等。

与苏结盟又是强烈的现实要求。中华人民共和国一诞生必然会面临一些迫切需要解决的现实问题，包括：如何使中华人民共和国在诞生后，能立即获得国际承认，因为国际承认是现当代国际体系中国家政权存在的合法性的一个依据；如何在革命战争胜利并建立政权后巩固新政权的问题，以及反对外来侵略和干涉以维护国家基本安全的问题；如何为恢复在长期和大规模的战争中遭受严重破坏的国民经济，以及进行国家现代化建设，争取到必不可少的外援。通过建立、巩固和加强同苏联的友好关系，解决上述中国面临的主要问题，是当时推动中国领导人决定与苏联建立同盟关系的现实原因。

在当代中国的对外关系史中，与苏联结盟无疑是一个非常重要的事件。它是"一边倒"政策方针的具体体现，成为当时中国对外关系发展的一块基石，极大地带动了中国与东欧国家关系的发展。同社会主义各国开展政治、经济、文化的日常联系，成为中华人民共和国成立初期和平友好对外交往的主要内容。

2. 中美对抗

中华人民共和国走上与美国对抗的道路，同美国这一时期的对华政策有直接的关系。在新中国成立前后，美国的帝国主义行为给中共和新中国以巨大压力，主要表现在：一是援助国民党政府对抗人民解放军，直至帮助国民党政府退守台湾。在阻挠中国革命取得最后胜利方面，美国几乎是步步为营的；二是企图利用"承认"问题影响新中国的内外政策，并在国际上组织孤立新中国的"联合战线"；三是给新中国制造经济困难，纵容和配合国民党军队封锁大陆海港；四是朝鲜战争爆发后，美国政府立即派军队进驻台湾海峡，阻止和破坏中国人民完成统一大业。美国的行动反映了一个帝国主义大国对共产主义运动、对一个新兴的社会主义国家的根深蒂固的仇视态度。面对如此情势，中共和新中国理直气壮地采取了敌视和斗争的政策，“针锋相对，来而不往非礼也”，“你来一手我也来一手”①。

从三大战役的胜利到中华人民共和国成立，中共中央一直在准备对付美国可能采取的各种形式的干涉，包括防止美国直接的军事干涉，揭露和挫败美国分裂中国革命队伍的计划，打破美国可能实行的经济封锁，以及新中国成立后逐步清理美国在华的企业，等等。

中美对抗的态势由于1950年6月25日朝鲜战争的爆发、美国随后进行大规模军事干预以及中国“抗美援朝，保家卫国”的政策和实践而最终定格下来。

美国在入侵朝鲜的同时，还加紧干涉印度支那。美国的行动不仅支持法国殖民主义镇压印度支那人民，而且对中国南方边陲的安全构成重大威胁。中国在极其困难的条件下，全力支持越南人民反抗法国殖民主义和美国的干涉，为恢复印度支那的和平和实现越南的完全解放做出了自己的贡献。与此同时，为维护国家主权和安全，我国从20世纪50年代起就同美国在台湾问题上进行了坚决有力的斗争。

（三）走向和平共处

新中国成立初期，中国的对外关系框架主要建立在“一边倒”基础上，在注重发展与社会主义国家之间关系的同时，中国还在积极发展与亚非民族主义国家的关系，参加日内瓦会议和亚非会议，谋求与不同社会制度国家和平共处。

1. 参加日内瓦会议

朝鲜停战协定签字后，朝鲜半岛局势依然紧张，战火随时可能再起；在印度支那，法国正在进行的殖民战争随时有扩大的可能。正是在这种情况下，苏联向美、英、法等国提出，在日内瓦召开有中国参加的五国外长会议，并邀请其他一些有关国家共同参与，寻求朝鲜半岛问题的政治解决和恢复印度支那的和平。苏联的建议逐渐被美、英、法三国接受，中国政府对此也表示了支持的态度。

日内瓦会议于1954年4月26日正式开始。会议主要讨论解决两个问题：朝鲜半岛问题和恢复印度支那和平问题。关于朝鲜半岛问题的讨论从4月26日开始，到6月15日结束。会议讨论期间，主要是由于美国的阻挠，有关朝鲜半岛问题的讨论没有取得任何结果。关于印度支那问题的谈判从5月8日开始，参加的有五大国和越南民主共和国以及被法国占领的南越、老挝和柬埔寨的代表。经过长时间的讨论，在7月21日的最后一次全体会议上，有关各方终于达成了恢复印度支那和平的协议和三个停战协定，会议最后发表了《日内瓦会议最后宣言》。只有美国拒绝在最后宣言上签字。

日内瓦会议是中华人民共和国首次以五大国之一的身份参加讨论国际问题的一

---

① 《周恩来选集》（下卷），87页，北京，人民出版社，1984。

次重要会议。通过这次会议，世界看到了同由美国掌控的安理会所形容的完全相反的新中国形象，感受到了令人耳目一新的新中国外交风格，看到了中国的和平外交政策，看到了新中国在处理国际问题当中的分量。

2. 参加亚非会议

第二次世界大战后，民族解放运动蓬勃兴起，一大批亚非国家获得了独立。朝鲜战争时期，不少亚非国家和平中立倾向增强，国际地位有所提高。正是在这种背景之下，1954 年 12 月，缅甸、锡兰（今斯里兰卡）、印度、印度尼西亚和巴基斯坦五国总理联合发起了召开亚非会议的倡议，并邀请包括中国在内的 20 多个亚非国家和地区参加。在接到会议邀请函后，中国政府很快决定由周恩来率代表团参加会议，并制定了参加亚非会议的方案。

1955 年 4 月 18 日至 24 日，29 个亚非国家和地区的政府代表团在印度尼西亚万隆召开首届亚非会议，也称万隆会议。这是亚非国家第一次在没有西方殖民国家参加的情况下自行召开的会议。会议讨论了国际形势和有关亚非国家人民共同利害关系的问题。会议发表的最后公报提出了与和平共处五项原则的精神相一致的、促进世界和平和合作的十项国际关系原则。

会议共同决议的达成并非一帆风顺。以周恩来总理为首的中国代表团，坚持“求同存异”的方针，开展了卓有成效的工作，为会议取得圆满成功做出了重要的贡献。此外，会议期间中国代表团通过积极的外交活动，打开了与亚非国家广泛交往的大门。参加亚非会议，标志着中国不仅作为社会主义阵营的重要成员，而且作为新兴民族国家的重要成员，在国际舞台上发挥作用。

二、对外关系的波动与调整

20 世纪 50 年代中叶至改革开放前，当代中国的对外关系进入一个新的阶段。整体而言，这一阶段的特点可以用“波动与调整”来概括。

（一）处理对外多方矛盾关系

亚非会议结束后，尼泊尔、埃及、叙利亚、也门、锡兰、柬埔寨、伊拉克、阿尔及利亚、苏丹和几内亚等一批亚非国家相继与中国建交。中国政府逐步形成了对亚非新独立国家的政策，在和平共处五项原则的基础上，促进发展了中国同这些国家的关系。在这个过程中，中国政府提出了根据平等互利的原则对外提供援助、严格尊重受援国的主权等对外援助的八项指导原则①，以及发展同阿拉伯国家和非洲国家关系的五项指导原则②。中国同亚非新独立国家关系的发展，扩大了中国在世界政治中的影响力，也逐步改变了中国对外关系的基本面貌。

---

① 周恩来：《周恩来外交文选》，388 - 389 页，北京，中央文献出版社，1990。

② 同上书，387 页。

20世纪50年代中期，民族独立和民族解放运动掀起高潮，在亚洲、非洲，后来扩展到拉丁美洲，民族独立和民族解放运动汇合成巨大的潮流。作为一个亚洲新兴民族国家，中国重视、同情和坚决地支持亚非拉民族独立解放运动，向亚非拉民族独立解放运动提供了重要的援助。其中最重要的是在这个时期形成并开始执行援越抗美政策，这项政策一直持续了10年。援越抗美是新中国成立以来规模最大的对外援助行动，对这个时期的中国对外关系产生了战略性的影响①。

解决历史遗留的边界问题是这个时期中国外交必须处理的重大问题。中国有着世界上最长的陆路边界，其中部分同邻国中的多数国家存在历史遗留的边界问题。为了解决边界遗留问题，中国政府进行了积极和慎重的探索，逐步提出了解决边界遗留问题的指导原则，并总结出比较丰富的经验。在这个时期，中国先后同许多邻国签署了边界条约，解决了很多边界遗留问题。另外，由于印度政府利用解决边界遗留问题推行领土扩张政策，导致中印边界冲突，中国被迫进行了中印边界自卫反击战。通过这次自卫反击战，中国政府总结了边界军事冲突的经验。

这个时期，一些亚非新独立国家的国内政治局势不稳定，加上外部各种政治势力的影响甚至干预，不断出现政局动荡，并导致对外政策、对华政策的波动。例如在亚洲，中国同印度尼西亚的关系曾经有过一段友好合作的时期，双方合理地解决了印尼华侨的双重国籍问题，在国际舞台上能够相互支持、相互合作。但是，1965年9月30日印尼发生军事政变，政变当局严厉镇压印尼共产党和亲苏加诺势力，印尼对华政策随之发生逆转，导致两国关系长期恶化。在非洲，新独立国家的政局尤为不稳，形势也更为复杂。据统计，在20世纪60年代，有15个国家发生过一次或多次军事政变。这种情况影响到中国同这些国家的关系。如肯尼亚、突尼斯、加纳、贝宁等，均因国内发生政变，新政权改变对华政策，导致与中国的关系恶化，甚至断绝外交关系。

同新中国成立初期相比，这个时期中国同西方国家的关系也有一些改善或发展，特别是在1964年同法国建立外交关系，这是中国同西方国家外交关系发展的重要突破。中国通过民间外交和贸易等事务积极开展同日本的交流。1955年8月1日开始的中美大使级会谈有一段漫长的历程，直至1973年中美相互在对方首都设立联络处时为止，它在名义上是一直存在的。中国同美国举行了多次大使级会谈，双方在会谈中虽然没有就解决外交关系问题取得进展，但通过大使级会谈，双方了解了对方的政策，并在紧张时期使对方清楚了解自己的立场，对防止双方发生军事冲突起了重要的作用。

（二）中苏同盟关系的曲折发展

1950年2月中苏同盟条约签订后，中苏两国在政治、外交、军事、经济、文化和科技等各个领域，都进行了全面的合作；特别是在处理一系列重大国际事务中，

---

① 牛军：《中华人民共和国对外关系史概论（1949—2009）》，103页，北京，北京大学出版社，2010。

两国相互支持、相互帮助。这一时期，苏联向中国提供了大规模的经济援助。1952年八九月间，周恩来率领中国政府代表团访问莫斯科，与苏方协商谈判中国的经济建设计划。斯大林在会谈中同意给予中国长期、全面的经济援助。1953年5月15日，中苏签订《关于苏维埃社会主义共和国联盟政府援助中华人民共和国中央人民政府发展中国国民经济的协定》和议定书，其中苏联承诺援助中国新建和改建91个规模巨大的工程项目，包括钢铁联合企业、有色冶金、煤矿、炼油、机器制造、汽车制造、拖拉机制造、电力等等。

斯大林逝世后的一段时间里，郝鲁晓夫领导的苏联政府为了进一步密切与中国的关系，逐步调整斯大林时期的某些对华政策，一度为中苏关系发展带来积极的影响。同一时期，中国政府也为加强双方关系不断做出努力。

从1956年初苏共“二十大”召开到1959年10月，中苏关系出现了从友好合作到关系恶化的转变。主要在苏联党和国家如何评价斯大林的问题、中苏两国在安全与军事领域的合作问题、对外政策主要是对美国的政策的问题、对中国“大跃进”运动的看法等问题上，双方的分歧日益严重。1959年9月30日，赫鲁晓夫访美回国途中访问北京，中苏最高领导人随后进行的会谈，显示出中苏关系的恶化已不可逆转，中苏同盟走向衰落已无法挽回①。

从1960年至1965年，中苏关系在起伏中日趋恶化。不论是在社会主义阵营内部，还是在其他国际关系领域，中苏两国都面临新的问题、新的挑战。在应对错综复杂的局面和处理双边关系、国际共产主义运动以及重大国际事务的各种问题的过程中，两国在经济贸易合作、国防安全事务、对外政策、边界问题等各个方面的矛盾、分歧不断激化，特别是双方的矛盾与分歧逐步发展为意识形态的“论战”，最终导致中苏同盟的彻底决裂，中苏在各个领域的关系随即全面恶化。

（三）“反帝必反修”与反对两霸

1965年3月，《人民日报》和《红旗》杂志发表题为《评莫斯科三月会议》的社论。针对苏联不顾中国反对，执意要在中苏两党未达成共识以前，召开新的各国共产党会议的情况，社论宣布社会主义阵营已经不复存在②。此后不久，《人民日报》和《红旗》杂志又于6月发表题为《把反对赫鲁晓夫修正主义的斗争进行到底》的编辑部文章，谴责苏联对外政策的“灵魂”就是与美国合作主宰世界，在文章中第一次提出“反帝必反修”的论述③。中国对外政策“两个拳头打人”的局面由此开始成形。

1966年8月召开的中共八届十一中全会也明确肯定了《评莫斯科三月会议》这篇文章。会议《公报》在“国际”部分专门论述了世界政治形势和中国对外政策的

---

① 牛军：《中华人民共和国对外关系史概论（1949—2009）》，130页，北京，北京大学出版社，2010。

② 《评莫斯科三月会议》，载《人民日报》，1965-03-23。

③ 《把反对赫鲁晓夫修正主义的斗争进行到底》，载《人民日报》，1965-06-14。

任务和原则等。《公报》提出，“当前正处在世界革命的一个新时代”，世界政治的总趋势是“帝国主义走向全面崩溃，社会主义走向全世界胜利”。《公报》认为，“各种政治力量正在经历着一个大动荡、大分化、大改组的局面”，苏共领导集团正在联合以美国为首的帝国主义和各国反动派，结成一个“反共、反人民、反革命、反中国的新神圣同盟”，但是这个同盟“是注定要破产的，现在已经陷于分崩离析”。《公报》明确指出，“无产阶级国际主义是我国对外政策的最高指导原则”；中国外交的任务则是支持亚非的民族解放运动和世界各国的革命运动，建立“反对美帝国主义及其走狗的最广泛的国际统一战线”，将反对美国帝国主义和苏联修正主义的斗争都进行到底①。

由于在指导思想和战略上对美国、苏联“两面开弓”，中国的对外关系以及面临的国际形势全面恶化了。中苏的敌视持续加深，两国爆发了一系列的边界冲突，苏联在中国边境陈兵百万，甚至进行核威慑。中国继续支持越老柬三国人民的抗美救国战争，中美持续对抗。

（四）中美关系的解冻

1969 年“珍宝岛事件”发生后，中国开始广泛调整和改善同各国的关系，包括改善同南斯拉夫的关系。随着美国在越南战场的失败和顽固反华政策的某些改变，中国在仍然坚持一般的反帝反殖民政策的同时，同美国的关系开始解冻。

从 1970 年 10 月到 1971 年 5 月，中美双方主要是通过巴基斯坦和罗马尼亚渠道多次交换意见，就美国总统国家安全事务助理基辛格秘密访问北京达成协议。这期间发生了令世人瞩目的事件，即中国政府于 1971 年 4 月邀请在日本名古屋参加第 31 届世界乒乓球锦标赛的美国乒乓球队于比赛结束后访华。4 月 14 日，周恩来接见了美国乒乓球队的全体成员，发表了希望打开中美关系的公开谈话。此后不久，周恩来于 4 月 21 日通过巴基斯坦总统叶海亚·汗向美国方面发出邀请，表示中国欢迎美国总统特使如基辛格或国务卿访华，甚至也欢迎尼克松本人访问北京。7 月 9 日，经过周密的安排，基辛格按计划秘密访华。1972 年 2 月 21 日，美国总统尼克松访问中国，随同访问的有国务卿罗杰斯和国家安全事务助理基辛格等人。2 月 28 日，中美两国政府在上海发表《中华人民共和国和美利坚合众国联合公报》（简称《上海公报》）。公报内容主要有三个部分：（一）阐明了双方对国际形势的各自立场和态度；（二）双方考虑到国际关系的准则而就某些问题作出共同声明；（三）就双边关系中的一些问题或者共同作出声明或者各自分别作出声明②。《上海公报》的重要意义在于申明了中美双方在承认共同战略利益的基础上，求同存异，为两国关系当下的和解和未来的发展，奠定了基础并规定了方向。

---

① 《中国共产党第八届中央委员会第十一次全体会议公报》，载《人民日报》，1966-08-14。

② 谢益显：《中国当代外交史（1949—2009）》，228-229 页，北京，中国青年出版社，2009。

以尼克松访华和《上海公报》的发表为标志，中美两个大国在经过 20 多年的对抗之后，开始了关系正常化的进程。中美关系解冻同时改变了中国在对外战略上同时存在多个敌手的处境，这对国际形势的发展产生了深远影响。

在中美和解过程中，中国对外关系出现了新局面。这突出表现在 1971 年 10 月 25 日，联合国大会通过 2758 号决议，恢复了中华人民共和国在联合国的一切合法权利，并立即把国民党当局的代表从联合国及所属的一切机构中驱逐出去。

中美和解与中国恢复在联合国的合法席位，极大地推动了中国对外关系的全面发展。从 1971 年 7 月基辛格秘密访华到 10 月中国恢复在联合国的合法席位这段时间起，到 1972 年底，就有 27 个国家与中国建交、复交，或将代办级外交关系升格为正式的大使级外交关系。这其中比较突出的是中国同西方国家及一些是美国盟友的国家的关系出现历史性突破，中国在很短的时间里，先后同欧洲大多数国家以及日本建立了外交关系。这一时期，中国也与亚非拉不少新兴国家建立起外交关系，从而出现了当代中国历史上所称的“第三次建交高潮”。

第二节　改革开放后对外关系的转型与全方位发展

伴随着国内各方面的历史性转型以及自身综合国力的日益提升，中国的对外关系领域出现了极其深刻的变化，外交政策和对外关系发生了持续而重大的转型。在这个过程中，中国外交形成了“大国是关键，周边是首要，发展中国家是基础，多边是新舞台”的布局；与此同时，中国通过改变自己，在国际上获得了更多的发言权，也取得了更大的主动权，进一步影响和改变了世界①。

一、中国与主要大国的关系

改革开放后，中国妥善、灵活处理大国关系，尤其是与西方发达国家的关系，在推动务实合作的同时，不断巩固和加强战略层面的对话与合作，构建稳定的大国关系框架。

（一）中美关系

1979 年中美两国建交后，双边关系开始全面发展。两国高层领导人进行了一系列的互访。中美之间在经贸和军事方面的联系加强，文化、教育和科技方面的人员交流越来越频繁。包括 1972 年《上海公报》、1979 年《中华人民共和国和美利坚合众国关于建立外交关系的联合公报》和《中华人民共和国和美利坚合众国联合公

① 资中筠：《资中筠集》，367 页，北京，中国社会科学出版社，2002。

报》（简称《八一七公报》）在内的中美间三个公报所提出的中美关系的指导原则，对20世纪80年代中美关系得到较全面发展起到了积极作用。

随着苏联解体与东欧剧变，中美关系面临一个与先前截然不同的环境，进入探索彼此交往方式的新时期。中美关系在20世纪90年代经历了剧烈动荡的曲折发展过程。在双方决策层的审慎稳重处理下，中美两国成功克服了影响彼此关系顺畅发展的种种障碍，保持了总体稳定的积极态势。

进入21世纪，一方面，中美经贸交流的深层次发展以及共同应对核扩散、恐怖主义、气候变化等全球性挑战的战略需要，推动着中美合作基础的稳步拓宽；另一方面，随着双方实力差距的逐渐缩小，尤其是美国对华战略的调整，中美之间深层次矛盾逐渐显露，中美关系需要重新定位并探寻合适路径。

（二）中俄（苏）关系

实现中苏关系的正常化是20世纪80年代中国对外关系中的一个重大事件。中国实现与苏联关系正常化，既同中国国家安全战略和对外政策的重大转变等有直接的关系，也是中国走上独立自主的和平外交道路的一个标志。它标志着自20世纪50年代末以来，中国的发展战略和外交政策又一次实现了根本性的调整。在中苏关系正常化的进程中，中国并不谋求与苏联建立针对第三方的战略关系，新型中苏关系的基本要素涵盖了不结盟、不对抗、不针对第三方、不进行意识形态斗争。从这个意义上说，中苏关系正常化是后冷战时代中国外交的一个起点①。

在冷战后的国际体系中，中俄两国的国家身份都发生了变化。中国从国际体系的“挑战者”变成了“参与者”，在不断融入世界政治和经济体系的同时，致力于同世界各主要国家建立务实的“伙伴关系”。俄罗斯同样改变了苏联在冷战时代力图通过建立“社会主义阵营”最终颠覆西方主导的国际关系体系的观念，先是对西方“一边倒”，随后又奉行了东西方平衡的“双头鹰”战略。随着中俄两国国家身份和国际环境的变化，两国越来越注意到，中俄两国的团结更有利于实现各自的国家利益，于是两国于1996年建立了“战略协作伙伴关系”。

进入21世纪，中俄关系更是不断取得重大进展。2001年7月16日，俄罗斯总统普京和中国国家主席江泽民在莫斯科签署《中俄睦邻友好合作条约》，为日益成熟的中俄关系建立了法律框架。在发展务实合作的外交中，中俄于2011年结成了“全面战略协作伙伴”。随后，中俄伙伴关系持续深化，于2014年发表了《中俄关于全面战略协作伙伴关系新阶段的联合声明》，显示中俄关系已提升至全面战略协作伙伴关系新阶段②。2019年，中俄两国再次签署联合声明，宣布将致力于发展中

---

① 牛军：《中华人民共和国对外关系史概论（1949—2009）》，275页，北京，北京大学出版社，2010。

② 《中俄关于全面战略协作伙伴关系新阶段的联合声明》，见 http：//www.gov.cn/xinwen/2014-05/20/content_2683144.htm，2023-07-20。

俄新时代全面战略协作伙伴关系①。中俄伙伴关系的不断发展，将两国战略协作提升到了历史最高水平。

（三）中欧关系

冷战结束以后，伴随着全球化的快速发展，中国的实力和地位迅速上升，欧洲一体化实现跨越式前进，中欧关系以空前的速度连续上了三个台阶：1998 年中欧建立面向 21 世纪的长期稳定的建设性伙伴关系，2001 年建立全面伙伴关系；2003 年建立全面战略伙伴关系，中欧关系进入了历史上最好的时期；2006 年以后，中欧关系进入调整和深化时期。一方面，中欧关系深入发展，经贸往来继续扩大，双方在全球问题领域进行广泛的合作；另一方面，一些新的因素和新的分歧开始凸显，中欧关系面临新的挑战。

中国政府高度重视中欧关系，希望中欧发展全面战略伙伴关系。所谓“全面”，是指双方的合作全方位、宽领域、多层次，既包括经济、科技，也包括政治、文化；既有双边，也有多边；既有官方，也有民间。所谓“战略”，是指双方的合作具有全局性、长期性和稳定性，超越意识形态和社会制度的差异，不受一时一事的干扰。所谓“伙伴”，是指双方的合作是平等、互利、共赢的，在相互尊重、相互信任的基础上，求大同存小异，努力扩大双方的共同利益②。中国同欧盟以及主要欧洲国家致力于发展这样一种新型关系，不仅符合中欧双方的利益，也有利于世界的和平、稳定与发展。只有建立在上述基础上的中欧关系，才能分享互利共赢的成果。

2014 年，中欧关系有了新的进展，习近平提出中欧要携手打造“和平、增长、改革、文明”四大伙伴关系③。但伴随着近年来国际形势越发多变，中欧关系也出现了复杂转向。2021 年，欧盟在《新欧中战略报告》中将中欧定位为“制度性对手”。在新冠疫情和俄乌冲突等大事件的共同作用下，中欧关系要在平衡多方力量中寻找新的发展机遇。

二、中国与周边国家和地区的关系

在中国的对外关系格局中，“周边是首要”。依循“与邻为善、以邻为伴”“亲、诚、惠、容”等指导思想，中国对周边国家和地区的态度和做法，由过去的政治意识形态和标准高于一切、敌友关系泾渭分明的思维方式与行为模式，逐步转变为努力同所有邻国建立友善与合作关系，妥善处理各种棘手难题的新形态和新实践。简

---

① 《中华人民共和国和俄罗斯联邦关于发展新时代全面战略协作伙伴关系的联合声明（全文）》，见 http：//www.gov.cn/xinwen/2019－06/06/content_5397865.htm，2023－07－20。

② 《积极发展中国同欧盟的全面战略伙伴关系》，载《人民日报》，2004－05－07。

③ 《中欧迎来四大伙伴关系》，载《光明日报》，2014－04－04。

言之，旧的类似冷战的模式被新的睦邻友好的方针所取代①。

（一）新型周边外交关系

从新中国成立，到20世纪90年代以前，中国与周边的很多国家发生过冲突。例如，中印边界冲突、中苏边界冲突以及对越自卫反击战。中国在一段时间内，还曾经与日本、韩国、印度尼西亚等国处于敌对状态。这对于中国的国家安全与经济发展无疑是十分不利的。

随着党和国家的工作中心转移到经济建设上来，中国的外交战略也进行了重大调整，主要任务转变为“寻求一个和平的环境来实现四个现代化”②。为此，中国的周边外交也逐渐打破意识形态的控制，把重点放在改善和发展与各国稳定、和平与合作关系的轨道上来，把努力改善与周边国家的关系、营造一个良好的周边环境放在对外关系的首位。

20世纪90年代以来，中国与所有周边国家实现了关系的正常化，建立了外交关系。这一时期，中国不仅同印度尼西亚复交，同新加坡、文莱、哈萨克斯坦、塔吉克斯坦、韩国等国建立了外交关系，还同蒙古、越南实现了关系正常化，而且在中国周边建立了一系列伙伴关系。比如，中国与吉尔吉斯斯坦和塔吉克斯坦的“睦邻友好合作关系”，以及中越两国在1999年确定的新世纪两国“长期稳定、面向未来、睦邻友好、全面合作”关系框架等。自20世纪90年代初以来，中国与邻国的关系取得了长足的发展，中国的周边环境有了实质性的改善。

到21世纪初，中国的睦邻外交取得了积极的成效，加强了与邻国的友好合作关系，发展了与邻国的经贸、科技与文化合作，缓和、稳定了周边安全形势。

（二）新型的周边地区政策

中国对邻国关系的认识和定位也是逐步深化的。冷战时期，由于受到两极格局的制约以及意识形态因素的束缚，中国与邻国的关系错综复杂。一些周边国家在处理同中国的关系时保持一种戒备心理，随着中国的快速发展和影响力增强，一些国家对中国的“戒备”心理有所发酵，甚至对中国产生畏惧。要从根本上减少和消除周边国家对中国发展的疑虑，促进中国同周边邻国关系的全面改善和发展，需要对传统的睦邻政策加以丰富和发展，为此，中国进一步提出“睦邻、安邻、富邻”的新政策。“睦邻”就是继承和发扬中华民族亲仁善邻、以和为贵的哲学思想，在与周边国家和睦相处的前提下，共筑本地区稳定、和谐的国家关系结构；“安邻”就是积极维护本地区的和平与稳定，坚持通过对话增进互信，通过和平谈判解决分歧，为亚洲的发展营造和平安定的地区环境；“富邻”就是加强与邻国的互利合作，深化区域和次区域合作，积极推进地区经济一体化，与亚洲各国实现共同发展。

---

① 王逸舟：《中国对外关系转型30年》，3页，北京，社会科学文献出版社，2008。

② 邓小平：《邓小平文选》，2版，第2卷，241页，北京，人民出版社，1994。

党的十八大以来，以习近平同志为核心的党中央对周边外交给予了异乎寻常的高度重视，提出了进一步发展与周边国家之间关系的新政策。2013 年 9 月，习近平在哈萨克斯坦首次提出构建“丝绸之路经济带”的设想，提出与中亚打造“利益共同体”和全面提升关系的政策主张。10 月，习近平在出席 APEC 领导人非正式会议期间提出了中国愿同东盟国家加强海上合作，共同建设“21 世纪海上丝绸之路”的倡议。随后在 10 月 24 日召开了中央周边外交工作座谈会，这是专门就周边外交工作召开的一次重要会议。习近平在周边外交工作座谈会上的讲话，强调外交工作应坚持正确的义利观，做到“亲、诚、惠、容”。2022 年党的二十大报告再次申明，中国坚持“亲、诚、惠、容”和“与邻为善、以邻为伴”周边外交方针，深化同周边国家友好互信和利益融合。

三、中国与发展中国家的关系

中国与非洲、中东和拉美等地区国家的关系，从原先只看重民族独立和解放理念，单纯注重政治和外交上的相互支持，经贸关系方面很少根据市场原则和互利标准行事的形态，逐渐转变为既讲政治又讲经济，既尽力保持原有的友谊与合作关系，又根据“平等务实、共同发展”的原则，保持在政治多极化、经济全球化的国际政治经济大背景下稳健推进的形态①。

（一）中国与非洲国家关系的新发展

在经过半个世纪的演进后，中非关系在 2000 年以后进入了一个内容全面拓展、层次迅速提升、影响急速扩大的新阶段，中国也最终形成了自己成熟完整的对非政策理念和政策体系。

首先是在对非政策的政治层面。中国淡化意识形态，强调把尊重非洲国家自主选择适合本国国情的政治制度和发展道路、反对外部干涉非洲事务作为重点，巩固和深化了双边政治关系。冷战结束以后，中国与非洲国家的高层互访频繁，增进了互信，扩大了共识，为巩固中非之间的传统友谊和进一步拓展中非关系营造了良好的政治氛围。其次是在对非政策的经济层面。中国将不计成本的无私援助调整为与非洲国家更多地开展互利互惠的经济技术合作。20 世纪 80 年代以后，中国在表达与非洲国家的经济关系时，就已经越来越多地使用“合作”而不是“援助”一词，强调双方互利合作而不仅仅是中国对非洲的单方面援助。20 世纪 90 年代以来，中国与非洲国家的贸易有了较大幅度的增长。

中非关系的发展已经形成机制化的合作平台。2000 年 10 月，中非合作论坛宣告成立并在北京召开了首届部长级会议。2006 年的第三届论坛升格为中非领导人峰会，共有 42 个非洲国家领导人到北京出席峰会。这个会议的召开及它对中非关

---

① 王逸舟：《中国对外关系转型 30 年》，5－6 页，北京，社会科学文献出版社，2008。

系所做之规划与展望，不仅清楚地表明了改革开放以来中国与非洲国家关系所取得的巨大发展，而且在某种程度上也标志着当代中国外交已走上了大国外交的成熟之路，其意义重大而深远。

在“一带一路”倡议提出后，中非合作也加快了进程，在2015年，中国与南非签署了“一带一路”政府间合作备忘录，南非成为第一个正式参与到共建“一带一路”队伍中的非洲国家。随后，中国又与多个非洲国家签署了相关文件。2018年中非合作论坛北京峰会召开，中国与28个非洲国家以及非盟签署了共建“一带一路”合作文件。截至2023年6月底，已经有52个非洲国家与中国签署了“一带一路”合作文件。

（二）中国与中东国家关系的新发展

冷战结束后，中国一如既往地支持阿拉伯国家收复失地和恢复巴勒斯坦人民合法的民族权力，同时强调以色列的安全应得到保障。这使中国得以同中东各国都保持着良好的政治关系，从而为中国在中东乃至全球事务中提供了广阔的回旋余地。

进入21世纪以来，中国在处理与中东地区国家的关系时更加积极、主动，在应对诸如阿以问题、伊拉克问题和伊朗核问题等一系列地区热点问题上发挥着日益重要的作用，同时与该地区有关国家及阿拉伯国家联盟的合作进一步加强。2004年，中国-阿拉伯国家合作论坛成立，“一带一路”倡议提出后，中国邀请中东国家与中国共建“一带一路”，得到了积极响应。近年来面对一系列突发事件，中国作为负责任大国积极发挥作用。在中东国家出现新冠疫情后，中国向其提供了大量物资援助，并派遣专家支援。在2021年的巴以冲突中，中国作为联合国安理会轮值主席国，积极推动安理会五次审议巴勒斯坦问题以解决冲突；中国外长王毅在与埃及外长舒凯里和阿盟秘书长盖特举行会谈时，也提出了落实巴以“两国方案”的三点思路①。新形势下中国与中东地区的关系进一步深化。

（三）中国与拉美国家关系的新发展

冷战结束后，全球化进程的快速发展拉近了中国与广大拉美国家的距离。在外交领域，自1993年11月中国与巴西建立战略伙伴关系（后提升为“全面战略伙伴关系”）以来，中国又相继与委内瑞拉、墨西哥、阿根廷、秘鲁、智利等国建立了“全面战略伙伴关系”。中拉政治磋商进一步制度化，对话机制不断完善。2014年，中国-拉共体论坛建立，并于2015年在北京召开中拉论坛首届部长级会议，标志着论坛的正式启动。此外，在“一带一路”的大背景下，中拉合作也进一步深化，中拉论坛第二届部长级会议发表了《关于“一带一路”倡议的特别声明》，指出中国认为拉美和加勒比国家是海上丝绸之路的自然延伸和“一带一路”国际合作不可或

---

① 《王毅提出落实“两国方案”三点思路》，见 http：//www.xinhuanet.com/world/2021－07/19/c_1127668218.htm，2023－07－20。

缺的参与方①。

政治关系的增强为中国与拉美主要国家在经贸领域的合作创造了条件。1979 年，中国与拉美国家的贸易总额只有 10 亿美元，1990 年为 23 亿美元，随后增长到 2000 年的 125.95 亿美元，2005 年更是突破了 500 亿美元的大关，2007 年中拉贸易额突破 1 000 亿美元大关。2021 年中拉贸易总额达 4 515.9 亿美元。中国已成为很多拉美国家的第一大贸易伙伴，中国因素已成为“推动拉美经济增长的重要引擎”②。2014 年，中拉合作基金正式投入运营，为中拉贸易的资金融通提供了保障。

目前中拉关系的发展，无论是速度、广度还是深度，都达到了历史最好水平。广大拉美国家在中国对外关系格局中的地位正在上升，成为中国对外关系中越来越重要的合作伙伴。

四、中国与多边组织和机制的关系

中国与多边组织和机制的关系是伴随着中国对国际体系的接触和融入而发生的。中国在国际体系中的角色和地位乃至中国对多边组织和机制的认识、态度与政策经历了一个复杂而曲折的转变过程。中国从过去那种不熟悉甚至轻视以联合国为代表的多边组织和机制的立场，逐步转变为看重、善用联合国等主要国际组织；从过去那种更多是旁观的立场转变为现在愿意承担各种责任与义务，从很少提出倡议转变为更多提出自己的主张转变③。尤其是自 20 世纪 90 年代以来，中国对多边组织和机制的基本态度由有限参与逐渐转变为积极和全面参与。

（一）在全球层次上的积极参与

在全球层次上，中国积极地参与到政治、经济、社会、安全、环境和人权等各类国际组织中。在政治和安全领域，中国逐步加大参与联合国维和行动的力度与规模。在环境领域，1992 年，中国签署了《联合国气候变化框架公约》，1998 年签署了《京都议定书》，2016 年又签署了《巴黎气候变化协定》。在经济领域，经过 15 年的艰苦谈判，中国于 2001 年成为世界贸易组织的成员国。在人权领域，1997 年 10 月和 1998 年 10 月，中国先后签署了《经济、社会、文化权利国际公约》和《公民权利和政治权利国际公约》两个人权公约。在军控领域，1992 年 3 月，中国签署了《不扩散核武器条约》；1996 年 9 月，中国签署了《全面禁止核试验条约》；2004 年 5 月，中国被接纳为核供应国集团成员。此外，中国还与“八国集团”展开了积极对话，与巴西、俄罗斯、印度、南非等共同组建“金砖国家”，在重大全球性和

---

① 《中国-拉共体论坛第二届部长级会议关于“一带一路”倡议的特别声明》，见 http://www.chinacelacforum.org/chn/zywj/201802/t20180203_6285012.htm，2023-07-20。

② ［西、法］哈维尔·桑蒂索：《中国在拉美的有形之手》，4 页，北京，世界知识出版社，2009。

③ 王逸舟：《中国对外关系转型 30 年》，10 页，北京，社会科学文献出版社，2008。

地区性问题上协调立场。2008年起，G20开始举行首脑会议，中国在这一国际经济合作主要论坛中持续发挥着积极作用，2016年，G20峰会在中国杭州召开，中国作为当时的轮值主席国，推动G20制定了《二十国集团落实2030年可持续发展议程行动计划》。

（二）在地区层次上的积极参与

在地区层次上，中国积极参与亚太经合组织和东盟地区论坛的多边合作和对话进程，倡议并推动“上海合作组织”、东盟“10＋3”机制、东亚峰会、朝鲜半岛核问题六方会谈机制等地区组织机制的建设。

1991年，中国以主权国家身份正式加入亚太经合组织。1997年12月15日，中、日、韩和东盟领导人（当时是“9＋3”，1999年柬埔寨加入）非正式会议在马来西亚首都吉隆坡举行，各国领导人就深化地区经济联系、加强地区经济合作等议题达成了许多共识，“10＋3”合作机制开始启动。中、日、韩和东盟领导人会议每年举行一次，各国领导人就加强地区经济、社会、安全等各项合作议题进行持续的对话和协商。2001年6月，“上海五国”元首和乌兹别克斯坦总统在上海会晤，将“上海五国”机制提升到更高层面，共同发表了《上海合作组织成立宣言》，“上海合作组织”正式成立。中国在“上海合作组织”的创建与发展过程中发挥了积极的倡导和推动作用。中国于1997年参加了为讨论解决朝鲜半岛核问题而举行的美、中、朝、韩四方会谈。2003年后，面对第二次朝鲜半岛核危机，中国出面推动了美、中、朝、韩、俄、日六方会谈机制，先后主持了六轮六方会谈，为稳定东北亚局势、推动朝鲜半岛核问题的解决做出了贡献。2010年，中国与东盟合作取得了新进展，中国-东盟自由贸易区正式全面启动。

进入21世纪第二个十年，中国在参与多边组织和机制上更具主动性。2013年，习近平提出了“一带一路”合作倡议，为区域多边合作贡献了中国方案，秉持着共商、共建、共享的发展理念，推动沿线国家政策沟通、设施联通、贸易畅通、资金融通和民心相通。发展至今，已充分惠及周边。2020年，中国、日本、韩国、澳大利亚、新西兰和东盟十国共15个亚太国家共同签署了《区域全面经济伙伴关系协定》，建立了全球规模最大的自贸协定①。此外，2021年9月，中国正式提出申请加入《全面与进步跨太平洋伙伴关系协定》，进一步践行多边主义。

党的二十大报告明确提出，坚定维护以联合国为核心的国际体系、以国际法为基础的国际秩序、以联合国宪章宗旨和原则为基础的国际关系基本准则，反对一切形式的单边主义，反对搞针对特定国家的阵营化和排他性小圈子。推动世界贸易组织、亚太经合组织等多边机制更好发挥作用，扩大金砖国家、上海合作组织等合作机制影响力，增强新兴市场国家和发展中国家在全球事务中的代表性和发言权。

---

① 《全球规模最大的自贸协定达成！15国正式签署RCEP》，见http：//m.gmw.cn/2020－11/15/content_1301801131.htm，2023－07－20。

第三节　当代中国对外关系面对的国际环境

一个国家对外关系的形成、发展与一定的国际环境密不可分。当代中国面临的国际环境具有鲜明的特征，具体表现为：和平与发展仍然是当今世界的主题与核心问题；国际政治多极化趋势日趋明显；经济全球化与地区一体化迅猛发展。

一、和平与发展的时代主题

人类历史的经验一再证明，没有和平就没有发展；和平是人类进步与发展的前提和保障。所以，世界和平是促进发展的前提条件。正是从这个意义上说，维护世界和平是当今世界的根本问题。各国的共同发展是保持世界和平的重要基础。要保持世界的持久和平就必须消除过大的南北差距，促进各国的共同发展。促进各国的共同发展是当今世界的核心问题。

（一）明确和平与发展的时代主题

20 世纪 80 年代中期，邓小平明确提出“和平”与“发展”是当今世界的两大主题的重要观点，即“现在世界上真正大的问题，带全球性的战略问题，一个是和平问题，一个是经济或者说发展问题”①。这是中国领导人在认识“时代”问题上的一次巨大变化，它比较彻底地改变了以往在“时代问题”上坚持的“战争与革命”观点。与此相关，中国决策层大致从 1984 年春夏开始，酝酿实施规模达百万人之众的大裁军。当年 11 月 1 日，邓小平在中央军委座谈会上，正式宣布解放军将裁军一百万的决定。他在这次会议上就战争问题阐述了重要的观点，即世界上不可能爆发大的战争，既不可能爆发世界大战，也不可能爆发大规模侵华战争②。

1985 年 5 月 23 日至 6 月 6 日，中共中央军委在北京召开扩大会议，讨论百万裁军方案和精简后的军队改革和编制。会议期间，邓小平明确地概括了一段时间以来中国领导人的重要思考和结论。邓小平在会议期间的一次谈话中说，经过几年的仔细观察和思考，中国决策层完成了“两个重要的转变”。第一个转变是对战争与和平问题的认识，我们改变了原来认为战争的危险很迫近的看法。第二个转变，是改变了针对苏联霸权主义威胁的“一条线”战略，不在所谓的美、中、苏“大三

---

① 邓小平：《邓小平文选》，第 3 卷，105 页，北京，人民出版社，1993。

② 中共中央文献研究室、中国人民解放军军事科学院：《邓小平军事文集》，第 3 卷，266－267 页，北京，军事科学出版社，2004。

角”思维框架中，制定中国的对外政策①。需要指出的是，正是在这个时期，中国领导层大致形成了对中国现代化进程的基本规划，即争取通过 70 年的努力，在 21 世纪中期使中国的发展接近发达国家的水平。为了实现这个目标，中国需要很长时期的和平环境。这种对未来的思考是促使中国领导层下决心根本改变中国的安全战略和对外政策的关键性动力之一。

（二）抓住战略机遇期

冷战结束后，影响和平与发展的因素不断增加，恐怖主义危害上升，传统安全威胁和非传统安全威胁相互交织，霸权主义又有新的表现，南北差距进一步扩大，因边界、宗教、领土导致的局部冲突时起时伏。但是，主要矛盾和矛盾的主要方面决定事物的性质和发展的基本趋势。当今世界，虽然和平与发展两大问题一个都没有解决，但是总体和平、局部战乱，总体缓和、局部紧张，总体稳定、局部动荡是世界局势的基本特点，所以，和平与发展仍是当今世界的时代主题。

2002 年 11 月，江泽民在党的十六大报告上更进一步提出了 21 世纪头二十年“是一个必须紧紧抓住并且可以大有作为的重要战略机遇期”的新判断。2010 年，党的十七届五中全会延续这一判断，认为“我国发展仍处于可以大有作为的重要战略机遇期”②。这些判断为制定与执行中国在 21 世纪更加温和与务实的国际战略和外交政策提供了理论出发点。

二、世界政治的多极化趋势

（一）日趋多极化的世界政治

国际政治格局由两极向多极化的演变是战后世界历史运动的一种基本趋势，起始于 20 世纪 50 年代后期，具体表现为三个并行发展的历史进程：资本主义阵营由美国一家独大演变为美、欧、日三足鼎立；社会主义阵营从意识形态论战走向分裂；“第三世界”国家以不结盟运动的形式在国际政治舞台上发挥出制衡两极的作用。这些因素合力推动着多极化趋势的发展。

冷战结束后，世界格局进入了一个大转型期。20 世纪 90 年代是世界政治向新格局过渡的起始阶段，这个阶段的特征主要表现为新旧矛盾并发、各种力量竞相争夺新格局的主导权。在此过程中，美国建立单极世界的意图与世界朝多极化发展的客观趋势形成尖锐矛盾；欧盟一体化使欧盟的力量壮大；日本加速了由经济大国向政治大国迈进的步伐；俄罗斯虽丧失了苏联超级大国的地位，但仍不失为世界强国；中国通过改革开放，在国际舞台上的作用大大增强。除美国外，这些国家与地

---

① 邓小平：《邓小平文选》，第 3 卷，126－128 页，北京，人民出版社，1993。

② 《中国共产党第十七届中央委员会第五次全体会议文件汇编》，4 页，北京，人民出版社，2010。

区集团不约而同地主张世界向多极化方向发展。世界各种力量的分化组合以及大国关系的深刻调整有利于多极化的发展。

（二）中国对多极化的认识与应对

冷战后国际格局的变化令人关注，世界各国纷纷调整了外交战略，力图使国际形势向有利于自身的方向发展。在此背景下，中国对多极化的认识日益加深，并着手推动多极化的发展。

1. 政治多极化是国际政治发展的大趋势

冷战结束后初期，1992 年的《政府工作报告》和中共十四大报告先后明确提出“世界旧的格局已经终结，新的格局尚未形成，正朝着多极化方向发展”和“新格局的形成将是长期的、复杂的过程”等论断。进入 20 世纪 90 年代中期，随着大国关系伙伴化和非意识形态化的深入发展、发展中国家实力的增强，中国对世界多极化发展进程的态度日益明确、乐观和自信。这在很大程度上有助于理解当时中国积极构建一系列大国伙伴关系的战略思维。

2. 多极化有利于世界和平与稳定

由两极格局瓦解造成的国际力量失衡不仅引发一系列地区冲突，而且使霸权主义和强权政治倾向有了新的发展，从以人道干预为借口的新干涉主义，到以反恐为依据的外交上的单边主义，使国际法和国际关系的基本准则受到新的严峻挑战。这一现实强烈地促使中国认定，只有推进世界多极化才能有效地牵制大国霸权主义和单边主义发展，有利于推动建立公正合理的国际政治经济新秩序。

3. 积极推动多极化

中国高度重视推进世界多极化进程，在多种场合极力表达将致力于推动世界多极化的决心，把促进国际关系民主化作为根本目标。由于国家实力和国际战略关系是影响世界多极化的主要变量，中国在推进世界多极化的基本方式上注重在这两个方面内外兼修。对内重视综合国力的提高，夯实自身在国际社会立足的根基；对外构建有利于多极化的战略关系，中国强调通过伙伴外交实践争取更多支持世界多极化的力量，争取形成相对均衡稳定的战略态势。

三、经济全球化浪潮

（一）全球化的时代特征

全球化是当今时代最明显的特征，正在从经济领域日益渗透到政治、文化和思想等领域。

经济全球化是全球化的核心内容。所谓经济全球化，是指世界经济发展的这样一种事态，即世界各国、各地区在这个过程中通过密切的经济交往和经济协调，相互联系和依存发展到很高的程度，形成了世界经济从资源配置到生产、流通和消费的多层次和多形式的交织和融合，使全球经济成为一个不可分割的相互依存的有机整体①。在这个体系中，以经济实力为代表的综合国力的竞争成为国家外交工作的主要任务之一，经济和外交前所未有地紧密结合起来。与以往不同的是，全球化环境中经济交往的零和性质在降低，共存多赢和两败俱伤的性质在增大，越来越要求国家间通过对话、协商、谈判等政治方式解决问题，在参与激烈市场竞争的同时，合作共赢成为国际合作的一个重要手段。

作为生产关系基础的经济全球化，反映在上层建筑层面的文化领域，表现为文化与经济和政治相互交融，文化在综合国力竞争中的地位和作用越来越突出。一方面，不同国家、民族在文化信息上互相交流、彼此融汇、吸纳学习的趋势发展迅猛，形成了文化的全球化。另一方面，文化上的碰撞冲突浮上表层，文化安全与经济安全一并成为国家安全的重要组成部分，而且日益突出。

在全球化时代，国家的安全，不论是传统安全还是非传统安全，不可能仅仅通过发展军事力量的方式得到实现，而必须越来越多地通过与其他国家的合作才能实现。

（二）在全球化潮流中发展的中国外交

在全球化背景下，广泛的全球联系为中国坚持改革开放不动摇提供了支持，也为中国参与、维持与国际体系的合作关系提供了保证。“参与”就是顺应全球化的浪潮，尽可能广泛地参与国际体制和遵从国际规范，尽可能从参与世界的过程中吸取先进的技术、管理方式、思想文化和国际行为方式。参与并不是完全的依附或听从于已经占主导地位的西方大国，而是应当依据自己的实际情况有步骤地改变自己原先不适应通行的国际规范的一些做法②。

作为拥有全球联系的中国，外交为国家利益服务自然不容怀疑。但是，由于广泛的全球联系，包含在全球联系中的（国家）利益有可能是与多国分享的。这种情况下，一方面，国家利益与国际体系的利益或者他国的利益存在重合的地方；另一方面，鉴于全球政治风险性的提高，以及国际体系动荡对国内政治稳定的潜在威胁，必要的时候，维护国际体系稳定的利益可能会高于狭隘的国家利益，国家利益在国际体系稳定的利益面前可能还需要做必要的让步③。

在坚持参与、融入全球化的原则立场的同时，中国政府始终保持着对全球化复杂性、不平衡性的清醒认识，一再强调全球化有利有弊，是一把双刃剑，要善于趋利避害，以正确的战略、政策为自身赢得发展机遇，促进经济全球化朝着有利于各国共同繁荣的方向发展。党的十七大报告在论及中国对外战略时多次强调共赢，

---

① 刘洪钟：《论新世纪发达国家经济体制的调整》，载《世界经济与政治论坛》，2000（6）。

② 王庆东：《安全与发展的目标及全球化背景下中国外交战略分析》，载《世界经济与政治》，2002（4）。

③ 苏长和：《中国外交的全球化及启示》，载《当代亚太》，2009（1）。

“在国际关系中弘扬民主、和睦、协作、共赢精神”，“经济上相互合作、优势互补，共同推动经济全球化朝着均衡、普惠、共赢方向发展”①。党的二十大报告进一步指出：“中国坚持经济全球化正确方向，推动贸易和投资自由化便利化，推进双边、区域和多边合作，促进国际宏观经济政策协调，共同营造有利于发展的国际环境。”

四、地区一体化进程

（一）地区一体化的迅猛发展

随着冷战的结束，经济因素在国际关系中的作用空前突出，以经济和科技为主要内容的综合国力的竞争成为国际关系尤其是大国关系的焦点。各国一方面在国内进行经济调整，另一方面积极加强同周边国家的合作与交流，通过联合取得集团优势来增强自身实力。据世贸组织统计，目前世界上已签署的地区经济合作协定已达172个，其中大部分是20世纪90年代以后签署的。全球化背景下的地区经济合作迅猛发展已成为世界经济发展的一个重要特点，也成为重组世界经济格局的重要方式以及国家参与世界贸易、开拓市场的重要选择。国家之间的竞争正在让位于区域经济合作组织之间的竞争。其中，欧洲、北美和亚太地区的经济一体化发展最为引人注目。

冷战后，亚太地区的经济一体化进程也开始启动。首先是亚太经合组织（APEC）。该组织成立于1989年，是亚太地区最具影响力的经济合作官方论坛。亚太经合组织主要讨论与全球及区域经济有关的议题，如促进全球多边贸易体制、实施亚太地区贸易投资自由化和便利化、推动金融稳定和改革以及开展经济技术合作和能力建设等。近年来，亚太经合组织也开始介入一些与经济相关的其他议题，如人类安全（包括反恐、卫生和能源）、反腐败、备灾和文化合作等。

其次，东亚地区经济一体化正在多层次、多渠道、多形式的基础上迅速发展。目前，东亚合作的进程是四个轮子一起转动：第一个轮子是“10＋3”，即整个东亚范围的对话与合作；第二个轮子是“10”，即东盟自身的发展与合作；第三个轮子是“10＋1”，即东盟分别与中日韩之间的对话与合作；第四个轮子是“3”，即中日韩之间的对话与合作②。四个轮子一起转动符合东亚地区当前的实际，东亚合作的机制在这几个轮子的转动之中逐步得到发展和加强。

（二）中国与地区经济一体化

从1991年11月举行的以及之后的亚太经合组织部长级会议，到开始于1993年11月的历届亚太经合组织领导人非正式会议，中国均有参加。此外，中国还参加

---

① 胡锦涛：《高举中国特色社会主义伟大旗帜　为夺取全面建设小康社会新胜利而奋斗：在中国共产党第十七次全国代表大会上的报告》，46－47页，北京，人民出版社，2007。

② 张蕴岭：《东亚地区合作的进程及前瞻》，载《求是》，2002（24）。

了框架内的其他所有级别的专业性会议。中国不仅在各个会议上提出了很多建设性主张和建议，而且采取实际行动，推动亚太地区的贸易自由化和经济技术合作。

中国-东盟自由贸易区是在经济全球化和区域经济一体化日益发展的大背景下，东亚区域经济一体化的一项重要进展。2010 年 1 月 1 日，中国-东盟自由贸易区全面建成，是目前世界人口最多的自由贸易区。从经济规模上看，是仅次于欧盟和北美自由贸易区的全球第三大自由贸易区。中国-东盟自由贸易区的建成将使其对欧美市场的依赖度明显下降，大幅提升对区内需求的依存度，其建设过程和运行效果将会对世界经济格局产生深远影响。

此外，中国还在积极推动与韩国、日本合作，朝着建设中日韩自由贸易区的方向发展；与俄罗斯和中亚国家合作，推动中亚地区的经济一体化进程。

第四节　当代中国对外关系中的战略和理念

任何一个国家的对外关系都是在一定的战略和理念的统领与指导下展开的。在当代中国的对外关系发展进程中，外交战略和理念适应国际国内形势发展的需要，在不变中又有所变化、有所侧重。概括来看，它包含以下几种具体形态："一边倒"，和平共处五项原则，反帝反霸的国际统一战线，独立自主和不结盟，"韬光养晦、有所作为"，和平发展、和谐世界，新安全观，人类命运共同体，中国特色大国外交，全球伙伴关系，等等。

一、"一边倒"

"一边倒"是针对冷战爆发后形成的以美国和苏联为首的两大国家集团对抗的世界政治格局，宣布新中国将站在以苏联为首的社会主义阵营一边，走社会主义道路，反对以美国为首的帝国主义阵营，反对帝国主义的侵略政策和战争政策。

"一边倒"的对外战略在 1949 年 3 月召开的中共七届二中全会上就已经确定了。当年 6 月 30 日，毛泽东在为中国共产党成立 28 周年发表的文章《论人民民主专政》中，公开宣布未来的新国家就是要"一边倒"向苏联社会主义阵营。他说，"积四十年和二十八年的经验，中国人不是倒向帝国主义一边，就是倒向社会主义一边，绝无例外。骑墙是不行的，第三条道路是没有的。我们反对倒向帝国主义一边的蒋介石反动派，我们也反对第三条道路的幻想"①。"一边倒"既是外交上的抉择，又是公开的政治宣言，表明新中国在战后世界中坚持马克思列宁主义和走社会主义道路的立场。这一立场，仅从现象上说，是倒向苏联，因为苏联是第一个也是当时力量最强大的社会主义国家；从本质上说，"一边倒"是倒向社会主义制

① 《毛泽东选集》，2 版，第 4 卷，1473 页，北京，人民出版社，1991。

度，反映了中国共产党人给新中国指引的发展方向，并且在外交战线上首先予以保障。

中国选择“一边倒”的对外战略固然受到革命运动的历史惯性和意识形态因素的影响，但更重要的，它是由当时的地缘政治环境和维护国家安全、促进经济发展的需要所决定的。正是在采取“一边倒”战略的情况下，新中国成立以后，首先获得了苏联和其他社会主义国家的外交承认。在经济建设和国防建设上，从新中国成立到中苏关系破裂，苏联事实上是中国取得外部援助的最主要来源。苏联的援助为中国的工业化进程和国防力量的迅速加强起了极为重要的作用。“一边倒”的对外战略达到了中国当时的战略目标，即维护国家安全、促进国家建设。

应当指出，即使在“一边倒”的对外战略下，中国政府也没有把自己局限于只与以苏联为首的社会主义阵营发展关系，更不接受苏联对中国主权的干涉。毛泽东明确指出，要用自己的脑袋思考，要用自己的腿走路。不能一切照抄，机械搬运。周恩来强调，为了抵抗美国的侵略和威胁，同苏联结盟是必要的，但“不能把自己的党和国家的独立性丢掉”①。

总的来看，20 世纪 50 年代“一边倒”的对外战略是中国外交的一种自主选择，主要是依靠苏联来抗击美国对中国所构成的威胁。但是，中国并没有放弃自己在外交上的独立自主，屈服于苏联的压力或依附于苏联，而是以我为主，对苏联有依靠、有联合，也有斗争；在反美问题上，也是以我为主，力图建立反美国际统一战线，由此展开了丰富多彩的外交活动，有效地保卫了中国的国家安全，提高了中国的国际地位②。

二、和平共处五项原则

和平共处五项原则是中国政府长期倡导的处理国家关系的理念与准则，它的主要内容及准确表述是：“互相尊重主权和领土完整；互不侵犯；互不干涉内政；平等互利；和平共处。”

“和平共处”这个概念最初出现在 1951 年 11 月 19 日的《外交部长周恩来关于赞同苏联政府向联合国第六届大会提出的四项和平建议的声明》中。他在阐述中国政府一贯坚持和平政策时说：“两年来，中华人民共和国中央人民政府基于和平共处的原则，曾经与许多和新中国社会制度基本不同的国家在平等、互利及相互尊重领土主权的基础上建立了正常外交关系。”③ 周恩来的声明第一次将平等、互利、互相尊重主权与领土完整的原则，概括到和平共处的思想中。1953 年 12 月 31 日，

---

① 唐家璇：《新中国外交的光辉历程》，http：//newyork. fmprc. gov. cn/ziliao_674904/wjs_674919/2159_674923/200012/t20001220_7950084. shtml。

② 黄平、周建明：《国家安全战略与对外关系：对 60 年的回顾与思考》，见张蕴岭：《中国对外关系：回顾与思考（1949—2009）》，4 页，北京，社会科学文献出版社，2009。

③ 《中华人民共和国对外关系文件集（1951—1953）》（2），55 页，北京，世界知识出版社，1958。

周恩来在接见印度谈判代表团时提出，中印两国应遵循“互相尊重领土主权、互不侵犯、互不干涉内政、平等互惠和和平共处的原则”处理两国间的关系。随后，在中印两国于1954年4月29日签订的中印《关于中国西藏地方和印度之间的通商和交通协定》的序文中，双方同意“基于（一）互相尊重领土主权、（二）互不侵犯、（三）互不干涉内政、（四）平等互惠、（五）和平共处的原则，缔结本协定”①。这是第一次在国际协定中完整地表述和平共处五项原则。

1954年6月25日至29日，周恩来利用日内瓦会议休会期间，访问了印度和缅甸，分别同印度和缅甸领导人签署了《中印两国总理联合声明》和《中缅两国总理联合声明》。这两个联合声明中都专门写有“和平共处五项原则”，并都表示同意以和平共处五项原则作为发展中印、中缅相互关系的指导原则。两个联合声明都倡议，将和平共处五项原则作为处理国家关系的准则。

如果说中印《关于中国西藏地方和印度之间的通商和交通协定》还只是把和平共处五项原则作为指导中印两国双边关系原则的话，那么中印、中缅总理联合声明对和平共处五项原则的认识显然进了一步，三国领导人共同向全世界倡议将和平共处五项原则作为国际关系的普遍准则。中印两国总理发表联合声明的这一天——1954年6月28日——也就成为和平共处五项原则的正式纪念日②。

和平共处五项原则的提出是中华人民共和国外交发展的一个阶段性里程碑，它是从革命运动外交向国家外交过渡的一次重要转变③。和平共处五项原则最初是为处理与亚非民族独立国家的关系而提出的，但它提出之后很快就被中国领导人当作处理国与国关系的普遍准则。在1956年波兰和匈牙利事件发生之后，中国政府于同年11月1日发表声明，指出社会主义国家之间的关系更应该建立在和平共处五项原则的基础之上。在中国对外政策中，和平共处五项原则从此不仅用于处理与不同社会制度国家的关系，也被正式用于处理同社会主义国家的关系。从当时中国对外关系的全局来看，和平共处五项原则直接针对美国对新中国采取的遏制和孤立政策，是新中国突破美国的遏制和孤立，扩大对外交往，在国际舞台上同美国进行外交斗争的重要的思想武器。从长远发展看，它也为中国的对外政策提供了强大的道义力量。

三、反帝反霸的国际统一战线

20世纪50年代末到60年代初，中苏关系破裂。两国无论在意识形态领域还是在国家利益层面，都发生了严重的分歧与冲突。同时，美国仍继续推行敌视中国的

---

① 《中华人民共和国、印度共和国　关于中国西藏地方和印度之间的通商和交通协定》，载《人民日报》，1954-04-30。

② 谢益显：《中国当代外交史（1949—2009）》，75页，北京，中国青年出版社，2009。

③ 牛军：《中华人民共和国对外关系史概论（1949—2000）》，91页，北京，北京大学出版社，2010。

政策，不仅保持其在台湾和台湾海峡的军事存在，还发动了侵略越南的战争，从南面威胁中国。面对两个超级大国都与中国为敌的不利局面，以毛泽东为代表的中国领导人对当时的国际格局和国际形势做出了新的判断，提出了反帝反霸国际统一战线的对外战略。

在这个阶段，中国全力支持越老柬三国人民的抗美救国战争、支持中东地区的反美斗争；在 1968 年苏联入侵捷克斯洛伐克之后，中国判断苏联沦为社会帝国主义和霸权主义，双方在边境地区发生武装对峙和冲突。中国的外交战略实际上既反美又反苏，两条线作战，反对两个超级大国对中国的威胁。

反帝反霸国际统一战线的对外战略既包含从中国自身安全出发的考虑，也包含对被压迫人民和民族正义斗争的支持。在这个外交战略的指导下，中国发展和加强了与发展中国家的关系。从 20 世纪 60 年代到 70 年代，发展中国家纷纷与中国建立外交关系，中国广交了一大批“穷朋友”，与它们在反对殖民主义和反对帝国主义、霸权主义上相互支持，从而提升了中国的国际影响力，增加了中国在安全上抗衡霸权的筹码。

按照反帝反霸国际统一战线的对外战略，毛泽东把美国以外的其他资本主义国家看作“中间地带”，以后在“三个世界”理论中被称为“第二世界”，包括欧洲、北美洲、大洋洲诸国和日本。在当时的形势下，毛泽东把西欧看作一支抗衡美、苏的政治力量，支持西欧的联合自强，其战略意图是促使整个西欧团结起来，联合中国与日本，构成反霸的重要力量。在这一思想的指导下，中国发展和加强了与西欧国家的关系，特别是 1964 年与法国建交，打破了冷战对中国造成的“铁幕”屏障。

反帝反霸国际统一战线的对外战略具有鲜明的现实主义特点。这一战略首先是基于中国安全利益的考虑，对自身所面临的安全威胁和国际社会中可以争取的力量进行具体分析，从而能在不利的条件下最大限度地孤立和反对主要的外部威胁，使自己处于相对主动的地位。然而，受到当时国内政治环境的深刻影响，这一对外战略在其实施过程中明显打上“左”的烙印，使我国对外政策与外交实践活动呈现出单一性（重点发展同广大的亚非拉国家的关系）、斗争性（外交政策以打倒美帝国主义、苏联修正主义、各国反动派三个敌人为主）、世界性（外交目标是推进世界革命）的特点。

四、独立自主和不结盟

20 世纪 80 年代初中国对外政策的调整，强调独立自主和真正的“不结盟”。

在当时的国际形势下，两个超级大国处于一种基本势均力敌的局面，如果中国作为国际舞台上一支比较重要的力量同任何一个超级大国结盟，都会造成国际战略格局的失衡，不利于国际局势的稳定。因此，在中共十二大前夕，中国即已改变对两个超级大国战略上联一方、斥一方的倾向。例如，关于反对霸权主义，中国改变了原来集中指向苏联的做法，而强调“反对霸权主义，维护世界和平，不管这种霸权主义来自何方”[1]。中共十二大报告有关对外政策的部分比较系统全面地总结了以往的经验，并提出了适应新时期国家战略需要的对外政策。报告指出，中国将“坚持执行独立自主的对外政策”，中国“绝不依附于任何大国或者国家集团，绝不屈服于任何大国的压力”[2]。后来，邓小平在1984年5月接见外宾时进一步明确指出：“中国的对外政策是独立自主的，是真正的不结盟。中国不打美国牌，也不打苏联牌，中国也不允许别人打中国牌。”[3]

在这样的指导思想下，中国对美苏两个超级大国的政策也根据形势发展做了相应的调整。尽管20世纪80年代初，中苏两国仍处于严重的对立状态，但出现了改善关系的苗头。由于美国里根政府对苏联采取了强硬的态度，苏联领导人不能不考虑在对华政策方面应做出某些姿态，争取改善自己的处境，以增加自身在国际格局中的分量。1982年3月26日，苏联最高苏维埃主席团主席勃列日涅夫在塔什干发表讲话，表示苏联愿意改善同中国的关系。中国方面重视这个讲话。出于创造一个有利的周边环境的考虑，同年8月，中方建议中苏双方举行磋商，认真地做些事情来改善两国关系。同年10月，中苏双方派代表开始在北京举行磋商。

由于同苏联的紧张关系出现和缓的苗头，而美国在对华关系方面不断做出有悖于中美建交原则的事情，更是出于对维持国际局势稳定的关心，中国在对美政策方面注意拉开一定的距离。这样，中美苏三国间的“大三角”的关系再一次引起国际的重视。

五、韬光养晦，有所作为

从1989年春到1991年间，世界政治局势出现巨大变动。一方面，东欧国家政局持续动荡，这些国家的共产党相继失去执政地位；世界上最早建立社会主义制度的国家苏联则最终解体，苏联阵营从此不复存在。另一方面，美国凸显了它在世界政治中“一超独大”的地位，美国和一些发达国家的对外政策中搞强权政治的趋势日益明显。这一时期中国国内的政治局势也处在相对特殊的状态，与此同时中国经济进入治理整顿阶段。

面对国内外复杂严峻的局势，中国领导人为了中国对外关系的稳定和发展，有针对性地提出了一系列处理对外关系的原则。

其一，“冷静观察”，“稳住阵脚”，“沉着应付”。中华人民共和国诞生于冷战最紧张之时，此后又一直经历了漫长的冷战，故对于冷战结束及其后果，既无经验，

① 《黄华欢宴联合国秘书长一行》，载《人民日报》，1982-08-21。

② 《胡耀邦在中国共产党第十二次全国代表大会上的报告》，见 http://fuwu.12371.cn/2012/09/27/ARTI1348712095996447.shtml，2023-07-20。

③ 邓小平：《邓小平文选》，第3卷，57页，北京，人民出版社，1993。

也无现成的应对办法。在这种情况下保持冷静尤为重要，因为冷战结束固然是世界政治的一个重大变化，美国等发达国家认为它们取得了历史性的胜利，但实际上以往世界政治中大量的矛盾并没有解决，新的矛盾有一些还没有充分暴露，一些还在发展。中国虽然承受了新的压力，但是既然有复杂的矛盾存在，中国也就会有新的机会，所以既不应悲观，也不必急躁，不要轻易下结论。

其二，“韬光养晦”。在世界政治处于大动荡的时期，“不抗旗”，“不当头”，在和平共处五项原则的基础上，争取同所有国家建立和发展友好关系，包括稳定和改善同美国等发达国家的关系。“韬光养晦”，意味着中国应继续全力以赴、专心致志地发展经济，完成“三步走”的发展战略，用邓小平的话说就是“埋头实干，做好一件事，我们自己的事”①。

其三，“有所作为”。“韬光养晦”并不是中国古代成语常有的养精蓄锐以备将来一击的那种含义，而是同有所作为联系在一起，“做好我们自己的事”，“在原则立场上”把握住和平共处五项原则，在国际上“讲公道话，办公道事”，并努力争取建立国际政治经济新秩序。在和平与发展为世界主题的当代，这是中国现在和将来都要做的事。具有这种内涵的实践，即使在西方“制裁”失败之后，仍然要在中国外交中继续下去。

上述重要的指导原则继承了改革开放以来中国独立自主和平外交政策的本质；同时针对冷战结束时期中国面临的特殊情况，提出了当时的政策重点。这些指导原则使中国对外政策在国内形势发生重大变化的情况下，保持了稳定性与连续性，也基本上规范了 20 世纪 90 年代中国对外关系的发展方式和发展方向。后来中国对外关系发展的事实证明了这些指导原则的重要性。

六、和平发展，和谐世界

新中国成立后，提出和平共处五项原则并与印度、缅甸等国家倡导将其作为国与国相处的基本原则。在外交实践中，中国一直遵循和平共处五项原则发展与各国的友好合作关系。中国政府所提出的其他各项外交理念，如“与邻为善、以邻为伴”，积极倡导建立公正合理的国际政治经济新秩序，主张不同文明之间进行平等对话、包容共处等等，都体现着“和谐”及“和为贵”的思想。

2005 年 9 月，时值联合国成立 60 周年之际，联合国历史上规模最大的首脑会议在纽约联合国总部举行。中国国家主席胡锦涛出席了这次峰会，并发表了题为《努力建设持久和平、共同繁荣的和谐世界》的演讲，全面阐述了中国对当前国际形势及重大国际问题的看法和立场，对加强联合国作用、推动联合国改革、促进国际发展合作等问题提出了具体主张。胡锦涛指出，在机遇和挑战并存的重要历史时期，只有世界所有国家紧密团结起来，共同把握机遇、应对挑战，才能为人类社会

① 邓小平：《邓小平文选》，第 3 卷，321 页，北京，人民出版社，1993。

发展创造光明的未来，才能真正建设一个持久和平、共同繁荣的和谐世界。

2005年12月，中国国务院新闻办公室发表《中国的和平发展道路》白皮书，正式表述了中国对和平发展与和谐世界的理解，即争取和平的国际环境发展自己，又以自身的发展促进世界和平；依靠自身力量和改革创新实现发展，同时坚持实行对外开放；顺应经济全球化发展趋势，努力实现与各国的互利共赢和共同发展；坚持和平、发展、合作，与各国共同致力于建设持久和平与共同繁荣的和谐世界。

毫无疑问，人类要达到“建设一个持久和平、共同繁荣的和谐世界”的目标任重而道远，需要包括中国在内的世界各国长期不懈的共同努力。

七、新安全观

中国的新安全观是1995年中国在东盟地区论坛上首次提出的，在后来的实践中经过发展和完善，形成了中国对外安全战略的核心内容。

2002年7月31日，参加东盟地区论坛外长会议的中国代表团向大会提交了《中方关于新安全观的立场文件》，对中国在新形势下的新安全观进行了全面系统的阐述。根据该文件，中国新安全观的核心内容是：互信、互利、平等、协作；新安全观的实质是“超越单方面安全范畴，以互利合作寻求共同安全”。2009年9月，中国国家主席胡锦涛在联合国大会发表演讲，阐述“互信、互利、平等、协作”的新安全观。中国方面指出，安全不是孤立的、零和的、绝对的，没有世界和地区的和平稳定，就没有一国的安全稳定；因此，新安全观强调，既要维护本国安全，又要尊重别国安全关切，促进人类共同安全①。2014年5月，在我国举办的亚洲相互协作与信任措施会议（亚信峰会）上，中国国家主席习近平发表主旨讲话，提出应该积极倡导共同、综合、合作、可持续的亚洲安全观，创新安全理念，搭建地区安全和合作新架构，努力走出一条共建、共享、共赢的亚洲安全之路。正如习近平主席指出的，安全应该是普遍的，不能一个国家安全而其他国家不安全，一部分国家安全而另一部分国家不安全，更不能牺牲别国安全谋求自身所谓绝对安全。共同，就是要尊重和保障每一个国家安全；综合，就是要统筹维护传统领域和非传统领域安全；合作，就是要通过对话合作促进各国和本地区安全；可持续，就是要安全和发展并重以实现持久安全②。

中国新安全观之“新”，首先在于超越冷战思维，摒弃以对抗求安全的思想。中国主张在互利、互信的基础上，建立超越意识形态和社会制度的合作关系，以合作的方式谋求共同利益和解决冲突。其次，中国强调的新安全观所针对的威胁，既

---

① 《胡锦涛在联合国讲坛阐述中国新安全观》，见 http：//www.chinanews.com/gn/news/2009/09-24/1882720.shtml，2023-07-20。

② 《习近平在亚洲相互协作与信任措施会议第四次峰会上的讲话（全文）》，见 http：//news.xinhuanet.com/politics/2014-05/21/c_1110796357.htm，2023-07-20。

包括传统的威胁，也包括非传统的威胁；既包括军事安全问题，也包括非军事安全问题。这种对安全的新关注，实际上将国家安全与国际安全密切地结合在了一起，把中国面对的威胁与人类面临的全球共同威胁联系在了一起。最后，中国新安全观强调的是以平等合作而不是实力对抗解决问题，就是以和平谈判的方式解决争端，并就共同关心的安全问题进行广泛深入的合作。这种合作是多渠道的，包括多边安全机制、多边安全对话、双边安全磋商、非官方安全对话等。新安全观所提出的“合作安全”模式，与“和平共处”相比，不但在观念上有更明确的阐述，而且具有制度化、规范化的形式；与结盟相比，它不针对某个具体的敌人，也没有严格的盟约限制。

中国倡导的新安全观是适应国际国内形势发展和变化的产物。它不仅代表当代中国在安全方面的利益诉求，也承载着日益发展的中国致力于维护世界和平的使命、责任和贡献。

八、人类命运共同体

2012 年，党的十八大报告首次明确提出“倡导人类命运共同体意识”①，充分体现出中国的大国担当与情怀。2013 年，习近平在莫斯科国际关系学院发表演讲时强调，“这个世界，各国相互联系、相互依存的程度空前加深”，“越来越成为你中有我、我中有你的命运共同体”②。2015 年 9 月，习近平在出席第七十届联合国大会一般性辩论时发表讲话，提出要“构建以合作共赢为核心的新型国际关系，打造人类命运共同体”，并阐述了需要做出努力的具体方向③，这标志着人类命运共同体理念的进一步系统和完善。2017 年，党的十九大报告指出，新时代中国特色大国外交要推动构建新型国际关系和人类命运共同体，并将其作为新时代坚持和发展中国特色社会主义的基本方略之一。

“促进世界和平与发展，推动构建人类命运共同体。”在党的二十大上，习近平向世界郑重宣示，中国始终坚持维护世界和平、促进共同发展的外交政策宗旨，致力于推动构建人类命运共同体。人类命运共同体理念是中华优良传统在新时代的延续与转化，也是中国面对世界大发展大变革大调整时期，为世界各国共同发展提供的中国智慧和中国方案。

九、中国特色大国外交

习近平强调，中国必须有自己特色的大国外交。我们要在总结实践经验的基础

---

① 《胡锦涛在中国共产党第十八次全国代表大会上的报告》，见 http：//cpc.people.com.cn/n/2012/1118/c64094 - 19612151 - 11.html，2023 - 07 - 20。

② 习近平：《论坚持推动构建人类命运共同体》，5 页，北京，中央文献出版社，2018。

③ 《习近平在第七十届联合国大会一般性辩论时的讲话（全文）》，见 http：//www.gov.cn/xinwen/2015 - 09/29/content_2940088.htm，2023 - 07 - 20。

上，丰富和发展对外工作理念，使我国对外工作具有鲜明的中国特色、中国风格，中国气派。开展中国特色大国外交，是中国共产党践行初心使命的重要体现①。

中国特色大国外交意味着，中国坚定奉行独立自主的和平外交政策，始终根据事情本身的是非曲直决定自己的立场和政策，维护国际关系基本准则，维护国际公平正义。中国特色大国外交意味着，中国坚持在和平共处五项原则基础上同各国发展友好合作，推动构建新型国际关系，深化拓展平等、开放、合作的全球伙伴关系，致力于扩大同各国利益的汇合点。中国特色大国外交意味着，中国坚持对外开放的基本国策，坚定奉行互利共赢的开放战略，不断以中国新发展为世界提供新机遇，推动建设开放型世界经济，更好惠及各国人民。中国特色大国外交意味着，中国积极参与全球治理体系改革和建设，践行共商共建共享的全球治理观，坚持真正的多边主义，推进国际关系民主化，推动全球治理朝着更加公正合理的方向发展。

中国特色大国外交要求中国始终做世界和平的建设者、全球发展的贡献者、国际秩序的维护者。无论国际形势如何变化，无论自身如何发展，中国永不称霸、永不扩张、永不谋求势力范围。中国始终做国际秩序的维护者，维护以联合国为核心的国际体系、以国际法为基础的国际秩序。中国将继续同广大发展中国家站在一起，坚定支持增加发展中国家在国际治理体系中的代表性和发言权。

十、全球伙伴关系

习近平继承弘扬新中国外交核心原则和方针，开创性地提出，坚持以深化外交布局为依托打造全球伙伴关系②。发展全球伙伴关系，是中国外交理论和实践的重要创新，是当代国际关系理念的重要突破，成为我们推动构建新型国际关系的新路径和通向人类命运共同体的新起点。

正如党的二十大报告所指明的，中国坚持在和平共处五项原则基础上同各国发展友好合作，推动构建新型国际关系，深化拓展平等、开放、合作的全球伙伴关系，致力于扩大同各国利益的汇合点。促进大国协调和良性互动，推动构建和平共处、总体稳定、均衡发展的大国关系格局。坚持“亲、诚、惠、容”和“与邻为善、以邻为伴”周边外交方针，深化同周边国家友好互信和利益融合。秉持真实亲诚理念和正确义利观加强同发展中国家团结合作，维护发展中国家共同利益③。

当今世界正经历百年未有之大变局。面对新形势新情况新问题，习近平外交思想把马克思主义基本原理同新时代中国外交工作的实际紧密结合，鲜明而精辟地回答了“中国应推动建设什么样的世界、构建什么样的国际关系，新形势下中国需要

① 中共中央宣传部、中华人民共和国外交部：《习近平外交思想学习纲要》，34－35页，北京，人民出版社，2021。

② 同上书，118页。

③ 习近平：《高举中国特色社会主义伟大旗帜　为全面建设社会主义现代化国家而团结奋斗：在中国共产党第二十次全国代表大会上的报告》，61页，北京，人民出版社，2022。

什么样的外交、怎样办外交等一系列重大理论和实践问题”①，为新时代对外工作指明了方向。

关键术语

大国关系　周边关系　“一边倒”　和平共处五项原则　独立自主和不结盟　全方位外交　新安全观　人类命运共同体

复习思考题

1. 指导当代中国对外关系初步建立起来的是哪三项政策方针？
2. 中国为什么提出和平共处五项原则？
3. 当代中国的对外关系经历了哪些不同的历史阶段？
4. 如何认识中苏同盟关系的建立以及这一同盟关系的衰落？
5. 如何认识中国与美、苏两个超级大国外交关系的正常化？
6. 当代中国发展对外关系面临什么样的国际环境？
7. 当代中国对外关系的“转型”表现在哪些方面？
8. 新时代中国特色大国外交的内涵包括哪些方面？

① 中共中央宣传部、中华人民共和国外交部：《习近平外交思想学习纲要》，3页，北京，人民出版社，2021。

第十一章

区域化与当代中国的政府改革

当全球化浪潮不断推进人类社会所有要素的整合之时，以地缘关系为基础的区域化也在高歌猛进。这既表现于宏观方面国家间缔结的各种经济协定或组建的经贸联合体，也表现于微观方面国家内部各种区域合作组织的建立。就微观而言，在任何国家，区域化尤其是区域经济一体化都正如雨后春笋般涌现并持续深化。传统的"行政区经济"① 和"行政区行政"② 已完全无法适应当前经济社会发展的潮流并被逐步遗弃。显而易见的是，在未来一段时间，区域化发展战略将是推动地方乃至中国经济社会发展的重要引擎，同时，也对中国的政府改革提出了新的挑战。

重点问题

- 区域化和区域一体化的内涵
- 当前中国的区域发展
- 区域一体化绩效的评价标准
- 区域一体化发展推进的障碍
- 区域一体化纵深发展对政府改革的影响

---

① "行政区经济"的概念最早由华东师范大学刘君德教授等在20世纪80年代末90年代初在研究行政区划体制对城市区域经济发展的影响时发现并提出的，是指行政区划对区域经济的刚性约束而产生的一种特殊区域经济现象，是我国区域经济由纵向运行系统向横向运行系统转变过程中出现的一种区域经济类型。

② "行政区行政"的概念是由中山大学陈瑞莲教授在进行区域公共管理研究中提出的，她从政府治理形态的嬗变分析了行政区行政到区域公共管理的演变，并基于公共管理的视角对"行政区行政"的特征从治理背景、价值取向、治理主体、权力运行和治理机制等方面进行了剖析。

第一节 理解区域化

提及区域化，人们自然会联想到全球化的概念。尽管难以厘清区域化和全球化的确切关系，但区域化的本质显然是全球化的产物，或许区域化仅是全球化之路的第一步，因为经济依存的发展在初期都具有区域性特点。不管差异如何，两者都表现出资本、技术、劳务、信息、商品等要素的自由流动和有效配置。区域化既指宏观层次的国家间合作形成的区域化，也指一国内部不同行政区合作所形成的区域化。本章内容将主要探讨微观层面中国区域合作的发展及其对政府改革的影响。

一、区域化、区域经济一体化与区域一体化

（一）区域和一体化的概念

廓清概念的内涵是认识事物的关键。探讨任何区域方面的问题，首要的是弄清楚区域的内涵和外延。“区域”是一个意蕴丰富、使用领域极广的词语，它可以作为实体的概念使用，也可以作为抽象的概念使用，不同学科如地理学、经济学、政治学、社会学、国际关系、公共管理等都有不同的解释。从最初意义上说，区域首先是一个地理学概念。人们对于区域的理解是从地理形态的角度加以认知和思考的。政治学则是从国家管理的角度将区域界定为一个行政单元。当前世界各国学者讨论最为热烈的区域概念则是从经济学的角度来理解的，它强调的是特定空间内经济活动联系的紧密性、互依性、开放性，呈现出具有特定功能、具有地域特征的经济社会综合体。但仅从经济学的视角并不能解释当下的区域，区域公共服务、区域应急协同、区域问题治理等领域需要从公共管理学角度来观察和思考。

一体化一词的英文为“integration”，最初意指企业之间的联合，企业之间通过卡特尔、托拉斯以及其他兼并方式联合而成的产业组织。从一般意义上说，一体化是指多个原来相互独立的实体通过某种方式逐步结合成为一个单一实体的过程，这种结合将呈现出全新的性质。一体化概念又经常在描述国家间关系方面使用。在这里，一体化既涉及国家间经济，也涉及政治、法律和文化，或整个社会的融合，是政治、经济、法律、社会、文化全面互动的过程。由于它涉及实体间的相互融合，因而不同于一般意义上的国家间或者国内地方政府间的合作，而应该是一种全新的治理方式。

（二）区域经济一体化与区域一体化

战略的、经济的，或许还有文化的因素推动了区域化的发展，但毫无疑问，国

际区域化最重要的推动力来自经济①。对于一国内部而言，不论是联邦制国家还是单一制国家，亦是如此。地方政府间之所以进行合作，主要是为了本行政区域经济的可持续发展。所以说，区域化在更多意义上就是区域经济一体化②。区域经济一体化是 20 世纪下半叶以来国际经济生活中出现的一大潮流。经济一体化是指两个或两个以上的国家或地区，通过相互协商制定经济贸易政策和措施，并缔结经济条约或协定，在经济上结合成为一个不受区域限制的产品、要素、劳动力及资本自由流动的经济联合体的过程。其目的是通过合理的地区分工，实现资源优化配置，提高资源使用效率，促进区域共同繁荣。区域经济一体化同时也是建立在区域分工与协作基础上，通过促进生产要素的区域流动，推动区域经济整体协调发展的过程。

区域经济一体化是区域化的核心表现，但并不是区域一体化本身。区域一体化是区域经济一体化发展的新阶段，它涉及的并不仅仅是政府间经济意义上的合作，而是一种全面合作形式，既有各种经济上的合作，也致力于区域公共问题的解决。人们在研究、分析、思考区域一体化的过程中，往往存在一些对区域一体化的误读。有的认为区域一体化仅仅是区域经济一体化，于是缩小了它的内涵和外延，主要原因在于经济发展是主题和合作的动因。有的则认为区域一体化就是最终要打破行政区划，把现有的行政区划进行合并或者重新组合，以期通过整合行政边界的方式把区域问题内部化。区域一体化绝不是要通过改变现有的行政建制或者边界，而是通过合作来化解冲突、消弭矛盾，实现网络治理，形成“你中有我，我中有你”的格局。

二、区域一体化的判别标准

区域一体化是一个没有最终答案的课题，但并不是说无法对区域一体化的发展水平进行评价和测量。否则，区域一体化的推动就失去了意义。不同学者分别总结了区域一体化测度指标体系，如赫夫鲍忒和肖特开创性衡量区域一体化，提出了商品和服务的自由贸易、资本的自由流动、劳动力的自由流动、跨地区机构、货币协调度和财政协调度等 6 个已完成指标，价格稳定性、预算准则、外债、货币稳定性、市场导向的政策、对贸易税收的依赖度、运作的民主性等 7 个准备就绪指标，评估了北美和南美的区域一体化③；拉姆贝尔德提出了一个新的概念框架，确定了包括行动者、结构性因素、制度化、实施、效果和相互依存度在内的六个模块，将

---

① ［英］安德鲁·海伍德：《政治学》，179 页，北京，中国人民大学出版社，2006。

② 经济一体化的概念，是由第一届诺贝尔经济学奖获得者、荷兰经济学家丁伯根提出的，指的是将阻碍经济有效运行的人为因素加以消除，创造最适宜的经济结构。其原本含义应该是从合作较深层次意义上说的，它呈现出原有相互独立的单一实体不具有的新性质，一般的区域间合作并非所谓的一体化，但为了叙述方便，这里不再进行区分。

③ Hufbauer，G. C. and J. J. Schott 1994. *Western hemisphere Economic Integration*. Washington，D. C.：Institute for International Economics.

区域一体化看作机构、政治、经济、文化等方面一体化同时推进的过程[①]。区域一体化发展是一项系统工程，涉及方方面面，内容繁杂。根据区域一体化的相关理论和具体实践，综合国内外学者观点，衡量区域一体化主要把握以下几个标准：

（一）区域市场的一体化程度

区域一体化首要的是区域经济一体化，而实现区域市场一体化则是区域经济一体化的关键。没有市场一体化，区域市场处于分割的状态，资源和生产要素无法实现优化配置，市场机制便无法有效地发挥作用。经济学家理查德·利普塞（Riehard Lipsey）根据生产要素流动程度的级别，从宏观国家间关系角度将区域经济一体化分为六种等级递增的状态：特惠关税区、自由贸易区（商品自由流动）、关税同盟（统一对外关税）、共同市场、经济同盟和完全经济一体化[②]。完全经济一体化是高级别的阶段，也就是说各种生产要素能够实现无障碍流动。生产要素流动无疑是评价市场一体化的最重要标准，但除此之外，从区域一体化发展角度考虑市场一体化，还要从产业分工及其产业关联度、区域政策和规则的统一性、区域性行业协会的数量等方面进行评价。

（二）区域基本公共服务一体化程度

推进基本公共服务一体化和均等化，是社会发展和时代的要求，符合人类社会发展规律，对于推动区域一体化发展也是重大课题。要想实现各种要素的一体化，实现要素的自由流动和合理配置，首先要在对人的服务、对企业的服务以及支撑人和企业发展的服务方面实现相对的均等化和一体化，消除个人和企业发展的后顾之忧，打破限制个人和企业发展的枷锁。

区域基本公共服务一体化建设要按照不同发展阶段的目标要求，统一各项基本公共服务的最低标准，根据最低标准建立科学的评价指标体系，在确保最低标准达标率的基础上，全面实现区域基本公共服务一体化。这个基本公共服务应该包括公共教育、医疗卫生、社会保障、住房就业、公共交通、环境保护等在内全方位的服务事项。这些基本公共服务应该可以在区域内实现自由流转和异地待遇互认，从而充分发挥基本公共服务资源的效用。

（三）区域发展平衡程度

区域一体化本身就意味着各区域之间不能出现差距过大的情形，如果不能弥合各地方的不平衡性，一体化就失去了意义，也就没有推动的必要。所以，区域一体

---

① De Lombaerde，P.，G Pietrangeli and C. weeratunge 2008. Systems of Indicators for Monitoring Regional Integration Processes. *Integrated Assessment*，No. 8，pp. 39－67.

② Richard Lipsey & Alec Chrystal，*Economics*（Twelth Edition），New York：Oxford University Press，2011，pp. 640－644.

化过程中必须解决区域共同发展的问题，进行利益分享、平衡，共享发展的成果。

当然，区域要想实现利益的平衡并非易事，各个区域由于区位条件、资源禀赋、工业基础、人才资源等一系列差异，发展呈现出非均衡性在短期内是必然现象，利益短时间内失衡不可避免。一些地方会唱主角，地方利益会快速增加；而另一些地方唱配角，一些利益会失去，地方经济发展在一定的时间内受损。但这绝不能是长期性的，而应该是能够通过有效的利益平衡机制来弥补，否则，一体化发展会停滞，甚至逆转倒退。解决融合发展中的利益不平衡问题有两个方法：一是建立利益补偿机制，二是建立利益共享机制。利益补偿是区域发展中付出代价的一方应该得到补偿，这种补偿一般是由获益一方支付，或者通过区域共同基金弥补；利益共享是通过合作共赢的方式来实现文明成果的分享，各方都能从一体化中获益。

（四）行政管理体制统筹协调能力

区域一体化的发展和推动离不开健全的行政管理体制安排。当前中国的区域一体化发展模式已成为基本的格局，全方位、多层次的区域合作全面铺开，区域合作格局逐渐由垂直型向水平型转变。日益扩展的区域一体化的新特征，意味着旧的相对内向和封闭的行政管理体制必须向新的相对外向和开放的行政管理体制转变，各地方政府必须不断增进跨区域的协调沟通能力、竞争谈判能力和决策整合能力。

区域一体化显然不是一个简单的经济问题，不能单纯地考虑产业结构、产业布局、功能分区等问题，还要考虑阻碍一体化发展的关键要素是什么。作为政府主导型的发展模式，中国的区域一体化存在诸多难题，尤其是行政管理体制的转变问题。体制不转变，区域一体化的推进必然受条块分割的管理体制的制约。每当触及核心利益时，各个块块即政府主体会各有算计，各行其是。

区域一体化的推进必须打破僵化的行政区界限以及传统的政绩考核方式。要重新梳理现有体制，设计并重新定位新的行政体制，进一步加强“统筹”的功能。体制上要消除限制区域之间要素自由流动的制度根源，取消阻碍市场要素流动的区域壁垒，加大区域的开放程度，推动行政管理体制改革。区域应该形成多层次的组织体系和治理方式，决策有力，执行高效，沟通协调顺畅，社会各界参与积极。各地方政府之间展开多层面、立体化、全方位的合作，把跨域行政作为各地方政府主体的常态行为，不断提高跨区域的行政能力，真正避免“单兵作战”。

第二节 当代中国区域一体化发展现状

新中国成立之后，由于采取的是高度集中的计划经济模式，地方政府并没有取得实体性的地位，也无须通过和其他区域加强合作来获得发展。因此，中国真正的区域化发展肇始于改革开放之后。东部沿海地区凭借得天独厚的区位优势、历史基础和国家政策率先开启区域一体化进程，经过几十年的发展，国内许多地区深入参与了这一变革，区域化发生了深刻的变化。其中比较有代表性的、比较成熟的一体化发展区域有：规模较大者（省际）如粤港澳大湾区、京津冀、长三角，规模较小者（省内）如长株潭、厦漳泉、苏锡常等，以及以大城市尤其是省会城市为核心的都市圈建设，如广州都市圈、武汉都市圈、济南都市圈、青岛都市圈等。

一、区域一体化的演进轨迹

改革开放前，高度集中的计划体制使得地方政府间几乎不存在自发性交流与合作，地方政府一般听从上级指令行事。改革开放之后，高度集中的计划体制松动，中央开始不断地向地方下放权力，地方政府获得了一定的自主权并拥有了较高的积极性，尤其是分税制改革的推进，使地方利益的主体地位愈发突出。而以经济建设为中心的政策导向和以政绩为重要考核标准的人事任命制度，激励着地方政府不断扩张经济发展空间，这使得地方政府之间存在着一种微妙的张力——既竞争又合作。

地方政府竞争源于布雷顿的“竞争性政府”概念。主要指在联邦制国家中，为了赢得选民支持，各级地方政府在非市场产品和服务的供给上，在提供就业岗位上展开激烈的竞赛。但是，地方政府要实现上述目标来发展城市，越来越多地依赖私有部门（尤其是私有企业），于是不得不采取各种优惠的税收政策来迎合“用脚投票”的私有部门。各级政府为了提高自身的吸引力，围绕居民和资源展开竞争。相对于联邦制国家，作为单一制国家的中国的中央政府对于地方政府拥有毋庸置疑的领导权和管理权，但这并不意味着地方政府没有自主权，实际上，随着改革的推进，中央政府赋予地方越来越多的自治权和自主权，地方政府的角色也由原先的一维向多维转变。地方政府已经承担了上级政府在地方的代理者、地方利益的代表者、辖区的管理者和公共物品的提供者等多个角色。多角色的扮演使得地方政府行为日趋复杂化和多样化。不管角色多复杂，地方利益的诉求和个人政绩的需求使得地方政府面临较大的竞争压力。没有经济发展和财政收入，地方政府就无法提供地方性公共物品、解决地方性公共问题，更谈不上个人职位升迁。所以地方政府间产生竞争甚至恶性竞争，都有着内在的制度性诱因。

地方政府间竞争是常态，但并非唯一的常态，地方政府之间还存在合作的需求和空间。地方政府通过合作推动一体化进程，最直接的原因在于跨区域公共事务的治理，比如流域治理问题、跨区域基础设施问题、跨区域突发事件应对问题、环境保护问题等，这是一种典型的倒逼式被动性合作，但这种合作的意义在于可以开启双方或多方的互动，强化彼此之间的关系。市场一体化的诉求也是地方政府展开合作的动力，资源和各种要素的有效配置离不开政府间取消各种各样的行政壁垒，从而实现其无障碍流动，这对于各方都是双赢的局面。

地方政府间在展开合作的过程中遵循着怎样的逻辑呢？纵观国内各地方的区域一体化进程，基本上有着相似的演化轨迹，具体可分以下几个阶段：

第一阶段以具体项目触发政府间关系。任何个体和组织间关系的发生都需要通过一定的载体和形式展开，地方政府间关系概莫能外。发展过程中，地方间尤其是毗邻区域间会逐渐积累各种各样的问题，这些问题会形成强大的问题流，在民众、专家学者、企业以及政府间得到讨论并形成焦点。区域之间的合作能够形成可预期的双赢或多赢的局面，但由于区域之间没有交集，因而对未来的不可预知性存在疑虑。更为重要的是，政府是典型的科层体制，其运作和行为有着严格的规则基础，在缺乏明确的法律依据和授权的情况下，地方政府往往会采取较为保守的做法。而通过项目运作进行试探性的交往成为一种选择。因此，地方政府之间的合作离不开启动的窗口，一般情况下，项目合作是激发和推动彼此关系的重要途径，这也为进一步合作奠定了基础。所以，项目合作是触发政府间关系的关键。

第二阶段以地方领导高层会晤开启合作进程。经过试探性交往和一定时间的酝酿，政府间可以进入比较高层次的运作阶段。这个阶段，地方政府间会采取各种形式（比如参观、访问、磋商等）了解、沟通、协商彼此间关切的事项，从而使得彼此之间合作的意向、范围、主题等进一步明朗化，促使地方政府间进一步达成合作共识。其中，地方首长高层磋商和会议制度就是标志性事件。科层制组织交往，如果没有高层领导的允诺、参与和交往，就难以展开真正有意义的合作。所以，地方政府主要领导参与的联席会议制度就具有决策权，能够决定和推动彼此间的合作。

第三阶段以组织实体固化彼此间关系。任何工作的开展只靠领导人推动是不行的。有学者统计发现，许多地方政府间签署的各种合作协议过了 20 多年依然没有发生多大变化，更多的协议在签署之后被束之高阁。所以，把合作协议文本变成具体项目开展下去，并非易事。有学者认为，区域政策的执行，取决于四个方面的因素：一是沟通，二是资源，三是政策执行者的态度，四是官僚机构[①]。任何合作都需要人和机构来予以执行。因此，地方政府合作都需要建立执行层面的组织推动相关工作事项。目前来看，大部分区域合作都有两个实体：一是领导联席会议，作为决策层；二是秘书处或者合作小组，作为执行层。当然，成立组织归根到底要发挥其作用，而不是徒有形式。应该明确界定其职责和功能，保证其正常运作。唯有切实的运作才能真正密切彼此间关系，培育合作的资本和文化。

第四阶段以制度规则保证合作的持续性。对于个体和组织而言，要想保持某种行为的连续性，就必须通过持续性的刺激予以保障，这种保障需要通过正式的规则来确认。政府间合作有可预期的收益，要想保证这种收益的稳定性和连续性，就需要各方制定正式的规则。从目前国内各地方区域一体化的发展来看，区域一体化程度比较高的，合作效果比较好的，基本上都是制度比较健全的，比如长三角、长株潭等。地方政府联合制定规则，可以通过人大（没有立法权的地区可以通过共同的上级人大）上升到地方性法规，也可以是政府间制定地方性行政规章（没有行政立法权的政府可以通过共同的上级政府）。当然，也要包括一些具有法律性质的行政协议、规划纲要等规范性文件，从而构建完善的合作法律体系。

---

① 朱志宏：《公共政策》，274 页，台北，三民书局，1995。

二、区域一体化过程中面临的问题和挑战

应该说，中国的区域化从数量上来讲已经呈现出爆发式增长态势，几乎所有的地方政府在不同的行政层级都或深或浅地涉入其中。政府间合作的种类繁多，形式多样；合作领域不断深化，内容不断扩大；合作的制度化水平不断提高。但是，存在的问题和面临的挑战也不可忽视。

第一，地区本位主义依然严重。没有市场一体化，就没有区域经济一体化，就不能实现资源的优化配置。但从当前各区域政府间合作来看，地方保护主义依然严重。比如，利用行政手段和一些特殊的优惠政策保护本地企业和产品，抑制外来产品，并对外来产品实行严格的检查制度和报验制度；利用户籍管理、学历职称、住房安置等手段影响人才资源的自由流动；通过土地税收等政策来进行倾销式的招商引资竞争，完全不顾区域功能定位和产业分工，导致产业结构雷同，无法发挥集聚优势；在基础设施方面缺乏统一规划，每个政府只考虑自身的发展，无视区域总体情况。

第二，现有区域协调机制运作乏力。诺斯认为，组织是制度变迁的关键。当然，这里主要意指组织建立之后的运作能力。从当前地方政府间合作的沟通渠道和协调机制来看，效果并不理想。当前地方政府合作组织主要采用跨区域联席会、沟通会或者区域领导人高层会议的形式，更多带有象征性的宣示意义。这种较为松散的非功能性组织机构，由于缺乏跨区域的行政权威，很难实现区域内跨越行政区界限或功能区界限的更大范围的公共服务合作，协调结果的实施效果也难以保证。而且，政府间的共识达成大多靠地方领导人的承诺来保障，一旦地方领导职务变动，合作机制便可能失效。作为发展较早的长三角，各方在很大程度上还是按照自身发展的内在逻辑和实际需要，而不是从整个区域发展形态的内在要求出发考虑。

第三，缺乏有效的绩效管理和评估。区域一体化发展要创造更好的环境和生活，就必须让民众体会到一体化发展的成效，感受到政府间合作的效果。要想反映出跨域治理的绩效，唯有通过政策评估来具体把握，这意味着必须为区域合作治理事项设计出具体的评估指标，并通过相关机构来进行评价。但目前国内各区域一体化发展并没有建立相关的管理、评价体系。与之相关的是，对于跨域治理的网络，在多方进场协商的机制下，无法建立有效的监督和问责机制。

第四，区域空间规划体系紊乱，各地区尤其是城市功能不明。空间规划对于一个区域的发展、自然环境的保护、民众福利等具有深远影响。从各区域来看，区域空间规划不容乐观。以京津冀一体化为例：机场、港口等基础设施有重复建设现象，空间无法得到最合理利用。还有，城市功能定位不清，不能进行合理分工，难以发挥集聚效应。

三、区域一体化发展举措

区域一体化的迅猛发展改变了传统的治理形式，地方政府经济地理空间和区域治理结构得到了再造和重塑，地方政府间关系在区域一体化背景下形成了纵横交织的网络。纵观区域一体化具体发展进程，主要表现在：

（一）编制区域规划

运筹帷幄，纲举目张。规划纲要在公共治理中发挥的作用日趋增大。区域一体化发展需要勾勒经济社会发展蓝图，需要对未来的选择做出决定。区域规划能够引领、协调、规范不同主体的行为以及不同利益关系，对于区域协同发展意义重大。2005年，《国务院关于加强国民经济和社会发展规划编制工作的若干意见》明确将区域规划和总体规划、专项规划并列为三大规划类别。区域规划是以跨行政区的特定区域国民经济和社会发展为对象编制的规划，是总体规划在特定区域的细化和落实。跨省（区、市）的区域规划是编制区域内省（区、市）级总体规划、专项规划的依据。2018年，中共中央、国务院发布《关于建立更加有效的区域协调发展新机制的意见》，明确指出实施区域协调发展战略是新时代国家重大战略之一，是贯彻新发展理念、建设现代化经济体系的重要组成部分，进一步为区域化发展指明了方向。从规划纲要编制与发布的主体来看，既有上级政府批准实施，也有同级政府间共同编制发布；既有区域总体规划，也有区域专项规划。区域规划是区域一体化发展的指导性文件，为地方政府拟定专项规划、制定配套政策、区域协调联动提供了框架。

（二）构建区域一体化协同机制

区域一体化推进，离不开区域政策制定及其执行的协同机制，地方政府间需要不断完善区域协商协同机制。经过多年的实践，地方政府间已经积累了一定经验，并在区域协调发展过程中发挥了重要的作用。具体来看，区域一体化协同机制主要经历了两个发展阶段：

第一，由行政区行政向区域行政转变。地方政府间建立以首长联席会议为决策层，以政府秘书长为协调层，以秘书处为执行层，以政府各部门负责衔接落实的制度规范。以长三角区域一体化发展为例，经过几十年的探索和发展，长三角城市群协调发展机制也日渐成熟和完善，决策层、协调层和执行层“三级运作、统分结合、务实高效”的区域合作机制初步建立。决策层即“长三角地区主要领导座谈会”，每年召开一次，主要是决定长三角区域合作方向、原则、目标与重点等重大问题。协调层即由常务副省（市）长参加的“长三角地区合作与发展联席会议”，每年召开一到两次，主要任务是落实主要领导座谈会的部署，协调推进区域重大合作事项。执行层包括设在省（市）发改委的“联席会议办公室”、“重点合作专题组”以及“长三角地区城市经济合作组”。

第二，由区域行政向区域治理转变。区域一体化发展是一项系统工程，推动区域一体化需要进一步融合市场主体、中介组织、社会公民的力量参与其中。单靠地方政府推动区域一体化发展并不是解决区域公共事务的最佳模式，只会陷入“区域政府管理”的困境。区域并不仅仅是政府的区域，区域公共问题涉及方方面面的利益。在具体实践中，区域治理并不存在固定的模式，需要具体问题具体分析。区域治理应从权力重配、组织再造、政策工具选择等方面寻求适合治理方案。

（三）签订行政协议

地方政府间合作主要通过签订行政协议予以实现。实践中的行政协议表现形式及称谓复杂多样，比如备忘录、意见、宣言、意向书、共识、倡议书、方案、纪要等。行政协议的签署主体也比较复杂，涉及省级政府、市级政府、县级政府等不同层级，协议签订时既表现整体上的地方政府之间，又包括地方政府的部门之间；缔结协议主体既有横向的层级对等，也存在斜向上的层级非对等。从一般意义上讲，签订的最为常见的行政协议在对等的省级政府和设区的市的政府及其内部行政部门之间，比如，贵州、重庆、四川、云南、西藏在2021年签署的《协同推进西南五省政务服务“跨省通办”合作协议》，山东省生态环境厅、河南省生态环境厅2021年签订的《山东省、河南省行政边界地区生态环境执法联动协议》，等等。

行政协议是某一区域内不同的地方政府及其部门之间基于合作的需要，在自愿、合法和互信的前提下签订的具有一定约束力的协议。行政协议为地方政府之间协同提供了框架，有利于促进区域资源合理配置，实现区域经济协调发展；有利于地方政府间整体协调运转，提高行政效率；有利于化解地方之间的纠纷，解决区域公共问题。

第三节　地方政府间跨区域治理的机制创新

区域一体化发展显然是个没有最终结果的进程，但毋庸置疑的是，如果区域能够塑造出新的区域共同价值，形成彼此信任的关系网络，培育出良好的合作文化，就能在一定程度上达成目的。新制度经济学认为：“对于一个有着长期集权且市场不发达的国家来讲，供给主导型的制度变迁将起主要作用。”[①] 在中国这样一个政府主导型的发展中国家，只有进行体制、机制和制度创新，才能打破传统体制的制度均衡，从而推动区域经济朝一体化的方向发展。

---

① 卢现祥：《西方新制度经济学》，122页，北京，中国发展出版社，1996。

一、健全区域一体化发展和治理的法律框架

市场经济是法治经济，基于市场经济的区域政府合作机制离不开法律制度的规制。国内有学者指出，中国之所以尚未有真正意义上的区域协调政策，根本原因在于我国在区域治理问题上“法治不足”①。纵观各区域一体化发展法制化情况，我国区域协调发展战略依然停留在政策协调层面，这种状况亟须改变。博登海默认为，“一个法律制度，如果跟不上时代的需求和要求，而是死死抱住上个时代只具有短暂意义的观念不放，那么显然是不可取的”②。因此，借鉴外国的经验，结合当前国内的发展困境，构建法治化的区域治理制度势在必行。具体应该从以下几个方面考虑：

第一，修改地方组织法，明示区域的协调发展。在现有地方组织法基础上加设专章规定地方政府间的关系，规定地方政府间的合作与竞争应遵循的原则、进行协调合作的组织机构、议事与决策机制和具体操作办法、纠纷解决机制等。必要时提高立法层次，将地方政府间关系纳入其中，为地方政府间关系提供法律依据。

第二，制定地方关系法。世界上许多国家都制定了地方关系法，以适应大规模的地方政府间关系变化的要求。地方关系法应当包含以下内容：地方政府间竞争与合作的基本原则以及合作形式、合作组织架构、合作范围、各方的权利义务、合作责任等。合作各方的权利义务要在地方关系法中有明确的规定，以真正实现合作的自愿、平等和互惠。还要规定解决地方政府间纠纷的具体程序问题，在保证程序合法的基础上进行平等的谈判及协商，保证解决问题的效率。要将中央政府的引导、监督、裁决的职责规定进去，同时将地方政府间竞争与合作的权责分配进行限定，为其分工合作提供法律保障。

第三，跨区域联合立法。跨区域联合立法对于完善市场一体化、解决区域公共问题、提供区域公共物品具有重大意义。发达国家都有大量的区域立法事项。我国第一个联合立法的区域是东北三省。2006 年 7 月，辽宁、吉林、黑龙江三省签署《东北三省政府立法协作框架协议》，开创了中国区域性立法协作框架的先河，是我国尝试建立的首个区域立法协作框架，有利于预防并解决各行政区域间的立法冲突，为东北老工业基地振兴营造良好的法治软环境。东北三省政府立法协作主要采取了三种方式：紧密型协作、半紧密型协作和分散型协作。对于政府关注、群众关心的难点、热点、重点立法项目，采取紧密型协作方式，三省成立联合工作组；对于共性的立法项目，采取半紧密型协作方式，由一省牵头组织起草，其他两省予以配合；对于三省共有的其他项目，由各省根据实际，条件成熟亟须制定的，独立进行立法，立法结果三省共享。跨区域联合立法将是未来我国区域一体化发展的

---

① 陈瑞莲：《欧盟国家的区域协调发展：经验与启示》，载《政治学研究》，2006（3）。

② ［美］博登海默：《法理学：法律哲学与法律方法》，340 页，北京，中国政法大学出版社，1999。

关键。

第四，立法信息沟通协调与交叉备案制度。破除地方保护主义的关键就是加强各区域间立法信息的沟通协调，形成对立法内容的共同认识。当前需要做的工作是清理已有的立法事项，掌握本区域的立法情况，并与其他区域的立法进行交流，及时发现问题并按照法定程序予以修订或废止。为防止各行政区域的法规、规章和规范性文件出现同级之间的冲突，可以引入同级交叉备案制度，即任何地方法规、规章和规范性文件向其他区域的人大常委会进行备案，当其他的人大常委会发现该立法有可能损害本省利益时，就可以提交立法协调机构进行审查，启动立法协调机制。

二、建立健全多层次的组织机构体系

区域一体化发展和治理离不开组织机构，机构实体是推进区域治理的重要载体。从欧盟一体化进程和美国区域治理的经验来看，建立健全多层次的组织体系极为重要。需要注意的是，不同区域的一体化，其特点、内容、发展阶段、合作形式都不一样，因此，没有千篇一律的组织模式可以套用，必须区分具体情况区别对待。纵观各区域一体化的情况，有以下几种类型的组织机构：

第一，跨域性协调机构。协调机构的主要职能在于政府间就某些跨区域共同事项进行协调。协调功能是非强制性行为，政府间能否达成具体合作，主要看协商的结果以及随后的执行。我国目前的区域一体化基本上都设置了这种协调性的议事组织机构。一般以行政首长参与的座谈会或者联席会议为决策机构，联席会议办公室或者秘书处为办事机构，专业委员会为具体政策拟定机构。具体实践中，各个一体化发展区域的组织形式多种多样，并不统一。

第二，区域治理局。这种机构因地方政府间存在难以分割的跨区域共同事务而成立，它是一种新型政府间管理部门，能够在跨区域共同事务方面拥有实质性权力，起着实质性作用。比如，美国1921年纽约州和新泽西州共建经由美国国会批准的纽约与新泽西港务管理局①。这是一个独立的第三方交通管理机构，旨在为这一区域的人口和货物的流动提供最有效率的高质量运输系统。港务管理局是财务上自给自足的公共机构，它没有任何州或地方当局税收的支持，也没有征税的权力。港务管理局主要依靠其设施的用户所带来的收入，如桥梁和隧道的通行费、对机场和海港用户的收费、轻轨系统的车票费、消费服务及零售商店的租金等。

第三，多中心协作组织。传统的等级制政府模式根本不能满足复杂而快速改革

① 港务管理局由管理委员会管理。委员会由12名委员组成，两个州的州长经州参议院批准各任命6名委员。12名委员作为公共官员，不受薪，任期为6年，其任期相互交叉。州长保留对该州任命的委员的行动进行否决的权利。港务管理局只能从事两个州授权从事的业务和项目。委员会会议是公开的。管理委员会任命一名执行总裁负责执行该机构的政策以及日常管理。港务管理局有点类似于我国政企合一的体制形式。

的时代需求，靠命令与控制、刻板的工作限制以及内向的组织文化和经营模式联系起来的官僚制度，尤其不适应处理那些常常超越组织界限的复杂问题①。因此，针对跨区域问题，应通过多主体参与的网络治理来解决。公共事务是包括社会、经济、政治、生态环境、文化教育等多方面内容的系统，许多事务不仅复杂且具有跨界性，通过政府、企业、非政府组织、公民个体等众多行动主体共同行动，有利于更好地抓住问题的实质，更真诚地对话，更充分地协商，达成共同治理目标。

多中心协作组织应该是一个非政府组织，具体组织机构应该是一个由各方主体参与的委员会。资金来源是区域政府的常规性预算拨款、政府委托项目经费以及社会各界的捐赠。委员会主要就区域的重大公共议题进行讨论、协商并形成决策方案，以供政府做决策时进行参考。由于是非政府组织，所以它在履行职责时具有中立性，可以摆脱繁杂的行政程序和地方利益的束缚，更容易在某些领域达成一致意见，从而有利于推动政府间合作的深化。

三、构建精细化的区域合作基金

区域一体化发展需要法律基础、组织保障，更需要财力来推动。没有财政资源的支持，区域一体化发展就容易成为一种“口号式”的倡导。

经济方式可以说是推动区域化发展的重要选择。以欧盟一体化为例，欧盟在干预区域发展过程中，采取了多种形式的扶持基金，比如，结构基金、聚合基金、欧盟团结基金、预备接纳基金。每一种基金的使用都以推动区域发展为指向，比如，结构基金主要用于帮助解决落后区域发展问题和结构性问题，聚合基金主要用于推动区域一体化步伐的项目，欧盟团结基金主要用于应对区域自然灾害，预备接纳基金主要用于准备加入欧盟而又尚未被接受的国家，每一种基金都有明确的目标。基金的筹集、使用规则、审批流程、决策过程都有明确标准和依据，有利于合理高效地使用资金。

我国长三角于 2010 年经过国务院批准也设立了区域发展促进基金，2011 年制定了《长三角合作与发展共同促进基金管理办法（试行）》。根据规划要求，该基金主要用于跨省市基础设施建设、生态建设、环境治理以及产业升级等。据了解，长三角合作与发展共同促进基金由上海、江苏、浙江和安徽三省一市政府共同设立，为政策性公益基金。首期规模 4 000 万元，三省一市各出资 1 000 万元，由长三角合作与发展联席会议办公室负责管理，在上海设立统一账户。该基金主要用于两省（市）以上合作共建项目，解决跨区域发展过程中任何一方难以单独解决的重大问题。该基金的运作可以说是探索建立更好促进长三角一体化的新型管理体制和运行机制，必将进一步推动区域一体化发展。

① ［美］史蒂芬·戈德史密斯、威廉·埃格斯：《网络化治理：公共部门的新形态》，6 页，北京，北京大学出版社，2008。

四、建立区域利益协调与补偿机制

利益驱使是跨域治理的根本诱因，但由于跨域合作是一项综合性的行为，合作项目复杂多样，很难找到没有异议的合作利益评价标准。多元主体的利益诉求无法实现绝对的统一，搭便车和机会主义行为就难以避免。如果没有利益协调，跨域合作将充满不确定性，影响到跨域治理的实现。

作为一种平衡各方利益诉求、协调各方利益关系的正式制度安排，区域利益协调与补偿机制具有强大的激励约束功能，通过它能够平衡各方利益关系、帮助各方形成理性预期、减缓区域经济合作过程中的不确定性、降低区域经济合作协调成本、为区域经济合作创造条件，以促进区域经济合作顺利进行，并成为利益分享与补偿机制供给的内在动力①。

从中国实践来看，地方政府之间的矛盾、利益协调更多来自中央政府协助，自发性的利益协调相对较少，这显然不是长久之计。由于中央政府财力的约束以及地方政府对于地方事务的了解，必须大力加强地方政府间的横向利益协调，建立合理的成本分摊机制和利益共享机制，形成具体的规则，实现区域成本收益的对等。政府间合作中的利益共享与补偿，需要考虑以下两个问题：一是明确利益共享与补偿的原则、内容、范围、对象、标准等基本规则；二是明确补偿资金的来源、渠道、使用程序、决策过程等事项。

五、完善信息共享机制

区域地方政府信息共享机制是指建立合作关系的区域地方政府在一定的政策体制、信息媒介和安全保障的基础上共同分享信息资源的一种机制。在跨域治理中，信息机制的建立成为实现良好治理的重要基础和外在保障。如果能够在信息领域实现交流、共享及共同开发，将在很大程度上打破各地方的信息“孤岛”，整合区域资源，提高公共管理效率。

信息机制的建立主要包括三个方面。一是信息支撑机制。加强区域经济和社会发展的数据信息收集、统计和分析工作，建立跨域治理的数据信息系统，为多元主体参与治理提供信息和数据支持。二是信息整合机制。针对区域规划、土地使用、交通运输、基础设施、环境服务等区域内重要和优先合作的事项，进行信息的整合和统一，构建一批区域重大信息化项目，提高区域整体的信息化水平。三是信息服务机制。对于区域的政务、经济贸易、招商引资等方面的政策法规、办事信息和动态信息，以门户网站的形式面向企业和公众提供便捷、全面的信息服务②。

---

① 林民书、刘明远：《区域经济合作中的利益分享与补偿机制》，载《财经科学》，2012（5）。

② 张成福：《跨域治理：模式、机制与困境》，载《中国行政管理》，2012（3）。

信息共享机制的建立对于推动区域一体化发展极为重要，各方能够及时知晓彼此的动态，可以第一时间协调各方的利益，化解有关冲突。当然，要想让地方政府及时、定期、规范、详尽地将本地的政策和决策信息发布出来，提供给合作方和公众，改变地方主义的思维模式和管理方式，实现信息对话，并非易事。因为信息共享可能意味着权力的共享，当信息共享不能给提供信息的地方政府带来收益甚至还要为此付出代价时，所谓信息共享只能是一句空话。因此，需要有足够的激励（比如制度约束、信息问责等）让地方政府愿意将只为自己所有的信息向其他地方政府公开。

六、建立区域信用体系

行政制度的有效运作依赖于经济区内各地方政府的共同承诺遵守。基于利益的博弈分析，当区域内某一地方政府出现消极执行或违反制度的行为时，如果其在遭受制度性惩罚的损失后获得的收益仍大于遵守制度时所获得的收益时，地方政府极易选择不遵守制度的行为。因此，对区域地方政府的信用评价与监督成为跨域治理的题中应有之义。

区域信用体系是相对国家信用体系而言的地方信用体系，是以区域为单位，综合运用健全的法律制度和先进的信用管理技术进行区域信用管理，以提高区域信用主体的信用意识、优化区域信用环境为宗旨的管理体系，是国家信用体系在某一个区域范围内的局部实现。建立区域信用体系，可减少各地市政府的短期化行为，避免恶性竞争，使区域内企业之间、企业与个人、个人与个人之间的利益得到保障，并为区域之间的合作提供良好的制度保障。区域信用体系建设应从以下几个方面着手：

首先，加强政务诚信。政务诚信是区域信用体系建立的基础，地方政府政务诚信可以降低新的行政制度在区域内地方政府间运行的时间成本和交易费用。因此，地方政府间要强化信用意识，培育政务诚信资本，从而提高区域信用治理能力，这有利于政府间协议的有效实施。比如，粤港澳大湾区面临着“一国两制三法域”的困境，政府间的信用治理就成为区域一体化的关键，政府间通过信用合作可以突破硬法壁垒，从而实现多边良性互动。

其次，加快信用制度体系建设。在各地方政府信息公开、资源共享的基础上，推进区域信用体系建设。长三角地区的区域信用体系建设在全国范围内的区域发展进程中处于领先地位。苏沪浙地方政府于 2004 年就签署《共建信用长三角宣言》和《江苏省、浙江省、上海市信用体系建设合作备忘录》，次年签署《沪苏浙信用体系建设区域合作推进方案》，为区域信用协同发展奠定基调；2022 年上海市信用办、江苏信用办、浙江信用办、安徽信用办联合签署《2022 年长三角区域信用合作工作计划》，强化信用联动，助推“十四五”区域信用高质量一体化发展。基于信任的集体行动可有效缓解集体行动困境，使得区域内地方政府以区域公共利益为基本考量，主动承担区域治理责任，避免随意退出行为导致跨域治理的失败。

最后，建立区域信用评价与监督机制。由区域内各地方政府、企业等市场组织、公民以及社会组织共同组建价值中立的第三方机构，高校的科研机构及相关领域的专家、学者通过实地调研拟定区域信用评价与监督指标，对跨域治理的信用行为进行评估与监督，并将结果向区域社会公布。信用评价与监督指标可包括如下内容：是否及时准确公开真实的跨域治理过程中急需的政策信息资源、投资环境测评、治理现状等；是否遵守并有效履行基于协商而形成的跨域治理的制度安排；是否准时参加跨区域的联席会议或合作论坛；等等。

关键术语

区域化　　区域一体化　　跨区域治理　　区域合作基金　　利益补偿机制

复习思考题

1. 举例说明区域经济一体化与区域一体化的区别。
2. 区域一体化遵循怎样的演进逻辑？
3. 从法律层面思考我国该如何推动跨区域治理。
4. 跨区域治理的组织体系应该怎样设计？
5. 请设计一下地方政府间的利益补偿机制。
6. 区域信用体系建设应从哪些方面入手？
7. 当前我国推动区域一体化发展的主要举措是什么？

第十二章

全球化与当代中国的政治发展

全球化是当今世界不可逆转的时代潮流。置身于全球化时代，中国的政治发展不可避免地要受到全球化多方位的形塑。全球化是一柄双刃剑，既给中国的政治发展带来了千载难逢的机遇，也带来了前所未有的挑战。如何积极回应全球化带来的机遇与挑战，更好地推动新时代中国特色社会主义政治发展的创新发展，是时代给中国提出的一项重大命题。

重点问题

- 全球化的相关概念
- 全球化对当代中国政治发展的影响
- 全球化时代中国政治发展战略

第一节　理解全球化

全球化是人类社会发展的客观历史进程，也是中国政治发展的宏观背景。究竟什么是全球化，全球化又经历了怎样的发展历程，其形成和发展的动力是什么，这些都是我们在全球化时代思考中国政治发展战略之前必须首先厘清的基本问题。

一、全球化相关概念厘定

全球化（globalization）一词虽出现得相对较晚，但在非常宽泛的意义上被使用。根据相关学者的研究，“全球化”最早是由西奥多·莱维特（Theodore Levitt）于1983年提出的①，他在其《市场的全球化》一文中用“全球化”来形容此前20年间国际经济发生的巨大变化，并将其界定为“商品、服务、资本和技术在世界性生产、消费和投资领域中的扩散”②。

全球化一词被提出来以后，很快在世界各地官方文件和报刊中被广泛使用，并迅速成为使用频率最高的词语之一。但是，究竟什么是全球化，却是一个见仁见智的问题。美国经济学家索罗斯从资本的全球自由流动的角度对全球化概念进行了界定；英国社会学家吉登斯将全球化定义为“世界范围内的社会关系的强化”及现代性的全球扩张；美国的社会思想家罗兰·罗伯森则从思想观念的角度将全球化理解为，“全球化既指世界的压缩，又指认为世界是一个整体的意识的增强”③。此外，还有不少学者，如沃勒斯坦等人，认为全球化的本质就是西方化、美国化。国内学者蔡拓将全球化定义为“当代人类社会生活跨越国家和地区界限，在全球范围内展现的全方位的沟通、联系、相互影响的客观历史进程与趋势”④。杨雪冬认为，全球化是一个多维度的过程，在理论上创造着一个单一的世界，是统一和多样并存的过程，是一个不平衡发展的过程，是一个冲突的过程，是一个观念更新和范式转变的过程⑤。俞可平认为“全球化是人类现时代的本质特征之一，它是在信息网络化和经济一体化基础之上，各个国家之间产生一种内在的、不可分离的和日益紧密的相互联系”⑥。

无论学术界的分歧有多大，但在一点上却达到了高度的一致，那就是：当今时代，世界各国在经济、政治、文化、科技、教育、环保甚至包括军事等方面的交流日益频繁，各国之间相互依存、相互融合的程度也与日俱增。综合以上观点，我们可以把全球化理解为：资本、技术、信息、人员、商品、思想、价值等突破地域、民族、制度、文化障碍，在全世界自由流动，从而形成各国之间在经济、政治、文化、科技、军事、环保等领域相互依存、相互借鉴、相互交融的过程和趋势。

近年来，“逆全球化”成了国内外学术界和各种媒体越来越关注的热词，但关于逆全球化的概念、表现与动因却众说纷纭，甚至“逆全球化”是否存在仍是值得探讨的重大问题。从字面含义看来，有学者认为“逆全球化是指与经济全球化相背、国际合作和相互依赖逐渐消减的全球性发展趋势”⑦，但其具体表现却是多种

---

① Chakravarthi Raghavan, “What is Globalization?”, *Third World Resurgence*, No. 74, 1996, pp. 11-14.

② Theodre Levitt, “The Globalization of Markets,” in Alan M. Kantrow, ed., *Sunrise… Sunset: Challenging the Myth of Industrial Obsolescence*, New Jersey: John Wiley & Sons, 1985, pp. 53-68.

③ ［美］罗兰·罗伯森：《全球化：社会理论和全球文化》，11页，上海，上海人民出版社，2000。

④ 蔡拓：《全球化与当代国际关系》，载《马克思主义与现实》，1998（4）。

⑤ 杨雪冬：《论全球化的文明化和民主化》，见庞中英：《中国学者看世界·全球治理卷》，79-80页，北京，新世界出版社，2007。

⑥ 俞可平：《新冠肺炎危机对国家治理和全球治理的影响》，载《天津社会科学》，2020（4）。

⑦ 吴志成、吴宇：《逆全球化的演进及其应对》，载《红旗文稿》，2018（3）。

多样的：诸多国家参与国际合作意愿减退，贸易保护主义不断升级，全球供应链被动断裂或主动脱钩，单边主义盛行，种族主义、民族主义或极端政治倾向的抬头及加剧，尤其是美国特朗普时期频繁的“退群”行为，等等。

结合相关表现以及全球化的深化趋势，也有学者认为“逆全球化”是个伪命题，全球化趋势在现实中是不可能逆转的，“逆全球化”一词的确切含义应该就是更为常见的“反全球化”①。“反全球化”之所以兴起就在于全球化过程中有赢家也有输家，既有积极影响也有负面作用。不论是发达国家还是发展中国家在全球化中都会遭遇或多或少的挑战，虽然发展中国家的脆弱性在全球化深化的过程中被放大，但反观近些年的反全球化事件或行动，发达国家对全球化的不满日益突出②。

“反全球化”是永不会偃旗息鼓的，但并不会阻碍、逆转全球化的进程。有学者指出：“我们没有走上去全球化（deglobalization）的道路。全球化的好处可以超过代价，特别是如果我们鼓励并实现更广泛的国家利益，包括国家安全，那么全球化的好处可能会超过代价。这种扩大的国家利益概念必须超越简单的经济效率利益，也包括应对社会和环境挑战的责任。”③ 当然，在全球化不可逆的进程中，我们也应警惕其所带来的负面影响。

二、全球化发展历程

全球化既是一种概念，也是人类社会发展的一种现象。作为一种概念，全球化被提出来并加以学术化的研究时间相对较短。而作为一种现象，全球化经历了长时间、非线性的演进并呈现为几次明显的“高潮”与“退潮”阶段。

全球化最早可以追溯到15世纪的地理大发现，新航路的开辟促进了世界贸易发展和世界市场的初步形成。16—18世纪，葡萄牙、西班牙、荷兰、英国等国进行的早期殖民扩张活动拓展了世界市场。英国的工业革命则进一步推动了全球化进程，并使西方资本主义把越来越多的殖民地纳入资本主义世界市场体系之中。马克思在《共产党宣言》中十分形象、生动地描述了这一进程：“资产阶级，由于开拓了世界市场，使一切国家的生产和消费都成为世界性的了。……过去那种地方的和民族的自给自足和闭关自守状态，被各民族的各方面的互相往来和各方面的互相依赖所代替了。物质的生产是如此，精神的生产也是如此。”④ 19世纪末开始的第二次工业革命，极大地推动了社会生产力的发展和资本主义生产方式的全球扩张，促进了世界殖民体系的形成和世界市场的最终形成。

20世纪80年代以来，以1989年柏林墙倒塌、1991年苏联解体和1993年欧洲

① 江时学：《“逆全球化”概念辨析：兼论全球化的动力与阻力》，载《国际关系研究》，2021（6）。

② ［美］约瑟夫·E. 斯蒂格利茨：《全球化逆潮》，2-3页，北京，机械工业出版社，2019。

③ Mary B. Teagarden, “Are we on the road to de-globalization?” *Thunderbird International Business Review*, Vol. 64, No. 1, 2022. p. 3.

④ 马克思、恩格斯：《马克思恩格斯选集》，3版，第1卷，404页，北京，人民出版社，2012。

统一大市场的形成为标志，全球化出现加速发展趋势。20 世纪末，随着冷战的结束带来的不同区域间交往的人为障碍的破除，以计算机和互联网为标志的第三次科技革命的历史飞跃，全球统一市场的形成和经济依赖的加剧，可持续发展、新社会运动、非国家行为体等诸多政治的、社会的、价值的、文化的因素的活跃和影响扩大，叠加而形成了全球化浪潮和冲击波①。在全球化浪潮的冲击下，世界各个国家、地区、民族、组织甚至个人，都被裹挟进了这一时代洪流，世界各地之间的联系更加紧密，互动更加频繁。

进入 21 世纪以来，第四次科技革命在全新技术的迅猛发展下将世界日益压缩成一个“地球村”；生产全球化、贸易全球化、资本全球化、跨国公司进一步迅猛发展，经济区域一体化进程进一步加快；与信息化、经济全球化进程相适应，人类在政治、文化等方面的全球化进程也进一步加速，世界各国比以往任何时期都更加紧密和错综复杂地连接在一起，全球化进入一个新的发展阶段。

如果以全球贸易占全球 GDP 的比例来描述近两百年来全球化的历程的话，可以明显发现存在着上述的演进阶段。图 12-1 显示，工业革命推动了全球化，使其形成了 1827—1913 年的第一波浪潮；两次世界大战、大萧条、大流感带来的经济衰退使全球进入 1914—1945 年的逆全球化浪潮当中；二战结束以来，1945—1980 年全球化进入复苏与平稳发展的第二波浪潮当中，其水平恢复到一战前的程度；1980—2008 年全球化进入快速发展的第三波“超级全球化”浪潮当中，其水平达到历史新高度；而 2008 年全球金融危机以来，全球化进入深度调整期，也带来了对“逆全球化”“反全球化”的深度讨论。

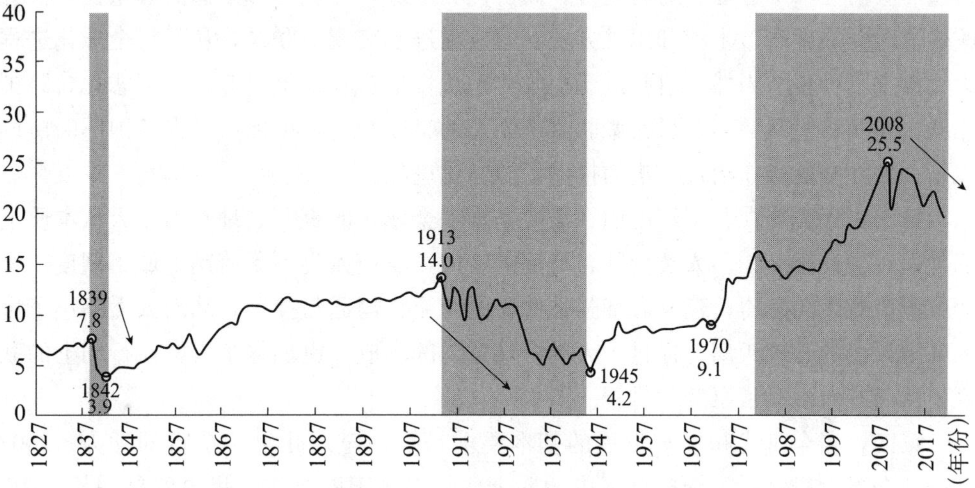

图 12-1 历史上的全球化与逆全球化浪潮指数

资料来源：葛劲峰、袁志刚、樊潇彦：《理解全球化：基于“经济-社会-政治”体系共生演化视角的分析》，载《学术月刊》，2021（8）。

① 蔡拓：《政治学发展的全球化思考》，载《马克思主义与现实》，2002（4）。

三、全球化的基本动力

全球化是在世界各国相互交往和相互依存的不断深化过程中，由多种推动力共同作用而形成的不可逆转的历史大趋势，是“历史的合力”的产物。

第一，市场经济是全球化的第一推动力。随着中国、印度等国家和地区几乎同时被卷入市场经济的大潮，市场经济几乎成为全世界通行的经济体制。市场经济是迄今为止人类最有效率的经济组织方式。市场经济极大地解放了生产力，促进了劳动分工，强化了人类的生产能力，使各国之间的相互联系和资源往来的依赖性日益加深。市场经济从本质上也鼓舞了资本的扩张，追逐利益、扩大投资、生产的资本本性与竞争性为生产力的发展和进步创造了诸多条件。市场经济也是一种开放型经济，为实现资源的最优配置和利润的最大化，商品、资本、劳动力和技术等要素必然会跨越国界，在全球范围内自由流动，从而极大地推动了经济全球化的进程。经济全球化进程的加快，势必要求世界各国在政治和文化等方面加以调整，以适应经济发展的需要，从而导致政治、文化等领域也出现了全球化的趋势。

第二，科学技术进步是全球化的重要推动力。科学技术是第一生产力，是引发社会变迁的重要力量。汽车、火车、轮船、飞机等现代化交通工具，通过时间消灭空间的方式，极大提升了商品、人员等的流动速度，拓展了流动范围，使“天涯若比邻”的梦想变成了活生生的现实；电话、电报、广播、电视等通信和媒介技术的快速发展，有效促进了信息的跨时空自由传播；互联网是全球化的最佳载体，网络传播的匿名性、平等性、跨时空性、廉价性、多媒介整合性和信息的海量性，极大改变了人类的生产、生活和思维方式，有效增进了交流与联系，从而将全球化进程大大推进了一步。当然，科技进步引发的现代性危机，如核扩散、生态恶化、跨国犯罪、非法移民问题等，日益威胁着全人类的整体利益，也促使世界各国不断协调立场，加强全球合作治理，进而推动了全球化进程。

第三，人类交往、交流的内在需要是推动全球化的重要心理动因。人从本质上而言是一种社会动物。人类交往、交流的本性，驱使人类不断跨越地域、制度、文化、价值观念的障碍，建立和加强彼此间的交流、沟通与互鉴，从而大大缩小了世界各国人民的心理距离，促进了人类全球意识的形成，也加强了人类在行动上的联系，从而有力推动了全球化进程。

第四，当今时代和平与发展的基本要求是推动全球化继续前行的动力。2008年全球金融危机之后，全球范围内的反全球化浪潮不断高涨。世界贸易增长乏力、国家间贫富差距扩大、非传统安全面临诸多威胁等成了全球化进程的阻力。这也表明了全球化并非一帆风顺，但全球化的动力始终大于阻力。尤其是当前世界进入动荡变革时期，走和平与发展的道路仍是人类社会共同的期望与要求。只有维护世界和平、更快更好发展才能有力应对全球性挑战。中国和其他一些进步力量一起坚定不移维护世界和平与发展，为推动全球化趋势的发展做出了重大贡献，“一带一路”

倡议所追求的互联互通、互利共赢也成了全球化发展的新动力。

四、全球化与政治发展

从时间的维度来看，人类社会是不断进步的，尤其是工业革命以来，政治上的进步逐渐被“政治发展”这一专有名词加以概括；从空间的维度来看，人类交往的距离不断缩短，一个国家乃至其中诸多个体的政治命运受国际格局尤其是全球化的影响不断增大。全球化对一国政治发展的影响是全方位的，这不仅仅体现在现代化与民主化转型这一政治发展的核心要素方面，也深刻影响着一国的政治文化与国家治理等内容，而由此产生的国内政治影响也会经由国家间政治关系反过来形塑全球化进程。

具体而言，政治发展的研究缘起于现代化、深化于民主化，立足的是第二次世界大战后世界格局的演变，尤其是后发展国家独立后的政治转型①。而后发展国家的政治转型，不论是现代化还是民主化，都深受当时全球化进程的影响。现代化转型被视为一场文明形态的更迭，发达国家最先实现了从传统到现代的转变，技术、经济、文化等要素的变革促使整个世界朝向韦伯所言的理性化图景迈进，后发展国家也不得不按照上述标准卷入整个世界的现代化浪潮当中。而民主化更是被塞缪尔·亨廷顿区分为三波浪潮，他着重指出了 20 世纪后期的第三波民主化浪潮的“全球化”特征，即“迈向民主化的运动变成几乎是势不可挡的世界潮流”，“是一项全球性的运动”，“外部势力，而其特别显著的滚雪球效应是后来民主化国家的主要原因”②。

全球化对一国现代化与民主化的巨大影响主要是通过将早先发达国家所确立的相关要素在世界范围内进行普及与扩展而实现的。这一过程既可以通过政治文化的传播来达成，也会借由某些大国或国际组织等重要的外部势力的影响来达成。前者涉及全球化带来的文化上的冲击，后者正如亨廷顿对民主化原因中美国或区域组织等外部势力的示范与相应效应的影响。全球化最大的特点之一在于各种要素的流动，其中观念、文化的传播速度快、影响范围广。当西方实现了现代化与民主化的转型之后，其中所蕴含的理性、法治、自由、民主等政治观念逐渐成为全球“家喻户晓”的名词，这为接下来的转型做好了铺垫。当然，文化上的传播从一开始就不是对称的，过去往往以西学东渐为主，当下却出现了东方文化对西方文化产生影响并日趋加深。这产生了超越民主化的政治发展影响，逆全球化或反全球化现象中的民粹主义、种族主义或民族主义、极端政治倾向的抬头在一定程度上是全球化当中

---

① 李新廷：《比较政治学中的政治发展理论：后发展国家与中国经验视角的反思与重构》，载《中南大学学报》(社会科学版)，2018 (2)。

② ［美］塞缪尔·亨廷顿：《第三波：二十世纪末的民主化浪潮》，21、25 页，119－120 页，上海，上海三联书店，1998。

文化碰撞与冲击的产物。

不论是现代化、民主化，还是政治文化的传播，在一国范围内都涉及国家通过制度改革、文化转型等方式实现优良的治理来消解转型带来的内在问题，在国际秩序中也涉及国家借由主权或通过国际组织等方式参与到全球治理当中来为国内的治理提供良好的环境或创造有利的条件。二者在全球化时代并非孤立的，而是相互影响的。全球化的加速发展对各国的内政外交带来了全方位的冲击，一国只有通过不断的变革和探索来完善制度、稳定秩序、发展经济进而实现国家治理上的善治、开辟自身的现代化道路，才能积极参与到全球治理当中，规避全球化带来的经济冲击、文化渗透、秩序失衡等消极影响；也只有处理好并形塑积极友好的国际关系，一国在全球化的竞争中才能处于不败之地，进而为国内治理创造优良的环境。

第二节　全球化对当代中国政治发展的影响

全球化的狂飙突进，极大地改变了人类政治文明的演进轨迹，同时也深刻地影响了中国的政治发展进程。尤其是当前世界进入动荡变革期，不稳定性、不确定性明显增强，逆全球化思潮抬头，反全球化浪潮高涨，中国百年未有之大变局背景下的政治发展受其影响也更大。

一、全球化对中国政治发展的效应

随着全球化进程的不断推进和中国融入世界的程度不断加深，中国与世界的联系越来越紧密，全球化对中国政治造成的影响也越来越大。全球化是一柄典型的双刃剑，既给中国的政治发展带来了积极效应，也产生了消极影响。

（一）全球化对中国政治发展的积极效应

全球化的深化不仅使得处理国家与国家、国家与国际社会之间的关系成为各国共同面临的任务，也使得协调国家与国内社会、文化等之间的关系显得尤为重要。中国在全球不确定性变化的过程中善于把握机遇，利用全球化带来的和平与发展环境，坚定不移推进中国式现代化，致力于实现国家治理体系和治理能力现代化，积极参与全球治理，引领文化领域的转型并倡导人类命运共同体的全球价值观，在党的全面领导下推动党和国家事业取得举世瞩目的重大成就，不断彰显了中国式现代化道路所发展的人类文明新形态。

1. 助推中国式现代化道路的探索与拓展

全球化推动了世界范围内各国的现代化转型的进程，中国共产党在把握世界潮流的过程中自觉肩负起实现中国的现代化的历史使命。新中国成立后，中国共产党就提出了实现工业、农业、交通运输业和国防的四个现代化的任务，并随着国民经济的调整进一步明确为：在20世纪内，国民经济的发展目标在于通过第一步“建立一个独立的比较完整的工业体系和国民经济体系”，第二步“全面实现农业、工业、国防和科学技术的现代化，使我国经济走在世界的前列”的“两步走”的设想，把我国建设成为一个具有现代农业、现代工业、现代国防和现代科学技术的社会主义强国①。

改革开放后，邓小平继续坚持“四个现代化”的发展目标，并明确提出要“走一条中国式的现代化道路”：“我们定的目标是在本世纪末实现四个现代化。我们的概念与西方不同，我姑且用个新说法，叫做中国式的四个现代化。”② 在此基础上，邓小平在对现代化概念的具体阐述过程中提出了“小康社会”来丰富中国式现代化的目标与路径。“这个小康社会，叫做中国式的现代化。”③

此后，党的十三大提出了中国经济建设“三步走”的战略部署，党的十五大提出了新“三步走”的战略，20世纪末中国共产党提出了“两个一百年”宏伟战略，党的十六大把第一个百年战略概括为“全面建设小康社会”，党的十八大首次正式提出“全面建成小康社会”并在决胜全面建成小康社会、坚持和发展中国特色社会主义、实现第二个百年奋斗目标开局中赋予中国道路“中国式现代化”的新时代内涵，即把我国建成社会主义现代化强国，必须坚持中国特色社会主义道路；既坚持以经济建设为中心，又全面推进经济建设、政治建设、文化建设、社会建设、生态文明建设以及其他各方面建设；既坚持四项基本原则，又坚持改革开放；既不断解放和发展社会生产力，又逐步实现全体人民共同富裕、促进人的全面发展④。党的二十大报告明确将“完成脱贫攻坚、全面建成小康社会的历史任务，实现第一个百年奋斗目标”⑤ 视为新时代我们经历的对党和人民事业具有重大现实意义和深远历史意义的三件大事之一。

中国式现代化是基于中国国情尤其是巨大的人口规模的内在规定与本质特征而提出的，也有各国现代化的共同特征，受全球化和世界现代化转型的影响。中国式现代化起始于工业化的目标追求，西方发达国家几百年的工业化进程为中国式现代化提供了经验和教训。富裕是各国现代化追求的共同目标，全球化的扩展在丰硕了全球财富的同时也进一步扩大了国内与国家间的不平等，而中国式现代化警惕不平等的扩大，追求全体人民的共同富裕，进而丰富了现代化的内涵；富裕不仅表现在物质层面，也体现在精神文化层面，世界现代化转型传播了民主、法治、自由、平等等全人类的共同价值，而中国式现代化在借鉴、吸收世界文明价值的同时又强调我国社会主义文化的繁荣发展、中国共产党“以人民为中心”的价值追求以及物质

---

① 《周恩来选集》（下卷），439页，北京，人民出版社，1984。

② 中共中央文献研究室：《邓小平年谱：1975—1997》，496页，北京，中央文献出版社，2004。

③ 邓小平：《邓小平文选》，第3卷，54页，北京，人民出版社，1993。

④ 顾海良：《“坚持中国道路”的历史回溯和时代蕴含》，载《红旗文稿》，2022（2）。

⑤ 习近平：《高举中国特色社会主义伟大旗帜　为全面建设社会主义现代化国家而团结奋斗：在中国共产党第二十次全国代表大会上的报告》，4页，北京，人民出版社，2022。

文明与精神文明的协调发展。西方现代化尤其是工业化的极大发展建立在对自然资源的攫取基础上，造成了生态环境的破坏，并在全球化的进程中容易演变成全球性的气候与生态问题，而中国式现代化吸取西方传统工业化的教训，绝不走西方现代化的老路，形成了人与自然和谐共生的现代化新格局；西方在早期的现代化转型尤其是追求经济现代化的过程中致力于建立全球性的原材料与资本市场，往往采取殖民、战争和掠夺的方式来实现，而中国式现代化探索的是一条以和平发展的方式实现国家富强和民族复兴的新路。

2. 助推国家治理现代化，承担全球治理责任

从统治到管理再到治理，是政治发展演进的基本轨迹，也是全球化对政治发展提出的基本要求。治理是一个操作层面的概念，不具有根本政治制度的属性，强调“公共权威为实现公共利益而进行的管理活动和管理过程”①，因而可以大胆学习和借鉴。为适应经济全球化和市场治理的需要，中国主动与国际接轨，并按照国际社会的要求，对国内法律规章进行了清理，加大了信息公开力度，加强了市场的法治化治理。为适应政府治理的需要，中国在借鉴西方文官制度的基础上，构建并完善了中国的公务员制度；借鉴西方的新公共管理理论，确立了构建服务型政府的行政管理体制改革目标；借鉴西方的责任政府制度，创设了中国的行政问责制度；借鉴西方的民主决策制度，完善了中国的政治决策制度；借鉴西方协商民主理论的有益成分，构建了中国协商民主理论和制度；借鉴西方的法治建设经验，构建了中国的人民陪审员制度、律师制度。为适应社会治理的需要，中国吸收西方福利制度的有益成分，构建了中国的社会保障制度；借鉴西方的社会治理制度，构建了中国特色社会治理体制。

在顺应全球化时代的发展过程中，中国不仅借鉴、汲取全球治理的有益经验，也对全球化及其带来的风险进行了反思，尤其是辩证看待全球化本身的普遍性与特殊性关系。全球化推动了世界各国对共同利益的追求，同时也导致各国强调各自的经济、文化、政治的差异。正是在对全球化镜鉴与反思的过程中，中国加快了国际化与本土化的国家治理资源的整合，并于 2013 年党的十八届三中全会上提出了“国家治理体系和治理能力现代化”的重大命题，强调“一个国家选择什么样的国家制度和国家治理体系，是由这个国家的历史文化、社会性质、经济发展水平决定的”②；进而在 2019 年十九届四中全会上系统总结我国国家制度和国家治理体系的巨大成就和显著优势，深入回答在我国国家制度和国家治理体系上应该“坚持和巩固什么、完善和发展什么”这个重大政治问题，深入阐释了支撑中国特色社会主义制度的根本制度、基本制度、重要制度，对新时代坚持和完善中国特色社会主义制度，推进国家治理体系和治理能力现代化做出顶层设计和全面部署。

国家治理体系和治理能力现代化不仅仅是国内向度的，也涉及国际向度，全球

---

① 俞可平：《中国治理变迁 30 年》，1 页，北京，社会科学文献出版社，2008。

② 习近平：《习近平谈治国理政》，第 3 卷，119 页，北京，外文出版社，2020。

化增加了中国国家治理现代化的全球向度的内涵。从地方治理到国家治理再到全球治理，也是中国自觉顺应全球化时代潮流的结果。全球化背景下的治理不仅仅是国内的地方治理、国家治理，也是面向世界的全球治理。国家治理体系和治理能力现代化也应统筹兼顾国家治理与全球治理，在二者的协同兼顾的基础上才能不断提高治理的现代化水平。“国家治理体系与治理能力的现代化必然包含着对全球治理的理性认知和实践的协调。”① 为适应国际社会治理的需要，中国增强了全球意识。在全球化的过程中，中国通过不断对外开放，加入联合国、国际原子能机构、亚太经合组织、世贸组织、世界银行等一系列国际组织，签署了近 200 个国际公约；积极参与国际社会反腐、环境保护、裁军与军控机制、国际干预机制、反毒品机制、反恐怖主义机制、防治艾滋病机制、应对气候变化全球治理等；高举和平、发展、合作的大旗，大力实施和平发展战略；推动构建新型国际关系，积极参与全球治理体系改革和建设，推进国际关系民主化，全面开展抗击新冠疫情国际合作，从而在全球治理中承担了更多的国际责任，展现了大国参与全球治理的风范。也正是在同世界的前途命运紧密相连的全球化深化时代，中国不断站在国内大局与国际大局相互联系、相互统筹的高度来审视和制定国家战略，党的十八届三中全会所提出的要“以开放促改革”也不断将全球化带来的变化转变为推动实现国家治理体系和治理能力现代化的动力。

3. 助推政治文化转型，提升中华文化国际影响力

中国两千多年的专制主义统治，造成了以等级观念、人身依附、权威崇拜、极端偏狭为特征的思想根深蒂固。近代以来的现代化转型，虽然带来了权利、义务观念及民主、平等、自由等价值观，但由于救亡压倒启蒙，这些政治价值观因缺乏合适的土壤、充足的时间及具体的实践，未能真正落地生根，难以对根深蒂固的观念产生根本性改变。新中国成立后，虽然国家也强调人民当家作主，鼓励人民积极参与各种政治运动，但高度集中的计划经济体制、全能主义政治体制模式、政治价值观上对集体主义的过分强调以及“文化大革命”期间马克思主义的教条化，都造成了对公民参与意识的抑制。

全球化时代，社会主义市场经济体制的建立完善、全面深化改革的推进、国家治理体系和治理能力现代化的不断提升，为中国政治文化的转型提供了契机。“全球经济正在跨越国家边界推动思想和观念的传播，并导致世界上的许多地区出现更加积极的公民。”② 社会主义市场经济体制的建立和完善、经济的发展、教育的普及、交通的便利、信息的快速传播、交往的扩大、人的现代化等为多种文化、价值观念的交流碰撞提供了契机，带来了如下两种积极影响：

一是全球文化的交流，促进了自由、民主、平等、人权、法治等政治价值和独立、自主、参与、权利、契约、责任、效率等观念的传播，加速了公民主体意识的

① 蔡拓：《全球学与全球治理》，240 页，北京，北京大学出版社，2018。
② ［英］安东尼·吉登斯：《社会学》，542 页，北京，北京大学出版社，2003。

觉醒，从而有力地推动了向公民政治文化的转型。公民政治文化的转型也符合当前中国正在改革、变化的现实，也与新时代中国特色社会主义的政治发展相适应。不仅仅是全球文化的交流，中国深度参与经济全球化也带来了经济的发展、人民生活水平与文化教育程度的提高、大众传播渠道与技术的成熟及普及，这都极大地提高了中国民众的参与意识，使中国政治文化在转型过程中表现出一定的参与文化色彩，尤其是在网络政治参与方面这一色彩较为明显。然而，我国公民政治文化的转型并没有完全实现，在向公民政治文化转型的过程中存在参与与顺从并存的现象。这里的顺从更多的是参与效能上的挫败感使民众不得不转向为一种无奈的顺从，这种参与顺从型文化对政治和社会稳定构成了潜在的威胁①。在全球化的交流中，这一文化往往会激发民众在公共政策上的不满情绪，进而转化为对政府的敌视与不信任。也正是在这一政治文化的转型与全球化的文化交流中，中国从西方的协商民主理论讨论中挖掘出了中国式协商民主的观念与实践，并将其作为人民民主的重要形式，中国式协商民主成了沟通政府与社会、官员与民众的重要渠道，一定程度上消弭了人民对国家的不信任情绪，适应了中国政治文化转型的现代化要求。

二是全球化促进了中华优秀传统文化的现代性转型，也为提升中华文化的国际影响力提供了机遇。在全球化的影响下，中国政治文化转型不仅要借鉴、汲取与反思世界各国的优秀文化要素与因子，也要建设适合中国式现代化的社会主义政治文化。与中国式现代化相适应的社会主义政治文化不仅建立在中国特色社会主义政治发展的实践之上，也源自中华民族的天下为公、兼容并蓄、求同存异等优秀文化。“只有把马克思主义基本原理同中国具体实际相结合、同中华优秀传统文化相结合，坚持运用辩证唯物主义和历史唯物主义，才能正确回答时代和实践提出的重大问题”②。中华优秀传统文化在全球化与现代化的影响下必须进行创造性转化与创新性发展，才能更好地适应中国特色社会主义的政治发展要求。而中国特色社会主义政治发展的实践过程潜移默化地将传统文化中的修齐治平、天下为公、天下大同、天人合一、民本思想等思想进行了继承与发展，创造性地吸收进社会主义核心价值观、人类命运共同体、生态文明思想、以人民为中心、共同富裕等思想当中，并在全球化的文化交流中实现了对外传播。其中，诸如人类命运共同体等思想对中华传统文化进行了创造性转化、创新性发展，主张平等相待的国际交往原则，强调世界各民族各地区共同发展，为中华文化走向世界、提升国际影响力提供了重要的价值指引和路径选择。

4. 彰显中国现代政治文明新形态

现代化、国家治理、全球治理、政治文化等政治发展的核心要素充实了一国的

---

① 张继兰：《协商民主的中国适应性分析：基于体制变革和政治文化转型的视角》，载《云南行政学院学报》，2017（2）。

② 习近平：《高举中国特色社会主义伟大旗帜　为全面建设社会主义现代化国家而团结奋斗：在中国共产党第二十次全国代表大会上的报告》，17页，北京，人民出版社，2022。

政治体制与政治文明的形态并在发展的过程中不断实现进步，在这一进步的过程中政治发展的途径也至关重要。简言之，政治发展的途径主要有革命和改革两种，当今时代和平与发展推动着全球化继续前行，革命式的激进的政治变迁方式越来越多地让位于渐进式的和平的政治改革方式。

全球化时代，一国通过国内政治改革来实现政治发展也受到全球化的影响，大国或区域性的国际组织会对一国的政治发展产生深远影响，非国家行为体的作用与意义越来越突出，但国家的中心地位和关键功能并未改变，反而愈显重要。托马斯·维斯（Thomas G. Weiss）等人指出，“我们最好把这个行使不同权力的复杂世界称为‘全球治理’，但要坚持熟悉的、以国家为中心的理解方式”[①]。自2008年全球金融危机以来，全球化的前景晦暗不明、不确定性增加，在此背景下的各国政治发展尤为强调国家在国内改革发展与对外交往中的整体性功能与形象。

1978年党的十一届三中全会开始实行对内改革、对外开放的政策，1992年邓小平针对当时改革开放的现实发表了重要的“南方谈话”，这都是在当时世界社会主义遭受挫折的国际背景下的重大战略决策；而党的十八大以来中国特色社会主义进入新时代，面临着百年未有之大变局，以习近平同志为核心的党中央以宏大的国际视野和面向未来的战略思考，统筹国内国际两个大局，做出了全面深化改革的重大战略部署，把新时代的改革开放继续向前推进。“全面深化改革是新时代的改革开放。”[②] 从国际局势来看，世界范围内的风险挑战加剧使得中国的改革开放只能前进，而且要不断深化，才能在不确定性的全球化中把握机遇，才能在复杂的国际形势中赢得主动，形成改革开放的新格局，坚定中国特色社会主义道路，坚持和完善中国特色社会主义制度，推进国家治理体系和治理能力现代化，实现中华民族伟大复兴。

全面深化改革，不仅要继续推进经济领域的体制机制变革与完善，更要把中国特色社会主义制度建设摆在更加突出的位置，实现改革的全面深化、系统整合、协同优化。党的十八届三中全会以来，2 000多项改革方案全面发力、多点突破、纵深推进，经济、政治、文化、社会、生态文明、国防和军队、党的建设、对外交往等重要领域和关键环节取得突破性进展，许多领域实现历史性变革、系统性重塑、整体性重构。全面深化改革，不仅要推动更深层次的改革，也要实行更高水平的开放，以开放促改革。中国在40多年来的改革开放中已经深度融入全球体系当中，当前世界经济的放缓、贸易体制的冲击，也促使中国进一步扩大了对外开放的范围，通过设立自由贸易试验区，建设海南自由贸易港，推动东部沿海地区实施更高水平的对外开放，提出“一带一路”倡议，进一步扩大金融业、服务业、制造业等领域的开放进程，创新对外投资方式，促进国际产能合作等形式形成了全方位、多

---

① 陈家刚：《全球治理：概念与理论》，163页，北京，中央编译出版社，2017。

② 郭强：《新时代改革开放的指导思想：习近平关于全面深化改革重要论述研究》，载《行政管理改革》，2021（6）。

层次、宽领域的全面开放新格局，为中国经济的高质量发展向更深层次突破提供了动力，为中国经济发展形成新的比较竞争优势提供了机遇，为中国积极参与推动全球经济治理创新与治理体系变革提供了新思路、新方案，也为中国应对国际局势、全球变革的挑战提供了坚实的基础。

面对百年未有之大变局，中国在改革开放取得的伟大成就基础上开始迈入新发展阶段，构建了新发展格局，并在全面深化改革中增强了中国特色社会主义制度体系的自信心和影响力，在中国共产党的领导下成功探索出一条中国式现代化新道路。正如习近平在庆祝中国共产党成立 100 周年大会上的讲话所指出的："走自己的路，是党的全部理论和实践立足点，更是党百年奋斗得出的历史结论。……我们坚持和发展中国特色社会主义，推动物质文明、政治文明、精神文明、社会文明、生态文明协调发展，创造了中国式现代化新道路，创造了人类文明新形态。"① 党的二十大报告也指出："中国式现代化的本质要求是：坚持中国共产党领导，坚持中国特色社会主义，实现高质量发展，发展全过程人民民主，丰富人民精神世界，实现全体人民共同富裕，促进人与自然和谐共生，推动构建人类命运共同体，创造人类文明新形态。"② 在中国共产党通过全面深化改革所创造的人类文明新形态中，"政治文明新形态最具中国特色；而在政治文明新形态中，制度文明新形态则是最为根本的"③。中国共产党在推动各方面制度更加成熟、更加定型的过程中，进行了政治制度上的伟大创造，于政党制度方面提出了"新型政党制度"，在民主制度方面提出了"全过程人民民主"，把马克思列宁主义统一战线理论、政党理论、民主政治理论同中国实际相结合完善了人民政协制度等，展现了中国式政治文明新形态，给世界上那些既希望加快发展又希望独立发展的国家和民族提供了全新选择和奋斗方向，为推动人类政治文明的发展贡献了中国智慧和中国方案。

（二）全球化对中国政治发展的消极影响

全球化既给中国的政治发展带来机遇，也给中国的政治发展带来挑战，尤其是会冲击国家主权，增加维护国家安全与稳定的难度，危害中国主流政治文化的安全，增加中国政治民主化的压力。

1. 冲击国家主权，增加维护国家安全与稳定的难度

国家主权概念由法国政治思想家布丹首次提出。布丹认为，国家主权具有绝对性、永久性、不可让渡性、不可分割性、不可侵犯性等特性。《威斯特伐利亚和约》确立了近代完整的国家主权概念，规定独立的诸侯邦国对内享有最高统治权，对外享有独立自主处理对外事务的权力，从而树立了民族国家在人类政治生活中的中心

① 习近平：《在庆祝中国共产党成立 100 周年大会上的讲话》，13-14 页，北京，人民出版社，2021。

② 习近平：《高举中国特色社会主义伟大旗帜 为全面建设社会主义现代化国家而团结奋斗：在中国共产党第二十次全国代表大会上的报告》，23-24 页，北京，人民出版社，2022。

③ 虞崇胜：《人民政协制度为人类政治文明新形态增光添彩》，载《湖北政协》，2022（2）。

地位。

随着全球化的日益推进，国际组织和国际机制在国际事务中的作用也日益增强。参与国际组织和遵从国际规则，一方面有利于发挥中国在国际事务治理中的积极作用，为中国的改革开放创造良好的国际环境；但另一方面，也给中国国家主权造成了一定冲击，加大了维护国家主权安全的难度。英国学者罗伯特·吉尔平就指出："无论是支持全球化的人还是批评全球化的人都认为，各国的日益一体化导致了民族国家在经济、政治和文化上独立程度的降低或者国家主权的丧失。"① 具体而言，这主要表现在以下几个方面：一是国际行为主体的数量增多和功能强化，限制或替代了国家权力的发挥。据粗略统计，全球大约有 6 万个国际组织，但总部位于中国的仅有 8 个，在全球或区域问题上跨国公司、国际组织等非国家组织深受总部所在国的影响，从而对其他国家权力的发挥形成一定的制约，侵蚀和削弱了国家主权。二是全球问题的出现不仅促进了全球意识的提升，而且对国家解决跨国家问题的能力提出了考验。随着加入世贸组织后中国加入的国际行为体的增多及受全球化影响的加深，国际经济行为体之间的贸易往来与相关协定的制定、毁约等容易使中国国内经济产生波动，国际上的意见领袖、媒体和智库等容易在热点舆论上分散国内民众的视线等，都导致中国难以单一地治理上述问题，也容易引发民众对国家能力的信任危机。三是市场力量的扩张侵蚀着国家的边界，并且削减了国家存在的理念基础，容易引发身份认同危机和民族国家政治认同的危机。中国卷入全球化和世界市场的程度大大增加，经济全球化当中的个体尤其是深度参与全球贸易的行为体往往以市场为导向、以利益为圭臬，忽略了国内相关制度规范和国家的重要性，产生了对我国国家政治认同和自身身份认同的危机。四是个人行动的选择性增强，自主性提高，使个人对民族国家这个共同体的依赖程度有所降低，而对外依存度的增强加剧了风险的传导性，增加了国家经济和政治运行的脆弱性与风险性。五是国内政治国际化、国际问题国内化双向运动，尤其是全球化进程加速过程中，我国积极参与全球治理、国际分工与国际经济大循环，但是当前全球化遭遇逆流，全球市场萎缩，单边主义、保护主义抬头，国内循环与国际循环互动中贸易、金融等各种要素的流动受到严重阻碍，在很大程度上模糊了国内问题与国际问题的界限，增加了经济社会治理的难度和成本。

全球化的加速与深度调整虽然增强了国际组织与国际机制的作用，从而冲击了国家主权，再次凸显了国家作为国际与国内范围内重要主体的中心地位，但也增加了维护国家稳定的难度。具体而言，这主要表现在以下几个方面：一是 2008 年全球金融危机以来，经济全球化进入新阶段，各国产业结构的关联性和依存度极大提高的同时，全球财富分配失衡、全球需求萎缩与全球增长低迷导致全球经济与贸易遇阻，各种形式的保护主义、产业转移与一体化进程的受阻进一步凸显了经济全球

① ［英］罗伯特·吉尔平：《全球资本主义的挑战：21 世纪的世界经济》，311 页，上海，上海人民出版社，2001。

化风险与不确定性的一面。逆全球化现象的蔓延，尤其是美国贸易保护主义的抬头，对于全球经济的发展产生了消极影响，也增加了中国维护国家经济稳定的难度。二是全球化尤其是全球经济的深度联系在放大全球利益分配不平衡的同时，也加速了中国国内社会关系与利益格局的调整。在此过程中，分配不公、贫富差距扩大、经济发展不均衡、地区差异拉大、产业结构升级调整带来的失业人员增加等问题，都会导致我国社会不稳定因素的出现，进而增加维护国家社会稳定的难度。三是全球化进程中西方并未放弃和平演变战略，频繁利用组织与经济援助、人权外交、西式政治价值与政治参与意识、颠覆活动等方式施加压力、传播理念、进行渗透，增加了维护我国国家政治稳定的难度。四是全球化对民族国家疆域的挑战日益复杂且尖锐，增加了维护国家边疆治理稳定的难度。“比起以往的时代，全球时代的个人认同出现了更大的危机”①，这一危机集中体现为个体尤其是居住于边疆的少数民族的身份认同危机和民族国家的政治认同危机，也体现为“台独”等势力的分裂活动和外部势力干涉的严重挑衅，这一方面凸显了中国边疆治理的重要性，另一方面使得有效实现边疆社会成员公民身份建构、族际政治整合、国家认同提升等的治理难度加大。

2. 危害中国主流政治文化的安全

全球化的深入推进，极大促进了世界各国人民之间的往来和交流，跨文化交际日趋重要。世界各国人民之间文化上的频繁交往，一方面为中国的政治文化增添了新的时代元素，增强了中国政治文化的活力和国际影响力；另一方面也给西方国家的文化渗透提供了可乘之机，从而大大增加了中国主流政治文化的安全风险。近些年来，西方国家在经济全球化、世界多极化、文化多元化的交流与碰撞中不断确立一种新型的霸权主义——文化霸权主义，成为其颠覆社会主义国家的主要战略之一，以此大力实施对中国的西化和分化，不断加大对中国的文化渗透力度，从而使中国的主流政治文化安全面临严峻挑战。

西方国家在文化霸权主义下的渗透，主要通过以下方式和途径展开：

（1）利用经济贸易往来进行渗透。西方国家紧紧抓住与中国经济贸易往来的机会，借助于麦当劳、肯德基、可口可乐、美国大片等文化载体，巧妙地将西方价值观念、社会制度、生活方式向中国民众尤其是年轻一代渗透，以影响中国民众的政治认知、态度和情感，从而极大地威胁中国主流政治文化安全。“全球化进程目前仍为西方发达国家所主导，全球化的规则主要由西方发达国家制定，西方国家在输出其资本、技术和产品的同时，也不可避免地会输出其世界观和价值观，它们可能会与中国的文化传统和政治秩序发生冲突，并可能导致社会政治的不稳定。”②

（2）利用文化交流进行推销。近年来，世界各国之间的文化交流达到了前所未

---

① ［英］安东尼·吉登斯：《全球时代的民族国家：吉登斯讲演录》，11页，南京，江苏人民出版社，2010。

② 俞可平：《全球化与中国政府能力》，载《公共管理学报》，2005（1）。

有的程度。不同文化之间的交流激增，一方面给中国吸收借鉴世界文明成果提供了便利，另一方面也给西方文化传播提供了可乘之机。西方国家往往利用娱乐产业、语言学习等方面的国际文化交流机会，积极向中国推销其政治文化理念和西方政治制度，对中国进行和平演变。

（3）通过新媒体进行传播。西方国家除了通过经济贸易往来渗透、文化交流推销，还通过新型传播媒介，尤其是网络媒介、智能手机，大力传播西方政治文化，积极争夺中国受众。它们利用发达的新媒介网络和超强的传播能力，极力宣传西方价值观、社会制度和生活方式的优越性，故意传播网络谣言，丑化中国政府形象，制造意识形态分歧与思想混乱，煽动民众对政府的不满，削弱民众对中国政府和中国共产党的政治认同感与归属感。

西方发达国家文化霸权主义下的价值传播，导致了民主社会主义、新自由主义、个人主义、无政府主义、拜金主义、享乐主义、消费主义、功利主义、后现代主义、历史虚无主义等思潮在中国的泛滥，引发价值迷失、价值焦虑、价值失序和政治认同危机、文化信仰危机、政治合法性危机等一系列危机。“主流文化主导地位的缺失和价值观念的混乱，不仅会影响国内公民对自身主体意识的认同，还会影响公民对国家正统文化的认同，乃至对国家的认同。”①

3. 增加中国政治民主化的压力

伴随着全球化而兴起的民主化浪潮呈现出越来越复杂化的特征。按照亨廷顿的观点，1974 年以后的第三波民主化浪潮持续时间长、波及范围广，取得了显著的成效。尤其是东欧剧变、苏联解体后，以美国为首的西方发达民主国家垄断了民主的国际话语权，试图将美式民主确立为“普世价值”，并不断向其他国家和地区进行民主价值观的输入，对这些国家的民主政治建设与政治转型产生了极大的冲击。2010 年以来中东地区爆发的“阿拉伯之春”运动跌宕起伏十余年，深受全球化挑战与美国“大中东民主计划”等因素的影响，其并未推进中东地区的政治转型，反而使中东数国深陷经济发展与政治转型等危机当中。2021 年美国政府邀请 100 多个国家和地区在线召开所谓“世界领导人民主峰会”，通过提供 4 亿多美元的所谓“对外援助”资金，来保护人权、反对所谓的“威权”主义及腐败、应对近年来民主在全球范围内的衰落，进而加强美国的国际尤其是所谓的民主国家领导地位。这次峰会遭遇了不少国家尤其是中国的抵制和批评。上述事件皆表明，民主概念具有相对性，每个国家的文化、制度、历史传统、现实条件、政治发展道路不同，民主的实现形式、表现形态、具体模式也呈现出各自的特色。

全球化虽推动了中国的政治民主进程，使我们学到了国外发展和实践民主的一些先进理念和方法技术，但更多是给中国政治民主造成了极大的政治压力。就中国政治民主化建设的国际环境而言，全球化带来的压力具体表现为：其一，民主化浪潮汹涌而来，给中国政治民主建设造成巨大的冲击，增加了中国政治民主发展的紧

① 蔡拓：《全球化与中国政治发展》，323 页，北京，中国政法大学出版社，2008。

迫感；其二，西方国家大肆对西方民主制度进行美化宣传，鼓噪人类社会历史将终结于西方民主制度，宣称美式民主即所谓的“普世价值”，并大力向发展中国家——包括中国——进行推销，对中国的民主意识形态的安全构成了严峻的挑战；其三，西方国家往往怀着深刻的主观偏见，无视中国在政治民主建设上所取得的成就，将中国妖魔化为专制、独裁、残暴、践踏人权的形象，并打着民主、自由、人权的幌子对中国进行颠覆破坏活动，妄图使近年来发生在中东、西亚、北非等国的颜色革命在中国上演，从而极大恶化了中国政治民主化建设的国际环境。

第三节　全球化语境下当代中国政治发展的战略

全球化是客观历史进程，是不可阻遏的时代潮流。拒绝全球化，无异于自绝于人类文明进程；参与全球化，则面临着国家主权受冲击，维护国家安全与稳定的难度提高，主流政治文化受侵蚀和被西化、分化的风险加大——这就是全球化的悖论。21 世纪以来，金融危机、难民危机、民粹主义运动、部分国家与区域的逆全球化浪潮，以及新冠疫情的肆虐，都使全球化面临着更大的不确定性与多维度的风险危机。全球化并不是西方化，全球化本身正在转型。置身于当前的全球化时代，如何回应全球化的机遇与挑战，制定中国政治发展的战略，是党和国家必须考量的重大问题。

一、更新政治理念

政治理念是政治行为的基础。只有首先更新政治理念，才能转变政治行为，推动政治发展。全球化时代，中国的政治发展战略所具有的全球意识与全球导向，要求倡导全球共同利益，要求“要和平不要战争，要发展不要贫穷，要合作不要对抗，推动建设持久和平、共同繁荣的和谐世界”①。因此，应强化以下新理念：

（一）开放

全球化将中国和世界紧紧地联系在一起，形成了中国的发展离不开世界、世界的发展也离不开中国的局面和国际问题国内化、国内问题国际化的双向运动。置身于全球化时代，在坚持对外开放的基本国策、坚定奉行互利共赢的开放战略基础上，必须进一步强化开放的理念、坚持高水平对外开放，这是因为，“一个政治不开放，对国际社会抱有疑虑甚至敌意，排斥一切与本国经济、政治、文化传统不同

---

① 中共中央文献研究室：《十八大以来重要文献选编》（上），36 页，北京，中央文献出版社，2014。

的事物，闭关锁国、自我封闭的国家，决不能妄言政治发展”[1]。

置身于全球化时代，中国必须勇于参与全球化进程，以更加积极的姿态走向世界，在全球化浪潮中增强能力、提高本领、发展自己。面对全球化趋势中的反全球化浪潮和西方所兴起的贸易保护主义，中国不仅积极抵制而且还主动推动自由贸易、全球治理，主张要“完善互利共赢、多元平衡、安全高效的开放型经济体系”[2]；必须加强学习态度，以海纳百川的胸怀大胆吸纳世界优秀文明成果，包括资本主义发达国家所创造的先进生产方式、管理经验和管理体制，做学习型大国；必须具有全球视野、世界眼光；必须增强系统思维和全局观念，统筹兼顾经济、政治、文化、社会、生态发展，统筹兼顾国际国内两个大局，统筹兼顾国家利益和全球利益，统筹兼顾对内改革和对外开放；必须奉行对开放战略，反对盲目排外、闭关锁国；必须充分利用国际、国内两个市场、两种资源来发展自己，将“引进来”和“走出去”紧密结合起来。

（二）自主

阿尔蒙德认为：“由于各国的气候、土壤、面积和居民职业、性格、风俗习惯等等的不同，从而导致了各国的政治制度和法律制度的差异，由此也决定了政治发展模式的差异。”[3] 全球化发展中因技术、制度、资源等因素所带来的不公平、不均衡加剧的弊端，让中国在积极参与全球化进程的同时，也必须强化自主理念，提高自主创新能力，根据中国国情，自主选择自己的政治发展模式，防止在全球化的浪潮中迷失方向。各国的发展道路应由各国人民选择，“面向未来，我们必须坚持走自己的路”[4]。

强化自主理念，要求中国必须坚持独立自主的原则，从中国的国情出发，坚定自己的政治发展道路；必须反对全盘西化，绝不照搬照抄西方政治发展模式；必须坚持道路自信、理论自信、制度自信、文化自信，不为任何风险所惧，不为任何干扰所惑；必须坚定不移地实行独立自主的和平外交政策，走和平发展道路；坚持在和平共处五项原则基础上同各国发展友好合作，推动构建新型国际关系；必须在积极主动融入国际社会的同时加强国家的宏观调控，严格防范全球化带来的经济、政治、文化、社会风险，有效规避全球化的负面影响。

（三）发展

全球化的进一步发展虽然带来了不平等、不均衡的弊端，但因此而采取“闭关锁国”的政策就违背了世界发展的潮流与大势。随着生产力水平的不断提高，在深

---

① 蔡拓：《全球化与中国政治发展》，95页，北京，中国政法大学出版社，2008。

② 中共中央文献研究室：《十八大以来重要文献选编》（上），19页，北京，中央文献出版社，2014。

③ 转引自王邦佐等：《新政治学概要》，330页，上海，复旦大学出版社，1998。

④ 中共中央文献研究室：《十八大以来重要文献选编》（中），81页，北京，中央文献出版社，2016。

度全球化背景下各国交流与互通的过程中，只有在可持续发展基础上进一步秉持创新发展、协调发展、绿色发展、开放发展、共享发展的新发展理念，不断以中国新发展为世界提供新机遇，推动建设开放型世界经济，才能实现中华民族伟大复兴，应对世界百年未有之大变局。

秉持发展理念，要求中国坚持可持续发展，在全球化进程中承担起全球气候治理中应尽的责任，为全球生态安全贡献中国力量。秉持发展理念，也要求中国坚持用新发展理念引领全局发展，积极参与全球交流拓展创新发展的路径，解决发展中的不平衡不充分问题实现协调发展、平衡国内国际格局，进一步实现绿色发展，以美丽中国建设为全球环境治理做出新贡献。加快构建以国内大循环为主体、国内国际双循环相互促进的新发展格局，推动全方位的“走出去”战略，坚持“以人民为中心”的共享发展，在世界范围内走出一条中国特色发展道路。

（四）合作共赢

全球化进程的不断推进，激发了核扩散、生态恶化、跨国犯罪、非法移民等全球性问题，加剧了风险的国际传导，增加了中国经济政治运行的风险性。全球性问题和风险使任何一国都无法置身事外，各国需要加强全球合作，共同应对全球风险，在协同治理中才能实现共赢；中国对外依存度的增加，也决定了中国必须加强与国际社会的合作，强化合作与共赢的意识，倡导人类命运共同体理念，促进全球治理体系变革，积极承担国际责任①。2015 年习近平在联合国总部发表的讲话中就明确指出：“当今世界，各国相互依存、休戚与共。我们要继承和弘扬联合国宪章的宗旨和原则，构建以合作共赢为核心的新型国际关系，打造人类命运共同体。”②

强化合作共赢意识，构建人类命运共同体，要求交流互鉴，加强与世界各国的交流与对话，反对对抗和强权。必须树立全球意识，开放包容，尊重世界文明多样性，反对狭隘的民族主义；必须正确处理好爱国主义与国际主义、国家利益和全人类利益的关系；必须积极参与国际组织和国际机制，加强国际合作治理；必须弘扬和平、发展、公平、正义、民主、自由的全人类共同价值，坚持走和平发展道路，既利用全球化的有利环境大力发展自己，又通过自身的发展为他国的发展创造良好的条件，“以文明交流超越文明隔阂、文明互鉴超越文明冲突、文明共存超越文明优越”③。世界各国面临着共同的问题与挑战，在相互依存、加强合作、实现共赢的全球化道路上越来越感受到“共呼吸、共命运”的重要性。中国积极主动倡导构建人类命运共同体，显示了中国政治发展在外交理念、全球治理理念上的积极转向与主动作为，也要求中国在深度参与全球化进程、实现和平发展过程中更加积极地

① 蔡拓、李林：《改革开放后中国外交战略的全球化转向》，载《学术界》，2019（6）。

② 中共中央文献研究室：《十八大以来重要文献选编》（中），695 页，北京，中央文献出版社，2016。

③ 习近平：《高举中国特色社会主义伟大旗帜　为全面建设社会主义现代化国家而团结奋斗：在中国共产党第二十次全国代表大会上的报告》，63 页，北京，人民出版社，2022。

承担国际责任、维护全球稳定与发展、推动全球治理。

（五）总体国家安全观

国家安全是改革发展、社会稳定、对外开放、民族复兴的前提。当前全球化进程中的不确定性和各种风险上升，外部压力前所未有，国际上的“黑天鹅”“灰犀牛”事件虽偶有发生，但产生的全球影响巨大，使我国面临着对外维护国家安全、对内维护政治与社会稳定的双重压力，也使当前我国国家安全内涵和外延比历史上任何时候都要丰富、时空领域比历史上任何时候都要宽广、内外因素比历史上任何时候都要复杂①。正是在这样的时代背景下，总体国家安全观作为习近平新时代中国特色社会主义思想的重要组成部分，被确立为国家安全工作指导思想的重大战略思想，特别强调以促进国际安全为依托，统筹外部安全和内部安全、国土安全和国民安全，推进国家安全体系和能力现代化。

在全球化深入发展的今天，全球性的安全问题表现出新形态，恐怖主义、全球环境问题、公共卫生安全问题等都使得任何一国难以独自应对，需要各国联起手来协同加以应对。这需要我们坚持总体国家安全观，坚持国家利益至上，以人民安全为宗旨，以政治安全为根本，统筹外部安全和内部安全、国土安全和国民安全、传统安全和非传统安全、自身安全和共同安全，完善国家安全制度体系，加强国家安全能力建设，坚决维护国家主权、安全、发展利益②。这需要我们在准确判断世界百年未有之大变局的机遇与风险、前景与挑战的前提下，以总体国家安全观的历史思维把握安全发展的内在规律，以总体国家安全观的发展思维预见世界格局的各种变化，以总体国家安全观的辩证思维认清安全形势的潜在利弊，以总体国家安全观的战略思维谋划涉及国家安全的根本问题，以总体国家安全观的创新思维积极应对各类风险带来的问题，来应对世界百年未有之大变局，科学防范、精准施策、沉着应对，牢筑国家安全的屏障并将世界百年未有之大变局带来的挑战与风险转化为发展的新机遇。

二、维护政治稳定

政治稳定是政治发展的基本目标和重要内容，也是政治发展的基本保障和重要前提。在全球化风险与不确定性上升的背景下，政治稳定对一国的政治发展尤为关键。一国离开了政治稳定，不但无法有序推进政治发展，而且既有的政治发展成果也要随之丧失，在多变的世界格局中往往处于不利的发展地位，受全球化的挑战也越大。“缺乏基本的有序、稳定的环境，政治发展无从谈起，政治发展的一些重要

① 《坚持总体国家安全观　走中国特色国家安全道路》，载《人民日报》，2014－04－16。

② 习近平：《习近平谈治国理政》，第3卷，19页，北京，外文出版社，2020。

目标，如民主、平等、有效性便失去了实现的保障。”①

维护政治稳定，必须树立正确的稳定观。政治稳定是动态稳定，而非静态稳定；“政治稳定最主要的内涵就是保持政治体系核心的稳定，政治价值、行为和政策保持连续性，政治权威的合法性基础不断巩固”②；维护政治稳定的目的，不是为了稳定而稳定，而是为中国政治发展创造良好的政治秩序和社会环境，也为中国积极参与与引领全球治理、实现中华民族伟大复兴奠定良好的政治秩序和社会环境。

维护政治稳定，必须推进实现国家治理体系和治理能力现代化，提升社会治理水平。“社会动员和政治参与的速度偏高，政治组织化和制度化的速度偏低，其结果只能是政治不稳定和无秩序。”③ 人类政治文明演进的历史反复证明了一个真理：制度更具有根本性、全局性、稳定性、长期性。要加强制度建设，提升政治制度化和规范化水平，减少政治行为的随意性，增加未来发展的可预期性。制度的刚性能有效维护政治稳定，促进政治行为的良性发展。而国家治理体系和治理能力是一个国家制度和制度执行能力的集中体现，推进国家治理体系和治理能力现代化是为了形成一整套更加成熟、更加定型的制度，这样才能使中国特色社会主义制度更加巩固，充分展现其优越性。在国家治理体系中必须健全共建共治共享的社会治理制度，完善正确处理新形势下人民内部矛盾机制，完善网格化管理、精细化服务、信息化支撑的基层治理平台，健全城乡社区治理体系，加快推进市域社会治理现代化，强化社会治安整体防控，建设人人有责、人人尽责、人人享有的社会治理共同体，使各方面制度的优势进一步转化为治理的效能，提升社会治理水平，不断维护国家的政治稳定。

维护政治稳定，必须推进民主与法治建设，必须发展政治民主、扎实推进全过程人民民主，必须推动人民民主朝着更加广泛、更加充分、更加健全的方向发展，必须保证人民依法实行民主选举、民主协商、民主决策、民主管理、民主监督，必须始终坚持以人民为中心、牢牢聚焦用制度体系保证人民当家作主这一根本任务，必须确保全过程人民民主的全覆盖性、全方位性、全链条性。

维护政治稳定，必须深入贯彻落实习近平法治思想，必须坚持党对全面依法治国的领导，坚持以人民为中心，坚持走中国特色社会主义法治道路，建设中国特色社会主义法治体系、建设社会主义法治国家，坚持依宪治国、依宪执政，坚持在法治轨道上推进国家治理体系和治理能力现代化，坚持依法治国、依法执政、依法行政共同推进，坚持法治国家、法治政府、法治社会一体化建设，坚持全面推进科学立法、严格执法、公正司法、全民守法，坚持统筹推进国内法治和涉外法治，坚持建设德才兼备的高素质法治工作队伍，坚持抓住领导干部这个“关键少数”。

---

① 孙关宏：《政治学概论》，271页，上海，复旦大学出版社，2004。

② 王庆五：《政治发展的协调与政治稳定的实现》，载《江苏行政学院学报》，2013（1）。

③ ［美］塞缪尔·亨廷顿：《变化社会中的政治秩序》，5页，北京，生活·读书·新知三联书店，1989。

维护政治稳定，必须健全国家安全体系，增强维护国家安全能力。国家安全对一国而言意义重大，它意味着所有国家重大利益相对处于没有危险和不受内外威胁的状态，以及保障持续安全状态的能力[①]，这也意味着国家的相对政治稳定。在当前世界百年未有之大变局下，为维护政治稳定，保障国家重大利益的安全，提升保障安全状态的能力，也为全面建成社会主义现代化强国、实现第二个百年奋斗目标，以中国式现代化全面推进中华民族伟大复兴，中国必须健全国家安全体系，增强维护国家安全的能力。这要求坚定不移贯彻总体国家安全观，完善高效权威的国家安全领导体制，强化国家安全工作协调机制，完善国家安全法治体系、战略体系、政策体系、风险监测预警体系、国家应急管理体系，完善重点领域安全保障体系和重要专项协调指挥体系，构建全域联动、立体高效的国家安全防护体系，加强重点领域安全能力建设，提高防范化解重大风险能力，提高公共安全治理水平。

三、创新政治文化

"从社会心理学的角度说，一种有效的政治制度，需要有相应的政治文化的支持，即来自社会成员足够的政治认同意识的支持，否则，制度安排就会成为一种异己的力量，不能有效地内化为社会成员自觉的价值尺度和行为准则。"[②] 政治文化是政治体系的软件系统，是政治发展的心理基础。一个国家的兴盛是以文化的兴盛作为重要支撑的，中华民族的伟大复兴建立在中华文化的发展繁荣基础上，也离不开中国政治文化的支持。全球化推动中国的政治发展，中国政治发展融入全球化进程、参与全球治理也必须以全球化的思维和视野，不忘本来、吸收外来，发展面向现代化、面向世界、面向未来的，民族的科学的大众的社会主义文化，对中国政治文化进行创新，推进文化自信自强，不断提升国家文化软实力和中华文化影响力。

创新中国政治文化，必须坚持马克思主义的指导地位，建设具有强大凝聚力和引领力的社会主义意识形态。马克思主义是中国的立党立国之本，同时也是防止民族主义、新权威主义等"左"倾社会思潮和反击新自由主义、民主社会主义等右倾社会思潮的有力武器，是维护社会和谐和政治稳定的思想基础。要加强马克思主义的传播，建设具有强大凝聚力和引领力的社会主义意识形态，加强社会主义核心价值体系建设，弘扬以伟大建党精神为源头的中国共产党人精神谱系，加快构建中国特色哲学社会科学学科体系、学术体系、话语体系，引导政治亚文化朝着理性、温和、宽容的方向发展，不断巩固马克思主义在意识形态领域的主导地位，不断增强意识形态领域主导权和话语权，增进政治认同，不断坚定中国特色社会主义共同理想，巩固壮大奋进新时代的主流思想舆论。

创新中国政治文化，在坚持马克思主义的指导地位的同时要善于创新发展马克

---

① 季志业：《"国家安全学"概念刍议》，载《国家安全研究》，2022（1）。
② 周光辉：《当代中国政治发展的十大趋势》，载《政治学研究》，1998（1）。

思主义。在毫不动摇坚持马克思主义指导地位的同时，又要勇于发展、善于创新马克思主义，二者有机统一。面对快速变化的全球化进程，尤其是站在21世纪政治发展的前沿，当代中国政治发展正走在人类历史与全球化进程当中最为宏大也最为独特的实践道路上，中国式现代化要求发展21世纪马克思主义、创新21世纪马克思主义。21世纪马克思主义“是中国理论走向世界和未来的标识性符号，是引领21世纪世界社会主义运动和21世纪马克思主义发展的总体性概念”①。创新发展21世纪马克思主义，要求观察、理解、把握21世纪世界、全球化的时代特征，既要站在国内视野理解世界格局，又要站在国际视野观察国内格局；既要总结中国式现代化的精神内涵，又要解答“世界向何处去”。这都要求以习近平新时代中国特色社会主义思想为基础与核心，弘扬以伟大建党精神为源头的中国共产党人精神谱系，立足中国政治发展的逻辑，面向未来，创新中国政治文化，解放思想、实事求是、与时俱进、求真务实，科学地回答中国之问、世界之问、人民之问、时代之问。

创新中国政治文化，必须吸收借鉴世界政治文化的有益成分。面对全球化文明交流中的日益丰富的文化互鉴，“我们应该从不同文明中寻求智慧、汲取营养，为人们提供精神支撑和心灵慰藉，携手解决人类共同面临的各种挑战”②。吸收借鉴世界上各国民族、各个国家优秀的政治文化，能够丰富和发展本国的政治文化，积极融入全球化进程当中，也能及时有效识别外来文化中的不利因素，抵御全球化文化交流中的潜在风险。当今各种文化价值观存在着一定的差异和特色，吸收借鉴外来政治文化需立足本国，不能生搬硬套，也不能全盘西化，要坚定历史自信、文化自信，坚持从我国的国情出发，辩证取舍、择善而从，坚持古为今用、推陈出新，更要善于在吸收外来先进文化的有益成分中创造出具有本民族精神独立性的新文化。正如习近平在庆祝中国共产党成立100周年大会上的讲话所指出的，“我们积极学习借鉴人类文明的一切有益成果，欢迎一切有益的建议和善意的批评，但我们绝不接受‘教师爷’般颐指气使的说教!”③

四、推进全过程人民民主

全球化时代坚持中国特色社会主义政治发展道路、创新与发展21世纪马克思主义，必须提升中国民主的国际话语权地位。西方国家最先实现现代化转型，也最早确立了民主政治的西式标准，并将其作为“典范”借助于全球化、民主化的浪潮向世界范围内输出，形成了以美国为首的西式民主话语主导权，而中国和其他发展

---

① 韩庆祥：《构建21世纪马克思主义论纲：21世纪马克思主义何以可能?》，载《江海学刊》，2022(2)。

② 习近平：《论党的宣传思想工作》，67页，北京，中央文献出版社，2020。

③ 习近平：《在庆祝中国共产党成立100周年大会上的讲话》，14-15页，北京，人民出版社，2021。

中国家在民主的话语权上处于弱势地位。“如何打破西方对政治话语的垄断，破除西式民主的迷思，超越西方民主，增强国际话语权，一直是我们面临的重要课题。”① 当今世界正在经历百年未有之大变局，西式民主面临着内外部的各种困境与挑战，在积极探索适合本国国情的民主体制与道路的过程中，中国共产党在深化对中国特色社会主义民主政治发展规律认识的基础上适时并创造性地提出了全过程人民民主的重大理念，向世界宣示了中国式民主的实践形态与价值追求，具有重要的时代意义。

民主在全球化时代成为全球性的共识，成为世界各国竞相追求的政治发展目标之一。当前世界政治多极化进程中，民主不应该被理解为西方的专利，也不应该只由一方来主导。以美国为首的西方强国主导着民主话语权，也就掌握了民主的定义权，从而将其转化为干涉别国民主政治发展道路、推行分化与西化战略的重要“武器”。然而，每个国家的民主政治发展道路存在着差异，并不存在关于民主定义的唯一标准。西式民主是西方历史发展背景下的产物，代表着西方的政治实践模式，并非民主的唯一标准，也并非民主的本质。简单照搬、直接移植西式民主带来的往往是民主化转型的困境，只有发展和本国国情、历史、特色相结合的民主才是适合本国的民主。“民主是各国人民的权利，而不是少数国家的专利。一个国家是不是民主，应该由这个国家的人民来评判，而不应该由外部少数人指手画脚来评判。国际社会哪个国家是不是民主的，应该由国际社会共同来评判，而不应该由自以为是的少数国家来评判。实现民主有多种方式，不可能千篇一律。用单一的标尺衡量世界丰富多彩的政治制度，用单调的眼光审视人类五彩缤纷的政治文明，本身就是不民主的。”②

以中国为代表的广大发展中国家应在尊重各国政治发展逻辑基础上实践各自的民主形式，并积极主动总结各自民主实践形式的理论价值，提升其国际话语权。在中国式现代化进程中，中国共产党为实现人民当家作主进行了不懈的探索与奋斗，走出了一条中国特色社会主义民主政治发展的道路，建立了人民代表大会制度这一国家根本政治制度，实行了中国共产党领导的多党合作和政治协商制度，形成了全面、广泛、有机衔接的人民当家作主制度体系，构建了多样、畅通、有序的民主渠道，在各层次各领域的民主实践形式日益丰富的基础上提出了全过程人民民主的新理念和制度发展路径。

全球化时代，在坚持中国特色社会主义政治发展道路过程中，加强对中国特色社会主义民主的宣传，讲好中国民主故事，应着重发展全过程人民民主，保障人民当家作主。

一是立足中国特色社会主义民主政治的实践，践行以人民为中心的发展思想，

---

① 张树华：《民主等政治价值是国际话语权争夺的核心：论如何超越西式民主、增强国际话语权》，载《世界社会主义研究》，2017（7）。

② 习近平：《在中央人大工作会议上的讲话》，载《求是》，2022（5）。

推进全过程人民民主。中国特色社会主义民主政治的实践日益丰富，尤其是党的十八大以来，党深化对中国特色社会主义民主政治发展规律的认识，提出全过程人民民主重大理念并大力推进，民主价值和理念进一步转化为科学有效的制度安排和具体现实的民主实践。2021年12月，国务院新闻办公室发布了《中国的民主》白皮书，系统阐述了中国的民主具有科学有效的制度安排，具有具体现实的民主实践，是广泛真实管用的民主，丰富了人类政治文明形态。中国的民主发展取得了显著成效，还需要不断发展完善，尤其是在正处于百年未有大变局的当今世界，提升中国的民主话语权地位，讲好中国的民主故事，需要继续推进全过程人民民主的实践，扩大公民有序的政治参与，同时尊重各国人民自主选择的民主道路，共同丰富发展人类民主政治文明。推进全过程人民民主必须坚持以人民为中心。社会主义民主是人民当家作主的民主，全过程人民民主是全体人民全过程、全链条、全范围都能参与的民主形式，是以人民参与民主运行为中心而不是以选举和选票为中心。人民通过践行各种形式的民主权利，参与到国家治理的各环节、各领域，从民主运行中真实体会人民当家作主的获得感。推进全过程人民民主必须坚持和加强党的领导。中国共产党的领导是中国特色社会主义民主政治在理论与实践上取得不断进步的重要保障，也是坚持和巩固人民民主专政国体的根本前提。只有坚持和加强党的领导，才能推动全过程人民民主的深入发展。推进全过程人民民主必须加强人民当家作主制度体系。全过程人民民主需要构建环节完整的民主体系来实现广泛、多层制度化发展的要求，推进全过程人民民主需要在实现和保障人民当家作主的基础上，继续完善人民代表大会制度、中国共产党领导的多党合作和政治协商制度、最广泛的爱国统一战线、民族区域自治制度、基层群众自治制度等。推进全过程人民民主必须继续提升政治参与的水平。只有通过丰富拓展民主参与的渠道和途径、加强公民的全过程人民民主的教育，持续扩大政治参与的范围、提升政府解决民生问题的回应性，才能有效提升政治参与的水平，才能使全过程人民民主更有效、更真实、更广泛、更充分地体现和反映人民意志。

二是要认清西式民主政治的逻辑及其弊端，增强中国特色社会主义的道路自信、理论自信、制度自信、文化自信。民主是全球性的共识，但其理论内涵与实践形式在各国却存在着差异。西式民主之所以能够建立起主导性的话语权，并非水到渠成，而是经过其几代人的理论努力。“冷战初期，西方理论界建构的‘三部曲’完成了对古典民主理论即人民主权的改造，从而奠定了其世界性文化支配权的理论基础。第一步是改造民主的概念，第二步是将民主框定在自由主义之内，第三步是改造合法性概念以论证自由主义民主政体的合法性。西方据此掌握了民主的话语权。”① 然而，西式自由主义民主在实践中存在着困境，这一方面表现为西方国家内部民主运转过程中频繁出现社会撕裂、政党恶斗、政府关门等内在弊端，另一方

① 曾毅、杨光斌：《西方如何建构民主话语权：自由主义民主的理论逻辑解析》，载《国际政治研究》，2016（2）。

面表现为移植西式民主的发展中国家政治运作中暴露出的社会动荡、民粹泛滥、官员腐败、政治失序等困境。这都更加彰显坚持中国特色社会主义民主政治发展道路、推进全过程人民民主的重要意义。在多元化的文明交融、多样化的思潮激荡中，中国需要在中国特色社会主义道路自信、理论自信、制度自信、文化自信的基础上，加强对中国民主的理论阐释，加强对全过程人民民主的学理分析和国际宣传。全过程人民民主是在中国式现代化实践道路中开辟出来的，是按照马克思主义的科学理论指引而取得的一系列成果的显著体现，而人民当家作主的制度体系是实现人民美好生活需要、促进人的全面发展的制度，有着中国政治文化的支撑。"正在接受现代市场经济考验和洗礼的中华民族现在要以自信的行为大力发展中国特色社会主义民主，更要努力到全世界去精彩讲述'中国的民主故事'，坚定发出'中国的民主声音'，提升中国民主话语权，主动赢得民主文化上的'他信'。"①

五、引领全球治理

中国特色社会主义制度体系的制度优势与制度自信、中国式现代化及中华民族的伟大复兴离不开全球化的视野与眼光。按照国外学者的观察，中国应准确把握全球化的时代特征和发展要求，在实现了治国理政理念和方式的巨大跃迁下主动学习和借鉴世界文明成果。在此过程中，在"一带一路"倡议下的中国国际影响力尤其是在东亚地区和欧亚大陆的影响力与日俱增，这将催生全新的治理模式，亚投行就是例证之一。中国驱动的全球化进程将成为全球化的主要模式和新型多边治理机制的摇篮，这一态势将越发凸显②。

中国在全球治理中的角色经历了从疏离到参与再到引领的变化③。"中国俨然已成为推进全球治理的负责任的贡献者，并成为拉动世界经济摆脱危机的积极主力。"④ 全球政治经济格局处于前所未有的新的调整时期，随着改革开放和社会主义现代化建设的深入推进，中国书写了经济快速发展和社会长期稳定两大奇迹新篇章，自身发展具备了更为坚实的物质基础、更为完善的制度保证，实现中华民族伟大复兴进入了不可逆转的历史进程。科学社会主义在 21 世纪的中国焕发出新的蓬勃生机，中国式现代化为人类实现现代化提供了新的选择，中国共产党和中国人民为解决人类面临的共同问题提供了更多更好的中国智慧、中国方案、中国力量，为人类和平与发展崇高事业做出了新的更大的贡献⑤。基于发展中国家、负责任大

---

① 乔贵平：《在文化自信中提升中国民主话语权》，载《求知》，2017（11）。

② [英] 马丁·雅克：《大国雄心》，XVIII 页，北京，中信出版社，2016。

③ 刘宏松：《中国参与全球治理 70 年：迈向新形势下的再引领》，载《国际观察》，2019（6）。

④ [阿根廷] 卡洛斯·马格里诺斯：《G20 的未来以及中国在其中的角色》，载《国外社会科学》，2013（6）。

⑤ 习近平：《高举中国特色社会主义伟大旗帜 为全面建设社会主义现代化国家而团结奋斗：在中国共产党第二十次全国代表大会上的报告》，15-16 页，北京，人民出版社，2022。

国、新兴市场国家和社会主义现代化强国的“发展中社会主义强国”的复合身份定位①，中国积极参与全球化进程，引领全球治理，促进世界和平与发展，推动构建人类命运共同体。

中国通过构建人类命运共同体来引领全球治理。面对动荡性与风险性剧增的全球化，以习近平同志为核心的党中央提出了构建人类命运共同体的命题和中国方案，在国际社会得到了广泛的认同，也成了引领全球治理的指导理念。中国发挥负责任大国的积极作用，在人类命运共同体理念的指导下，提出了全球发展倡议、全球安全倡议，进一步形成了推动全球治理的共建共享、合作共赢、交流互鉴的具体理念，践行共商共建共享的全球治理观，全球事务必须由各国政府和人民共同商量来处理，充分调动各方积极性通力合作来应对全球挑战，实现全球治理成果的共赢。构建人类命运共同体必须推动各国遵守公认的国际关系原则，维护以联合国为核心的国际体系、以国际法为基础的国际秩序、以联合国宪章宗旨和原则为基础的国际关系基本准则，反对一切形式的单边主义，反对搞针对特定国家的阵营化和排他性小圈子。构建人类命运共同体必须尊重世界文明的多样性，促进不同文明间的交流互鉴，注重吸收外来文明的有益成果，相互学习、取长补短，增进了解、消除误解，以文明对话超越文明间的冲突，推动建设多元交流、开放包容的国际秩序。构建人类命运共同体必须坚持和平、发展、公平、正义、民主、自由的全人类共同价值，坚决抵制西式的“自由、民主、人权”等所谓的“普世价值观”，找到具有最低一致性和最大公约数的底线价值与共识价值。

中国通过积极推进新一轮经济全球化来引领全球治理。中国必须在心态更加开放的基础上，做大全球市场蛋糕、做实全球共享机制、做活全球合作方式②；必须对症下药治理经济全球化的弊端，建立平等互商的伙伴关系；坚定不移推动构建开放型世界经济，依靠新一轮科技革命和产业变革实现世界经济增长的动能转换和效率变革；推动共建“一带一路”高质量发展，打造国家合作新平台，维护全球产业链供应链稳定畅通；坚决反对贸易保护主义，支持多边贸易机制，加快建设海南自由贸易港，实施自由贸易试验区提升战略，扩大面向全球的高标准自由贸易区网络；继续推进探讨共建健康、绿色、数字、创新的丝绸之路，坚持合作共赢、优势互补，减少全球化的负面效应；有序推进人民币国际化，加快人民币跨境支付系统建设，维护全球金融市场稳定，引领新型全球金融治理体系的变革；以共同富裕促进社会公平正义、解决贫富分化与发展不均衡问题，引领全球经济治理体系改革，为破解全球“发展赤字”问题提供中国智慧。

中国通过寻求增量改革来推动全球治理体系变革。除了全球“发展赤字”外，全球治理体系还面临着机制缺位、效果缺失、新兴国家与发展中国家代表性不足等

---

① 李志永：《中国引领全球治理的国际定位》，载《太平洋学报》，2020（4）。

② 习近平：《开放合作　命运与共：在第二届中国国际进口博览会开幕式上的主旨演讲》，载《人民日报》，2019-11-06。

治理赤字问题，中国充分发挥比较优势和大国担当精神，充分利用和借鉴中国改革开放 40 多年所积累的丰富经验和理论成果，积极寻求全球治理体系的增量改革，推动全球治理体系变革，为完善全球治理体系贡献中国智慧和中国力量。中国积极推动网络空间议题的全球治理机制建设，构建网络空间命运共同体；积极推动 G20 机制化建设，将国际货币基金组织份额改革及提升发展中国家在国际金融机构代表性和发言权的政策倡议引入 G20 政策共识，强调 G20 要坚持改革创新；积极营造公平共享的安全格局；积极推动《巴黎气候变化协定》落实，构建绿色发展的生态体系，积极参与应对气候变化全球治理。应充分调动各国的积极性，促进各国的相互协调、分工合作，共同承担全球治理体系变革的成本和风险，共建共享全球治理体系变革的增量利益。

关键术语

全球化　中国式现代化　国家主权　国家安全　国家治理　全球治理　政治稳定　全过程人民民主

复习思考题

1. 全球化的发展历程经历了哪些阶段？
2. 全球化的动力来源是什么？
3. 全球化对当代中国政治发展的积极影响表现在哪里？
4. 全球化对当代中国政治发展可能带来哪些消极影响？
5. 当代中国政治发展如何应对全球化的挑战？

参考文献

中文译著

[美] 斯蒂格利茨．全球化逆潮．北京：机械工业出版社，2019

[美] 彼得斯．政府未来的治理模式．北京：中国人民大学出版社，2017

[美] 博克斯．公民治理：引领21世纪的美国社区（中文修订版）．北京：中国人民大学出版社，2013

[美] 派伊．政治发展面面观．天津：天津人民出版社，2009

[美] 古丁，克林格曼．政治科学新手册．北京：生活·读书·新知三联书店，2006

[美] 费希尔．NGO与第三世界的政治发展．北京：社会科学文献出版社，2002

[美] 米勒，波格丹诺．布莱克维尔政治学百科全书．北京：中国政法大学出版社，2002

[美] 罗西瑙．没有政府的治理．南昌：江西人民出版社，2001

[美] 帕特南．使民主运转起来：现代意大利的公民传统．南昌：江西人民出版社，2001

[美] 罗伯森．全球化：社会理论和全球文化．上海：上海人民出版社，2000

[美] 奥斯特罗姆．公共事物的治理之道：集体行动制度的演进．上海：上海三联书店，2000

[美] 亨廷顿．第三波：二十世纪末的民主化浪潮．上海：上海三联书店，1998

[美] 斯蒂格利茨．政府为什么干预经济．北京：中国物资出版社，1998

[美] 格林斯坦，波尔斯比．政治学手册精选．北京：商务印书馆，1996

［美］萨缪尔森，诺德豪斯．经济学：第12版．北京：中国发展出版社，1992

［美］诺齐克．无政府、国家与乌托邦．北京：中国社会科学出版社，1991

［美］安德森．公共决策．北京：华夏出版社，1990

［美］亨廷顿．变化社会中的政治秩序．北京：生活·读书·新知三联书店，1989

［美］亨廷顿，纳尔逊．难以抉择：发展中国家的政治参与．北京：华夏出版社，1989

［美］罗尔斯．正义论．北京：中国社会科学出版社，1988

［美］阿尔蒙德，鲍威尔．比较政治学：体系、过程和政策．上海：上海译文出版社，1987

［英］雅克．大国雄心．北京：中信出版社，2016

［英］波兰尼．巨变：当代政治与经济的起源．北京：社会科学文献出版社，2013

［英］吉登斯．全球时代的民族国家：吉登斯讲演录．南京：江苏人民出版社，2010

［英］哈耶克．个人主义与经济秩序．北京：生活·读书·新知三联书店，2003

［英］基恩．公共生活与晚期资本主义．北京：社会科学文献出版社，1999

［英］赫尔德．民主的模式．北京：中央编译出版社，1998

［英］斯密．国民财富的性质和原因的研究：下卷．北京：商务印书馆，1974

［德］哈贝马斯．公共领域的结构转型．上海：学林出版社，1999

［德］哈贝马斯．交往行动理论．重庆：重庆出版社，1994

［法］托克维尔．论美国的民主．北京：商务印书馆，1993

［日］猪口孝．国家与社会．北京：经济日报出版社，1989

［西］桑蒂索．中国在拉美的有形之手．北京：世界知识出版社，2009

中文著作

费孝通．乡土重建．长沙：湖南人民出版社，2022

蔡立辉，王乐夫．公共管理学．3版．北京：中国人民大学出版社，2022

范柏乃，张电电，金洁，等．完善社会主义市场经济体制条件下加快转变政府职能研究．北京：中国财政经济出版社，2021

张蕴岭，等．中国对外关系（1978—2018）．北京：社会科学文献出版社，2020

张成福，党秀云．公共管理学．3版．北京：中国人民大学出版社，2020

葛荃．政道通源：传统政治文化与中国特色社会主义政治发展道路．天津：天津人民出版社，2020

中国人民代表大会制度理论研究会．人民代表大会制度从这里走来．北京：中国民主法制出版社，2020

《政治学概论》编写组．政治学概论．2版．北京：高等教育出版社，2020

当代中国外交编写组．当代中国外交．北京：高等教育出版社，2019

冯玉军．区域协同立法理论与实践．北京：法律出版社，2019

田华，史卫民．中国政治文化研究：不同公民群体的政治认同比较．北京：中国社会科学出版社，2019

王浦劬，等．政治学基础．4版．北京：北京大学出版社，2018

顾颉刚，刘起釪．尚书校释译论．北京：中华书局，2018

陈雯，孙伟，袁丰．长江三角洲区域一体化空间合作、分工与差异．北京：商务印书馆，2018

蔡拓．全球学与全球治理．北京：北京大学出版社，2018

林尚立．当代中国政治：基础与发展．北京：中国大百科全书出版社，2017

夏丽萍，等．中国外交十六讲．北京：世界知识出版社，2017

陈家刚．全球治理：概念与理论．北京：中央编译出版社，2017

唐晓，杨帆．政治科学基础．北京：世界知识出版社，2017

王小章．积极公民身份与社会建设．北京：社会科学文献出版社，2017

冯仕政．社会治理新蓝图．北京：中国人民大学出版社，2017

景跃进，陈明明，肖滨．当代中国政府与政治．北京：中国人民大学出版社，2016

卢汉龙．新中国社会管理体制研究．上海：上海人民出版社，2015

李强．民主与现代社会．北京：北京大学出版社，2014

李肇星．说不尽的中国外交．北京：中信出版社，2014

白平则．强社会与强国家：中国国家与社会关系的重构．北京：知识产权出版社，2013

上海社科院世界经济与政治研究院．战略环境变迁与中国对外关系．北京：时事出版社，2012

燕继荣．政治学十五讲．北京：北京大学出版社，2012

闫东．中国共产党与民间组织关系研究．北京：中央编译出版社，2011

高小平，王俊豪，张学栋．政府职能转变与管理方式创新．北京：人民出版社，2010

牛军．中华人民共和国对外关系史概论：1949—2000．北京：北京大学出版社，2010

祝灵君．社会资本与政党领导：一个政党社会学研究框架的尝试．北京：中央编译出版社，2010

李景治，熊光清．当代中国政治发展与制度创新．北京：中国人民大学出版社，2009

张蕴岭．中国对外关系：回顾与思考（1949—2009）．北京：社会科学文献出版社，2009

蔡定剑．公众参与：风险社会的制度建设．北京：法律出版社，2009

郑永年．全球化与中国国家转型．杭州：浙江人民出版社，2009

唐家璇．劲雨煦风．北京：世界知识出版社，2009

马斌．政府间关系：权力配置与地方治理：基于省、市、县政府间关系的研究．杭州：浙江大学出版社，2009

朱光磊．当代中国政府过程：第3版．天津：天津人民出版社，2008

李强．中国社会变迁30年．北京：社会科学文献出版社，2008

王逸舟．中国对外关系转型30年．北京：社会科学文献出版社，2008

俞可平．中国治理变迁30年．北京：社会科学文献出版社，2008

沈荜．当代中国政府与过程．天津：南开大学出版社，2008

杜创国．政府职能转变论纲．北京：中央编译出版社，2008

蔡拓．全球化与中国政治发展．北京：中国政法大学出版社，2008

何显明．市场化进程中地方政府行为逻辑．北京：人民出版社，2008

易重华．中国地方政府转型．北京：中国社会科学出版社，2008

辛向阳．大国诸侯：中国中央与地方关系之结．北京：中国社会出版社，2008

李艳丽．政治亚文化：影响当代中国政治发展的特殊因素分析．武汉：武汉大学出版社，2008

周天勇．中国行政体制改革30年．上海：格致出版社，2008

庞中英．中国学者看世界·全球治理卷．北京：新世界出版社，2007

蔡拓．全球化与政治的转型．北京：北京大学出版社，2007

燕继荣．发展政治学：政治发展研究中的概念与理论．北京：北京大学出版社，2006

金太军，王庆五．中国传统政治文化新论．北京：社会科学文献出版社，2006

金太军，赵晖．中央与地方关系建构与调谐．广州：广东人民出版社，2005

俞可平．全球化与政治发展．北京：社会科学文献出版社，2005

吴爱明．当代中国政府．北京：中国人民大学出版社，2005

陈振明．政治学：概念、理论和方法．北京：中国社会科学出版社，2004

吕元礼．政治文化：传统与现代的会通．北京：人民出版社，2004

冷明权，张智勇．经济社团的理论与案例．北京：社会科学文献出版社，2004

黄卫平，汪永成．当代中国政治研究报告：Ⅲ，Ⅳ，Ⅴ，Ⅵ．北京：社会科学文献出版社，2004，2005，2007，2009

钱其琛．外交十记．北京：世界知识出版社，2004

谢庆奎．当代中国政府与政治．北京：高等教育出版社，2003

李文良．中国政府职能转变问题报告：问题、现状、挑战、对策．北京：中国发展出版社，2003

陈振明．政策科学：公共政策分析导论．北京：中国人民大学出版社，2003

金太军．政府职能梳理与重构．广州：广东人民出版社，2002

蔡定剑．中国选举状况的报告．北京：法律出版社，2002

彭澎．政府角色论．北京：中国社会科学出版社，2002

杨凤春．中国政府概要．北京：北京大学出版社，2002

潘一禾．观念与体制．上海：学林出版社，2002

谢益显．中国当代外交史：1949—2001. 北京：中国青年出版社，2002

尹世洪，朱开杨．人民代表大会制度发展史．南昌：江西人民出版社，2002

李元书．政治发展导论．北京：商务印书馆，2001

李景鹏．中国政治发展的理论研究纲要．哈尔滨：黑龙江人民出版社，2001

鲁士恭．当代中国党政关系研究．上海：上海人民出版社，2001

龙文懋，崔永东．传统文化的沉思．呼和浩特：内蒙古人民出版社，2001

于语和，王景智，周滨．中国传统文化概论．天津：天津大学出版社，2001

孙莉．中国现代化进程中的国家与社会．北京：中国社会科学出版社，2001

刘泽华．中国的王权主义．天津：南开大学出版社，2000

胡逢祥．社会变革与文化传统．上海：上海人民出版社，2000

金耀基．从传统到现代．北京：中国人民大学出版社，1999

林尚立．国内政府间关系．杭州：浙江人民出版社，1998

蔡定剑．中国人民代表大会制度．北京：法律出版社，1998

胡伟．政府过程．杭州：浙江人民出版社，1998

陆学艺．社会结构的变迁．北京：中国社会科学出版社，1997

许文惠．行政管理学．北京：中国人民大学出版社，1997

王建芹．中国行政监察教程．北京：中国方正出版社，1997

罗荣渠．现代化新论．北京：北京大学出版社，1993

谢庆奎．当代中国政府．沈阳：辽宁人民出版社，1991

蔡定剑．国家监督制度．北京：中国法制出版社，1991

张岱年，程宜山．中国文化与文化论争．北京：中国人民大学出版社，1990

杨冠琼．当代中国行政管理模式沿革研究．北京：北京师范大学出版社，1999

张静．法团主义．北京：中国社会科学出版社，1998

世界银行．1997 年世界发展报告：变革世界中的政府．北京：中国财政经济出版社，1997

刁成杰．人民信访史略．北京：北京经济学院出版社，1996

陈建．政府与市场：美、英、法、德、日市场经济模式研究．北京：经济管理出版社，1995

韦祖松．环球同此凉热：一代领袖们的国际战略思想．西安：陕西师范大学出版社，1993

重要文献

马克思，恩格斯．马克思恩格斯选集：第 1～4 卷．2 版．北京：人民出版社，1995

毛泽东选集：第 1～4 卷．2 版．北京：人民出版社，1991

中华人民共和国外交部，中共中央文献研究室．毛泽东外交文选．北京：中央文献出版社，1994

中华人民共和国外交部，中共中央文献研究室．周恩来外交文选．北京：中央文献出版社，1990

邓小平．邓小平文选：第1～2卷.2版．北京：人民出版社，1994

邓小平．邓小平文选：第3卷．北京：人民出版社，1993

习近平．习近平谈治国理政．北京：外文出版社，2014

习近平．习近平谈治国理政：第2卷．北京：外文出版社，2017

习近平．习近平谈治国理政：第3卷．北京：外文出版社，2020

习近平．习近平谈治国理政：第4卷．北京：外文出版社，2022

习近平．论党的宣传思想工作．北京，中央文献出版社，2020

中共中央文献研究室．习近平关于社会主义政治建设论述摘编．北京：中央文献出版社，2017

中共中央宣传部，中华人民共和国外交部．习近平外交思想学习纲要．北京：人民出版社，2021

习近平．在庆祝中国共产党成立100周年大会上的讲话．北京：人民出版社，2021

习近平．高举中国特色社会主义伟大旗帜　为全面建设社会主义现代化国家而团结奋斗：在中国共产党第二十次全国代表大会上的报告．北京：人民出版社，2022

习近平．在首都各界纪念现行宪法公布施行30周年大会上的讲话．北京：人民出版社，2012

中国共产党章程．北京：人民出版社，2022

中共中央关于党的百年奋斗重大成就和历史经验的决议．北京：人民出版社，2021

《中国共产党简史》编写组．中国共产党简史．北京：人民出版社，2021

中华人民共和国国务院新闻办公室．中国的民主．北京：人民出版社，2021

中国共产党第十九届中央委员会第四次全体会议文件汇编．北京：人民出版社，2019

中国共产党第十九届中央委员会第三次全体会议文件汇编．北京：人民出版社，2018

中共中央关于深化党和国家机构改革的决定．北京：人民出版社，2018

中共中央文献研究室．十八大以来重要文献选编（上）．北京：中央文献出版社，2014

中共中央文献研究室．十八大以来重要文献选编（中）．北京：中央文献出版社，2016

中共中央党史和文献研究院．十九大以来重要文献选编（上）．北京：中央文

献出版社，2019

中共中央党史和文献研究院．十九大以来重要文献选编（中）．北京：中央文献出版社，2021

中共中央纪律检查委员会，中华人民共和国国家监察委员会法规室．《中华人民共和国监察法》释义．北京：中国方正出版社，2018

英文著作

HUGHES O E. Public Management and Administration：An Introduction. 3rd ed. London：Palgrave Macmillan，2003

ALMOND G A. Comparative Politics：A Theoretical Framework. New York：Pearson Longman Press，2004

ROBINSON T W，SHAMBAUGH D. Chinese Foreign Policy：Theory and Practice. Oxford：Clarendon Press，1994

JOHNSTON I，ROSS R. New Directions in the Study of China's Foreign Policy. Stanford，California：Stanford University Press，2006

DIAMOND L，MYERS R H. Elections and Democracy in Greater China. New York：Oxford University Press，2001

附录

缩略语表

全称	简称
《中华人民共和国宪法》（文中如未做特殊说明，一律指现行“八二宪法”）	《宪法》
《中华人民共和国地方各级人民代表大会和地方各级人民政府组织法》	《地方组织法》
《中华人民共和国立法法》	《立法法》
《中华人民共和国监察法》	《监察法》
《中华人民共和国全国人民代表大会和地方各级人民代表大会选举法》	《选举法》
《中华人民共和国中央人民政府组织法》	《中央人民政府组织法》
《中华人民共和国全国人民代表大会和地方各级人民代表大会代表法》	《代表法》
《中华人民共和国民族区域自治法》	《民族区域自治法》
《中华人民共和国民族区域自治实施纲要》	《民族区域自治实施纲要》
《中华人民共和国城市居民委员会组织法》	《城市居民委员会组织法》
《中华人民共和国国务院组织法》	《国务院组织法》
《中华人民共和国刑法》	《刑法》
《中华人民共和国刑事诉讼法》	《刑事诉讼法》
《中华人民共和国人民法院组织法》	《人民法院组织法》
《中华人民共和国人民检察院组织法》	《人民检察院组织法》

续表

全称	简称
《中华人民共和国中外合资经营企业法》	《中外合资经营企业法》
《中华人民共和国各级人民代表大会常务委员会监督法》	《监督法》
《中华人民共和国全国人民代表大会和地方各级人民代表大会选举法（修正草案）》	《选举法（修正草案）》
《中华人民共和国劳动合同法》	《劳动合同法》
《中华人民共和国公司法》	《公司法》
《中华人民共和国国民经济和社会发展第十四个五年规划和2035年远景目标纲要》	《"十四五"规划纲要》
《中华人民共和国审计法》	《审计法》
《中华人民共和国野生动物保护法》	《野生动物保护法》
《中华人民共和国湿地保护法》	《湿地保护法》
《中华人民共和国大气污染防治法（修订草案）》	《大气污染防治法（修订草案）》
《中华人民共和国个人所得税法修正案（草案）》	《个人所得税法修正案（草案）》
世界贸易组织（World Trade Organization）	世贸组织
亚太经济合作组织（Asia-Pacific Economic Cooperation）	亚太经合组织
二十国集团（Group of 20）	G20

后　记

“当代中国政府与政治”是政治学类专业的必修课，是了解当代中国政治发展的基本规律、掌握当代中国政府的制度体系、理解政府运行过程的课程。通过“当代中国政府与政治”课程的教学，可以帮助学生了解当代中国政府与政治相关的理论形态和实践形态，提高学生的政治理论思维水平和分析辨别能力，进而提升学生对当代中国国家治理体系和治理能力的认识。本教材是为该课程而专门编写的。

与国内已有同类教材相比，本教材的特色概括起来主要包括三个层面：

第一，按照政治学的基本原理建构自身逻辑。从政治主体出发，围绕政治制度、政府体系、政治关系、政府职能、政府过程等五个基本问题展开，进一步讨论了当代中国的公民政治参与、政治文化、社会治理以及对外关系。

第二，构建了理论、制度、行为和过程四位一体的分析框架。从政治关系的逻辑原点出发，通过历时性和共时性的角度分析当代中国政府与政治的变迁，以及当代中国政治发展的理论和实践成果。

第三，结合当今世界和中国发展的实际设计内容体系。本教材特设“区域化与当代中国的政府改革”和“全球化与当代中国的政治发展”两章内容，目的是突出当代中国政府与政治的客观环境，拓展学生的视野。

本书是集体合作的成果，具体分工是：绪言，孟燕；第一章、第二章、第三章、第十一章，鲍芳修；第四章，刘华兴；第五章、第六章，张莉萍；第七章，马艳朝；第八章，刘洋；第九章，刘琳；第十章，马荣久；第十二章，李新廷。全书由方雷负责提纲拟定、体例设计、具体指导、统修定稿等各项工作。

本教材的编撰、出版得到中国人民大学出版社徐小玲女士的积极帮助，特此感谢。

由于水平所限，书中的缺点错误在所难免。在写作过程中，我们引用和参考了国内外学者的大量研究成果、观点和数据资料，并在脚注和参考文献中做了说明，如有遗漏、曲解或错误，敬请学界前辈和同行专家指出并谅解。

作者谨识

2023 年 2 月

图书在版编目（CIP）数据

当代中国政府与政治 / 方雷主编 . -- 2 版 . -- 北京：中国人民大学出版社，2024.2
新编 21 世纪政治学系列教材
ISBN 978-7-300-32244-5

Ⅰ. ①当… Ⅱ. ①方… Ⅲ. ①政治－中国－现代－高等学校－教材 Ⅳ. ①D6

中国国家版本馆 CIP 数据核字（2023）第 193652 号

新编 21 世纪政治学系列教材
当代中国政府与政治（第二版）
方　雷　主编
Dangdai Zhongguo Zhengfu yu Zhengzhi

出版发行	中国人民大学出版社		
社　　址	北京中关村大街 31 号	**邮政编码**	100080
电　　话	010－62511242（总编室）		010－62511770（质管部）
	010－82501766（邮购部）		010－62514148（门市部）
	010－62515195（发行公司）		010－62515275（盗版举报）
网　　址	http://www.crup.com.cn		
经　　销	新华书店		
印　　刷	天津旭非印刷有限公司	**版　　次**	2017 年 4 月第 1 版
开　　本	787 mm×1092 mm　1/16		2024 年 2 月第 2 版
印　　张	19.25 插页 1	**印　　次**	2024 年 8 月第 2 次印刷
字　　数	402 000	**定　　价**	49.00 元

教学支持说明

（教学课件）

中国人民大学出版社政法分社秉承“出教材学术精品，育人文社科英才”的出版宗旨，多年来，出版了大批高质量的法学、教育学、政治学、政治理论公共课教材和学术著作。

我们为本教材制作了相应的 PPT 教学课件，任何一位采用本书作为授课教材的教师均可免费获得该课件。为了确保该课件仅为授课教师获得，烦请您填写如下材料，并将相关信息通过 E-mail 发送给我们，我们将在收到相关信息后通过 E-mail 给您发送该课件。欢迎您加入我们的 QQ 群（全国政管教师交流二群，群号为 648117133），或登录我社官方网站（www. crup. com. cn），注册并认证成为教师会员，以获得更好的服务。

我们的联系方式：
地址：（100872）北京市中关村大街甲 59 号文化大厦 1202 室
中国人民大学出版社政法分社
电话：（010）62515383　62514775（传真）
E-mail：ggglcbfs@vip. 163. com

兹证明__________大学/学院__________院/系__________专业__________学年第__________学期开设的__________课程，采用中国人民大学出版社出版的____________________（书名、作者）作为本课程教材。授课教师为__________，授课班级共______个、学生______人。授课教师需要与本书配套的教学课件。

联 系 人：____________________
通信地址：____________________
邮　　编：____________________
电　　话：____________________
E-mail：____________________

系/院主任：__________（签字）
（系/院办公室章）
______年____月____日